표징적교회 [18]

―출애굽기 9·10·11·12장 영해(靈解)―

예 수 인

천계비의(天界秘義) 제 21 권

표징적교회 [18]

—출애굽기 9·10·11·12장 영해(靈解)—

E. 스베덴보리 지음
이 영 근 옮김

예 수 인

차 례

옮긴이의 머리말 [3] · 9
옮긴이의 머리말 [2] · 12
옮긴이의 머리말 [1] · 13

출애굽기 9장··15
  제 9장 서문 : 인애의 교리에 관하여(7) · 15
  제 9장 본문(9장 1-35절) · 17
  간추린 내용(9장 1-35절) · 21
  상세한 영적인 뜻(9장 1-35절) · 21
  화성(火星 · the planet Mars)의 영들과 주민들에 관한 속편 · 116

출애굽기 10장··119
  제 10장 서문 : 인애의 교리에 관하여(8) · 119
  제 10장 본문(10장 1-29절) · 120
  간추린 내용(10장 1-29절) · 123
  상세한 영적인 뜻(10장 1-29절) · 124
  화성(火星 · the planet Mars)의 영들과 주민들에 관한 속편 · 206

출애굽기 11장··213
  제 11장 서문 : 인애의 교리에 관하여(9) · 213
  제 11장 본문(11장 1-10절) · 216
  간추린 내용(11장 1-10절) · 217
  상세한 영적인 뜻(11장 1-10절) · 218
  목성(木星 · the planet Jupiter)의 영들과 주민들에 관하여 · 249

출애굽기 12장··257
  제 12장 서문 : 인애의 교리에 관하여(10) · 257
  제 12장 본문(12장 1-51절) · 259
  간추린 내용(12장 1-51절) · 264
  상세한 영적인 뜻(12장 1-51절) · 264
  목성(木星 · the planet Jupiter)의 영들과 주민들에 관한 속편 · 410

옮긴이의 머리말 [3]

저자 스베덴보리 선생님의 역작(力作) ≪천계비의≫(天界秘義 · Arcana Coelestia)를 우리 말로 옮길 수 있었다는 것 자체가 학문적으로나 신앙적으로 제대로 다 갖추지 못한 저에게는 한마디로 우리 주님의 축복이고 은총이었습니다. 왜냐하면 저자의 ≪천계비의≫나 그 밖의 많은 서책을 번역, 출간하면서 제 자신이 첫째는 주님을 올바르게 알 수 있게 되었고, 둘째는 성경말씀(聖言) 또한 올바르게 알 수 있었기 때문입니다.

스베덴보리 선생님은 본서는 물론, 다른 여러 저서에서 성경말씀을 영해(靈解)하시면서 일관되게 밝히고자 한 사실은, 첫째는 "주님 · 주님말씀 · 주님나라"이었고, 그 둘째는 우리 주님의 사랑이요, 자비이신 "인류의 구원" 그것이었습니다. 이 둘의 목적 자체를 달리 한마디로 표현한다면, 우리 사람이 주님의 나라에서 살게 하기 위하여 "주님말씀"(聖言)을 주셨고, 그리고 그 모든 역사(役事)를 주관하시는 분이 "주님"이시다는 것입니다. 따라서 오늘의 우리가 스베덴보리 선생님의 저서들에서 반드시 굴착(掘鑿)하여, 터득하여야 할 것은, 주님과 나의 관계이고, 주님말씀과 나의 삶의 관계이며, 주님나라와 나의 삶의 목적의 관계 그것입니다. 이 관계는 곧 우리 사람들이 주님말씀(聖言), 즉 성경말씀을 읽을 때 좁게는 "나 자신의 됨됨이"를 찾아야 하고, 넓고 높게는 "주님과 주님나라"를 찾고, 알아야 한다는 것이 저자의 주장입니다. 왜냐하면 성경말씀은 주님께서 우리 사람의 됨됨이를 보여 주고 있기 때문입니다.

그럼에도 불구하고 작금의 기독교회와 그 교회에 속해 있는 사람들은, 주님의 말씀을 이 세상적이고, 현세적으로 이해하고 있고, 또 자기 자신의 이 세상적이고, 현세적인 온갖 욕망 · 정욕의 원천(源泉)인 자기사랑(自我愛)과 세상사랑(世間愛)의 굴레에 사로잡혀 주님은 물론 주님말씀 · 주님나라를 잃어버렸고, 결과적으로 "나"라는 사람의 주님의 창조목적(創造目的)까지 잃게 되었다는 것이 저자가 오늘의 우리에게 피력(披瀝)하고 있습니다.

저자는 본서나 그 밖의 그의 저서에서 피력하려고 한 것은 성경말씀(聖言)은 주님께서 우리 사람을 주님나라로 구원하시는 주님의 안내서(案內書)이고, 따라서 주님의 나라와 주님 그분을 그려 보여 주고 있습니다. 그러므로 반복되는 말이지만, 성경을 읽을 때 우리는 거기에서 주님·주님나라·사람 즉 나 자신을 찾아야 하겠습니다.

　여기서 우리가 잊지 말아야 할 사실은 오늘의 우리가 가지고 있는 "성경말씀"은 오늘의 우리 사람들뿐만 아니라, 육신을 벗은 인류들을 위한 것이다는 것, 즉 이 세상을 떠난 사람들에게도 "성경말씀"이 그대로 적용된다는 것입니다. 그러나 다만 그들에게 적용되는 내용은 육신을 벗은 사람들에게 맞게, 또는 그들의 이해에 영적인 뜻으로 이해된다는 것입니다. 육신을 벗은 사람들에게 적용되고, 또한 그들의 이해나 영적인 뜻의 내용이 다름 아닌 "성경말씀의 영적인 해석"(靈解)이요, 또한 성경말씀의 속뜻입니다. 왜냐하면 우리 주님의 말씀(聖言)은 이 세상의 사람들뿐만 아니라, 저 세상의 사람들에게도 공히 주님말씀이시기 때문입니다. 그리고 이 세상에서와 꼭 같이 저 세상에서도 주님말씀일 때, 주님말씀(聖言)은 시간적으로는 영원한 것이고, 불변(不變)의 것이고, 공간적으로는 광대무변(廣大無邊)한 것이기 때문입니다. 그러므로 주님말씀(聖言)은 주님이시고, 생명이십니다. 이 사실을 주님께서 요한복음서에 이렇게 선포하셨습니다.

　　말씀이 육신이 되어 우리 가운데 사셨다.
　　(요한 1 : 14)
이 주님이 존재(存在)와 실재(實在)의 관계에서는 성경에서 "하나님 아버지와 독생자"라고 기술되었고, 스베덴보리 선생님의 저서에서는 "신령존재(神靈存在)와 신령인간(神靈人間)"이라고 서술되었습니다. 그리고 거기에서 한 계도 내려온 낱말로는 "사랑과 지혜" "선과 진리" "인애와 믿음"이라고 하였고, 그리고 주님의 호칭이나 이름에서는 "여호와와 하나님" "아버지와 아들" "예수와 그리스도"라고 하였습니다.

　저는 세 번째의 "옮긴이의 머리말"을 쓰면서 만감(萬感)을 느낍니다. "천계비의" 시리즈로 "아담교회"라는 제하의 첫 권이 발간된 것이 1996년이었습니다. 그 후 2007년 8월까지 저자의 ≪창세기 영해≫만 총 18권의 책이 출간되었습니다. 무려 12년이라는 긴 세상이 지나갔습니다. 이 기간 중 특히 한 준명 목사님의 소천(召天)도 경험하였고, 또 한 분의 스승이신 이 모세 목사님의 육신적인 노쇠(老衰)함도 안타깝지만 목격해야만 했습니다. 그리고 저 역시 고희(古稀)가 얼마 남지 않았다는 내 자신을 새삼스럽게 되돌아보면서 과거와 내일의 "나"라는 사람의 삶을 반추(反芻)하게 되면서, 무엇이라고 형언하기 어려운 감회에 젖고는 합니다.

　그리고 다시 저자의 ≪출애굽기 영해≫인 "천계비의" 시리즈를 번역, 출간하려고 합니다. 얼마의 시간이 걸릴지 모르지만, ≪출애굽기 영해≫인 "표징적 교회"라는 제하의 책도 대략 14권 정도가 될 것으로 생각되는데, 이 "천계비의"가 완역될 때까지 내 삶을 주님께서 허락하여 주신다면 불학무식(不學無識)하고, 미력(微力)하지만, 최선을 다 하고자 합니다.

"천계비의" 시리즈는 물론, 스베덴보리 선생님의 한마디로 "놀라운 천계의 사실들"을 번역할 수 있도록 격려해 주시고, 물심(物心) 양면으로 도와주신 많은 분들과 독자 여러분의 은덕에 다시 머리 숙여 감사의 마음을 드립니다.

다소나마 저 자신의 고마운 마음을 전하고자 몇 분의 이름을 밝히겠습니다. 저를 키워주시고, 지도해 주신 이 모세 목사님, 사모님 우 보영 여사님, 친구 동역자 이 경삼 목사님 내외분과 특히 모든 것을 인내로 참아 준 내자 이문희 권사님, 아들 이 선교 집사님, 민 경원·이 보영 교수님 내외분, 송 경·이 인애 집사님 내외분에게 감사의 말씀을 드립니다.

그리고 재정적인 지원을 아끼지 않으신 유 기채 복음사님, 윤 정해·정 대성 권사님, 안 영기·이 영구 집사님 내외분, 방 성찬 복음사님과 박정숙 권사님 내외분, 박 종용 목사님, 김 응남 목사님, 현 재웅 성도님, 프리지덴트 호텔 임 승순 사장님과, 한 경업 권사님 내외분, 정 인보 목사님의 사위되시는 이 한구 박사님과 정 영희 여사님 내외분, 그리고 ≪예수＋교회 제일 예배당≫과 ≪예수＋교회 동산 예배당≫ 성도 여러분들에게 감사의 마음을 드립니다. 끝으로 word processing에 수고해 주시는 조 근휘 목사님에게 깊은 감사의 말씀을 드립니다. 이름을 일일이 밝히지 못한 많은 분들의 노고와 협조에 감사 말씀드리면서, 여러분의 배전(倍前)의 격려와 기도를 면구(面灸)스럽지만 당부 드립니다.

2008년 구정 아침에
이 영근 드림

옮긴이의 머리말 [2]

　머리말 [1]에서 알 수 있듯이 스베덴보리 선생님의 저서 천계비의(天界秘義·Arcana Coelestia)에서 그 일부를 ≪창세기 1·2·3장 영해≫라는 제하로 출판한 것이 1993년이었습니다. 그 뒤 제일 예배당에서는 그의 저서≪순정기독교≫상·하권, ≪최후심판과 말세≫ 그리고 ≪생명의 길≫을 번역, 출판하였습니다.
　이 때마다 그런 책들 가운데 나오는 참고 문헌이나 관련항목을 대하는 독자들이 그것에 관한 것을 더 알기를 원하였습니다. 그리고 또 저자의 저서들을 체계적으로 소개될 여러 여건의 변화에 부응하여, 우선 ≪천계비의≫ 중 창세기 1장부터 11장까지의 출판을 계획하였습니다.
　그 첫권(창세기 1-5장)을 아담교회로, 그리고 둘째권과 셋째권을 노아교회(1)(2)로 각각 출판할 계획입니다. 우선 1992년 ≪창세기 1·2·3장 영해≫를 일부 수정, 보완하고 여기에 4·5장의 내용을 첨가하여 ≪아담교회≫로 출판하게 되었습니다.
　저자의 학문과 신앙을 섭렵하지 못한 본인으로서 그의 저서를 번역한다는 것은 너무나 외람되고, 또 당돌한 일이 아닐 수 없습니다. 그러나 오직 하나의 디딤돌을 놓는다는 일념으로 이 거창한 일을 저질렀습니다. 부족하고 모자라는 것은 역자의 무식(無識)과 부덕(不德)의 소치로 양해하여 주시기 바라며, 바라건대, 이 졸역이 밑거름이 되어 더 훌륭하고 알찬 작업이 계속 이어지기를 빌 뿐입니다.
　교본은 영어 표준판을 사용하였고, 성경말씀은 ≪표준 새 번역 성경전서≫를 본문으로 삼았습니다.
　이 책의 발간을 위해 격려해 주신 <예수＋교회 동산예배당>의 김순도 목사와 방성찬 장로 내외분, 그리고 내자(內子)에게 감사의 말씀을 드립니다.

1996년 광복절
옮　긴　이

옮긴이의 머리말 [1]

　금년도 우리나라 교계는 이른바 "휴거"라는 잘못된 가르침 때문에 큰 소용돌이 속에 휘말리는 역경(逆境)을 겪어야 했습니다. 이것은 한국 기독교 백 년 역사 가운데 가장 큰 오점(汚點)을 남긴 추태(醜態)였고, 교회가 저지른 사회적 무리(無理)라고 지적할 수 있겠습니다. 이러한 일은 당사자들의 무지(無知)의 소치로만 일축할 일은 아니고, 우리나라 교회 전체가 부등켜 안고 해결해야 할 문제요 과제임을 절감하며, 누구를 탓하고 손가락질하기에 앞서 우리 각자 스스로 반성하고 뉘우쳐야 할 일이라고 말씀드리지 않을 수 없습니다.
　왜 이런 일이 일어났습니까? 그 첫째는 "예수"님이 누구이신지를, 둘째는 성경말씀의 가르침(靈意)을 몰랐기 때문입니다. 스베덴보리 선생님께서는 이 해답을 250여 년 전 주님의 계시(啓示)로 우리에게 제공하였습니다. 이것이 이 책을 번역하게 된 동기요 목적입니다.
　스베덴보리 선생님께서는 "예수"님이 우리의 아버지요, 창조주요, 구원주이심을 증거합니다. 다시 말하면, 하나님의 이름(固有名詞)이 바로 "예수"라는 것을 역설했습니다.
　이것이 바로 성경의 가르침입니다. 이것을 예수님께서는 요한복음서에서 "너희는 성서 속에 영원한 생명이 있는 것을 알고 파고 들거니와 그 성서는 바로 나를 증거하고 있다." 또 이어서 "만일 너희가 모세를 믿는다면 나를 믿을 것이다. 모세가 기록한 것은 바로 나에 관한 것이기 때문이다"(5 : 39, 46)라고 말씀하셨습니다.
　두 번째는 성경말씀의 바른 이해(理解)입니다. 성경말씀은 하늘나라(天國)에서 읽혀지고, 이해되고, 통용되는 속뜻(또는 영의)과 그 속뜻을 담고 있어서 우리 육신을 입은 사람들이 읽고, 깨달아, 순종하여, 구원의 길로 인도하는 겉뜻(또는 문자적인 뜻)이 있다는 것입니다. 오늘의 교회는 이 영의(靈意)를 모르고 있을 뿐아니라 영의를 잃어버린 상태입니다. 마치 유대교회가 주님의 이름을 어떻게 부르는지 모르다가 종에에 주님을 잃은 것과 같다고 하겠습니다. 그러다 보니 문자적인 뜻마저도 왜곡(歪曲)되게 읽고, 해석하기에 이른 것입니다.
　이 두 증인(계시록 11 : 4) 즉 올바른 예수관과 성경말씀의 바른 이해가 바로 신학(神學)이요 교리(敎理)요 신앙(信仰)의 전부입니다. 사람의 삶의 궁극적 목적은 구원에 있습니다. 이것은 회개의 결과이고 중생(重生)의 시작입니다. 이것을 스베덴보리 선생님께서는 '창조' 또는 '새창조', '재창조'라고 하셨습니다. 성경말씀은 수많은 곳에서 우리 사람의 구원의 노정(路程)을 크게는 한 나라의 역사(歷史)로, 작게는 한 사람의 삶이나 비유로 그려 보여 주고 있습니다. 이 중에서도 특히 창세기 1·2·3 장은 사람의 구원의 여정(旅程)과 비극적 타락(墮落)의 이야기를 너무나 생생하고도 드라마틱하게 그려 보여 주고 있습니다. 다시 말하면 창세기 첫 세 장은 전 성경말씀이 가르치는 모든 교회의 가르침과 신학이 고스란히 담겨 있는 정수(精髓)라고 하겠습니다.

이 책은 스베덴보리 선생님의 저서 천계비의(天界秘義·Arcana Coelestia ; 창세기·출애굽기의 영해로 모두 12권임)의 영어 표준판에서 첫 1·2·3 장을 우리말로 옮긴 것입니다.

25여 년 동안 교회를 섬겨 오면서 수요 성경공부, 사경집회(査經集會) 또는 특별 프로그램에서 강의할 때 틈틈이 준비하였던 것을 활자로 옮기게 된 것입니다. 번역에서는 ≪공동번역 성서≫를 본문으로 택하였고, 경우에 따라 한글 개역 성경을 인용하였습니다.

이 번역서를 내기까지 나의 일생을 신앙적으로, 신학적으로 지도해 주시고 키워주신 이모세 목사님, 격려와 조언을 아끼지 않으신 예수교회 공의회 의장이신 김희방 목사님, 그리고 예수교회 동역자 여러 목사님들의 많은 사랑과 본인이 시무하는 예수+교회 제일예배당 교우 여러분의 정성에 재삼 감사의 말씀을 드립니다.

1992년 크리스마스 날
옮 긴 이

제 9장 서문 : 인애의 교리에 관하여(7)

7488. 자기사랑(自我愛)과 세상사랑(世間愛)에 관해서 설명한 내용에서 볼 때 명확한 사실은 모든 악들은 그런 사랑들로부터 생성된다는 것이고, 그리고 모든 악들이 그런 사랑에서 생성되기 때문에, 역시 모든 거짓들도 그러하다는 것입니다. 다른 한편, 주님사랑과 이웃을 향한 이웃사랑(仁愛)으로부터는 모든 선들이 생성된다는 것이고, 그리고 모든 선들이 이런 사랑들에게서 생성되기 때문에 모든 진리들 역시 그러하다는 것입니다.

7489. 실정이 이러하기 때문에 명확한 사실은 사람이 자기사랑이나 세상사랑 안에 있는 것에 비례하여 그 사람은 이웃을 위한 인애에 있지 못하고, 더욱이 주님사랑에 있지 못한다는 것입니다. 왜냐하면 이런 사랑들은 자기사랑이나 세상사랑에 정반대이기 때문입니다.

7490. 역시 명확한 사실은, 사람이 자기사랑이나 세상사랑에 빠져 있는 것에 비례하여, 그 사람은 인애(仁愛·charity)가 무엇인지 모르고, 종국에는 그 사랑이 존재한다는 것까지도 알지 못한다는 것입니다. 그리고 또한 그것에 비례하여 믿음이 무엇인지도 모르고, 종국에는 그것이 무엇인지 조차도 모른다는 것이고, 또한 그 사람은 양심(良心·conscience)이 무엇인지도 알지 못하고, 종국에는 양심이 존재하는 것까지도 알지 못하는 것이고, 아니, 그 사람은 영적인 것이 무엇인지 알지 못하고, 또한 천계의 생명(=삶)이 무엇인지도 알지 못하고, 최종적으로는 천계와 지옥이 존재한다는 것까지도 믿지 않는다는 것입니다. 결과적으로 그 사람은 사후의 삶이 있다는 것도 믿지 않는다는 것입니다. 이런 사실들은, 자기사랑이나 세상사랑이 사람을 지배할 때, 그런 사랑들의 결과들입니다.

7491. 천계적인 사랑의 선이나, 그것에 속한 믿음의 진리들은 주님으로부터 계속해서 입류(入流)하지만, 그러나 자기사랑이나 세상사

랑이 지배하는 곳에는 영접되지도 않고, 수용되지도 않는다는 것입니다. 그러나 반대로, 자기사랑이나 세상사랑이 지배하는 곳에는, 다시 말하면 그런 사랑이 변함없이 생각 안에 존재하고, 목적이 되고, 그리고 의지 안에 있고, 그런 사랑이 삶을 영위하는 곳에는, 주님에게서 입류하는 선이나 진리는 배척되거나, 소멸되고, 그리고 왜곡됩니다.

7492. 그것들이 배척당하는 그런 자들에게서 사랑에 속한 선이나, 믿음에 속한 진리들은 경멸(輕蔑)의 상태나, 혐오(嫌惡)의 상태에 놓이게 됩니다. 그런 것들이 소멸되는 사람들에게서 사랑의 선이나, 믿음의 진리는 부인(否認)되고, 반대적인 악들이나 거짓들은 받아들이고, 승인됩니다. 그러나 그런 것들이 왜곡되는 자들에게서 사랑의 선이나, 믿음의 진리는 잘못 해석되고, 악이나 그것에 속한 거짓을 선호하고, 유리하도록 적용됩니다.

7493. 사람이 자기분별(自己分別·discretion)이나 자기통제(自己統制·self-government)의 연령에 이르렀을 때 그 사람에게 있는 자기사랑이나 세상사랑은 지배하기 시작합니다. 왜냐하면 그 때 그 사람은 자기 자신으로부터, 또는 자기의 고유속성(固有屬性·自我·own)으로 말미암아 생각하기 시작하고, 그리고 이런 사랑들을 자기 자신의 것으로 전유(專有)하기 시작하기 때문입니다. 이런 일은 그 사람이 악의 삶에서 자기 자신을 확증하면 할수록 더욱 더 그러합니다. 사람이 자신에게 악들을 전유시키는 것에 비례하여 주님은, 그 사람이 젖먹이 때나, 어린 아이 때, 그리고 그 뒤의 여러 시기에 영접, 수용했던 이노센스의 선(=순진무구의 선)이나 인애의 선을 분리하시고, 그리고 그것들을 그의 내면적인 것들 안에 보관시키십시오. 왜냐하면 이노센스의 선(the good of innocence)이나, 인애의 선은 자기사랑이나 세상사랑에 속한 악들과는 결코 함께 할 수 없기 때문입니다. 그리고 주님께서는 그런 것들이 소멸되는 것을 결코 원하시지 않기 때문입니다.

7494. 그러므로 자기 자신들 스스로 사랑의 선이나, 믿음의 진리를 왜곡하거나, 소멸시키고, 또한 배척하는 자들은 그들 자신들 안에 결코 생명을 유지(維持)할 수 없습니다. 왜냐하면 신령존재에게서 비롯된 생명은 선을 원하고, 진리를 믿기 때문입니다. 그러나 악을 원하고 선을 원하지 않는 자들이나, 거짓을 믿고, 진리를 믿지 않는 자들은 진정한 생명에 반대되는 것을 가지고 있기 때문입니다. 생명에 반대되는 이것은 곧 지옥을 가리키고, 그리고 "사망"(=죽음·death)이라고 부르고, 그들은 "시체"(=주검·dead)라고 불리웁니다. 사랑이나 믿음에 속한 생명을 진정한 생명(life)이나, "영원한 생명"(永生·eternal life)이라고 부른다는 것, 그리고 자신들 안에 이 생명을 가지고 있는 자들을 "살아 있는 사람들"(living men)이라고 부른다는 것, 그리고 이 생명에 반대되는 것을 "죽음"(死亡·death) 또는 "영원한 죽음"(eternal death)이라고 부른다는 것, 그리고 이런 사람들을 "시체"(=주검·dead)라고 부른다는 것, 등등은 성경의 여러 장절들에서 아주 잘 알 수 있습니다. 예를 들면, 마태 4 : 16 ; 8 : 21, 22 ; 18 : 8, 9 ; 19 : 16, 17, 29 ; 요한 3 : 15, 16, 36 ; 5 : 24, 25 ; 6 : 33, 35, 47, 48, 50, 51, 53, 57, 58, 63 ; 8 : 21, 24, 51 ; 10 : 10 ; 11 : 25, 26 ; 14 : 6, 19 ; 17 : 2, 3 ; 20 : 31이나 그 밖의 여러 장절들이 되겠습니다.

제 9장 본 문(9장 1-35절)

1 주께서 모세에게 말씀하셨다. "너는 바로에게로 가서 '히브리 사람의 주 하나님이 이렇게 말씀하신다' 하고 '나의 백성을 보내어라. 그들이 나에게 예배드리게 하여라.

2 네가 그들을 보내기를 거절하고, 계속 그들을 붙잡아 둔다면,

3 주의 손이, 들에 있는 너의 집짐승들, 곧 말과 나귀와 낙타와 소와 양 떼를 쳐서, 심히 무서운 병이 들게 할 것이다. 4 그러나 주는 이스라엘 사람의 집짐승과 이집트 사람의 집짐승을 구별할 것이니, 이스라엘 자손의 것은 하나도 죽지 않게 할 것이다' 하여라."

5 주께서 때를 정하시고서 "나 주가 내일 이 땅에서 이 일을 하겠다" 하고 말씀하셨다.

6 이튿날, 주께서 이 일을 하시니, 이집트 사람의 집짐승은 모두 죽었는데, 이스라엘 자손의 집짐승은 한 마리도 죽지 않았다.

7 바로는 사람을 보내서, 이스라엘 사람의 집짐승이 한 마리도 죽지 않은 것을 확인하였다. 그러나 바로는 여전히 고집을 부리고, 그 백성을 보내지 않았다.

8 주께서 모세와 아론에게 말씀하셨다. "너희는 가마솥 밑에 있는 그을음을 두 손에 가득히 움켜 쥐어라. 그리고 모세가 그것을 바로 앞에서 공중에 뿌려라. 9 그것이 이집트 온 땅 위에서 먼지가 되어, 사람과 집짐승에게 악성 종기를 일으킬 것이다."

10 그래서 그들은 가마솥의 그을음을 모아 가지고 가서, 바로 앞에 섰다. 모세가 그것을 공중에 뿌리니, 그것이 사람과 짐승에게 붙어서, 악성 종기를 일으켰다.

11 마술사들도 종기 때문에 모세 앞에 나서지 못하였다. 모든 이집트 사람과 마술사들에게 종기가 생긴 것이다.

12 그러나 주께서, 바로가 여전히 고집을 부리게 하셨으므로, 주께서 모세에게 말씀하신 대로, 바로가 그들의 말을 듣지 않았다.

13 주께서 모세에게 말씀하셨다. "너는 아침에 일찍이 일어나서, 바로 앞에 나서서, 이렇게 말하여라. '히브리 사람의 주 하나님이 이렇게 말씀하신다. 나의 백성을 보내어라. 그들이 나에게 예배드리게 하여라.

14 이번에는, 내가 나의 온갖 재앙을 너와 너의 신하들과 백성에게 내려서, 온 세상에 나와 같은 신이 없다는 것을, 너에게 알리겠다.

15 내가 팔을 뻗어서, 무서운 질병으로 너와 너의 백성을 쳤다면, 너는 이미 세상에서 사라졌을 것이다.

16 너에게 나의 능력을 보여 주어, 온 세상에 나의 이름을 널리 알리려고, 내가 너를 남겨 두었다.

17 그런데 너는 아직도 교만한 마음을 버리지 못하고 나의 백성을 내보내지 않는다.

18 그러므로 내일 이맘때에, 내가 매우 큰 우박을 퍼부을 것이니, 그처럼 큰 우박은, 이집트에 나라가 생긴 때로부터 이제까지, 한 번도 내린 적이 없다.

19 그러니 이제 너는 사람을 보내어, 너의 집짐승과 들에 있는 모든 것을 안전한 곳으로 대피시켜라. 집 안으로 들어가지 않고 들에 남아 있는 사람이나 짐승은, 모두 쏟아지는 우박에 맞아 죽을 것이다.'"

20 바로의 신하들 가운데서, 주의 말씀을 두려워한 사람은 자기의 종과 집짐승을 집 안으로 피하게 하였다.

21 그러나 주의 말씀을 마음에 두지 않는 사람은, 자기의 종과 집짐승을 들에 그대로 내버려 두었다.

22 그 때에 주께서 모세에게 말씀하셨다. "네가 하늘로 팔을 내밀면, 우박이 온 이집트 땅에, 그리고 이집트 땅에 있는 사람과 짐승과 들의 모든 풀 위에 쏟아질 것이다."

23 모세가 하늘로 그의 지팡이를 내미니, 주께서 천둥소리를 나게 하시고 우박을 내리셨다. 벼락이 땅에 떨어졌다. 주께서 이집트 땅 위에 우박을 퍼부으신 것이다.

24 우박이 쏟아져 내리면서, 번갯불도 함께 번쩍거렸다. 이와 같은 큰 우박은 이집트에 나라가 선 뒤로부터 이집트 온 땅에 한 번도 내린 적이 없다.

25 이집트 온 땅에서 우박이, 사람이나 짐승이나 할 것 없이, 들에 있는 모든 것을 쳤다. 우박이 들의 모든 풀을 치고, 들의 모든 나무를 부러뜨렸다.

26 그러나 이스라엘 자손이 사는 고센 땅에는, 우박이 내리지 않았다.

27 바로는 사람을 보내서, 모세와 아론을 불러들였다. 그리고 그들에게 말하였다. "이번에는 내가 죄를 지었다. 주께서 옳으셨고, 나와 나의 백성이 옳지 못하였다.

28 너는 주께 기도하여, 하나님이 나게 하신 이 천둥소리와 하나님이 내리신 이 우박을 그치게 하여 다오. 내가 너희를 보내겠다. 너희는 더 이상 여기에 머물지 않아도 괜찮다."

29 모세가 그에게 말하였다. "내가 이 성을 나가는 대로, 나의 손을 들어서 주께 빌겠습니다. 그러면 천둥소리가 그치고, 우박이 더 이상 내리지 않을 것입니다. 이것은, 온 세상이 우리 주님의 것임을 임금님께 가르치려는 것입니다.

30 그래도 임금님과 임금님의 신하들이 주 하나님을 두려워하지 않으리라는 것을, 나는 알고 있습니다."

31 이 때에 이미, 보리는 이삭이 나오고, 삼은 꽃이 피어 있었으므로, 삼과 보리가 모두 피해를 입었다.

32 그러나 밀과 쌀보리는, 이삭이 팰 때가 아니었으므로, 피해를 입지 않았다.

33 모세는 바로 앞을 떠나서, 성 바깥으로 나갔다. 그가 주께 손을 들어 기도하니, 천둥소리와 우박이 그치고, 땅에는 비가 더 이상 내리지 않았다.

34 그러나 바로는, 비와 우박과 천둥소리가 그친 것을 보고서도, 다시 죄를 지었다. 그와 그의 신하들이 또 고집을 부렸다.

35 주께서 모세를 시켜 말씀하신 대로, 바로는 고집을 부리고, 이스라엘 자손을 내보내지 않았다.

간추린 내용(9장 1-35절)

7495. 우리의 본문장에는 영적인 교회에 속한 자들을 공격하고 괴롭히는 자들의 황폐화의 주제가 계속 이어지고 있습니다. 그리고 이 주제에는 속뜻으로 그들의 황폐의 계도(階度), 즉 여섯째·일곱째·여덟째 상태가 기술되었는데, 그것은 심한 전염병·부스럼이 터진 종기·우박에 의하여 기술되었습니다. 그것은 그들 가운데 있는 교회에 속한 것들에 관한 황폐를 뜻합니다.

상세한 영적인 뜻(9장 1-35절)

7496. 1-7절. 주께서 모세에게 말씀하셨다. "너는 바로에게로 가서 '히브리 사람의 주 하나님이 이렇게 말씀하신다' 하고 '나의 백성을 보내어라. 그들이 나에게 예배드리게 하여라. 네가 그들을 보내기를 거절하고, 계속 그들을 붙잡아 둔다면, 주의 손이, 들에 있는 너의 집짐승들, 곧 말과 나귀와 낙타와 소와 양 떼를 쳐서, 심히 무서운 병이 들게 할 것이다. 그러나 주는 이스라엘 사람의 집짐승과 이집트 사람의 집짐승을 구별할 것이니, 이스라엘 자손의 것은 하나도 죽지 않게 할 것이다' 하여라." 주께서 때를 정하시고서 "나 주가 내일 이 땅에서 이 일을 하겠다" 하고 말씀하셨다. 이튿날, 주께서 이 일을 하시니, 이집트 사람의 집짐승은 모두 죽었는데, 이스라엘 자손의 집짐승은 한 마리도 죽지 않았다. 바로는 사람을 보내

서, 이스라엘 사람의 집짐승이 한 마리도 죽지 않은 것을 확인하였다. 그러나 바로는 여전히 고집을 부리고, 그 백성을 보내지 않았다.

"주께서 모세에게 말씀하셨다"는 말씀은 새로운 가르침(敎育·敎訓·instruction)을 뜻합니다. "너는 바로에게로 가서 그에게 말하여라"는 말씀은 공격하고 괴롭히는 자들에게 있는 신령존재에게서 비롯된 진리의 외현(外現·appearance of truth)을 뜻합니다. "히브리 사람의 주 하나님이 이렇게 말씀하신다"는 말씀은 그 교회의 주 하나님에게서 비롯된 명령을 뜻합니다. "나의 백성을 보내어라. 그들이 나에게 예배드리게 하여라"는 말씀은 영적인 교회에 속한 자들이 주님을 예배하기 위하여 그들이 그들을 반드시 떠나 보내야 한다는 것을 뜻합니다. "네가 그들을 보내기를 거절하고, 계속 그들을 붙잡아 둔다"라는 말씀은, 만약에 그들이 계속해서 공격하고, 괴롭히고자 결정한다는 것을 뜻합니다. "주의 손을 들에 있는 너의 집짐승 위에 두겠다"(=치겠다)는 말씀은 그들이 처해 있는 그 교회로부터 그들이 가지고 있는 진리나, 믿음의 선의 박탈(=황폐)을 뜻합니다. "곧 말과 나귀와 낙타 위에 두겠다"(=치겠다)는 말씀은 총명적인 것들과, 믿음에 속한 진리의 지식들을 뜻합니다. "소와 양 떼 위에 두겠다"(=치겠다)는 말씀은 의지에 속한 것들을 뜻합니다. "심히 무서운 병(=전염병·pestilence)이 들게 하겠다"는 말씀은 일반적으로 소멸(消滅·consumption)을 뜻합니다. "그러나 주(=여호와)는 이스라엘 사람의 집짐승과 이집트 사람의 집짐승을 구별할 것이다"(=갈라놓겠다)는 말씀은 영적인 교회에 속한 자들의 진리들이나 믿음에 속한 선들과 공격하여 괴롭히는 자들에게 있는 교회에 속한 자들에게 있는 진리들이나 믿음에 속한 선들 사이에 있는 차이(=등차)를 뜻합니다. "이스라엘 자손의 것은 하나도 죽지 않게 할 것이다"는 말씀은 그것들은 소멸당하지 않을 것이다는 것을 뜻합니다. "주께서 때를 정하셨다"(=기간을 정하셨다)는 말씀은 예정(豫定·predetermination)을 뜻합니다. "'나 주가 내일 이 땅에서 이 일을 하겠다' 하고 말씀하셨다"

는 말씀은 그 교회의 진리나 믿음의 선에 속한 것들의 측면에서 그것들의 영원함을 뜻합니다. "이튿날, 주께서 이 일을 하셨다"는 말씀은 예정에 일치하는 결과를 뜻합니다. "이집트 사람의 집짐승은 모두 죽었다"는 말씀은 공격하고 괴롭히는 자들에게 있는 진리와 믿음의 선의 소멸을 뜻합니다. "이스라엘 자손의 집짐승은 한 마리도 죽지 않았다"는 말씀은 영적인 교회에 속한 자들에게 있는 믿음에 속한 것은 아무것도 소멸되지 않았다는 것을 뜻합니다. "바로는 사람을 보내서, 이스라엘 사람의 집짐승이 한 마리도 죽지 않은 것을 확인하였다"(=보라, 이스라엘 자손의 집짐승은 하나도 죽지 않았다)는 말씀은 공격하고, 괴롭히는 자들에게 이 일을 알게 하였다는 것을 뜻합니다. "그러나 바로는 여전히 고집을 부렸다" 그리고 "바로는 그 백성을 보내지 않았다"는 말씀은 그들은 그들을 떠나 보내지 않았다는 것을 뜻합니다.

7497. 주(=여호와)**께서 모세에게 말씀하셨다.**
이 말씀이 새로운 가르침(敎育・敎訓)을 뜻한다는 것은 6879・6881・6883・6891・7226・7304・7380항을 참조하십시오.

7498. "너는 바로에게로 가서, 그에게 일러라"(=말하여라).
이 말씀이 공격하고, 괴롭히는 자들에게 있는 신령존재에게서 비롯된 진리의 외현(外現・the appearance of truth)을 뜻한다는 것은, 이것에 관해서는 아래에서 설명하겠지만, 임재(臨在・現存・presence) 또는 외현을 가리키는, 누구에게 "온다"(coming) 또는 "들어간다"(entering in)는 말의 뜻에서, 그리고 저 세상에서 영적인 교회에 속한 자들을 공격, 괴롭히는 자들을 가리키는 "바로"의 표징에서 (7107・7110・7126・7142・7220・7228・7317항 참조), 그리고 신령존재에게서 비롯된 진리를 가리키는 바로에게 들어가서, 그에게 말하는 "모세"의 표징에서(6771・6827・7014・7382항 참조) 잘 알 수 있습니다. "간다"(to come) 또는 "들어간다"(to enter in)는 말이 임재나 현존을 뜻한다는 것은 영적인 뜻으로 이 구절이 믿음에 속한 것을, 결과적으로는, 생각에 속한 것들을 뜻하기 때문입니다. 어느 누구에게 "간다" 또는 "들어간다"는 말이 생각에 관해서 언급할 때에는 그것은 그 자신을 누구의 시야(視野)에 드러내는 것을 뜻합니다. 왜냐하면 어느 누구에 관해서 생각하는 사람은 그 사람을 자기 자신에게 제시하는 것이기 때문입니다. 그리고 말하는 것이 놀라운 것이지만, 저 세상에서 어떤 사람이 그 어떤 사람에 관해서 그와 함께 말하는 것을 열망하면서 생각한다면, 그 사람이 시야에 나타난다는 것입니다. 이렇게 볼 때 명확한 것은, 저 세상에서 영들이 이 세상에서 사람이 생각하는 것과 같이 생각한다면, 영들이 생각한 것이 생생하게 나타난다는 사실입니다. 그 때 이런 것에서 알 수 있는 것은 "간다"(coming) 또는 "들어간다"(entering in)는 말이 현존(=임재)이나 외현을 뜻한다는 것입니다.

7499. "히브리 사람의 주 하나님이 이렇게 말씀하셨다."
이 말씀이 그 교회의 하나님이신 주님에게서 비롯된 명령(命令·command)을 뜻한다는 것은 명령을 가리키는 "말한다"(saying)는 말의 뜻에서(7036·7107·7310항 참조), 그리고 그 교회에 속한 자들을 가리키는, 따라서 그 교회를 가리키는 "히브리 사람"의 뜻에서(5136·5236·6675·6684·6738항 참조) 잘 알 수 있습니다. 성경에서 "여호와"(=주)라는 말이 거명되었을 때 그 말은 주님을 뜻한다는 것은 1343·1736·2921·3023·3035·5041·5663·6280·6281·6303·6905·6945·6956항을 참조하십시오. 성경에서 주님은, 선의 측면에서, "여호와"로 호칭되었습니다. 왜냐하면 신령선은 신령존재 자체이기 때문입니다. 그리고 주님께서는, 신령진리의 측면에서, "하나님의 아들"(the Son of God)이라고 하였는데, 그 이유는 신령진리는, 마치 한 아들이 한 아버지로 말미암듯이, 신령선으로부터 발출하기 때문입니다. 그리고 "낳았다"(to be born)라고 언급되기도 하기 때문인데, 이 말이 어떠한 것인지 더 부연하고자 합니다. 주님께서 이 세상에 계실 때, 그분은 그분의 인성을 신령진리로 완성하셨고, 그리고 그 때 여호와를 가리키는 신령선을 자신의 "아버지"(His Father)라고 부르셨습니다. 그 이유는, 바로 앞에서 언급한 것과 같이, 신령진리는 신령선에서 발출하고, 그리고 신령선으로부터 태어나기 때문입니다. 그러나 그 뒤 주님께서는 자기 자신(Himself)을 완전하게 영화시키셨습니다. 그와 같은 영광화(榮光化·榮化·glorification)는 주님께서 십자가 상의 마지막 시험(the last of temptation)을 참고, 감당하셨을 때 행해졌습니다. 그 때 주님은 자신의 인성(His Human)을 역시 신령선으로, 다시 말하면 여호와로 완성(made)하셨습니다. 그 일을 통하여 신령진리 자체는 그분의 신령인성(His Divine Human)에서 발출하였습니다. 이 신령진리가 성령(聖靈·the Holy Spirit)이라고 부르는 것이고, 그리고 신령인성에서 발출한 거룩한 것(the holy)입니다. 이렇게 볼 때 요한복음서에서 주님께서 하신 말씀이 무엇을 뜻하는지 밝히 알 수 있겠습니다. 요한복음서의 말씀입니다.

> 예수께서 아직 영광을 받지 않으셨으므로, 성령이 아직 사람들에게 와 계시지 않았다.
> (요한 7 : 39)

신령선이 "아버지"(聖父·the Father)라고 불리웠다는 것, 그리고 신령진리가 "아들"(聖子·the Son)이라고 불리웠다는 것은 3704항을 참조하십시오.

7500. "**나의 백성을 보내어라. 그들이 나에게 예배드리게 하여라.**"
이 말씀은, 그들이 주님을 예배하기 위하여, 그들은 영적인 교회에 속한 자들을 반드시 떠나 보내야 한다는 것을 뜻한다는 것은, 위에서 자주 언급한 것과 같이, 떠나 보내는 것을 가리키는 "보내어라"(letting go)는 말의 뜻에서, 그리고 영적인 교회에 속한 자들을 가리키는, 여기서는 "나의 백성"인 이스라엘 자손의 표징에서(4286 · 6426 · 6637 · 6862 · 6868 · 7035 · 7062 · 7198 · 7201 · 7215 · 7223항 참조), 그리고 그들이 주님을 예배하기 위한 것을 가리키는 "그들이 나에게 예배드리게 한다"는 말의 뜻에서, 잘 알 수 있습니다. "예배드린다"(=섬긴다)는 말이 예배하는 것을 뜻한다는 것은 명확합니다. 그리고 그들이 섬기는 그분 "여호와"는 역시 주님을 뜻한다는 것은 7499항을 참조하십시오.

7501. "**네가 그들을 보내기를 거절하고, 계속 그들을 붙잡아 둔다면……**"
이 말씀이 만약 그들이 공격하고 괴롭히는 짓을 계속할 것을 결정하는 것을 뜻한다는 것은 결정되는 것을 가리키는 "거절한다"는 말의 뜻에서, 따라서 "보내기를 거절한다"는 것은 떠나 보내지 않는 것을 결정하는 것을 뜻합니다. 그리고 또한 계속해서 공격하고, 괴롭히는 것을 가리키는 "붙잡아 둔다"는 말의 뜻에서 잘 알 수 있습니다. 왜냐하면 공격받고, 괴롭힘을 겪는 자들은 공격하고, 괴롭히는 악령들에 의하여 붙잡혀 있기 때문입니다. 악령들에 의하여 붙잡혀 있기 때문에 공격받고, 괴롭힘을 겪는 자들을 살펴보면 경우는 이러합니다. 악령들이 어느 누구를 공격할 때, 그들은, 자신의 탐욕들에 속해 있는 쾌락들 안에 자기 자신을 어떻게 침투시키는지를 잘 알고 있고, 그리고 자신의 원칙들과 연계된 즐거운 느낌들에, 따라서 자신의 애욕에 속한 모든 것들 속에 자신들을 침투시키는 방법을 잘 알고 있습니다. 그들이 이와 같은 침투하는 일에 종사하는 한, 그들은, 마치 결박(結縛)하듯이, 그들이 공격하고, 괴롭히는 그 사람을 사로잡습니다. 그리고 또한 그 사람은 그 결박에서 풀려날 수 없고, 더욱이 주님의 신령도움(the Lord's Divine aid)이 아니면, 그 사람은 애쓰고, 노력할 것이지만, 풀려날 수는 없을 것입니다. 왜냐하면 애욕과 그 애욕의 쾌락으로의 침투는 굳게 결합하기 때문입니다. 이러한 짓은 저 세상에서 악령들이나 악귀(惡鬼)들이 채택한

술책(術策)입니다. 꼭 같은 일이 이 세상에서도 있습니다. 왜냐하면 자기 자신을 그의 사랑에 속한 다른 자의 쾌락에 침투시키는 자는 그 사람을 결박하고, 또한 그 사람을 끌고 가기 때문입니다.

7502. "**주의 손이, 들에 있는 너의 집짐승들 위에 두어서**(=쳐서)······."

이 말씀이 그들이 처해 있는 교회로부터 그들이 취한 진리나 믿음의 선의 박탈(=황폐·vastation)을 뜻한다는 것은 재난(災難·天罰·plague)이나 형벌을 가리키는 "여호와의 손이 누구에게 둔다"(=누구를 친다)는 말의 뜻에서 잘 알 수 있습니다. 왜냐하면 "손"은 능력을 뜻하고(4931-4937·6292·6947·7188·7189항 참조), 그리고 "여호와의 손"(=주의 손)은 전능(全能)을 뜻하기 때문입니다(878·3387항 참조). 교회의 외적인 것들 안에 있는 자들은 외현으로 말미암아 모든 재난이나 형벌이 여호와에게서 온다고 믿기 때문에, 그 이유는 그들은 모든 일들을 여호와의 능력의 탓으로 돌리고 있기 때문인데, 그러므로 "여호와의 손이 누구에게 둔다"(=친다)는 말은 여기서는 박탈(=황폐)을 뜻합니다. 왜냐하면 내습하고, 괴롭히는 자들의 박탈의 등급들(degrees)이 곧 형벌들을 가리키기 때문입니다. 그리고 또한 진리들이나, 믿음의 선들을 가리키는 "집짐승"(家畜)의 뜻에서(6016·6045·6049항 참조), 그리고 교회를 가리키는 "들"(field)의 뜻에서(2971·3310항 참조) 잘 알 수 있습니다. "들"이 교회를 뜻한다는 것은, 들(=밭·沃土)에 파종(播種)된 씨(種子)들이 믿음에 속한 진리들을 뜻하기 때문이고, 또한 밭에서 생산된 생산품은, 예컨대 밀·보리·가축의 사료 밀이나 그 밖의 등등, 인애에 속한 선들을 뜻하기 때문이고, 그리고 믿음에 속한 진리들을 뜻하기 때문입니다. 따라서 이런 것들은 교회에 속한 것들이기 때문입니다.

[2] 저 세상에서 정직한 자(the upright)를 공격하고, 괴롭히는 지옥의 영들이 교회에 속한 믿음의 진리들을 박탈한다는 것에 관해서 반드시 주지하여야 할 것은 저 세상에서 정직한 자를 공격, 괴롭히

는 자들은 이 세상에 살 때 교회에 속해 있었던 자들이다는 것입니다. 왜냐하면 교회에 속하지 않았던 자들은 교회에 속해 있는 다른 자들을 공격할 수도 없고, 괴롭힐 수도 없기 때문입니다. 그 이유는 교회에 속한 믿음의 진리에 정반대되는 거짓들은 그들이 그런 짓을 하는데 사용하는 수단들을 뜻하기 때문입니다. 교회 밖에 있었던 자들은 그런 수단들에 의하여 어느 누구도 공격할 수도 없고, 괴롭힐 수도 없는데, 그 이유는 그들이 그런 것들을 전혀 알고 있지 않기 때문입니다. 믿음의 고백(a profession of faith)을 곧잘 하고 있지만, 악에 속한 삶을 사는 자들은 저 세상에서 거짓들에 의존하고, 정직한 사람을 공격하고, 괴롭힌다는 것은 7097・7127・7317항을 참조하십시오. 그러므로 그들이 이 세상에서 살 때 그들의 교회의 교리에서 터득한 믿음의 진리들을 가지고 가기 때문인데, 왜냐하면 육신을 입은 삶에서 그들이 안 모든 것들을 그들과 함께 그 어떤 것도 빠뜨리지 않고, 그들은 저 세상에 가져가기 때문인데, 그들에게 주는 천계에서 비롯된 빛을 막기 위하여, 그리고 그들이 빛에 속한 것들을 지옥에 속한 거짓들이나 악들을 옹호하는데 적용하는 것을 막기 위하여 이런 부류의 모든 것들은 그들에게서 제거되어야 하고, 그리고 종국에 그들은 그들의 삶에 속한 악들이나, 그것에서 파생된 거짓들에 남아 있어야 합니다. 이러한 내용이 바로 여기서 언급하고 있는 박탈(剝奪・vastation)입니다.

[3] 교회에 속한 자들이나, 악한 삶을 산 자들이 지옥에 떨어지기 전에 이와 같이 점진적으로 박탈을 당하는 이유는 그들이 믿음의 진리들을 알기 때문이고, 그것에 의하여 천계와의 교류를 가졌었기 때문입니다. 그들이 교류를 가졌던 천계적인 사회들이나, 역시 저 세상에서 그 교류를 가지고 있는 그런 사회들은 점진적인 것이 아니면, 그들에게서 분리될 수 없기 때문입니다. 왜냐하면 폭력적으로 일어나는 것은 아무것도 없고, 오히려 자기 스스로 하는 것과 같이, 모든 일은 자유의 상태에서 일어나는 이런 질서가 바로 주님에게서

비롯된 천계의 질서이기 때문입니다. 그러므로 이와 같은 천계적인 사회들은 그들에게서 무리하게 억지로 빼앗는 일은 없고, 오히려 점진적으로 분리될 뿐입니다. 그러므로 악한 영들은 그들 자신들의 동의에 의하여 떠나는 것처럼 보입니다. 이상에서 교회에 속한 믿음의 진리들을 알고 있고, 그럼에도 불구하고 악한 삶을 영위한 자들의 박탈의 상태가 어떠한 것인지 잘 알 수 있겠습니다.

[4] 그와 같은 경우는 계시(啓示 · revelation)에서 비롯된 것이 아니면 어느 누구도 알 수 없다는 것입니다. 왜냐하면 계시에서 비롯된 것을 제외하면 사람은 저 세상에 존재해 있는 것들의 지식을 전혀 가질 수 없기 때문입니다. 그리고 사람은 성언으로부터 믿음에 속한 진리들이나 선들을 탐구하는 것을 거의 원하지 않기 때문에, 그 이유는 그 사람은 진리 자체의 목적을 위한 진리의 정동 안에는 결코 있지 않고, 더욱이 생명의 목적을 위해서는 진리의 정동 안에는 결코 있지 않기 때문인데, 그러므로 이러한 일들은 그에게는 계시되지 않습니다. 그럼에도 불구하고 그것들은 속뜻으로 성언 안에서 나타나고 있는데, 이러한 것은 모든 계속적인 것이나, 진전과정의 측면에서 나타납니다. 그러므로 교회에 속한 그 사람은 성언으로부터 진리를 알고자 하는 정동 안에 있지 않고, 오직 세상적인 이유 때문에 자신의 교회의 교리적인 것들이 참된 것인지, 거짓된 것인지를 확증하려는 정동 안에 있기 때문에, 그러므로 그는 사후의 상태에 관해서 어떤 것도 알지 못하고, 그리고 천계나, 지옥에 관해서도 아무것도 알지 못합니다. 그 사람은 심지어 사람에게서 무엇이 천계를 완성하고, 무엇이 지옥을 만드는지도 알지 못합니다. 아니, 이와 같이 인간들이 매우 무지(無知)하기 때문에, 그들은, 어느 누구나 다 천계에 들어갈 수 있다고, 가르치고 있고, 그리고 믿고 있습니다. 그들 중에 어떤 자들은 자기 자신에게 사사로이 남용(濫用)한 권한에 의하여, 또 어떤 자들은 주님의 자비에 의하여, 그들이 어떻게 살았느냐는 문제가 되지 않고 천계에 허입(許入)된다고 가르치고 있고, 또

한 믿고 있습니다. 그리고 대부분의 사람들은, 이 세상에서 한 생애를 보내는 동안 인애의 삶이나 믿음의 삶에 의하여 천계는 사람에게 주어진다는 것과, 그리고 이런 삶이 계속 남는다는 것 등을 거의 알지 못하고 있습니다. 믿음의 삶에 관해서 등한시 하고, 오직 믿음만(依唯信得義)을 고백하는 교회에 속한 그 사람의 성품을 알게 하기 위하여, 위의 내용들을 언급하였습니다. 왜냐하면 이런 부류의 작자들이, 우리의 본문에서, 그리고 아래에 이어지는 것에서, 이집트 사람들이 표징하는 자들이기 때문입니다.

7503. "곧 말과 나귀와 낙타를 치겠다."
이 말씀이 총명적인 것들이나, 믿음에 속한 진리의 기억지(記憶知)들을 뜻한다는 것은, 총명(=지성)에 속한 것들을 가리키는 "말들"(horses)의 뜻에서(2761·2762·3217·5321·6125·6534항 참조), 그리고 지성에 봉사하는 것들을 가리키는, 따라서 역시 기억지들을 가리키는 "나귀들"(asses)의 뜻에서(5492·7024항 참조), 그리고 일반적으로 기억지들을 가리키는 "낙타들"(camels)의 뜻에서(3048·3071·3143·3145항 참조) 잘 알 수 있습니다. 이와 같은 세 종류의 동물들은 총명의 영역(=이해의 영역)에 속한 것들을 뜻하고, 소 떼나 양 떼에 속한 다른 짐승들은 의지의 영역에 속한 것들을 뜻합니다. 총명의 영역에 관해서 살펴본다면, 그것은 곧 믿음의 진리들을 영접, 수용하는 것입니다. 왜냐하면 지성(=총명·the intellect)은 내적인 시각(the internal sight)을 가리키는데, 그것은 천계의 빛에 의하여 조요(照耀), 교화(敎化)되고, 그리고 그것이 그렇게 되는 것에 비례하여, 그것이 성언을 탐독할 때 믿음의 진리들을 인지하고, 이해하고, 시인하기 때문입니다. 그러므로 믿음의 진리들의 지각상태에 있는 자들을 가리켜 "지성적인 사람" "현명한 사람" 또는 "교화된 사람"(enlightened)이라고 부릅니다. 총명이 믿음의 진리의 수용그릇이다는 것은 5114·6125·6222항을 참조하십시오.

7504. "소와 양 떼를 치겠다."

이 말씀은 의지(意志·will)에 속한 것들을 뜻한다는 것은 외면적 자연적인 것의 선을 가리키는 "소"(=소 떼·herd)의 뜻에서, 그리고 내면적 자연적인 것의 선을 가리키는 "양 떼"(flock)의 뜻에서(5913항 참조) 잘 알 수 있습니다. 그리고 이런 짐승들이 선을 뜻하기 때문에, 이런 짐승들은 의지에 속한 것들을 뜻합니다. 왜냐하면 모든 선은 의지와 관계를 가지고 있고, 그리고 모든 진리는 이해와 관계를 가지고 있기 때문입니다.

7505. "심히 무서운 병(=전염병)**이 들게 할 것이다."**
이 말씀이 일반적으로 소멸(消滅·consumption)을 뜻한다는 것은 진리의 박탈(=황폐화·the vastation of truth)을 가리키는 "무서운 병"(=전염병·pestilence)의 뜻에서 잘 알 수 있습니다. 그리고 그것이 "무서운 병"이라고 불리웠기 때문에, 진리의 소멸을 뜻하고 있습니다. "질병"(=전염병)이 진리의 박탈(the vastation of truth·진리의 황폐)을 뜻한다는 것은 성경의 아래 장절에서 아주 명확합니다. 에스겔서의 말씀입니다.

> 내가 예루살렘에서 사람과 짐승이 사라지게 하려고 나의 네 가지 맹렬한 재앙들, 곧 전쟁과 기근과 사나운 짐승과 전염병을 거기에 보내겠다. (에스겔 14 : 21)

여기서 "사람과 짐승을 사라지게 한다"(=끊어버린다)는 말은 내면적인 선과 외면적인 선을 박탈하는 것을 뜻합니다. 같은 책의 말씀입니다.

> 거리에는 전쟁이 있고,
> 집 안에는 전염병과 기근이 있다.
> 들녘에 있는 사람은 칼에 찔려 죽고,
> 성읍 안에 있는 사람은
> 기근과 전염병으로 죽는다.

(에스겔 7 : 15)

여기서도 "전염병"(pestilence)은 선의 박탈을 뜻합니다. 같은 책의 말씀입니다.

> 너희가 온갖 보기 싫은 우상과 역겨운 일로 내 성소를 더럽혀 놓았기 때문에, 내가 너희를 넘어뜨리겠고, 너희를 아끼지 않겠으며, 너희를 불쌍하게 여기지도 않겠다. 너희 가운데서 삼분의 일은 전염병에 걸려 죽거나, 굶어 죽을 것이며, 또 삼분의 일은 성읍의 둘레에서 칼에 맞아 쓰러질 것이며, 나머지 삼분의 일은 내가 사방으로 흩어 버리고, 칼을 빼어 들고 그들의 뒤를 쫓아가겠다.
> (에스겔 5 : 11, 12)

여기서 "전염병"은 선의 씻어버림(掃蕩)을 뜻합니다. 아모스서의 말씀입니다.

> "내가 옛날 이집트에 전염병을 내린 것처럼,
> 너희에게도 내렸다.
> 내가
> 너희의 젊은이들을 칼로 죽였으며,
> 너희의 말들을 약탈당하게 하였다."
> (아모스 4 : 10)

여기서 "이집트(=이집트의 길)에 내린 전염병"은, "이집트의 길"(the way of Egypt)을 가리키는 거짓들에 의한 선과 진리의 박탈을 뜻하고, "내가 칼로 죽인 젊은이들이나, 약탈당하게 한 말들"은 진리의 박탈을 뜻합니다. 그리고 "젊은이들"은 진리들을 뜻하고, "말들"(horses)은 총명적인 것들을 뜻합니다(7503항 참조). 시편서의 말씀입니다.

그러므로 너는
밤에 찾아드는 공포를 두려워하지 않고,
낮에 날아드는 화살을
무서워하지 않을 것이다.
흑암을 틈타서 퍼지는 염병(=전염병)과
백주에 덮치는 재앙(=죽음)도 두려워하지 말아라.
(시편 91 : 5, 6)

이 구절에서 "흑암을 틈타서 퍼지는 염병(=전염병)"은 비밀리에 박탈하는 악을 뜻하고, "백주에 덮치는 재앙(=죽음)"은 공개적으로 박탈하는 악을 뜻합니다. 그 밖의 여러 장절들이 있습니다.

7506. "그러나 주는 이스라엘 사람의 집짐승과 이집트 사람의 집짐승을 구별할 것이다."

이 말씀이 영적인 교회에 속한 자들의 진리들이나 믿음의 선들과, 공격하고, 괴롭히는 자들에게 있는 교회에 속한 자들의 진리들이나 믿음의 선들 사이에 있는 차이(=등차)를 뜻한다는 것은 차이를 가리키는 "구별한다"(severing)는 말의 뜻에서, 그리고 진리들이나 믿음의 선들을 가리키는 "집짐승"(=가축·cattle)의 뜻에서(7502항 참조), 그리고 영적인 교회에 속한 자들을 가리키는 "이스라엘 사람"의 뜻에서(7500항 참조), 그리고 공격하고 괴롭히는 자들에게 있는 교회의 선들이나 진리들을 가리키는 "이집트 사람의 집짐승"의 뜻에서 잘 알 수 있습니다. "이집트 사람들"이 그 교회에 속해 있는 자들을 뜻한다는 것, 결과적으로는 진리의 지식들이나, 믿음의 선의 지식들 안에 있지만, 그러나 악한 삶 안에 있고, 그리고 또한 저 세상에서는 공격하고, 괴롭히는 자들을 뜻한다는 것은 7907·7127·7317·7502항을 참조하십시오.

[2] 교회에 속한 사람들, 그리고 구원받은 사람들의 진리들이나 믿음의 선들과, 교회에 속한 사람들, 그리고 유죄판결(有罪判決)을 받은 사람의 진리들과 믿음의 선들 사이에 있는 차이가 무엇인지 간

략하게 설명하고자 합니다. 교회에 속해 있고, 그리고 구원받은 사람들의 진리들이나 믿음의 선들은 인애의 선에서 비롯되었습니다. 그리고 인애의 정동이 영적인 것 자체이기 때문에 이런 진리들이나 선들도 영적인 것이고, 그리고 그것들은 주님으로부터 천계를 통하여 입류합니다. 왜냐하면 그것들을 영접, 수용한 자들의 내면적인 것들은 천계를 향해 열려 있기 때문입니다. 그러나 교회에 속해 있고, 그리고 정죄 받은 사람들의 진리들이나 선들은 인애의 선에서 온 것이 아니고, 따라서 영적인 것이 아닙니다. 사실 그것들은 천계를 통해서 받지만, 그러나 차가운 상태나, 짙은 흑암의 상태에 수용됩니다. 차가운 상태에 수용되는 것은 거기에 인애의 선이 없기 때문이고, 짙은 흑암의 상태에 수용되는 것은 그들이 그것들을 수용하는 수단을 가리키는 빛은, 말하자면, 한 겨울의 빛과 같은데, 이 빛은, 천계의 빛과 비교하면 짙은 어둠입니다. 그리고 또한 그들의 내면적인 것들은 천계를 향해서는 열려 있지 않지만, 그러나 세상을 향해서는 열려 있고, 그들은 천계에서 비롯된 진리와 선의 입류를 그 세상 쪽으로 결정합니다. 이런 일로 인하여 그들이 선이나 믿음의 진리에 속한 것을 가지고 있는 개념들은 단순히 자연적인 것이 되고, 아니, 물질적인 것이 되고 마는데, 영계에서 그런 것들은 아주 추한 것(as ugly)을 드러내고, 사람이 가지고 있는 것과는 전혀 비슷하지 않은 꼴을 보여 줍니다. 그러나 교회에 속해 있고, 그리고 구원받은 자들의 진리나 믿음의 선의 개념들은, 비록 그것들이 이 세상에 있는 물질적인 것들 안에서 끝난 것 같이 보이지만, 그럼에도 불구하고 그들은 그것들에게서 분리되고 있습니다. 왜냐하면 그들은 그것들로부터 고양되었기 때문입니다. 영계에서 이런 사람들의 개념들은 아주 아름다운 것을 드러내고, 사람에 속한 것과 닮은 것을 가지고 있습니다. 이것이, 겉모양(the outward form)에서는, 다시 말하면 대화(對話)나 설교에서는 그것들이 매우 비슷하게 보이지만, 그것의 차이입니다.

[3] 이와 같은 차이의 원인은 다름 아닌 생명(=삶·life)입니다. 왜냐하면 인애에서 비롯된 삶의 선(the good of life)이 진리의 수용그릇인 총명적인 것에 입류할 때, 그것은 선들이나 믿음의 진리들에 관해서 아주 아름다운 개념들을 형성하기 때문입니다. 이에 반하여 이에 정반대되는 삶의 악(the evil of life)이 총명적인 것에 입류할 때 그것은 선들이나 믿음의 진리들의 측면에서 아주 추한 개념들을 형성하기 때문입니다. 그리고 이런 부류의 개념들은 천계에서 시인되지도 않습니다.

7507. "이스라엘 자손의 것은 하나도 죽지 않게 할 것이다."
이 말씀이 그것들은 소멸되지 않을 것이다는 것을 뜻한다는 것은, 소멸하지 않는다는 것을 가리키는 "하나도 죽지 않는다"(=어떤 것도 죽지 않는다)는 말의 뜻에서, 그리고 위에서 그것들에 관해서 언급한 것과 같이(7502항 참조), "그것들이 죽지 않을 것이다"고 언급된 "집짐승"(=가축·cattle)의 뜻에서, 그리고 영적인 교회에 속한 자들을 가리키는 "이스라엘 사람"의 표징에서, 잘 알 수 있습니다. 교회에 속한 자들에게 있는 선들이나, 믿음의 진리들이 죽을 수 없다는 것은, 그들이 인애에 의하여 신령존재와 결합되어 있기 때문이고, 그리고 신령존재는 생명 자체이고, 영원한 존재이기 때문입니다. 그리고 또한 생명 자체와 결합한 것이나, 영원한 것과 결합한 것은 죽을 수도 없고, 소멸될 수도 없기 때문입니다. 그러나 그것은 영원히 남아 있고, 그리고 계속해서 완전해 갑니다. 교회에 속해 있고, 그리고 유죄판결을 받은 자들이 가지고 있는 믿음에 속한 것들은 신령존재와 결합되지 않기 때문에, 결과적으로는 그들 안에 생명을 결코 가지고 있지 않으며, 그들은 죽을 뿐입니다. 왜냐하면 그들은 마치 생명이 결핍된 석고상과 닮았기 때문이고, 그것은 살아 있는 것이 아니기 때문에, 저 세상에서 그들은 소멸할 것입니다. 다시 말하면 쫓겨날 것입니다.

7508. 주께서 때를 정하셨다.

이 말씀이 예정(豫定·豫告·predetermination)을 뜻한다는 것은 다른 설명이 없이도 잘 알 수 있겠습니다.

7509. "나 주가 내일 이 땅에서 이 일을 하겠다" 하고 말씀하셨다.
이 말씀이 교회의 진리나 선에 속한 것들의 측면에서 그들의 것들이 영원할 것이다는 것을 뜻한다는 것은 영원을 가리키는 "내일"의 뜻에서 잘 알 수 있습니다(3998항 참조). 그리고 그것이 교회의 진리나 선에 속한 것들에 대한 것이다는 것은, 이 선이나 진리에 대하여 앞서 언급한 것에서, 다시 말하면 "이집트 사람들"이 뜻하는 자들에게 있는 그것들은 소멸할 것이고, 그리고 이스라엘 사람들이 표징하는 자들에게 있는 그것들은 계속 이어질 것이다고 언급한 내용에서 명백합니다.

7510. 이튿날, 주께서 이 일을 하셨다.
이 말씀이 예정에 일치하는 결과를 뜻한다는 것은 결과(結果·effect)를 가리키는 "이 일을 하겠다"는 말의 뜻에서, 그리고 예정을 가리키는 언급된 시간, 여기서는 "내일"(=이튿날·the morrow)의 뜻에서(7508항 참조) 잘 알 수 있습니다. 신령존재에 의하여 정해진 예정이 영속(永續)적인 것과 관계 되었을 때에는, 그것은 "내일"이라는 말에 의하여 표현되고 있습니다.

7511. 이집트 사람의 집짐승은 모두 죽었다.
이 말씀이 공격하고, 괴롭히는 자들이 가지고 있는 진리나 믿음의 선의 소멸을 뜻한다는 것은 소멸을 가리키는 "죽는다"는 말의 뜻에서(7505·7507항 참조), 다시 말하면 "전염병"(=심히 무서운 병)에 의한 소멸을 가리키는 "죽는다"는 말의 뜻에서, 그리고 공격하고 괴롭히는 자들에게 있는 교회의 진리들이나 선들을 가리키는 "이집트 사람의 집짐승"의 뜻에서(7506항 참조), 잘 알 수 있습니다.

7512. 이스라엘 자손의 집짐승은 한 마리도 죽지 않았다.
이 말씀이 영적인 교회에 속한 자들에게서는 믿음에 속한 것은 아무것도 소멸되지 않는다는 것을 뜻한다는 것은 바로 앞에서 설명한 것에서(7506·7507항 참조) 잘 알 수 있습니다.

7513. 바로는 사람을 보내서, 이스라엘 사람의 집짐승이 한 마리도 죽지 않았다는 것을 확인하였다.

이 말씀이 이러한 사실이 공격하고, 괴롭히는 자들에게 알려졌다는 것을 뜻한다는 것은 괴롭히는 자들을 가리키는 "바로"의 표징에서 (7498항 참조) 잘 알 수 있습니다. 이 일이 그들에게 잘 알려졌다는 것, 다시 말하면 선들이나 믿음의 진리들에 속한 것은 영적인 교회에 속한 자들 가운데서는, 아무것도 멸망하지 않는다는 것은 "바로는 사람을 보내서, 이스라엘 사람의 집짐승이 한 마리도 죽지 않았다는 것을 확인하였다"는 말이 뜻합니다.

7514. 그러나 바로는 여전히 고집을 부렸다(=바로의 마음은 완악하였다).

이 말씀은 고집이나 완고함을 뜻합니다(7272·7300·7305항 참조).

7515. 바로는 그 백성을 보내지 않았다.

이 말씀은 그들이 그들을 떠나 보내지 않았다는 것을 뜻합니다. 다시 말하면 그들이 괴롭히고 있는 영적인 교회에 속한 자들을 내보내지 않았다는 것을 뜻합니다(7474항 참조).

7516. 8-12절. 주께서 모세와 아론에게 말씀하셨다. "너희는 가마솥 밑에 있는 그을음을 두 손에 가득히 움켜 쥐어라. 그리고 모세가 그것을 바로 앞에서 공중에 뿌려라. 그것이 이집트 온 땅 위에서 먼지가 되어, 사람과 집짐승에게 악성 종기를 일으킬 것이다." 그래서 그들은 가마솥의 그을음을 모아 가지고 가서, 바로 앞에 섰다. 모세가 그것을 공중에 뿌리니, 그것이 사람과 짐승에게 붙어서, 악성 종기를 일으켰다. 마술사들도 종기 때문에 모세 앞에 나서지 못하였다. 모든 이집트 사람과 마술사들에게 종기가 생긴 것이다. 그러나 주께서, 바로가 여전히 고집을 부리게 하셨으므로, 주께서 모세에게 말씀하신 대로, 바로가 그들의 말을 듣지 않았다.

"주께서 모세와 아론에게 말씀하셨다"는 말씀은 새로운 가르침(敎育·敎訓)을 뜻합니다. "너희는 두 손에 가득 움켜 쥐어라"는 말씀은 받을 만큼 주어진 능력을 뜻하고, "가마솥 밑에 있는 그을음"(=화덕의 재)은 공격하고 괴롭히는 자들에게 있는 임재(=현존)를 통하여 탐욕들의 거짓들을 자극, 흥분시키는 것을 뜻합니다. "그리고 모세가 그것을 공중에 뿌려라"(=하늘을 향하여 그것을 뿌려라)는 말씀은 천계에 있는 자들에게 보여진 이런 거짓들을 뜻합니다. "바로 앞에서"(=바로의 목전에서)라는 말씀은 현존의 상태(=임재의 상태)에서 라는 것을 뜻합니다. "그것이 이집트 온 땅 위에서 먼지가 될 것이다"는 말씀은 자연적인 마음 안에 있는 이런 거짓들의 영벌(永罰)을 뜻합니다. "그것은 사람과 집짐승에게 (악성 종기를) 일으킬 것이다"(=될 것이다)는 말씀은 내면적인 악이나, 외면적인 악이 비롯된 근원을 뜻합니다. "악성 종기가 될 것이다"(=물집이 생기는 종기가 될 것이다)라는 말씀의 "악성 종기"는 결과적으로 온갖 모독과 함께 하는 불결한 것들을 뜻합니다. "이집트 온 땅에서"라는 말씀은 전 자연적인 마음을 뜻합니다. "그래서 그들은 가마솥의 그을음을 모아 가졌다"(=그들이 화덕의 재를 가졌다)는 말씀은 온갖 탐욕들에 속한 거짓들을 뜻합니다. "가지고 가서, 바로 앞에 섰다"는 말씀은 공격하고, 괴롭히는 자들의 현존(=임재) 가운데 있다는 것을 뜻합니다. "모세가 그것을 공중에(=하늘을 향해) 뿌렸다"는 말씀은 천계에 있는 자들에게 보여진 이런 것들을 뜻합니다. "그것이 사람과 짐승에게 붙어서 악성 종기(=물집이 생기는 종기)를 일으켰다"는 말씀은 내면적인 악이나, 외면적인 악으로 말미암은 모독과 함께 하는 온갖 더러운 것들을 뜻합니다. "마술사들도 종기 때문에 모세 앞에 나서지 못하였다"는 말씀은 겉모양에서는 같은 것을 표현하는 것에 의하여 신령질서를 악용하는 자들이 현존할 수 없다는 것을 뜻합니다. "모든 마술사들에게 종기가 생겼다"는 말씀은 그것들에게서 나온 꼭 같은 온갖 더러운 것들을 뜻합니다. "모든 이집트 사람에게 종기가 생겼다"는 말씀은 공격하고 괴롭히는 자들 안에 있는 것들과 같다는 것을 뜻합니다. "주께서 바로가 여전히 고집을 부리게 하였다"(=주께서 바로의 마음을 완악하게 하셨다)는 말씀은 그들이 결정하였다는 것을 뜻합니다. "바로가 그들의 말을 듣지 않았다"는 말씀은 그들이 복종하지 않았다는 것을 뜻합니다. "주께서 모세에게 말씀하신 대로"라는 말씀은 예고와 일치한다는 것을 뜻합니다.

7517. 주께서 모세와 아론에게 말씀하셨다.
이 말씀이 새로운 가르침(敎育・敎訓)을 뜻한다는 것은 가르침(敎育・敎訓)을 가리키는 "주께서 말씀하셨다"는 말의 뜻에서(7497항 참조) 잘 알 수 있습니다. 그리고 그것이 새로운 가르침이다는 것은, 먼저 상태가 끝이 났고, 지금은 새로운 상태가 다루어지고 있기 때문입니다. 여호와(=주)에게서 비롯된 가르침은, 그분에게서 발출하는 진리에 의하여 주어집니다. 주에게서 발출하는 진리는 모세와 아론에 의하여 표징됩니다. 즉 내적인 진리는 모세에 의해서, 외적인 진리는 아론에 의하여 표징됩니다.

7518. "너희는 (그을음을) 두 손에 가득히 움켜 쥐어라"(=두 웅큼을 쥐어라).
이 말씀이 받을 수 있을 만큼 많이 주어진 능력(能力・power)을 뜻한다는 것은 능력을 가리키는 "손"(=주먹・fists), 또는 손들의 손바닥(palms)의 뜻에서 잘 알 수 있습니다. "손"(=주먹)이나 손바닥(palms)이 능력을 뜻한다는 것은, 아래에서 설명하겠지만, "손"(hands)이 능력을 뜻하기 때문입니다. 받을 수 있을 만큼 많이라는 뜻은 "가득히"(fulness)라는 말이 뜻합니다. "손"(=주먹・fists) 또는 손바닥(palms)의 이와 같은 뜻에 관해서 주지하여야 할 것은 최대인간(最大人間・the Grand Man)에게 있는 팔들(arms)은 능력(=힘・power)에 대응한다는 것입니다. 이렇게 볼 때 팔(arms) 자체는 능력을 뜻할 뿐만 아니라, 또한 어깨들(shoulders)이나, 마찬가지로 손들(hands), 그리고 그 아래의 손가락들(fingers)도 능력을 뜻한다는 것입니다. "팔들"(arms)이 능력을 뜻한다는 것은 878 · 4932 · 4934 · 4935 · 7205항을 참조하시고, "어깨들"(shoulders)이 능력을 뜻한다는 것은 1085 · 4937항을 참조하시고, "손들"(hands)이 능력을 뜻한다는 것은 878 · 3387 · 5327 · 5328 · 5544 · 6292 · 6947 · 7011 · 7188 · 7189항을 참조하시고, 역시 "손가락들"(fingers)이 능력을 뜻한다는 것은 7430항을 참조하십시오. 왜냐하면 일반적으로 그것들의 대응 때문입니다(4931-4937항 참조). 팔에 속한 모든 것들이 능력에 대응한다는 이유는 육신은 그것들에 의하여 자신의 능력을 실천하기 때문입니다. 이렇게 볼 때, "오른쪽에 앉아 있다"는 말이 뜻하는 것이 무엇인지 잘 알 수 있겠습니다. 즉―.

> 예수께서 그에게 말씀하셨다. "이제로부터 당신들은, 인자가 권능의 보좌 오른쪽에 앉아 있는 것을……보게 될 것이요."
> (마태 26 : 64)
> 이제부터 인자가 전능하신 하나님의 오른쪽에 앉게 될 것이다.
> (누가 22 : 69)

다시 말하면 그것은 주님의 전능(全能)을 뜻합니다. 그렇기 때문에 "전능하신 하나님의 오른쪽"이라고 언급되었습니다. 시편서의 말씀입니다.

> 주의 팔에 능력이 있으며,
> 주의 손에는 힘이 있으며,
> 주의 오른손은
> 높이 들려서 추앙을 받습니다.
> (시편 89 : 13)

이상의 장절들은 속뜻으로 성경에서 주어진 빛이 무엇인지를 잘 입증해 주고 있습니다. 왜냐하면 "오른손"이 능력을 뜻한다는 것을 알지 못한다면, 이 구절의 말에 따라서 이해할 수 있는 것은 주님은 여호와의 오른손 쪽에 앉아 계실 것이다는 것뿐입니다.

7519. "가마솥 밑에 있는 그을음"(=화덕의 재).
이 말씀이 괴롭히는 자들에게 있는 현존을 통한 탐욕들의 거짓들을 자극하고, 흥분시킨다는 것을 뜻한다는 것은, 아래에서 그것에 관해서 설명하겠지만, 탐욕들에 속한 거짓들을 가리키는 "화덕의 재"(=가마솥 밑에 있는 그을음)의 뜻에서 잘 알 수 있습니다. 그것이 현존이나 임재에 의한 괴롭히는 자들의 자극이나 흥분을 뜻한다는 것은 우리의 본문절에 이어지는 것에서 명확합니다. 왜냐하면 "모세가 그것을 바로의 목전에서 하늘을 향하여 뿌렸다"고 언급되었기 때문입니다. "목전에서"(=바로 앞에서)라는 말은 현존이나, 임재를 뜻하고, "바로"는 앞에서 자주 언급한 것과 같이, 공격하고, 괴롭히는 자들을 뜻합니다.

[2] 이러한 것들의 경우가 어떠한 것인지는 계시가 없다면 알 수 없겠습니다. 왜냐하면 그런 일들은 모두가 저 세상에서 일어나는 것들이고, 그리고 이 세상에서는 알려지지 않은 것들이기 때문입니다. 악한 영들, 즉 지옥의 영들이 천계로부터 옮겨지고, 그리고 분리되어 있는 한, 다시 말하면 천계에 있는 사랑의 선이나, 믿음의 진리에서 그들이 옮겨져 있고, 분리되어 있는 한, 그들은 그들이 온갖 악들이나 거짓들 안에 존재해 있다는 것을 알지 못합니다. 왜냐하면 그 때 그들은 거짓들이 진리들이다고 믿고, 그리고 악들이 선들이다고 믿기 때문입니다. 그러나 천계가 그들에게 가까이 이르게 되면 즉시, 다시 말하면 몇몇 천계적인 사회가 그들에게 가까이 이르게 되면 즉시 그들은 그 거짓들이나 악들을 인지하기 때문입니다. 왜냐하면 그 때 입류한 믿음의 진리들은 그들로 하여금 그 거짓들을 인지하게 하고, 그리고 그 때 입류한 사랑의 선은 그들로 하여금 그 악들을 인지하게 하기 때문입니다. 천계가 가까이 임하면 그럴수록, 또는 그 당장 천계의 사랑의 선이나, 믿음의 진리가 거기에 입류하

면 할수록, 그들은 그들 자신의 악들이나 거짓들에 의하여 더욱 더 심한 비난(非難)이나 치욕(恥辱)을 겪습니다. 그것은 그들이 이런 것들을 견딜 수가 없기 때문입니다.

[3] 이상의 모든 사실들에서 볼 때, 모세가 화덕의 재(=그을음)를 취하고, 그것들을 하늘을 향해 뿌리도록 명령을 받은 이유를 알 수 있겠고, 그리고 모세가 바로의 목전에서 이 일을 행한 이유를 또한 알 수 있겠습니다. 왜냐하면 하늘을 향해 뿌려진 재는 천계의 입류(入流·the influx of heaven)를 뜻하고, 바로의 목전에서 행한 이 일은 공격하고 괴롭히는 자들의 현존에서 행한 것을 뜻하기 때문입니다. 아론이 아니고, 이 일을 모세가 한 것은, 신령존재로부터 직접적으로 발출한 진리는 악한 자들에게 이와 같은 결과를 드러내 보여 주기 때문입니다. 그리고 모세는 신령존재에게서 직접 발출하는 진리를 가리키고, 그리고 아론은 간접적으로 발출하는 진리를 가리키기 때문입니다(7010항 참조). 이상에서 볼 때, 속뜻으로 우리의 본문절이나, 다음에 이어지는 구절의 내용들이 무엇을 뜻하는지 잘 알 수 있겠습니다. 다시 말하면 온갖 모독들과 더불어 탐욕들에 속한 불결한 것들이나, 욕지기나는 것들이 자극을 받을 것이다는 것을 잘 알 수 있겠습니다. 이러한 내용은 곧 "사람과 짐승 위에 물집이 생기는 악성 종기"가 뜻합니다. 이런 것들은 신령진리가 입류할 때, 그리고 천계가 더욱 가까이 임할 때, 자극을 받고, 흥분을 합니다.

[4] 어느 누구나 밝히 알 수 있는 것은, 만약에 거기에 천계적인 비밀(秘密·a heavenly secret)이 없다면, 주께서는 모세에게 이런 것들을 명령하지 않았을 것이다는 사실입니다. 말하자면, 모세가 화덕의 재를 취하고, 그것들을 하늘을 향해 뿌리라고 명령하지 않았을 것입니다. 그와 같은 결과를 생성하는 그런 수단들은 그것들이 천계적인 어떤 것을 내포하고 있지 않다면 여호와(=주)에 의하여 명령되지 않았을 것인데, 이런 수단들은 그런 것에 대응합니다. 이런 사실로부터 성언의 본성(the nature of the Word)을 잘 알 수 있는데, 그

것은 비밀스러운 것들로 가득 채워 있지만, 그러나 비밀스러운 것들은 문자적인 뜻으로는 보이지 않습니다.
[5] "화덕의 재"(ashes of the furnace)가 탐욕들에 속한 거짓들을 뜻한다는 것은, 그것들이 불에 탄 것들에게서 생긴 것이기 때문인데, "불에 탄다"(燃燒·burning)는 말은, 성경에서 "불"(火·fire) 자체와 같이, 좋은 뜻으로는 천계적인 정동들에 속한 선을 뜻하지만, 나쁜 뜻으로는 지옥적인 탐욕들에 속한 악을 뜻합니다. "불"이 이런 뜻을 가지고 있다는 것은 934 · 1861 · 2446 · 4906 · 5071 · 5215 · 6314 · 6832 · 6834 · 6849 · 7324항을 참조하시고, "불에 탄다"(=연소·burning)는 것이 탐욕들에 속한 악을 뜻한다는 것은 1297 · 5215항을 참조하십시오. 이것으로 말미암아 "재"(=그을음·ashes)는 거짓들을 뜻한다고 하겠습니다. 왜냐하면 거짓들은 탐욕들의 악들에게서 오기 때문입니다. "불"이 탐욕에 속한 악들을 뜻하기 때문에, 그것들은 또한 용기를 가리키는 "화덕"이 뜻하기도 합니다. 이것은 그 용기가 담고 있는 것과 같은 것을 흔히 뜻하기 때문입니다.
[6] "화덕"(furnace)이 이런 뜻을 가지고 있다는 것은 아래의 장절들에게서 명확합니다. 말라기서의 말씀입니다.

> "용광로의 불길같이,
> 모든 것을 살라 버릴 날이 온다.
> 모든 교만한 자와 악한 일을 하는 자가
> 지푸라기 같이 타 버릴 것이다.
> 그 날이 오면,
> 불이 그들을 살라서,
> 그 뿌리와 가지를 남김없이 태울 것이다."
> (말라기 4 : 1)

여기서 "용광로(=화덕)의 불길"은 악에 속한 탐욕들을 뜻하고, "불이 그들을 사른다"(=그들을 불에 둔다)는 말은 탐욕들로 태우는 것을 뜻합니다.
[7] 창세기서의 말씀입니다.

> 아브라함이 소돔과 고모라와 넓은 들이 있는 땅을 내려다보니, 거기에서 솟아오르는 연기가 마치 옹기 가마에서 나오는 연기와 같았다.
> (창세기 19 : 28)

여기서 "옹기 가마의 연기"(=화덕의 연기)는 탐욕들에 속한 온갖 악들에게서 비롯된 거짓들을 뜻합니다. 왜냐하면 "소돔"은 자기사랑(自我愛)에서 비롯된 탐욕들의 악을 뜻하고, "고모라"는 그것에서 파생된 거짓을 뜻하기 때문입니다(2220 · 2245 · 2322항 참조). 묵시록서의 말씀입니다.

> 그 별이 아비소스를 여니, 거기에서 큰 용광로의 연기와 같은 연기가 올라왔습니다.
> (묵시록 9 : 2)

여기서도 "용광로의 연기"는 역시 탐욕들에 속한 악들에게서 비롯된 거짓들을 뜻합니다. "아비소스의 구덩이"는 지옥을 뜻합니다.
[8] 마태복음서의 말씀입니다.

> 인자가 천사들을 보낼 터인데, 그들은 죄짓게 하는 자들과 불법한 일을 하는 자들을 모조리 그 나라에서 모아다가, 불 아궁이 속에 던질 것이다. 그러면 그들은 거기에서 울며 이를 갈 것이다.
> (마태 13 : 41, 42)

여기서 "불 아궁이"(the furnace of fire)는 탐욕에 속한 악들을 뜻합니다. 왜냐하면 탐욕의 불꽃은 성경에서 "지옥의 불"(the fire of hell)이 뜻하는 것이기 때문입니다. 더욱이 사랑들은 생명의 불(the

fire of life) 이외의 아무것도 아니고, 그리고 탐욕도 일종의 사랑에 속한 것이기 때문입니다.
[9] 나훔서의 말씀입니다.

    이제 에워싸일 터이니,
    물이나 길어 두려무나.
    너의 요새를 탄탄하게 해 두어야 할 것이니,
    수렁 속으로 들어가서 진흙을 짓이기고,
    벽돌을 찍어 내려무나.
    느치가 풀을 먹어 치우듯이,
    거기에서 불이 너를 삼킬 것이고,
    칼이 너를 벨 것이다.
    (나훔 3 : 14, 15)

여기서 "수렁 속으로 들어간다"(=진흙에 들어간다)는 말은 거짓 속에 빠지는 것을 뜻하고, "진흙을 짓이긴다"(=흙반죽을 밟는다)는 말은 악을 뜻하고(6669항 참조), "벽돌을 찍는다"(=벽돌 가마를 준비한다), 또는 "벽돌 굽는 화덕"(=가마)은 그들이 날조(捏造)한 온갖 거짓들을 뜻하고, 그리고 그것들은 악에 의하여 주입되는 것을 뜻합니다(A.C. 1269・6669・7113항 참조). "불"이 악에 속한 탐욕을 뜻한다는 것은 1861・2446・5071・5215・6832・7324항을 참조하시고, "칼"이 거짓을 뜻한다는 것은 4499항을 참조하십시오.
[10] 예레미야서의 말씀입니다.

    주께서 예레미야에게 말씀하셨다. "너는 너의 손으로 큰 돌들을 날라다가, 다바네스에 있는 바로의 궁 대문 앞 포장된 광장을 파고, 유다 사람들이 보는 앞에서 그 돌들을 묻어라(=벽돌 굽는 가마에, 진흙 속에다가 그것들을 감추어라). 그런 다음에 너는 유다 사람들에게 이렇게 전하여라.……내가 사람을 보내어, 나의 종 바빌로니아 왕 느부갓네살을 데려 오겠다. 그러면 그는 내가 묻어 놓은 이 돌들 위에 자기 보좌를 차려 놓고, 그 위에 차일을 칠 것이다.
그가 와서 이집트 땅을 치면
염병에 걸려 죽을 자는 염병에 걸려 죽고,
포로로 끌려갈 자는 포로로 끌려가고,
칼에 맞아 죽을 자는
칼에 맞아 죽을 것이다.
(예레미야 43 : 9-11)

이런 말들이 뜻하는 것은 속뜻이 없으면 알 수가 없습니다. "큰 돌들"은 거짓들을 뜻하고, "벽돌 굽는 가마"는 악에서 비롯된 거짓의 탐욕을 뜻하고, "바빌로니아 왕 느부갓네살"은 진리나 선의 파괴자(破壞者)를 뜻하고, "이 돌들 위에 세워질 그의 보좌와 차일"(=천막)은 그가 통치하기 위하여 거짓들을 야기(惹起)할 것이다는 것을 뜻하고, "그가 칠 이집트의 땅"은 자연적인 마음을 뜻합니다.

7520. "모세가 그것을 공중(=하늘을 향하여)**에 뿌려라."**
이 말씀이 천계에 있는 자들에게 보여진 이런 거짓들을 뜻한다는 것은, 아래에서 설명하게 될, 거짓들을 가리키는 "재"(ashes)의 뜻에서, 그리고 천계에 있는 자들에게 보여 주는 것을 가리키는 "공중에 뿌린다"(=하늘을 향해 뿌린다)는 말의 뜻에서 잘 알 수 있습니다. "뿌린다"(to sprinkle)는 말이 보여 주는 것을 뜻한다는 것은 아주 명백합니다. 왜냐하면 이런 일을 통해서 나타내기 위하여 그런 것들이 행해졌기 때문입니다. 영적인 뜻으로 "하늘"(=공중·heaven)은 천사적인 천계(a angelic heaven)를 뜻합니다. 이 말들이 뜻하는 것이 무엇인지는 바로 위에서 언급한 내용에서(7519항 참조) 명확합니다. 다시 말하면, 이것은 모세가 표징하는 것인데, 신령존재에서 비롯된 진리에 의하여, 공격하고, 괴롭히는 자들의 탐욕들에 속한 온갖 거짓들이 천계에 보여졌다는 것, 또는 입증되었다는 것을 뜻합니다. 그리고 그것으로 인하여 천계의 임재가 있었다는 것을 뜻합니다. 그것의 임재에 의하여 "물집이 생기는 종기"(=심히 무서운 전염병)가 뜻하는 악한 자에게 있는 그런 것들의 발생(發生)을 뜻합니다. "재"(=그을음 · ashes · *favilla*)가 거짓을 뜻한다는 것은 "재"(ashes · *cinis*) 때문에 쓰여진 다른 낱말이 있는 장절들에게서 확증될 수 있겠습니다. 왜냐하면 이런 재들은 같은 근원을 가지고 있고, 따라서 동일한 뜻을 가지기 때문입니다. (예를 들면 이사야 44 : 15, 20 ; 58 : 5 ; 예레미야 6 : 26 ; 에스겔 27 : 30 ; 28 : 18 ; 요나 3 : 6 ; 시편 102 : 9 ; 욥 2 : 8 ; 30 : 19 등을 참조하십시오.)

7521. "바로 앞에서……"(=바로의 목전에서……).
이 말씀이 현존(=임재)을 뜻한다는 것은 설명이 없이도 잘 알 수 있습니다.

7522. "그것이 이집트 온 땅 위에서 먼지가 될 것이다."
이 말씀이 자연적인 마음 안에 있는 이런 거짓들의 영벌(永罰 · damnation)을 뜻한다는 것은 정죄 받는 것(=영벌을 받는 것)을 가리키는 "먼지"(dust)의 뜻에서(7418항 참조), 그리고 탐욕들에 속한 거짓들을 가리키는, 먼지가 되어 버린 "가마솥 밑에 있는 그을음"(=화덕의 재 · ashes of the furnace)의 뜻에서(7519 · 7520항 참조), 그리고 자연적인 마음(natural mind)을 가리키는 "이집트 땅"의 뜻에서(5276 · 5278 · 5280 · 5288 · 5301항 참조) 잘 알 수 있습니다. "먼지"(dust)가 정죄된 것(=영벌을 받은 것)을 뜻한다는 것은 성경에서 이미 인용된 장절들뿐만 아니라(7418항 참조), 모세의 글에서 잘 알 수 있습니다. 신명기서의 말씀입니다.

"너희가 주 너희의 하나님의 말씀을 듣지 않고, 또 오늘 너희에게 명한 모든 명령과 규례를 지키지 않으면, 다음과 같은 온갖 자주가 너희에게 닥쳐올 것이다. 너희는 성읍에서도 저주를 받고, 들에서도 저주를 받을 것이다.……주께서는 하늘로부터 너희 땅으로 모래와 티끌(dust)을 비처럼 내려서, 마침내 너희를 망하게 하실 것이다."
(신명기 28 : 15, 16, 24)

7523. "(그것이) **사람과 집짐승에게** (악성 종기를 일으킬) **것이다.**"
이 말씀이 내면적인 악이나 외면적인 악에서 비롯된다는 것을 뜻한다는 것은, 좋은 뜻으로는 선에 속한 정동을, 나쁜 뜻으로는 악에 속한 탐욕을 가리키는 "사람"(man)의 뜻에서, 그리고 마찬가지로 "짐승"(beast)의 뜻에서 잘 알 수 있습니다. 그러나 "사람과 짐승"(man and beast)이 함께 언급되었을 때에는, 그 때 "사람"은 내면적인 정동이나, 또는 내면적인 탐욕을 뜻하고, "짐승"은 외면적인 정동이나, 외면적인 탐욕을 뜻합니다(7424항 참조). "사람"(man)이 뜻하는 내면적인 선이나, 내면적인 악은 의도(意圖·intention)나 목적(目的·end)에 속한 것들을 가리킵니다. 왜냐하면 의도나 목적은 사람의 극내적인 것이기 때문입니다. 그러나 "짐승"(beast)이 뜻하는 외면적인 선이나, 외면적인 악은 생각(思想·thought)에 속한 것들을 가리키고, 그리고 어느 것에서도 방해를 받지 않을 때에는 결과적인 행위(行爲·action)에 속한 것들을 가리킵니다. 외면적인 것을 "짐승"이 뜻하는 것이다는 것은 사람의 외적인 것이나, 또는 자연적인 사람의 측면에서 사람은 짐승 이외의 아무것도 아니기 때문입니다. 왜냐하면 그 사람은 동일한 탐욕들이나, 즐거움의 상태에서 쾌락을 취하기 때문입니다. 그리고 또한 동일한 욕망이나 감관에서 쾌락을 취하기 때문입니다. "사람"이 내면적인 것을 뜻하는 이유는, 사람은 천계의 천사들에 속한 것들인 선의 정동들이나 진리의 정동들 안에서 기쁨을 취하는 속사람, 또는 영적인 사람의 측면에서도 사람이기 때문입니다. 그리고 또한 이것을 통해서 사람은, 짐승을 가리키는 그의 자연적인 사람, 또는 동물적인 사람(animal man)을 다스리기 때문입니다. "짐승"이 선의 정동을 뜻하고, 나쁜 뜻으로는 악의 탐욕을 뜻한다는 것은 45·46·142·143·246·714·715·719·776·2179·2180·3218·3519·5198항을 참조하십시오.
[2] "사람과 짐승"의 이런 뜻은 아래의 장절들에서도 마찬가지입니다. 즉─.

나의 무서운 분노가 바로 이 땅으로 쏟아져서, 사람과 짐승과 들의 나무와 땅의 열매 위로 쏟아져서, 꺼지지 않고 탈 것이다.
(예레미야 7 : 20)
사람이나 짐승을 가리지 않고, 이 도성에 사는 모든 것을 칠 것이니, 그들이 무서운 염병에 걸려 몰살할 것이다.
(예레미야 21 : 6)
그 땅을 황무지로 만들 것이니,
거기에는 사는 사람이 아무도 없을 것이다.
사람과 짐승이 사라질 것이다.
(예레미야 50 : 3)
어떤 나라가 가장 불성실하여 나에게 죄를 지으므로, 내가 그 나라 위에 손을 펴서(=그 나라를 쳐서) 그들이 의지하는 양식을 끊어 버리고, 그 나라에 기근을 보내며, 그 나라에서 사람과 짐승을 사라지게 한다고 하자.
(에스겔 14 : 13, 19, 21)
내가 손을 뻗쳐서 에돔을 치고, 그 땅에서 사람과 짐승을 없애 버리며,……황무지로 만들어 버리겠고, 백성을 모두 전화를 입고 죽을 것이다.
(에스겔 25 : 13)
(내가)
사람도 짐승도 쓸어 없애고,
공중의 새도 바다의 물고기도 쓸어 없애겠다.
남을 넘어뜨리는 자들과
악한 자들을 꺼꾸러뜨리며,
땅에서 사람의 씨를 말리겠다.
(스바냐 1 : 3)

[3] "사람과 짐승"이 아래의 장절들에서도 내면적인 선과 외면적인 선을 뜻합니다.

내가 큰 권능과 편 팔로 이 땅을 만들고, 이 땅 위에 있는 사람과 짐승
도 만들었다.
(예레미야 27 : 5)
"그 때가 오면, 내가 이스라엘 집과 유다 집에 사람의 씨와 짐승의 씨
를 뿌리겠다. 나 주의 말이다."
(예레미야 31 : 27)
너희는 지금 이 땅을 두고 "사람도 없고, 짐승도 없는 황무지"라고 말
하지만……
(예레미야 32 : 43)
너희들은……지금 황무지로 변하여 사람도 없고 주민도 없고 짐승도 없
는 유다의 성읍들과 예루살렘의 거리에…….
(예레미야 33 : 10 ; 51 : 62)
주의 의로우심은 우람한 산줄기와 같고,
주의 공평하심은
깊고 깊은 심연과도 같습니다.
주님, 주님은 사람을 구하시듯
짐승도 구하여 주십시오.
(시편 36 : 6)

"사람과 짐승"이 뜻하는 것이 이런 것들이기 때문에, 그러므로 이집 트의 처음 난 것들은, 사람이든 짐승이든, 모두 죽었습니다(출애굽 12 : 29). 그러므로 또한 사람이든 짐승이든 처음 난 것은 성별되어 야 했습니다(민수기 18 : 15). 그러므로 니느웨 왕은, 거룩한 예전으 로, 사람이든 짐승이든 모두 입에 아무것도 대서는 안 되고, 사람이 든 짐승이든 모두 굵은 베 옷만을 걸치라고 명령하였습니다(요나 3 : 7, 8).

7524. "(그것이 사람과 짐승에게) **악성 종기를 일으킬 것이다.**"
이 말씀이 결과적인 모독과 함께 하는 더러운 것들을 뜻한다는 것
은 온갖 악들에게서 비롯된 더러운 것들을 가리키는 "종기"(=부스럼
・sore)의 뜻에서, 그리고 그것에서 파생된 모독(冒瀆)들을 가리키는

"물집"(=고름·膿疱·pustule)의 뜻에서 잘 알 수 있습니다. 사람의 몸에 나는 "종기"(=부스럼)는 온갖 악들에게서 비롯된 더러운 것들에 대응하고, "물집"(=고름·膿疱)은 모독들에 대응합니다. 그리고 이런 것들은, 만약에 그 사람이 이 세상에 있을 때, 선이나 믿음의 진리를 받는 가능한 상태에 있지 않았다면, 모두 악한 사람들에게 있습니다. 이것은, 주님께서 온갖 악들에게서의 돌발(突發)에서 이런 것들을 막으시는 이런 상태의 목적입니다.
[2] "종기"(=부스럼·sore)가 모독들과 함께 하는 더러운 것들을 뜻한다는 것은 이런 장절들에게서 명확합니다.

> 첫째 천사가 나가서 그 대접을 땅에다가 쏟으니, 짐승의 표를 받은 자들과 짐승 우상에게 절하는 자들에게 아주 나쁜 종기가 생겼습니다.······ 다섯째 천사가 그 대접을 짐승의 왕좌에다가 쏟으니,······사람들은 괴로움을 못이겨서 저희의 혀를 깨물었습니다. 그들은 아픔과 부스럼 때문에, 하늘의 하나님을 모독하였습니다.
> (묵시록 16 : 2, 10, 11)
> 주께서 이집트에 악성 종기와 치질과 옴과 습진을 내려 너희를 치실 것이니, 너희가 고침을 받지 못할 것이다.······너희는 너희의 눈으로 보는 일 때문에 미치고 말 것이다. 주께서는 너희의 무릎과 발에 고칠 수 없는 악성 종기가 나게 하셔서, 발바닥으로부터 머리 꼭대기까지 번지게 하실 것이다. 주께서는, 너희를 다른 민족에게 넘기실 것이니, 너희가 받들어 세운 왕과 함께, 너희도 모르고, 너희 조상도 알지 못하던 민족에게로 끌어 갈 것이다.
> (신명기 28 : 27, 34-36)

여기서 "이집트의 악성 종기"는 모독들과 함께 하는 더러운 것들을 뜻합니다. 그리고 역시 모독들을 뜻하기 때문에 "너희는 너희의 눈으로 보는 일 때문에 미치고 말 것이다"고 언급되었습니다. 왜냐하면 하나님을 모독하는 사람은 미친 사람이기 때문입니다.

[3] 온갖 종기들은, "치질·옴·습진" 등을 가리키는데, 그것들은 온갖 악들에게서 비롯된 수많은 종류의 거짓들을 뜻하고, 그리고 "무릎과 발(=가랑이)에 생긴 종기들"도 거의 같은 것을 뜻합니다. 그리고 그것들이 거짓들을 뜻하기 때문에, 즉시 뒤이어서 "그들이 받들어 세운 왕과 함께 그들을 끌고 갈 것이다"는 말이 언급되었습니다. 왜냐하면 "왕"은 진리를 뜻하고, 나쁜 뜻으로는 거짓을 뜻하기 때문입니다(1672·2015·2069·3009·4581·4966·5044·6148항 참조). 레위기 13장에 언급된 "종기"·"농양"(膿瘍)·"뾰루지"·"화상에 생긴 흰점"·"비듬"·"머리의 딱지"와 같은 "문둥병의 종기들도 그런 것들을 뜻합니다. 왜냐하면 "문둥병"은 영적인 뜻으로 진리의 모독(冒瀆·profanation of truth)을 뜻하기 때문입니다(6963항 참조).
[4] "상처들"(傷處·wounds)도 역시 그런 것들을 뜻한다는 것은 아래의 장절에서 명백합니다.

> 발바닥에서 정수리까지 성한 데가 없이
> 상처난 곳과 매맞은 곳과
> 또 새로 맞아 생긴 상처뿐인데도,
> 그것을 짜내지도 못하고,
> 싸매지도 못하고,
> 상처가 가라앉게
> 기름을 바르지도 못하였구나.
> (이사야 1 : 6)
> 내 잘못이 바로
> 내 머리에까지 미치니,
> 이 무거운 짐을
> 내가 더는 견딜 수는 없습니다.
> 내 몸의 상처가 곪아터져 악취를 내니
> 이 모두가 나의 어리석음 때문입니다.
> (시편 38 : 4, 5)

7525. **"이집트 온 땅 위에서** (먼지가 되어……).
이 말씀이 자연적인 마음을 뜻한다는 것은 7522항을 참조하십시오.

7526. **그래서 그들은 가마솥의 그을음**(=화덕의 재)**을 모아 가지고……**.
이 말씀이 탐욕에 속한 거짓들을 뜻한다는 것은 탐욕들에 속한 거짓들을 가리키는 "가마솥의 그을음"(=화덕의 재)의 뜻에서(7519항 참조) 잘 알 수 있습니다.

7527. (그들은) **바로 앞에 섰다.**
이 말씀이 공격하고, 괴롭히는 자들의 현존 안에 있다는 것을 뜻한다는 것은 현존 안에 있는 것을 가리키는 누구 "앞에 서 있다"는 말의 뜻에서, 그리고 내습하고, 괴롭히는 자들을 가리키는 "바로"의 표징에서(7107・7110・7126・7142・7220・7228항 참조) 잘 알 수 있습니다.

7528. **모세가 그것을 공중에**(=하늘을 향해) **뿌렸다.**
이 말씀이 천계에 있는 자들에게 보여 준 이런 거짓들을 뜻한다는 것은, 같은 말이 있는, 앞에서 설명한 내용에서(7520항 참조) 잘 알 수 있습니다.

7529. **그것이 사람과 짐승에게 붙어서, 악성 종기를 일으켰다.**
이 말씀이 내면적인 악이나, 외면적인 악에서 비롯된 모독들과 함께 한 더러운 것들을 뜻한다는 것은 모독들과 함께 한 더러운 것들을 가리키는 "농포들(膿疱・pustules)의 종기"의 뜻에서(7524항 참조), 그리고 내면적인 악이나 외면적인 악을 가리키는 "사람과 짐승"의 뜻에서(7523항 참조) 잘 알 수 있습니다.

7530. **마술사들도 종기 때문에 모세 앞에 나서지 못하였다.**
이 말씀이 겉모양으로 꼭 같은 것을 표현하는 것을 통해서 신령질서를 악용(惡用)하거나, 남용(濫用)하는 자들이 거기에 현존할 수 없다는 것을 뜻한다는 것은 현존할 수 없다는 것을 가리키는 어느 누구 "앞에 설 수 없다"는 말의 뜻에서, 그리고 겉모양으로 동일한 것을 표현하는 것을 통해서 신령질서를 악용, 남용하는 자들을 가리키는 "마술사들"의 뜻에서(7296·7337항 참조), 그리고 모독들과 함께 하는 더러운 것들을 가리키는 "종기"(=부스럼)의 뜻에서(7524항 참조) 잘 알 수 있습니다.

7531. 마술사들에게 종기가 생긴 것이다.
이 말씀이 같은 더러운 것들이 그것들에게서 생겨났다는 것을 뜻한다는 것은 바로 위의 설명에서(7530항 참조) 잘 알 수 있습니다.

7532. 모든 이집트 사람에게 종기가 생긴 것이다.
이 말씀이 그런 것이 괴롭히는 자들 가운데 있다는 것을 뜻한다는 것은 공격하고, 괴롭히는 자들을 가리키는 "이집트 사람"의 뜻에서 (7097·7317항 참조) 잘 알 수 있습니다.

7533. 주께서, 바로가 여전히 고집을 부리게 하셨다(=바로의 마음을 완악하게 하였다).
이 말씀이 그들이 결심하였다는 것을 뜻한다는 것은 고집이나 완고함을 가리키는 "마음이 완악하게 되었다" "완고해지다" "무겁게 되다"는 말의 뜻에서(7272·7300·7305항 참조) 잘 알 수 있습니다. "주께서 바로의 마음을 완악하게 하였다"고 언급한 말은 속뜻으로 주께서가 아니고, 그들 자신들이 그들의 마음을 완악하게 만들었다는 것, 다시 말하면 그들이 결심하였다는 것을 뜻합니다. 왜냐하면 그를 완악하게 만드는 것, 또는 신령존재에 거스르게 결정하게 하는 것은 사람에게 있는 악 그것이기 때문입니다. 그리고 악은 사람에게서 비롯되고, 그리고 지옥에서 오지만, 천계에서 오는 것이 아니기 때문입니다. 선 이외에는 주님에게서 천계를 통하여 입류하는 것은 아무것도 없습니다. 악은 선에게서 나올 수 없는데, 하물며 선 자체에서 악이 나올 수는 더욱 없습니다. 악은 그것 자체의 근원에서 나옵니다. 다시 말하면 하나님사랑(love to God)이나 이웃을 향한 사랑(仁愛)에 반대되는 것에서 나옵니다. 이런 부류의 근원들은 사람 안에 존재하지, 결코 하나님 안에도 존재하지 않습니다. 이렇게 볼 때 성경에서 "하나님께서 악으로 인도하신다"고 언급되었을 때, 그 말은 외현(外現)에 따라서 언급되었다는 것을 잘 알 수 있겠습니다 (2447·6991·6997항 참조).

7534. 바로가 그들의 말을 듣지 않았다.
이 말씀이, 그들이 복종(服從)하지 않았다는 것을 뜻한다는 것은, 복종하지 않는 것을 가리키는 누구의 "말을 듣지 않는다"(=경청하지 않는다)는 말의 뜻에서 잘 알 수 있습니다(7224·7275·7301·7339·7413항 참조).

7535. 주께서 모세에게 말씀하신 대로…….
이 말씀은 예고(豫告·prediction)에 일치한다는 것을 뜻합니다(7302·7340·7414·7432항 참조).

7536. 13-18절. 주께서 모세에게 말씀하셨다. "너는 아침에 일찍이 일어나서, 바로 앞에 나서서, 이렇게 말하여라. '히브리 사람의 주 하나님이 이렇게 말씀하신다. 나의 백성을 보내어라. 그들이 나에게 예배드리게 하여라. 이번에는, 내가 나의 온갖 재앙을 너와 너의 신하들과 백성에게 내려서, 온 세상에 나와 같은 신이 없다는 것을, 너에게 알리겠다. 내가 팔을 뻗어서, 무서운 질병으로 너와 너의 백성을 쳤다면, 너는 이미 세상에서 사라졌을 것이다. 너에게 나의 능력을 보여 주어, 온 세상에 나의 이름을 널리 알리려고, 내가 너를 남겨 두었다. 그런데 너는 아직도 교만한 마음을 버리지 못하고 나의 백성을 내보내지 않는다. 그러므로 내일 이맘때에, 내가 매우 큰 우박을 퍼부을 것이니, 그처럼 큰 우박은, 이집트에 나라가 생긴 때로부터 이제까지, 한 번도 내린 적이 없다.

"주께서 모세에게 말씀하셨다"는 말씀은 행하여야 할 것에 관한 재차의 가르침(敎育·敎訓)을 뜻합니다. "너는 아침에 일찍이 일어나서, 바로 앞에 나서라"는 말씀은 공격하고, 괴롭히는 자들의 주의의 현존상태에 의한 위로 올림(提高·the uplifting)을 뜻합니다. "그에게 이렇게 말하여라. '히브리 사람의 주 하나님이 이렇게 말씀하신다'"는 말씀은 그 교회의 하나님이신 주님에게서 비롯된 명령(命令·command)을 뜻합니다. "나의 백성을 보내어라. 그들이 나에게 예배드리게 하여라"라는 말씀은 그들이 그들의 하나님 주님을 예배하기 위하여 영적인 교회에 속한 자들을 반드시 보내야 한다는 것을 뜻합니다. "이번에는, 내가 나의 온갖 재앙을 내리겠다"는 말씀은 모든 악의 도래(到來)가 그들에게 갑자기 닥칠 것이다는 것을 뜻합니다. "너의 마음에"(=너에게)라는 말씀은 극내적인 것에서 라는 것을 뜻하고, "너의 신하들과 백성에게"라는 말씀은 일반적이든 개별적이든 모든 것들에게 라는 것을 뜻합니다. "온 세상에 나와 같은 신이 없다는 것을 너에게 알리겠다"는 말씀은 이 일로 인하여 주님께서 오직 한 분 하나님이다는 것을 그들에게 알리게 하겠다는 것을 뜻합니다. "내가 팔을 뻗어서"라는 말씀은 모든 교류가 제거될 것이다는 것을 뜻합니다. "무서운 질병으로 너와 너의 백성을 치겠다"는 말씀은 이와 같은 전적인 파멸의 상태를 뜻합니다. "너는 이미 세상에서 사라졌을 것이다"는 말씀은 따라서 거기에는 교회에 속한 것들을 통한 교류가 더 이상 없을 것이다는 것을 뜻합니다. "내가 너를 남겨 두었다"는 말씀은 교류가 여전히 남아 있을 것이고, 그리고 그들은 질서 때문에 여러 상태들을 겪을 것이다는 것을 뜻합니다. "너에게 나의 능력을 보여 준다"(=너는 나의 능력을 볼 것이다)는 말씀은 그들이 신령능력이 얼마나 큰 것인지 인지할 것이다는 것을 뜻합니다. "온 세상에 나의 이름을 널리 알리겠다"는 말씀은 따라서 교회가 있는 곳에서는 주님께서 한 분 하나님으로 시인될 것이다는 것을 뜻합니다. "그런데 너는 아직도 교만한 마음을 버리지 못하였다"(=네가 여전히 내 백성을 거슬러 스스로 높아졌다)는 말씀은 그는 아직까지도 진리와 선 안에 있는 자들을 공격하고, 괴롭히는 짓을 단념하지 않기 때문이다는 것을 뜻합니다. "나의 백성을 내보내지 않았다"는 말씀은 아직까지 그들을 보내지 않았다는 것을 뜻합니다.

"그러므로 내일 이맘때에, 내가 매우 큰 우박을 퍼부을 것이다"는 말씀은 그들에게 있는 교회에 속한 모든 것들을 파괴하는 거짓들을 뜻합니다. "그처럼 큰 우박은, 이집트에 나라가 생긴 때로부터 이제까지, 한 번도 내린 적이 없다"는 말씀은 다른 자들에게는 이와 같은 파멸의 상태가 자연적인 마음에 결코 없다는 것을 뜻합니다.

7537. 주께서 모세에게 말씀하셨다.
이 말씀은 반드시 행해져야 할 것에 관한 재차의 가르침을 뜻한다는 것은 7517항을 참조하십시오.

7538. "너는 아침에 일찍이 일어나서, 바로 앞에 나서라."
이 말씀이 공격하고, 괴롭히는 자들의 주의(注意·attention)의 현존상태에 의한 제고(提高·the uplifting)를 뜻한다는 것은 "아침에 일찍이 일어난다"는 말의 뜻에서(7435항 참조), 그리고 현존상태(presence)를 가리키는 어느 누구 "앞에 선다"는 말의 뜻에서(7527항 참조), 그리고 공격하고, 괴롭히는 자들을 가리키는 "바로"의 표징에서(7107·7110·7126·7142·7220·7228항 참조), 잘 알 수 있습니다.

7539. "이렇게 말하여라. '히브리 사람의 주 하나님이 이렇게 말씀하신다'"(=그에게 말하여라. '히브리 사람의 주 하나님이 이와 같이 말씀하신다').
이 말씀이 그 교회의 하나님이신 주님에게서 비롯된 명령(命令·a command)을 뜻한다는 것은, 명령을 가리키는, 온갖 악들 안에 있고, 공격하고 괴롭히는 자들에게 여호와, 즉 주님께서 말씀하실 때 "말한다"는 말의 뜻에서(7036·7310항 참조), 그리고 그 교회에 속한 자들을 가리키는, 따라서 교회를 가리키는 "히브리 사람"의 뜻에서(6675·6684·6738항 참조) 잘 알 수 있습니다. 성경에서 "여호와"라는 이름이 거명된 곳에서 그 낱말이 주님을 뜻한다는 것은 1343·1736·2921·3023·3035·5041·5663·6280·6281·6303·6905·6945·6956항을 참조하십시오. 따라서 "히브리 사람의 주 하나님(=여호와 하나님)은, 그 교회의 하나님이신 주님을 뜻합니다.
 7540. "나의 백성을 내보내어라. 그들이 나에게 예배드리게 하여라"(=내 백성을 가게 하여, 그들로 나를 섬기게 하여라).
이 말씀이 그들이 그들의 하나님 주님을 예배하기 위하여 영적인 교회에 속한 자들을 그들은 떠나보내야 한다는 것을 뜻한다는 것은 같은 말이 있는 7500항의 설명을 참조하십시오.
 7541. "이번에는, 내가 나의 온갖 재앙을 내리겠다."
이 말씀이 모든 악들의 도래(到來)가 일제히 그들에게 갑자기 닥칠 일이 일어난다는 것을 뜻한다는 것은, 그런 이유 때문에 "온갖 재앙들"이라는 말이 언급되었는데, 그들이 전적으로 지옥으로 쫓겨날 때까지, 여기서는 닥쳐올 악들을 가리키는 "재앙들"(=나의 재앙들)의 뜻에서, 그리고 왜냐하면 재앙들이나, 또는 악들은 여호와, 즉 주님께서 보내는 것이 아니고, 악 자체에서 갑자기 닥치는 것이기 때문에, 갑자기 밀어 닥치는 것을 가리키는 "보낸다"(sending)는 말의 뜻에서 잘 알 수 있습니다. 왜냐하면, 저 세상에서 악은 그것이 가지고 있는 자체의 형벌(刑罰·penalty)을 수행하기 때문이고, 그리고 그것은 말하자면 자체 안에 그것을 가지고 있기 때문입니다(696·697·1857·6559항 참조). 그러므로 "내가 나의 온갖 재앙들을 내리겠다"(=보내겠다)는 말은 모든 악들이 그들에게 갑자기 밀어닥칠 것이다는 것을 뜻합니다.
[2] 하나의 재앙이 다른 재앙에 뒤따르는 것이나, 그리고 이와 같이 악한 자는 계속해서 지옥으로 쫓겨난다는 것, 그러므로 여기서 그것들이 일제히 밀어닥치는 일이 일어날 것이다고 언급되었는데, 이와 같은 일은 질서에 일치합니다. 교회에 속한 사람이 사후(死後)의 생명의 상태에 관해서 전혀 지식을 가지고 있지 않기 때문에, 그 사람은, 그의 육신을 입은 삶 뒤에, 사람은 즉시 천계로 올리워지든가, 아니면 지옥에 떨어진다고 믿고 있습니다. 그럼에도 불구하고 비록 그 때 기간들(times)이나 상태들(狀態·states)의 측면에서 매우

다종다양한 변화이기는 하지만, 이와 같은 일은 점진적으로 일어납니다. 천계에 올려지는 선한 사람에게서는 악들은 점차적으로 분리되고, 그리고 선한 사람은 이 세상에서 취득한 수용의 능력(the faculty of reception)에 따라서 모든 선들로 채워집니다. 지옥으로 쫓겨나는 악한 사람에게서는 모든 선들은 점차적으로 분리되고, 그리고 악한 자는, 이 세상에서 취득한 수용의 능력에 일치하여 온갖 악들로 가득 채워집니다.

[3] 더욱이 저 세상에서 사람은 누구나 새로운 상태들에 들어가고, 그리고 변화들을 경험합니다. 천계에 올리워진 사람들은, 그들이 올리워진 뒤, 영원히 완전하게 됩니다. 그러나 지옥으로 떨어진 자들은, 그들이 지옥에 떨어진 뒤, 계속해서 보다 비참하게 악들을 겪어야 하는데, 이런 일은 그들이 어느 누구에게도 악을 저지르지 못할 때가지 계속됩니다. 이런 일이 있은 뒤 그들은 영원히 지옥에 남아 있습니다. 그들은 거기에서 나올 수 없는데, 그 이유는 그들에게 어느 누구에게 선을 원하는 그런 일이 주어지지 않고, 다만 형벌의 두려움에서 악을 행하지 못하는 것만 주어지기 때문입니다. 그러나 악을 행하려는 바람은 계속해서 여전히 남아 있습니다.

7542. "**너**(에게 내리겠다)……"(=네 마음에 내리겠다).
이 말씀이 극내적인 것을 뜻한다는 것은 의지에 속한 것, 따라서 사랑에 속한 것을 가리키는, 결과적으로는 생명 자체에 속한 것을 가리키는 "마음"(heart)의 뜻에서(2930·3313·3888·3889항 참조) 잘 알 수 있습니다. 왜냐하면 의지에 속한 사랑은 생명 자체를 완성하기 때문입니다. 여기에서 "마음"(heart)은 극내적인 것(the inmost)을 뜻합니다. 선한 사람에게서 극내적인 것은 주님사랑(love to the Lord)이나 이웃을 향한 사랑(仁愛)이고, 그러나 악한 사람에게서 극내적인 것은 자기사랑(自我愛)이고, 세상사랑(世間愛)입니다. 여기서 뜻하는 극내적인 것은 바로 이것입니다. 이 극내적인 것 주위에 있는 것들은, 이른바 그것의 원주(=주변·원둘레)를 이루는 것들은 그것들을 선호하는 거짓들에게 있는 모든 악들을 가리킵니다. 저 세상에서 이런 것들은 그것들이 정리 정돈되어 있는 질서에 일치하여 드러납니다. 처음에는 가장 변방의 영역을 점유한 것들이 나타나고, 그 뒤에는 보다 더 내면적인 그 영역을 점유하고 있는 것들이 나타나고, 마지막으로는 내적인 것이 명확하게 드러납니다. 그러므로 얻는 결론은 저 세상에서 사람은 수많은 상태들을 통과하고, 점차적으로 계속해서 악한 사람은, 그들이 지옥에 떨어지기에 앞서, 바로 앞에서 언급한 것에 따라서 온갖 재앙들 속으로 달려간다는 것입니다. 그들이 최후에 이르게 되는 극내적인 것은 그들에게는 지옥 자체입니다. 왜냐하면 그것은 그들의 사랑에 속한 악 자체이기 때문입니다. 따라서 그들이 모든 것들을 행한 목적이기 때문입니다. 그것들은 이 세상에서는 깊이 감추어져 있습니다.

7543. "너의 신하들과 백성에게 (내리겠다)."
이 말씀이, 일반적이든 개별적이든, 모든 것들에게 행한다는 것을 뜻한다는 것은, 모두와 개인, 따라서 모든 것들과 개별적인 것을 가리키는 "신하들"과 "백성"의 뜻에서(7396항 참조) 잘 알 수 있습니다.

7544. "온 세상에 나와 같은 신이 없다는 것을, 너에게 알리겠다."
이 말씀이, 이것으로 말미암아, 주님께서 유일하신 하나님이시다는 것을 그들에게 알게 하겠다는 것을 뜻한다는 것은 위에서 설명된 내용에서(7401항 참조) 잘 알 수 있습니다.

7545. "내가 팔을 뻗어서……."
이 말씀이 모든 교류가 제거될 것이다는 것을 뜻한다는 것은 능력(能力·power)을 가리키는 "팔"(=손·hand)의 뜻에서(4931-4937·6292·6947·7188·7189·7518항 참조), 그리고 전능(全能)을 가리키는 "여호와(=주)의 손"의 뜻에서(878·3387·7518항 참조) 잘 알 수 있습니다. 그러므로 "손을 뻗는다"는 것은 능력을 보여 주는 것이나, 그리고 전능으로부터 그것을 행하는 것을 뜻합니다. 이 전능이

"그의 마음에, 그의 신하들에게, 그의 백성에게 온갖 재앙을 보낸다"는 그의 가능함에 의하여 기술되었습니다. 그것에 의하여 모든 악들이 일제히 갑자기 들이닥친다는 것, 따라서 천계에 속한 것들과의 교류가 제거될 것이다는 것을 뜻하고 있습니다. 이런 말들이 여기서 뜻하는 능력의 실천입니다. 이것과의 교류가 어떠한 것인지는 이미 설명되었습니다. 다시 말하면 저 세상에서 선량한 자를 공격, 괴롭히는 자들은, 이 세상에서 교회 안에 있었고, 성언을 열심히 읽었고, 그들의 교회의 믿음에 속한 교리적인 것들을 알고 있었고, 또한 그것들을 고백하였지만, 그러나 악에 속한 삶을 산 자들입니다. 저 세상에서 이런 부류의 사람들이 믿음에 속한 것들을 계속해서 간직하고 있는 한, 그들은 천계와의 교류를 가지고 있고, 그리고 그러는 동안 그들은 지옥으로 쫓겨날 수가 없습니다. 그러므로 이런 것들이 점차적으로 그들에게서 제거된다는 것은 바로 이런 내용입니다. 그리고 이런 것들이 제거된 후 악한 사람은 자신들을 지탱해주는 어떠한 것도 더 이상 가지고 있지 않습니다. 그러나 그 때 그 지탱이 없다면, 저울추와 같이, 또는 날개들이 잘린 새들과 같이, 그들은 아래로, 즉 깊은 곳으로 추락(墜落)할 것입니다. 이상에서 얻는 명확한 것은 교류의 가능성이 그들에게서 제거된다는 것이 무엇을 뜻하는지 잘 알 수 있다는 것입니다.

7546. "(내가) **무서운 질병으로 너와 너의 백성을 쳤다면……**"
이 말씀이 이와 같은 전적인 박탈(devastation)의 상태를 뜻한다는 것은 선과 진리의 박탈을 가리키는, 그러나 그 질병으로 바로와 그의 백성이 강타(强打) 당한다고 언급되었기 때문에 여기서는 전적인 박탈의 상태를 가리키는 "무서운 질병"(=전염병)의 뜻에서 잘 알 수 있습니다. 그러나 그에 앞서 3절에서 가축이 강타를 당할 것이라고 하였고, 그러므로 2절에서 "무서운 질병"(=전염병)은 전적인 박탈을 뜻하지 않고, 오히려 교회의 진리나 선에 속해 있는 것들이나, 교회 밖에 있는 것들에 속해 있는 것들에 대한 일반적인 박탈을 뜻합니다.

7547. **"너는 이미 세상(=땅·earth)에서 사라졌을 것이다."**
이 말씀이 따라서 교회에 속한 것들을 통한 교류가 더 이상 없을 것이다는 것을 뜻한다는 것은, 교회에 속한 것들에 관해서 언급하고 있을 때에는 분리(分離)되는 것을 가리키는 "사라진다"(=단절한다)는 말의 뜻에서 잘 알 수 있습니다. 그리고 그것들이 분리되었을 때, 또는 교회에 속한 것들을 통한 천계와의 교류가 더 이상 존재하지 않을 때, 그 사람은 지옥으로 떨어지는데, 이것이 바로 "사라질 것이다"는 말의 뜻입니다(7545항 참조). 그리고 교회를 가리키는 "땅"(=세상·earth)의 뜻에서(662·1067·1262·1733·1850·2117·2118·2571·2928·3355·4447·4535·5577항 참조) 잘 알 수 있습니다.

7548. **"그러나 이런 이유 때문에 나는 너를 남겨 두었다"**(=내가 너를 세워 두는 것은 바로 이 이유 때문이다).
이 말씀이 그 교류가 계속 남아 있을 것이다는 것을, 그리고 그들은 질서 때문에 여러 상태들을 통과할 것이다는 것을 뜻한다는 것은, 이런 것들이 전적으로 갑자기 닥치지 않을 재난이나 악들에 관해서 언급되었을 때에는(7541항 참조), 그 교류가 여전히 남아 있을 것이다는 것(7545항 참조), 결과적으로 그들은 질서 때문에 여러 상태들을 통과할 것이다는, 다시 말하면 그들은 점차적으로 계속해서 박탈될 것이다는 것 등을 가리키는 "너를 남겨 둔다"(=세워 둔다)는 이유의 뜻에서(7541항 참조) 잘 알 수 있습니다.

7549. **"(내가) 너에게 나의 능력을 보여 주기 위하여……."**
이 말씀이 그들이 신령능력이 얼마나 큰 지를 인지시키기 위한 것이다는 것을 뜻한다는 것은 설명이 없이도 자명하겠습니다.

7550. **"온 세상에 나의 이름을 널리 알리려고……."**
이 말씀이 따라서 교회가 있는 곳에서는 주님께서 한 분 하나님(the only God)으로 시인되기 위한 것이다는 것을 뜻한다는 것은 주님이 예배 받으시는 수단들인, 하나의 총체적인 모든 것들을 가리키는 "이름"(name)의 뜻에서(2724·3006·6674항 참조) 잘 알 수 있습니다. 그리고 예배의 진수(眞髓・the veriest essential of worship)는 주님께서 한 분 하나님이시다는 것, 그리고 그분의 인성(His Human)은 신령하시다는 것, 그리고 이런 것에서부터 모든 믿음과 사랑이 발출한다는 것 등의 시인(是認・acknowledgment)이기 때문에, 그러므로 "나의 이름(=여호와의 이름)이 널리 알려진다"는 말은 주님께서 한 분 하나님(the only God)으로 시인 받는다는 것을 뜻합니다. 그리고 주님의 신령인성(the Divine Human of the Lord)이 "여호와의 이름"(the name of Jehovah)이다는 것은 2628・6887항을 참조하십시오. 그리고 또한 교회를 가리키는 "땅"(=세상・earth)의 뜻에서 (7547항 참조) 잘 알 수 있습니다. 우리의 본문절이나, 그 밖의 수많은 장절에서 여호와, 즉 주님께서 원하시고, 뜻하시는 것은, 그분의 권세(權勢・might)와 능력을 널리 선포하는 것이고, 그리고 어디에서나 주님께서는 겸손한 예배를 받으시고, 숭배를 받는다는 것인데, 이런 것들은 마치 주님께서, 주님 자신을 목적해서 주님의 영광을 보여 주시기를 원하는 것처럼 보이고, 그리고 마치 주님께서 숭배를 사랑하는 것처럼 보이지만, 그런 것은 진정한 실정이나 가르침과는 전혀 다른 것입니다. 그것은 결코 주님 자신 때문이 아니고, 인류를 위한 것일 뿐입니다. 그리고 그것은 주님 자신의 영광에서 비롯된 것이 아니고, 주님의 사랑에서 비롯된 것입니다. 왜냐하면 주님께서 인류와 결합하시기를 원하시고, 뜻하시기 때문이고, 그리고 인류들에게 영생(永生)과 영복(永福)을 주시기를 소망하시기 때문입니다. 이러한 일은, 만약에 사람이 겸손한 예배에 있지 않다면, 전혀 행해질 수 없습니다. 그리고 만약에 사람이 자기 자신은 티끌이요, 바람에 나는 재(ashes)와 같은 존재이다는, 다시 말하면 악 이외에 아무 것도 아니다는 것을 시인하고, 믿는 일이 없다면, 그리고 여호와, 즉 주님께서 가장 위대한 존재(the Greatest)이고, 거룩한 존재(the Holiest)이다는 것, 그리고 사람은 자기 자신으로 말미암아서는 감히 주님에게 근접할 수도 없다는 것 등등을 시인하고, 믿지 않는다면,

겸비상태의 예배는 행해질 수 없습니다. 사람이 이와 같은 겸비의 상태의 예배에 있을 때 그 때 주님께서는 주님의 사랑에 속한 생명을 가지고 입류하시고, 그리고 주님나라와 영복(永福)을 주십니다. 이것이 여호와, 즉 주님께서 성경에서 그분 자신의 능력과 영광을 아주 크게 칭송(稱頌)한 이유입니다.

7551. "**그런데 너는 아직도 교만한 마음을 버리지 못하고……**" (=네가 여전히 내 백성을 거슬러 스스로 높아져서……).
이 말씀이 진리나 선 안에 있는 자들을 공격하고, 괴롭히려는 것을 그가 아직까지 중지(中止)하지 않고 있기 때문이다는 것을 뜻한다는 것은 공격하고 괴롭히는 짓을 아직까지 단념하지 않았다는 것을 가리키는 "아직도 교만한 마음을 버리지 못하였다"(=여전히 스스로 높이고 있다)는 말의 뜻에서 잘 알 수 있습니다. 왜냐하면 공격하고, 괴롭히는 자들은, 그들이 그들은 괴로운 상태에 있으며, 아직도 해방된 상태에 있지 않다고 볼 때, 그리고 그 때 자신들이 경고 받고 있다는 것을 보면, 괴롭힘을 겪는 자들을 다스리는 통치권을 쥐고 있다고 믿기 때문입니다. 그리고 또한 영적인 교회에 속한 자들을 가리키는, 같은 내용이지만, 진리나 선 안에 있는 자들을 가리키는, 여기서는 "나의 백성"인 "이스라엘 자손"의 표징에서(4286・6426・6637・6862・6868・7035・7062・7198・7201・7215・7223항 참조) 잘 알 수 있습니다.

7552. "**나의 백성을 내보내지 않는다.**"
이 말씀이 아직까지도 그들을 내보내지 않았다는 것을 뜻한다는 것은 내보내는 것을 가리키는 "내보낸다"(=가게 한다・to let go)는 말의 뜻에서 잘 알 수 있습니다.

7553. "**그러므로 내일 이맘때에, 내가 매우 큰 우박을 퍼부을 것이다**"(=심한 우박을 내리겠다).
이 말씀이 그들에게 있는 교회에 속한 모든 것들을 파괴하는 거짓들을 뜻한다는 것은 진리들이나 믿음의 선들을, 따라서 교회에 속한 모든 것들을 파괴하는 악에서 비롯된 거짓들을 가리키는 "우박"(a rain of hail)의 뜻에서 잘 알 수 있습니다. "우박"이 이런 뜻을 가지고 있다는 것은 그것이 돌들(stones)과 같이 생겼고, 그리고 사람들, 짐승들, 그리고 밭의 작물들을 파괴하기 때문이고, 마찬가지로 그것은 차갑기(cold) 때문입니다. "비"(rain)는 일반적으로 축복(祝福)을 뜻하고, 나쁜 뜻으로는 재앙이나 천벌을 뜻합니다(2445항 참조). 축복이 언급되었을 때, 그것은 믿음에 속한 진리나 인애에 속한 선의 입류와 영접을 뜻합니다. 왜냐하면 이런 것이 바로 축복을 가리키기 때문입니다. 그러나 그것이 재앙이나 천벌을 뜻하는 경우에는 믿음의 진리에 정반대되는 거짓을 뜻하고, 그리고 인애의 선에 정반대되는 악을 뜻합니다. 왜냐하면 이런 것들이 바로 재앙이나 천벌이기 때문입니다. 그러나 "우박"은 일반적으로 악에서 비롯된 거짓에 속한 재앙이나 천벌을 뜻하고, 그리고 사실은 교회의 진리들이나 선들에 반대하고, 거스르는 악에서 비롯된 거짓에 속한 재앙이나 천벌을 뜻합니다.
[2] 아래의 장절에서 "우박"은 이런 내용을 뜻하고 있습니다. 에스겔서의 말씀입니다.

> 내가 전염병과 피 비린내 나는 일로 그를 심판하겠다. 또 내가, 억수 같은 소나기와 돌덩이 같은 우박과 불과 유황을, 곡(Gog)과 그의 전군과 그와 함께 한 많은 연합군 위에 퍼붓겠다.
> (에스겔 38:22)

여기서 곡(Gog)은 내적인 예배에서 분리된 외적인 예배를 뜻하고, 따라서 인애가 소멸하였을 때, 신령예배에 속한 것들을 외적인 것에 일치시키는 자들을 뜻합니다. "우박들"(hailstones)은 악에서 비롯된 거짓들을 뜻합니다.
[3] 같은 책의 말씀입니다.

헛된 환상을 보고 속이는 점괘를 말하는 그 예언자들을 내가 직접 치겠
다.……내 백성이 담을 세우면, 그들은 그 위에 회칠이나 하는 자들이
다. 그러므로 너는, 회칠하는 자들에게, 담이 무너질 것이라고 말하여
라. 내가 소나기를 퍼붓고, 우박을 쏟아내리고, 폭풍을 일으킬 것이다.
(에스겔 13 : 9-11)

여기서 "헛된 환상을 보고 속이는 점괘를 말하는 예언자들"은 악들
이나, 거짓들을 가르치는 자들을 뜻하고, "잘 이겨지지 않는 반죽을
바르는 자들"(=회칠이나 하는 자들)은 거짓들을 날조(捏造)하고 그것
들을 진리들 같이 겉꾸미는 자들을 뜻합니다. 이런 것들이 거짓들로
말미암아 "우박들"이라고 하였는데, 그러나 여기의 구절이나 위에
인용한 다른 장절에서의 "우박"은 어원에서는 "큰 우박"(great hail)
을 뜻하는 다른 낱말에 의하여 표현되고 있습니다.

[4] 이사야서의 말씀입니다.

주께서 맹렬한 진노와,
태워 버리는 불과,
폭풍과 폭우와,
돌덩이 같은 우박을 내리셔서,
주의 장엄한 음성을 듣게 하시며,
내리치시는 팔을 보게 하실 것이다.
주께서 몽둥이로 치실 것이니,
앗시리아는
주의 목소리에 넋을 잃을 것이다.
(이사야 30 : 30, 31)

여기서 "우박"은 거짓들을 통한 진리의 박탈을 뜻합니다. 같은 책의
말씀입니다.

주께서 강하고 힘 있는 이를 보내신다.
그가 마치 쏟아지는 우박처럼,
파괴하는 광풍처럼,
거센 물결을 일으키는 폭풍우처럼
너를 잡아 땅에 쓰러뜨리실 것이다.……
내가 공평으로 줄자를 삼고,
공의로 저울을 삼을 것이니,
거짓말로 위기를 모면하는 사람은
우박이 휩쓸어 가고,
속임수로 몸을 감춘 사람은
물에 떠내려 갈 것이다.
(이사야 28 : 2, 17)

여기서 "홍수"는 거짓들에의 몰입(沒入)을 뜻하고, 따라서 진리의 박탈을 뜻합니다(705 · 739 · 790 · 5725 · 6853항 참조). "우박"(=우박의 홍수)은 거짓들을 통한 진리의 파괴를 뜻합니다.
[5] 시편서의 말씀입니다.

(하나님은)
포도나무를 우박으로 때리시고,
무화과나무를 무서리로 얼어 죽게 하셨으며,
가축을 우박으로 때리시고,
양 떼를 번개로 치셨다.
그들에게 진노의 불을 쏟으시며,
분노와 의분과 재앙을 내리시며,
재앙의 사자를 내려 보내셨다.
(시편 78 : 47-49)
비를 기다릴 때에 우박을 내리셨고,
그 땅에 화염을 보내셨다.
포도나무와 무화과나무를 치시고,

그들이 사는 지경 안의 나무를 꺾으셨다.
(시편 105 : 32, 33)

여기서 "우박이나 비"는 악에서 비롯된 거짓들을 통한 진리와 선의 박탈을 뜻합니다. 그리고 "포도나무"는 내적인 교회에 속한 진리와 선을 뜻하고, "무화과나무"(sycamore)나 "무화과나무"(fig-tree)는 외적인 교회의 진리들이나 선들을 뜻합니다. 같은 책의 말씀입니다.

양털 같은 눈을 내리시며,
재를 뿌리듯 서리도 내리시며,
빵 부스러기같이 우박을 쏟으시는데,
누가 감히
그 추위 앞에 버티어 설 수 있겠느냐?
(시편 147 : 16, 17)

여기서도 "우박"은 악들에게서 비롯된 거짓들을 뜻합니다. 또 같은 책의 말씀입니다.

주 앞에서는 광채가 빛나고,
짙은 구름은 불꽃이 되면서,
우박이 쏟아지고, 벼락이 떨어졌다.
주께서 하늘로부터 천둥소리를 내시며,
가장 높으신 분께서
그 목소리를 높이시며,
우박을 쏟으시고, 벼락을 떨어뜨리셨다.
주께서 화살을 쏘아서
원수들을 흩으시고,
번개를 번쩍이셔서,
그들을 혼란에 빠뜨리셨다.
(시편 18 : 12-14)

여기서도 "우박"은, 진리들이나 선들을 파괴하는 악에서 비롯된 거짓들을 뜻합니다.
[6] 묵시록서의 말씀입니다.

> 첫째 천사가 나팔을 부니, 우박과 불이 피에 섞여서 땅에 떨어졌습니다. 그래서 땅의 삼분의 일이 타버리고, 나무의 삼분의 일이 타버리고, 푸른 풀이 다 타버렸습니다.
> (묵시록 8 : 7)

여기서도 "우박"은 악에서 비롯된 거짓들을 뜻하고, "피가 섞인 불"은 위화된 진리들과 뒤섞인 탐욕들에 속한 악을 뜻하고, "불에 타버린 나무들"은 탐욕에 속한 악에 의하여 파괴된 진리의 지식들을 뜻하고, "불에 탄 푸른 풀"은 마찬가지로 파괴된 진리의 기억지들을 뜻합니다. "불"(fire)이 탐욕들에 속한 악을 뜻한다는 것은 1297・1861・2446・5071・5215・6314・6832・7324항을 참조하시고, "피"(blood)가 위화된 진리를 뜻한다는 것은 4735・6978・7317・7326항을 참조하시고, "나무들"(trees)이 지식들을 뜻한다는 것은 2722・2972항을 참조하십시오.
[7] 여호수아서의 말씀입니다.

> 그들이 이스라엘 군대 앞에서 도망하여 벳호론의 내리막길에 이르렀을 때에, 주께서, 거기에서부터 아세가에 이르기까지, 하늘에서 그들에게 큰 우박을 퍼부으셨으므로, 많은 사람이 죽었다. 우박으로 죽은 자가 이스라엘 자손의 칼에 찔려서 죽은 자보다 더 많았다.
> (여호수아 10 : 11)

이 구절은 기브온을 공격하여 싸운 다섯(5) 왕들에 관해서 언급하고 있는데, 이들 왕들과 그들의 백성은 악들에게서 비롯된 거짓들 안에 있는 자들을 표징합니다. 그러므로 그들은 우박에 맞아서 죽었습니다. 우박의 조각들이 "돌맹이들"(=큰 돌들·great stones)이라고 불리웠는데, 그 이유는 "돌들"(stones)이 또한 거짓들을 뜻하기 때문입니다. 이렇게 볼 때, "싸락눈"(hail)이나 "우박"이 뜻하는 것이 무엇인지, 다시 말하면 악들에게서 비롯된 거짓들을 뜻하고, 결과적으로는 역시 진리와 선의 박탈을 뜻한다는 것은 아주 명백합니다. 왜냐하면 이와 같은 일들은 악들에게서 비롯된 거짓들을 통해서 일어나기 때문입니다.

7554. "그처럼 큰 우박은, 이집트에 나라가 생긴 때로부터 이제까지, 한 번도 내린 적이 없다."
이 말씀이 다른 자들에게는 자연적인 마음 안에 이와 같은 파괴가 없다는 것을 뜻한다는 것은, 그것에 관해서 언급되어 있는 것은, 거짓들을 통한 진리의 파괴를 가리키는 "우박"의 뜻에서(7553항 참조), 그리고 자연적인 마음을 가리키는 "이집트의 땅"의 뜻에서(5276·5278·5280·5288·5301항 참조), 잘 알 수 있습니다. "이집트에 나라가 생긴 때로부터 이제까지"라는 말은 다른 자들에게는 그와 같은 파괴가 없었다는 것을 뜻하는데, 그 이유는 "날"(=때·day)이 상태를 뜻하고, "기초"(基礎·foundation·세움)는 그것의 질(質)을 뜻하고, "이집트"는 일반적으로 자연적인 마음을 뜻하기 때문입니다. 저 세상에 있는 선량한 사람을 공격하고 괴롭히는 자들에게 있는 것과 같은 것이 다른 사람들에게는 그와 같은 파괴가 없다는 것은, 공격하고, 괴롭히는 자들은 이 세상에 있을 때 교회에 속해 있었고(7317·7502항 참조), 그리고 자연적인 마음에 속한 기억지를 성언에서 비롯된, 또는 그들의 교회의 교리에서 비롯된 믿음에 속한 것들로 가득 채운 자들이지만, 그럼에도 불구하고 그런 것들에 반대되는 삶을 살았고, 그러므로 그들이 황폐하게 되었을 때, 믿음에 속한 것들은 송두리째 뽑혀지고, 깊고 더러운 구멍들(腔)이나 주름들 따위를 일으키기 때문에, 동시에 이런 것들에 밀착되어 있는 수많은 것도 뽑혀지는 그런 자들이기 때문입니다. 더욱이 탐욕들에 속한 악들은 어느 정도는 결합할 수밖에 없고, 마찬가지로 거짓들도 어느 정도 결합할 수밖에 없기 때문입니다. 진리들과 거짓들이 함께 할 수 없기 때문에 만약에 그것들이 서로 분리될 수 없다면, 그것들은 반드시 변방으로 추방되어야 합니다. 그것으로 인하여 안에 고약한 냄새를 지닌 빈 공간(empty spaces)이 생겨나게 됩니다. 왜냐하면 모든 고약한 악취는 선들과 뒤섞인 악들에게서, 그리고 진리들과 뒤섞인 거짓들에게서 생겨나오기 때문입니다. 이런 일들은 교회 밖에 있는 자들에게는 일어나지 않습니다. 왜냐하면 그들은 성언에서 비롯된 믿음에 속한 진리들에 관해서 아무것도 알지 못하기 때문입니다. 이것이 다른 자들에게는 자연적인 마음 안에 그와 같은 파괴가 결코 없다는 말이 뜻하는 것입니다.

 7555. 19-21절. "'그러니 이제 너는 사람을 보내어, 너의 집짐승과 들에 있는 모든 것을 안전한 곳으로 대피시켜라. 집 안으로 들어가지 않고 들에 남아 있는 사람이나 짐승은, 모두 쏟아지는 우박에 맞아 죽을 것이다.'" 바로의 신하들 가운데서, 주의 말씀을 두려워한 사람은 자기의 종과 집짐승을 집 안으로 피하게 하였다. 그러나 주의 말씀을 마음에 두지 않는 사람은, 자기의 종과 집짐승을 들에 그대로 내버려 두었다.

"그러니 이제 너는 사람을 보내어 너의 집짐승을 안전한 곳으로 대피시켜라"는 말씀은 선에 속한 진리들은 반드시 수집(收集)될 것이다는 것을 뜻합니다. "들에 있는 모든 것을 안전한 곳으로 대피시켜라"는 말씀은 교회에 속한 것을 뜻합니다. "(들에 있는) 모든 사람과 짐승"은 내면적인 선과 외면적인 선을 뜻합니다. "들에 남아 있다"는 말씀은 교회에 속한 것을 뜻합니다. "집 안으로 들어가지 않았다"는 말씀은 유보(留保)되지 않았다는 것을 뜻합니다. "모두 쏟아지는 우박에 맞아 죽을 것이다"는 말씀은 그들은 거짓에 의하여 전적으로 파괴될 것이다는 것을 뜻합니다. "바로의 신하들 가운데서 주의 말씀을 두려워하는 사람"은 자연적인 마음 안에 있는 이런 것들은 주님에게 속한 것이다는 것을 뜻합니다. "자기의 종과 집짐승을 집 안으로 피하게 하였다"는 말씀은 그것들은 내면적인 것 안에 저장되고, 유보된다는 것을 뜻합니다. "그러나 주의 말씀을 마음에 두지 않은 사람"은 주님에게서 비롯되지 않은 것들을 뜻합니다. "자기의 종들과 집짐승을 들에 그대로 내버려 두었다"는 말씀은 그것들은 저장되지도 않고, 유보되지도 않았다는 것을 뜻합니다.

7556. **"그러니 이제 너는 사람을 보내어, 너의 집짐승을 안전한 곳으로 대피시켜라"**(=모아라).
이 말씀이 선에 속한 진리는 수집(收集)될 것이다는 것을 뜻한다는 것은, 수집하는 것을 가리키는 "거두어 들인다"(=모은다 · gathering in)는 말의 뜻에서, 그리고 진리에 속한 선이나, 또는 선에 속한 진리를 가리키는 "집짐승"(家畜 · cattle)의 뜻에서(6016 · 6045항 참조) 잘 알 수 있습니다. 선에 속한 진리나, 진리에 속한 선이 무엇인지는 2063 · 3295 · 3332 · 3669 · 3688 · 3882 · 4337 · 4353 · 4390 · 5526 · 5733항을 참조하십시오. 이 구절이나, 아래의 두 절에서 다루고 있는 주제는 주님에 의하여 따로 유보되고, 마련해 둔 선과 진리들인데, 심지어 악한 사람에게 있는 그것까지도 다루고 있습니다. 왜냐하면 악들이나 거짓들에게 결합되지 않은 선과 진리는 박탈당하지 않기 때문입니다. 그러나 그것들은 주님에 의하여 내면적인 것들 안에 저장되고, 그 뒤에는 선용(善用 · 씀씀이 · use)을 위하여 다시 상기(想起)되어 쓰여집니다. 주님에 의한 사람에게 있는 선과 진리의 유보는 성경에서는 "남은그루터기"(=남은백성 · remains)가 뜻합니다(468 · 530 · 560 · 561 · 576 · 661 · 798 · 1738 · 1906 · 2284 · 5135 · 5342 · 5344 · 5897-5899 · 6156항 참조).

7557. **"들에 있는 모든 것을 안전한 곳으로 대피시켜라"**(=네가 가지고 있는 들에 있는 모든 것을 대피시켜라 · 거두어 들여라).
이 말씀이 교회에 속한 것을 뜻한다는 것은 교회를 가리키는

"들"(=밭·field)의 뜻에서(2971·3317·3766·4440·4443·7502항 참조) 잘 알 수 있습니다.

7558. "들에 남아 있는 사람이나 짐승"
이 말씀이 내면적인 선과 외면적인 선을 뜻한다는 것은 내면적인 선과 외면적인 선을 가리키는 "사람과 짐승"의 뜻에서(7424·7523항 참조) 잘 알 수 있습니다.

7559. "들에 남아 있다."
이 말씀이 교회에 속한 것을 뜻한다는 것은 교회를 가리키는 "들"(=밭·field)의 뜻에서(7557항 참조) 잘 알 수 있습니다.

7560. "집 안으로 들어가지 않았다"(=집 안으로 들이지 않았다).
이 말씀이 유보되지 않은 것을 뜻한다는 것은 유보되지 않은 것, 또는 확보해 두지 않은 것을 가리키는 "집 안으로 들이지 않았다"는 말의 뜻에서 잘 알 수 있습니다. "집"(house)은, 선이 진리와 함께 있는 곳인 내면적 자연적인 마음(the interior natural mind)을 뜻하고, 또한 합리적인 마음(the rational mind), 따라서 그 사람 자신을 뜻하기 때문입니다(3538·4973·5023·7353항 참조). 그러므로 "집 안으로 들인다"(=집 안으로 모은다)는 말은 안으로 모으고, 수집하여, 거기에 저장하는 것을 뜻합니다. 선과 진리는 내부(within)에 저장되고, 심지어 악한 자에게 있는 선과 진리까지도 주님에 의하여 거기에 확보해 둡니다. 그와 같은 일은 여전히 거기에 인간적인 것들을 남겨두기 위해서 입니다. 왜냐하면 이런 것들이 결여된 사람은 사람이 아니기 때문입니다. 그 이유는 저장되고, 확보된 것들은 모두가 선이나 진리들이고, 그리고 그런 것들에 의하여 사람은 천계와의 교류나 소통을 가지기 때문입니다. 사람이 천계와의 교류나 소통을 가지는 것에 비례하여 그는 사람이기 때문입니다. 사실 악한 자와의 천계의 교류도 있고, 심지어 지옥에 있는 자와의 교류도 있지만, 그러나 선이나 진리에 의한 결합은 결코 존재하지 않습니다. 왜냐하면 선과 진리가 천계로부터 입류, 지옥에 들어가는 순간 그것들은 모두가 악이나 거짓으로 바뀌기(變質) 때문이고, 그것으로 인하여 결합은 그 즉시 깨어지기 때문입니다. 이런 것이 바로 교류 또는 소통입니다. 그러나 비록 내면적인 것들 안에 저장, 확보된 선과 진리를 통한 교류나 소통은 있지만, 그럼에도 불구하고 악한 자들의 내면적인 것들 안에 있는 진리들이나 선들은 그들로 하여금 추론하게 하고, 그리고 감관적인 것으로부터 생각하고, 말하고, 따라서 그릇된 것을 확증하고, 악한 것을 옹호하는 것들 이외의 다른 것은 아무것도 수행하지 못합니다. 그들 안에 저장되고, 확보된 선들이나 진리들로부터 그 이상의 것들은 아무것도 나오지 않습니다. 왜냐하면 만약에 그 이상의 것들이 나온다면 그 진리들이나 선들은 멸망, 소멸할 것이고, 따라서 인간적인 것은 아무것도 그들 안에 남아 있지 않을 것이기 때문입니다.

7561. "모두 쏟아지는 우박에 맞아 죽을 것이다."
이 말씀이, 교회에 속한 것은 거짓에 의하여 완전히 파괴될 것이다는 것을 뜻한다는 것은 악에서 비롯된 거짓을 가리키는 "우박"의 뜻에서, 그리고 이것에서 비롯된 거짓들을 통한 선과 진리의 박탈에서(7553항 참조), 그리고 소멸되는 것을 가리키는 "죽는다"(dying)는 말의 뜻에서(494・6587・6593항 참조), 파괴되는 것을 뜻하는 선과 진리의 박탈에 관한 언급에서, 잘 알 수 있습니다.

7562. 바로의 신하들 가운데서, 주의 말씀을 두려워한 사람은……
이 말씀이 주님에게 속해 있는 자연적인 마음 안에 있는 것들을 뜻한다는 것은 주님에게 속한 것들을 가리키는 "주의 말씀을 두려워하는 그 사람"(=바로의 신하)의 뜻에서 잘 알 수 있습니다. 왜냐하면 속뜻으로 "두려워한 사람"은 두려워하는 사람을 뜻하지 않고, 오히려 한 사물(事物・a thing)을 뜻하기 때문입니다. 천계에서 사람의 개념은 그 사물의 것으로 바뀐다는 것은 5225・5287・5434항을 참조하십시오. 그러므로 "주의 말씀을 두려워하는 사람"은 주님에게서 비롯된 선과 진리를 뜻합니다. 그리고 자연적인 마음에 속한 것들을 가리키는 "바로의 신하들"의 뜻에서 잘 알 수 있습니다. "바로"가 일반적으로 자연적인 것을 뜻한다는 것은 5160 · 5799항을 참조하십시오. 따라서 "그의 신하들"은 자연적인 것 안에 있는 것들을, 또는 같은 뜻이지만, 자연적인 마음 안에 있는 것들을 뜻합니다. 왜냐하면 사람이 생각하고 결론을 도출하는 근원들인 자연적인 것 안에 있는 것들은 그의 마음을 형성하기 때문입니다. 자연적인 것 안에 있는 것들이 주님에게 속한 것인지, 또는 속한 것이 아닌지는 아래의 설명을 참조하십시오(7564항 참조).

7563. 자기의 종과 집짐승을 집 안으로 피하게 하였다.
이 말씀이 그것들이 내면적인 것들 안에 저장되고, 확보되었다는 것을 뜻한다는 것은 자연적인 마음 안에 있는 것들을 가리키는 "종들"의 뜻에서(7562항 참조), 진리와 선을 가리키는 "집짐승"의 뜻에서(7556항 참조), 그리고 주님에게서 비롯된 선과 진리가 저장되고, 유보되어 있는 장소인 사람 안에 있는 것들을 가리키는 "집들"(houses)의 뜻에서(7560항 참조) 잘 알 수 있습니다. 이상에서 밝히 알 수 있는 것은 "그가 자기의 종과 집짐승을 집 안으로 피하게 하였다"는 말이 자연적인 사람 안에 있는, 다시 말하면 주님에 속한 자들 안에 있는 진리들이나 선들이 내면적인 것들 안에, 수집되고, 저장되고, 유보되었다는 것을 뜻한다는 것입니다.

7564. 그러나 주의 말씀을 마음에 두지 않는 사람…….
이 말씀이 주님에게서 비롯된 것들이 아니다는 것을 뜻한다는 것은 앞에서 설명한 내용에서(7562항 참조) 잘 알 수 있는데, 거기에서는 "주의 말씀을 두려워하는 사람"이 주님에게 속한 것들을 뜻하였습니다. 그러므로 다른 한편, "주의 말씀을 마음에 두지 않는 사람"은 주님에게서 비롯되지 않은 것들을 뜻합니다. 선들이나 진리들은 주님에게 속한 것이든, 아니면, 속한 것이 아니든, 그 중에 하나입니다. 주님에게 속한 것들은, 사람이 이웃을 목적해서, 그리고 그의 국가나, 교회나, 주님의 나라를 위해서 행하는 것들이고, 따라서 선과 진리 자체 때문에, 특히 주님 때문에 행하는 것들입니다. 이와 같은 선들이나 진리들은 주님에게 속한 것들이지만, 그러나 주님에게 속하지 않은 선들이나 진리들은 사람이 목적으로서 자기 자신 때문에, 목적으로서 세상 때문에, 행한 것들입니다. 후자는 종종 겉모양으로는 전자와 같은 것으로 보이지만, 그러나 속모양으로는 그것들은 엄연히 매우 다릅니다. 왜냐하면 후자는 자신에게로 귀착되지만, 전자는 자신에게서 멀리 떨어지기 때문입니다. 주님에게 속한 것이 아닌 진리들이나 선들은, 사람이 자유의 상태가 아니고, 불행·와병(臥病)·슬픔·두려움 등등의 상태에서 행한 것들이 대부분입니다. 왜냐하면 이런 것들은 역시 자아목적(自我目的·the sake of self)이 중심이기 때문입니다. 사실, 모든 진리들이나 선들은 주님에게서 입류하지만, 그러나 한 사람에게서 주님에게 속한 선들이나 진리들이 그 자신에게로 굴절(屈折)하게 되면, 그 때 그것들은 그 사람의 것이 되고, 그것들이 굴절하게 된 그 사람에게 속하고 맙니다. 왜냐하면 그것들은 자기사랑이나 세상사랑에 속한 선들이고 진리들이기 때문입니다. 이런 것들은 악한 자들 가운데 있는 악한 자의 모든 선들이고 진리들입니다. 이상의 모든 것에서 볼 때 명확한 것은, 무슨 선들이나 무슨 진리들이든 모두는 주님에 속한 것들을 뜻하든지, 아니면 주님에게 속하지 않은 것들을 뜻한다는 것입니다.

7565. 자기의 종과 집짐승을 들에 그대로 내버려 두었다. 이 말씀이 그것들은 저장되지도, 유보되지도 않았다는 것을 뜻한다는 것은 그것들이 그것들을 통해서 죽게 될 "우박"이 뜻하는 온갖 악들에게서 비롯된 거짓들에 의하여 소멸한다는 것을 가리키는 "들에 남겨 두었다"는 말의 뜻에서(7559-7561항 참조) 잘 알 수 있습니다. 이런 것들은 저장되지도 않고, 유보되지도 않은 것들을 가리키고, 그리고 이런 것들은 주님에게 속하지 않은 그런 진리들이나 선들을 가리킵니다(7564항 참조). "종들"(servants)이 뜻하는 자연적인

마음 안에 있는 진리들이나 선들은(7562・7563항 참조), 그리고 "집 짐승"이 뜻하는 진리들이나 선들은 내면적인 것들 안에 저장될 수 없는데, 그 이유는 그것들이 모두 주님에게 속한 것이 아니기 때문입니다.

7566. 22-26절. **그 때에 주께서 모세에게 말씀하셨다. "네가 하늘로 팔을 내밀면, 우박이 온 이집트 땅에, 그리고 이집트 땅에 있는 사람과 짐승과 들의 모든 풀 위에 쏟아질 것이다." 모세가 하늘로 그의 지팡이를 내미니, 주께서 천둥소리를 나게 하시고 우박을 내리셨다. 벼락이 땅에 떨어졌다. 주께서 이집트 땅 위에 우박을 퍼부으신 것이다. 우박이 쏟아져 내리면서, 번갯불도 함께 번쩍거렸다. 이와 같은 큰 우박은 이집트에 나라가 선 뒤로부터 이집트 온 땅에 한 번도 내린 적이 없다. 이집트 온 땅에서 우박이, 사람이나 짐승이나 할 것 없이, 들에 있는 모든 것을 쳤다. 우박이 들의 모든 풀을 치고, 들의 모든 나무를 부러뜨렸다. 그러나 이스라엘 자손이 사는 고센 땅에는, 우박이 내리지 않았다.**

"주께서 모세에게 말씀하셨다"는 말씀은 명령을 뜻합니다. "네가 하늘로 팔을 내밀라"(=하늘을 향해 팔을 뻗어라)는 말씀은 주의(注意)와 그리고 천계의 근접(近接)을 뜻합니다. "우박이 온 이집트 땅에 쏟아질 것이다"는 말씀은 자연적인 마음 안에 있는 파괴하는 거짓(destroying falsity)을 뜻합니다. "사람과 짐승 위에 쏟아질 것이다"는 말씀은 내면적인 선과 외면적인 선을 뜻하고, "(이집트 땅에 있는) 모든 풀 위에 쏟아질 것이다"는 말씀은 자연적인 마음 안에 있는 교회의 모든 진리를 뜻합니다. "모세가 하늘로 그의 지팡이를 내밀었다"는 말씀은 천계와의 교류(交流・內通・communication)를 뜻합니다. "주께서 천둥소리를 나게 하셨다"는 말씀은 선과 진리 안에 있는 자들과의 교류의 철회(撤回・withdrawal)와 분리(分離・separation)를 뜻합니다. "우박"은 이런 선들이나 진리들을 파괴하는 거짓을 뜻합니다. "벼락이 땅에 떨어졌다"(=불이 땅 위로 달렸다)는 말씀은 탐욕들에 속한 악들을 뜻합니다. "주께서 이집트 땅 위에 우박을 퍼부으신 것이다"는 말씀은 악에 속한 거짓에 의하여 점유된 자연적인 마음을 뜻합니다. "우박이 쏟아져 내리면서, 번갯불도 함께 번쩍거렸다"(=우박이 내리는데 매우 심한 불이 우박과 함께 섞여 내렸다)는 말씀은 악에 속한 탐욕들과 전적으로 함께 한 거짓의 종지(宗旨・설득・the persuasion of falsity)를 뜻하고, "이와 같은 우박은 (이집트에 나라가 선 뒤로부터) 이집트 온 땅에 한 번도 내린 적이 없다"는 말씀은 이와 같은 자연적인 마음의 상태를 가진 자들은 아무도 없다는 것을 뜻합니다. "이집트에 나라가 선 뒤로부터"라는 말씀은 자연적인 마음 안에 선과 그것에서 파생된 진리의 허용이 가능한 그 날 이후를 뜻합니다. "우박이 이집트 땅에 있는 모든 것들을 쳤다"는 말씀은 이와 같은 거짓이 자연적인 마음 안에 있는 것들을 파괴하였다는 것을 뜻합니다. "들에 있는 모든 것들을 쳤다"는 말씀은 교회에 속한 것은 무엇이든 모든 것들을 뜻합니다. "사람이나 짐승이나 할 것 없이"(=사람에게서 심지어 짐승에 이르기까지)라는 말씀은 자연적인 마음의 내면적인 선들이나 외면적인 선들을 뜻합니다. "우박이 들의 모든 풀을 쳤다"는 말씀은 이런 거짓들이 교회의 모든 진리를 파괴하였다는 것을 뜻하고, "들의 모든 나무를 부러뜨렸다"는 말씀은 그것들이 역시 그 교회의 진리나 선의 모든 지식들을 파괴하였다는 것을 뜻합니다. "그러나 이스라엘 자손이 사는 고센 땅에는 우박이 내리지 않았다"는 말씀은 영적인 교회에 속한 자들이 있는 곳에서는 그와 같은 일이 없었다는 것을 뜻합니다.

7567. 주께서 모세에게 말씀하셨다.
이 말씀이 하나의 명령을 뜻한다는 것은 명령(命令・command)을 가리키는 "말한다"(saying)는 낱말의 뜻에서 잘 알 수 있습니다(7036・7107・7310항 참조).

7568. "네가 하늘로 팔을 내밀라"(=너는 하늘을 향하여 손을 뻗어라).

이 말씀이 주의(注意·attention)와 천계의 근접(近接·the approach of heaven)을 뜻한다는 것은 주의하는 것을 가리키는 "손을 뻗는다"는 말의 뜻에서 잘 알 수 있는데, 그 이유는 손을 뻗는다는 말은 어떤 것이 그것에 대하여 지적된 것이나, 보여 주려고 하는 것에 대한 주의를 갖는 것을 뜻하기 때문입니다. 그리고 천사적인 천계를 가리키는 "하늘"(heaven)의 뜻에서 잘 알 수 있습니다. 어느 누구가 천계에서 그에게 지시된 그의 주의를 가지고 있을 때와 같이, 그리고 그에게 보여졌을 때와 같이, 그는 역시 그의 시각이나 생각을 그것에 향하게 합니다. 이것으로 말미암아 거기에의 근접을 뜻하는데, 그 이유는 영계에서의 모든 근접은 생각의 결정에 의하여 이루어지기 때문입니다. 여기의 경우가 어떠한 것인지는 사실은 이미 위에서 설명되었습니다(7519항 참조). 그러나 그와 같은 일들은 이 세상에서는 알려진 그런 것들이 아니기 때문에, 그것들에 관해서 약간 상세하게 설명하고자 합니다. 우리의 본문장들에서 기술된 자들에게서와 같이, 어떤 상태의 변화는 황폐하게 된 악한 자에게 일어나야만 하는 경우, 이와 같은 변화는 천계에서 비롯되는 보다 더 현재적인 선이나 진리의 입류에 의하여 일어나는데, 그 이유는 천계가 그들에게 가까이 오면 올수록 그들에게 있는 내면적인 악들이나 거짓들은 더 자극을 받기 때문입니다. 왜냐하면 천계에서 온 선과 진리는 내적인 것들에 침투(浸透)하기 때문이고, 그리고 그것들이 더 깊이 침투하면 할수록 그것들은 그들에게 더 가까이 오기 때문입니다. 이것으로 인하여 지옥적인 것들은 감히 어떤 천계적인 사회에도 근접할 수 없고, 그러나 그것들이 할 수 있는 정도까지 거기에서 물러날 뿐입니다(4225·4226·4299·4533·4674·5057·5058·7519항 참조). 이렇게 볼 때 확실한 사실은, "모세가 하늘을 향해 그의 손을 뻗었다"는 말이 뜻하는 주의(注意)와 천계의 근접(近接)이 무엇을 뜻하는지 잘 알 수 있다는 것입니다. 왜냐하면 지금은 새로운 상태가 기술되었기 때문입니다. 다시 말하면, 공격하고, 괴롭히는 자들이 가지고 있는 교회의 모든 선들이나 진리들을 파괴하는 악들에게서 비롯된 거짓들의 상태가 기술되었기 때문입니다. 그리고 이 상태는 신령존재에게서 비롯된 더 가까운 진리의 입류를 통하여 일어나기 때문에, 그리고 동시에 천계의 근접을 통하여 일어나기 때문에, 그러므로 그가 "하늘을 향해 그의 손을 뻗어라"라고 모세에게 일러진 것입니다.

7569. "우박이 온 이집트 땅에 쏟아질 것이다."
이 말씀이 자연적인 마음 안에 있는 파괴하는 거짓(destroying falsity)을 뜻한다는 것은 파괴하는 악들에게서 비롯된 거짓을 가리키는, 다시 말하면 교회에 속한 모든 선과 진리를 파괴하는 악들에게서 비롯된 거짓을 가리키는 "우박"의 뜻에서(7553항 참조), 그리고 자연적인 마음을 가리키는 "이집트 땅"의 뜻에서(5276·5278·5280·5288·5301항 참조), 잘 알 수 있습니다.

7570. "그리고 이집트 땅에 있는 사람과 짐승에게 쏟아질 것이다."
이 말씀이 내면적인 선과 외면적인 선을 뜻한다는 것은 내면적인 선과 외면적인 선을 가리키는 "사람과 짐승"의 뜻에서(7424·7523·7558항 참조) 잘 알 수 있습니다.

7571. "이집트 땅에 있는 들의 모든 풀 위에 쏟아질 것이다."
이 말씀이 자연적인 마음 안에 있는 교회에 속한 모든 진리를 뜻한다는 것은, 그것에 관해서 아래에 설명하겠지만, 진리를 가리키는 "풀"(herb)의 뜻에서, 그리고 교회를 가리키는 "들"(field)의 뜻에서(7557항 참조), 그리고 자연적인 마음을 가리키는 "이집트의 땅"의 뜻에서(7569항 참조), 잘 알 수 있습니다. "풀"(herb)이 진리를 뜻한다는 것은 "땅"(land)이 교회를 뜻하기 때문이고, 그리고 또한 "들"(field)이 교회를 뜻하기 때문입니다. 따라서 그것에서 생성되는 모든 것은 믿음에 속한 진리이거나, 또는 인애에 속한 선을 뜻합니다. 왜냐하면 이것들은 모두가 교회에 속한 것들이기 때문입니다. "들의 풀"이 일반적으로 들에서 생성된 모든 것을 뜻하는데, 이러한 내용은 마태복음서의 주님의 말씀에서 잘 알 수 있습니다. 마태복음서의 말씀입니다.

> 예수께서 그들에게 또 다른 비유를 들어서 말씀하셨다. "하늘 나라는 자기 밭에다가 좋은 씨를 뿌리는 사람과 같다.……그러나 줄기가 나서 열매를 맺을 때에, 가라지도 보였다.
> (마태 13 : 24, 26)

여기서 "풀"(=곡식·herb)은 밭의 소출을 뜻합니다. 여기서 "곡식"(herb)이 교회에 속한 진리를 뜻한다는 것, 그리고 "가라지"(=독보리)는 거짓을 뜻한다는 것은 아주 명확합니다. 사실 이것은 하나의 비유이지만, 그러나 성경의 모든 비유들은 표의(表意)에서 비롯되었습니다(3579항 참조). 시편서의 말씀입니다.

> 주님은,
> 들짐승들이 뜯을 풀이 자라게 하시고,
> 사람들이 밭갈이로 채소를 얻게 하시고,
> 땅에서 먹을거리를 얻게 하셨습니다.
> (시편 104 : 14)

여기서도 역시 "채소"(herb)는 밭의 소출을 뜻하고, 속뜻으로 여기서는 그것은 진리를 뜻합니다.
[2] 같은 책의 말씀입니다.

> 나를 푸른 풀밭에 누이시며
> 쉴 만한 물 가로 인도하신다.
> 내 영혼을 소생시키시고…….
> (시편 23 : 2, 3)

"푸른 풀밭"(=초장·草場)은 영혼의 양식인 영적인 영양분을 뜻하고,

그러므로 "주님은 내 영혼을 소생시킨다"(=새롭게 창조하신다)라고 언급되었습니다. 예언서의 말씀들입니다.

> 니므림 샘들이 말라서
> 메마른 땅으로 바뀌고,
> 풀이 시들고,
> 초목이 모조리 사라지고,
> 푸른 것이라고는 하나도 볼 수가 없구나.
> (이사야 15 : 6)
> 내가 큰 산과 작은 산을 황폐하게 하고,
> 그 초목들을 모두 시들게 하겠다.
> 강들을 사막으로 만들겠고,
> 호수를 말리겠다.
> 무지몽매한 나의 백성을
> 내가 인도할 것인데,
> 그들이 한 번도 다니지 못한 길로
> 인도하겠다.
> (이사야 42 : 15, 16)
> 이 땅이 언제까지 슬퍼하며,
> 들녘의 모든 풀이 말라 죽어야 합니까?
> 이 땅에 사는 사람의 죄악 때문에,
> 짐승과 새도 씨가 마르게 되었습니다.
> 사람들은 자기들이 무슨 일을 하든지,
> 하나님께서 내려다보시지 않는다고
> 말하고 있습니다.
> (예레미야 12 : 4)
> 들녘의 암사슴도 연한 풀이 없어서,
> 갓낳은 새끼까지 내버린다.
> 들나귀도 언덕 위에 서서
> 여우처럼 헐떡이고,
> 뜯어먹을 풀이 없어서 그 눈이 흐려진다.

9 : 1 - 35

(예레미야 14 : 5, 6)
들짐승들아, 두려워하지 말아라.
이제 광야에 풀이 무성할 것이다.
나무마다 열매를 맺고,
무화과나무와 포도나무도
저마다 열매를 맺을 것이다.
(요엘 2 : 22)
메뚜기 떼가 땅 위의 푸른 풀을 모두 먹어 버리는 것을 내가 보고서 "주 하나님, 용서하여 주십시오! 야곱이 어떻게 견디어 낼 수 있겠습니까? 그는 너무 어립니다" 하고 간청하니…….
(아모스 7 : 2)
너희는 봄철에
비를 내려 달라고 주께 빌어라.
비구름을 일게 하시는 분은 주님이시다.
주께서 사람들에게 소나기를 주시며,
각 사람에게 밭의 채소를 주신다.
(스가랴 10 : 1)
다섯째 천사가 나팔을 불었다. 내가 보니, 하늘에서 땅에 떨어진 별이 하나 있는데, 그 별은 아비소스를 여는 열쇠를 받았습니다.……그것들은, 땅에 있는 풀이나 푸성귀나 나무는 하나도 해하지 말고, 이마에 하나님의 도장이 찍히지 않은 사람만을 해하라는 명령을 받았습니다.
(묵시록 9 : 1, 4)

[3] 이상의 장절들에서 "풀이나 채소"가 그것들을 뜻하지 않고 오히려 그것들 대신에 교회에 속한 것들을 뜻한다는 것을 누구나 잘 이해할 수 있겠습니다. 그리고 또한 "땅의 풀"이나, "들의 채소"가 믿음에 속한 진리를 뜻한다는 것도 명확합니다. 이와 같은 영적인 뜻이 없다면, 묵시록에서 다섯째 천사가 나팔을 불 때 "그것들(=메뚜기들)은 땅에 있는 풀이나 푸성귀나 나무는 하나도 해하지 말라"는 말이나, 또는 예레미야에서 "들녘의 암사슴도 연한 풀이 없

어서, 갓낳은 새끼까지 내버린다. 들나귀도 언덕 위에 서서……뜯어 먹을 풀이 없어서 그 눈이 흐려진다"고 한 말이 언급된 이유를 어느 누구도 알지 못할 것이고, 그리고 그 밖의 많은 장절들이 뜻하는 것도 알지 못할 것입니다. 이상에서 볼 때, 그것들이 뜻하는 것을 알지 못한다면, 성언은 거의 아무것도 이해하지 못한다는 것이고, 그리고 세속적이고, 현세적인 개념은 그것 안에 내포되어 있는 수많은 것들에 관해서 거의 이해하지 못한다는 것도 잘 알 수 있겠으며, 그리고 최소한 모든 상세한 것들 안에는 거룩한 것이 있다는 것도 이해하지 못한다는 것도 잘 알 수 있겠습니다.

7572. 모세가 하늘로 그의 지팡이를 내밀었다(=뻗었다).

이 말씀이 천계와의 교류(交流·內通·communication)를 뜻한다는 것은, 위에서 설명한 것과 같이(7568항 참조), 주의를 지시하는 것을 가리키는, 따라서 교류하는 것을 가리키는 "지팡이를 내밀었다"(=뻗었다)는 말의 뜻에서 잘 알 수 있습니다. 여기서 "하늘"(heaven)은 천사적인 천계를 뜻합니다.

7573. 주께서 천둥소리를 나게 하셨다(=주셨다).

이 말씀은 선과 진리 안에 있는 자들과의 교류의 철회(撤回)나 분리(分離)를 뜻한다는 것은 천계에 있는 자들에게는 빛을 비추고, 완전하게 하고, 지옥에 있는 자들에게는 놀라게 하고, 황폐하게 하는 신령진리들을 가리키는 천둥의 소리인 "소리들"(voices)의 뜻에서 잘 알 수 있습니다. 그것들이 후자들을 황폐하게 만들기 때문에 그것들은 선과 진리 안에 있는 자들의 교류의 철회나 분리를 뜻합니다. 왜냐하면 이런 식으로 그들은 황폐하게 되기 때문입니다. 이런 일이 어떻게 생기는지는 앞에서의 설명에서(7502·7541·7542·7545·7554항 참조), 다시 말하면 교회에 속해 있고, 그리고 이런 것으로 말미암아 성언에서 비롯된 진리와 선의 지식들을 흡수하였지만, 그러나 악한 삶을 사는 자들은, 그들이 교회에서 행한 것에 의하여 세상에서부터 그들에게 초래된 진리들이나 선들을 통하여 천계와의 교류를 갖습니다. 사람이 이 세상에서 알게 된 것은 무엇이나, 아니, 그 사람이 보고, 듣고, 생각하고, 말하고, 의도하고, 행한 것은 무엇이나 그 사람과 함께 저 세상으로 가지고 온다는 것은 2474·2475·2481-2486·7398항을 참조하십시오. 이 교류는, 그들이 황폐한 상태가 되면, 제거되고, 그리고 이 교류가 제거되면, 그 때 역시 진리들이나 선들도 그것에 속한 지식들과 더불어 제거됩니다. 왜냐하면 영들이 알게 된 것, 아니, 천사들이 알게 된 것은 무엇이나 주님으로부터 천계를 통하여, 따라서 교류의 수단들에 의하여 입류합니다 (6053-6058·6189-6215·6307-6327·6466-6495·6613-6626항 참조). 이상의 모든 것들로부터 진리와 선 안에 있는 자들과의 교류의 철회(撤回)나 분리가 무엇을 뜻하는지 밝히 알 수 있겠습니다. "소리들"(voices)이 뜻하는 진리인, 천계나 지옥에 있는 신령한 진리에 관해서 살펴보면, 이 땅의 천둥들의 경우와 꼭 같습니다. 높은 산에서는 천둥들은 부드럽고 순한 소리로 들리고, 이에 반하여 그것들은 땅 아래에서는 무시무시한 소리로 들립니다. 꼭 같은 방법으로 천계에서 신령진리는 부드럽고 유순하지만, 그러나 지옥에서는 매우 무시무시합니다.

[2] 천둥들을 가리키는 "소리들"(voices)이 천계에 있는 자들에게는 빛을 비추고, 완전하게 만드는 신령한 진리들을 뜻하고, 지옥에 있는 자들에게는 무섭게 하고, 황폐하게 한다는 것은 아래의 장절들에서 잘 알 수 있습니다. 이사야서의 말씀입니다.

    그러나 너희는
    거룩한 절기를 지키는 밤처럼,
    노래를 부르며, 피리를 불며,
    주의 산으로,
    이스라엘의 반석이신 분에게로
    나아가는 사람과 같이,
    마음이 기쁠 것이다.

주께서 맹렬한 진노와
태워 버리는 불과,
폭풍과 폭우와,
돌덩이 같은 우박을 내리셔서,
주의 장엄한 음성을 듣게 하시며,
내리치시는 팔을 보게 하실 것이다.
주께서 몽둥이로 치실 것이니,
앗시리아는
주의 목소리에 넋을 잃을 것이다.
(이사야 30 : 29-31)

여기서 "주의 목소리"는 신령한 진리를 뜻하는데, 그것은 선들 안에 있는 자들을 교화(敎化)하고, 완전하게 하지만, 악 안에 있는 자들에게는 공포에 떨게 하고, 황폐하게 합니다. 요엘서의 말씀입니다.

전진할 때에는 땅이 진동하고,
온 하늘이 흔들린다.
해와 달이 어두워지고,
별들이 빛을 잃는다.
주께서 큰 음성으로
당신의 군대를 지휘하신다.
병력은 헤아릴 수 없이 많고,
명령을 따르는 군대는 막강하다.
주의 날은 놀라운 날,
가장 무서운 날이다.
누가 감히 그 날을 견디어 낼까?
(요엘 2 : 10, 11)

여기서도 뜻은 마찬가지입니다.
[3] 같은 책의 말씀입니다.

> 주께서 시온에서 외치시고,
> 예루살렘에서 큰소리를 내시니,
> 하늘과 땅이 진동한다.
> 그러나 주께서는
> 당신의 백성에게 피난처가 되실 것이다.
> 이스라엘 자손에게 요새가 되실 것이다.
> (요엘 3 : 16)

여기서도 마찬가지로 "주의 음성"(=여호와의 음성)은 신령한 진리를 뜻합니다. "예루살렘"이, 진리에서 비롯된 선 안에, 그리고 선에서 비롯된 진리 안에 있는 자들이 있는, 주님의 영적인 왕국을 뜻하기 때문에, "예루살렘에서 나는 큰소리"라고 언급되었습니다.
[4] 시편서의 말씀입니다.

> 주께서 하늘로부터 천둥소리를 내시며,
> 가장 높으신 분께서
> 그 목소리를 높이시며,
> 우박을 쏟으시고, 벼락을 떨어뜨리셨다.
> 주께서 화살을 쏘아서
> 원수들을 흩으시고,
> 번개를 번쩍이셔서,
> 그들을 혼란에 빠뜨리셨다.
> (시편 18 : 13, 14)

"그 목소리를 높이셨다" "우박" "벼락"(=석탄불·숯불·coals of fire)은 거짓들을 통한, 그리고 탐욕들의 악들을 통한, 진리와 선의 황폐를 뜻합니다. 같은 책의 말씀입니다.

> 구름이 물을 쏟아내고,

> 하늘이 천둥소리를 내니,
> 주의 화살이 사방으로 날아다닙니다.
> 주의 천둥소리가
> 회오리바람과 함께 나며,
> 주의 번개들이
> 번쩍번쩍 세계를 비출 때에,
> 땅이 흔들리면서 두려워서 떨었습니다.
> (시편 77 : 17, 18)

여기서도 "소리"(=천둥소리)는 교회에 속한 자들을 조요(照耀)하는 신령진리를 뜻합니다.

[5] 같은 책의 말씀입니다.

> 주님의 음성이 물 위로 울려 퍼진다.
> 영광의 하나님이 천둥소리로 말씀하신다.
> 주께서 큰 물 위에 나타나신다.
> 주의 목소리는 힘이 있고,
> 주의 목소리는 위엄이 넘친다.
> 주께서 목소리로 백향목을 쩌개고,
> 레바논의 백향목을 쩌개신다.……
> 주의 목소리가
> 번갯불을 번쩍이게 하신다.
> 주의 목소리가 광야를 흔드시고,……
> 주의 목소리가,
> 암사슴을 놀래켜 낙태하게 하고,
> 우거진 숲조차 벌거숭이로 만드시니,……
> (시편 29 : 3-9)

여기서 "주의 목소리"(=여호와의 음성)는 신령진리와 그것의 능력을 뜻하고, 따라서 역시 성언(聖言)을 뜻합니다. 그 이유는 이것이 신령진리이기 때문입니다.
[6] 묵시록서의 말씀입니다.

> 나는 힘센 다른 천사 하나가 구름에 싸여서 하늘에서 내려오는 것을 보았습니다.……그가 부르짖으니, 일곱 천둥이 각각 제 소리를 내면서 말하였습니다. 그 일곱 천둥이 말을 다 하였을 때, 나는 그것을 기록하려고 하였습니다. 그 때에 나는 하늘로부터 음성을 들었는데, "그 일곱 천둥이 말한 것을 인봉하여라. 그것을 기록하지 말아라" 하였습니다.
> (묵시록 10 : 1, 3, 4)

여기서도 "음성들"(=부르짖는 소리)은 신령진리를 뜻하고, "천둥들"은 천계에서 땅으로 그것을 옮기고, 가지고 오는 자들을 뜻합니다. 여기서 "천둥들"이나 "음성들"이 천둥들이나 음성들을 뜻하지 않고, 신령한 것들을 뜻한다는 것은 누구나 다 알 수 있습니다. 그리고 그것들이 신령한 것들을 뜻하기 때문에, 그리고 "주의 목소리"라고 불리웠기 때문에, 그것들이 신령한 진리들을 뜻한다는 것은 명확합니다. 이것이 바로 여호와께서 시내 산에 하강(下降)하셔서 신령진리를 선포하셨을 때 거기에 소리들·번개들·천둥들이 있었다(출애굽기 19 : 16 ; 20 : 18)는 이유이고, 그리고 또한 그분께서 불길 속에서 말씀하셨던(신명기 4 : 11, 12 ; 5 : 22-25) 이유입니다.

7574. 주께서 우박을 내리셨다.

이 말씀이 이런 선들이나 진리들을 파괴하는 온갖 거짓들을 뜻나다는 것은 교회의 선들이나 진리들을 파괴하는 온갖 악들에게서 비롯된 거짓들을 가리키는 "우박"의 뜻에서(7553항 참조) 잘 알 수 있습니다. "우박"이 교회의 진리들이나 선들을 파괴하는 그런 거짓들을 뜻하듯이, 우리의 본문장에 기술된 "악성종기"가 뜻하는 그런 것들입니다. 왜냐하면 거기에는 온갖 수많은 거짓들의 종과 유(種類·genera and species)가 있기 때문이고, 그리고 또한 그것들의 근원을 가리키는 온갖 악들의 종과 유가 있기 때문입니다. "우박"이 뜻하는 거짓들이 교회에 속한 것들을 파괴하는 온갖 종류의 것들이고, 그리고 그것들은 교회에서 태어났으나, 교회에 있는 진리들이나 믿음의 선들에 정반대로 삶을 사는 자들에게서 가능합니다. 온갖 악들과 같이 온갖 거짓들도 수많은 종과 유가 있다는 것은 지옥들이 온갖 악들의 종과 유에 일치하여, 그리고 그것에서 파생된 온갖 종류의 거짓들의 종과 유에 일치하여, 분별된다는 사실에서, 그리고 지옥들도 역시 수도 없이 많다는 사실에서 아주 명백합니다. 이렇게 볼 때, 이집트에 있었던 기적들이나, 재앙들, 예를 들면 피·개구리·이·유해한 파리·무서운 병·피부 전염병·우박·메뚜기 등이 온갖 거짓들과 악들을 뜻한다는 것, 다시 말하면 그 각각의 것들이 어떤 종류의 거짓이나 악을 뜻한다는 사실이 어떠한 것인지 알 수 있다는 것입니다.

7575. 벼락이 땅에 떨어졌다(=불이 땅 위로 달렸다).
이 말씀이 탐욕들에 속한 온갖 악들을 뜻한다는 것은 탐욕들에 속한 악들을 가리키는 "불"(=벼락·fire)의 뜻에서(1297·1861·2446·5071·5215·6314·6832·7324항 참조), 그것의 가장 낮은 영역에까지 다다른, 자연적인 마음의 점유(占有)를 차지한 것을 가리키는 "불이 땅에 떨어졌다"(=불이 땅 위로 달렸다)는 말의 뜻에서, 잘 알 수 있습니다. "이집트의 땅"이 자연적인 마음을 뜻한다는 것은 5276·5278·5280·5288·5301항을 참조하십시오. "우박"이 거짓들을 뜻하고, "불"이 거짓들을 생성한 근원인 악들을 뜻하기 때문에, 그러므로 "우박"이 언급된 곳에서는 역시 "불"이 언급되고 있습니다. 예를 들면 이사야 30 : 30, 31 ; 시편 18 : 12-15 ; 78 : 47-49 ; 묵시록 8 : 7 등이 되겠습니다. 그리고 우리 본문장의 아래의 장절에서도 "우박이 쏟아져 내리면서, 번갯불(=불)도 함께(=동시에) 번쩍거렸다"(24절)고 하였습니다.

7576. 주께서 이집트 땅 위에 우박을 퍼부으신 것이다(=내리셨다).
이 말씀이, 이와 같이 자연적인 마음이 악에 속한 거짓들에 의하여 점유되었다는 것을 뜻한다는 것은 퍼부었다는 것을 가리키는, 여기서는 그것이 점유한 것을 가리키는 "내리셨다"는 말의 뜻에서 잘 알 수 있습니다. "비를 내린다"는 것은 진리와 선에 관해서 언급하고, 나쁜 뜻으로는 거짓과 악에 관해서 언급합니다. 왜냐하면 "비"(rain)는 축복을 뜻하고, 또한 그것은 저주(詛呪)를 뜻하기 때문입니다(2445항 참조). 그리고 또한 악에 속한 거짓을 가리키는 "우박"의 뜻에서(7553·7574항 참조), 그리고 자연적인 마음을 가리키는 "이집트의 땅"의 뜻에서(7575항 참조), 잘 알 수 있습니다.

7577. 우박이 쏟아져 내리면서, 번갯불도 함께 번쩍거렸다(=우박이 내리는데 매우 심한 불이 우박과 섞여 내렸다).
이 말씀이 악에 속한 탐욕들과 함께 하는 거짓의 종지(宗旨·설득·persuasion)를 뜻한다는 것은, 악에서 비롯된 거짓을 가리키는(7574항 참조), 여기서는 거짓의 종지를 가리키는 "우박"의 뜻에서 잘 알 수 있습니다. 그 이유는 "우박이 매우 심하였다"고 언급되었기 때문입니다. 그리고 악에 속한 탐욕을 가리키는 "불"의 뜻에서(7575항 참조), 그리고 함께 하는 것을 가리키는, 이것이 거짓의 근원이기 때문에, 사실은 가장 극심한 악의 탐욕을 가리키는 "가운데를 달렸다"(=섞여 내렸다·함께 번쩍거렸다)는 말의 뜻에서 잘 알 수 있습니다.
[2] 여기서는 교회에 속해 있지만, 그들이 교회에 속한 것에 관해서, 다시 말하면 그들이 소유했던 선들이나 진리들의 측면에서 그것들이 박탈되었을 때 저 세상에서 선량한 자를 공격, 괴롭히는 자들의 상태가 기술되었습니다. 다시 말하면 그 때 악에 속한 온갖 탐욕들과 더불어 그것들에게서 지배하던 거짓의 종지들(宗旨·persuasion)의 상태가 기술되었습니다. 왜냐하면 이런 사실이 그들의 내면적인 상태이기 때문입니다. 거짓의 종지들이나, 악의 탐욕들은 분리될 수 없습니다. 왜냐하면 삶의 측면에서 악 안에 있는 자는 교리의 측면에서 거짓 안에 있기 때문입니다. 실제로 그것은 삶의 악 안에 있는 자들에게는 그렇지 않은 것처럼 보입니다. 왜냐하면 입으

로는 그들이 성경말씀으로부터 진리들을 고백하고 있고, 또한 그들의 교회의 교리로 말미암아 진리들을 고백한다고 할 때, 그들은 그들이 이런 진리들에 속한 신념 안에 있다고 생각하기 때문입니다. 그것은 역시 그들에게는 그들이 마치 그런 존재인 것처럼 보이지만, 그럼에도 불구하고 그 삶이 악한 것이라면 그들은 그런 존재는 아닙니다. 왜냐하면 그들이 입으로 그들의 생각들에 일치하지 않은 것을 고백하든, 그들이, 재물이나 명예 따위의 목적을 위한 종지적인 믿음(a persuasive faith)으로 말미암아 그러하다고 생각하든, 그 어떤 것이기 때문입니다. 그러므로 명예에 대한 더 이상의 의뢰가 있을 수 없다면, 또는 재물을 축적할 수 없다면, 이 믿음은 땅에 떨어질 것이고, 그리고 그 때 그들은, 탐욕들에 속한 악들과 일치하는 온갖 거짓들을 신속하게 터득할 것입니다. 이런 부류의 거짓들은 악하게 사는 사람들에게는 내적으로 존재하고, 그들이 존재하지 않는다고 믿는다는 것은, 아무런 문제가 결코 되지 않습니다.

[3] 이것이 사실이다는 것은, 외적인 것들이 제거되고, 그리고 이런 부류의 인물들이 자신들의 내면적인 것들에 맡겨질 때, 저 세상에서 아주 명료하게 자기 자신을 보여 주기 때문입니다. 그 때 거짓들은, 그들이 이 세상에서 생각한 것이나, 그들이 공개적으로 생각하지 않은 것 모두를 갑자기 드러내놓습니다. 왜냐하면 그것들은, 그들의 삶에 속한 온갖 악들로 말미암아 쏟아내기 때문입니다. 그 이유는 거짓들은, 추론하고, 자기 자신을 방어하는 온갖 악들 이외의 아무 것도 아니기 때문입니다. 이상에서 볼 때, 저 세상에 있는 그들의 상태가 무엇인지, 다시 말하면 악에 속한 탐욕들과 함께 하는 거짓에 속한 종지들(persuasions of falsity)을 가지고 있다는 것을 잘 알 수 있겠습니다.

7578. 이와 같은 큰 우박은 이집트 온 땅에 한 번도 내린 적이 없다. 이 말씀이, 어느 누구도 이와 같은 자연적인 마음의 상태를 가진 적

이 없다는 것을 뜻한다는 것은, 동일한 말이 등장하는, 앞서의 설명에서(7554항 참조) 잘 알 수 있습니다.

7579. 이집트에 나라(=민족)**가 선 뒤로부터…….**
이 말씀이, 그것 안에, 다시 말하면 자연적인 마음 안에 선과 그것에서 파생된 진리의 용인(容認)이 가능한 날부터를 뜻한다는 것은 선을 가리키는 "나라"(=민족·nation)의 뜻에서(1159·1259·1260·1416·1849·4574·6005항 참조) 잘 알 수 있습니다. 그리고 자연적인 마음에 속한 기억지의 진리를 뜻하는 이집트 땅에 관해서 언급하고 있기 때문에, 그러므로 "나라"(=민족·nation)는 선에서 비롯된 진리를 뜻합니다. 그리고 그것이 그 안에서 이루어진 날로부터 라는 것을 가리키는 "나라가 선 뒤로부터"의 뜻에서 잘 알 수 있습니다.

7580. 우박이 이집트 온 땅에 있는 모든 것을 쳤다.
이 말씀은, 이 거짓이 자연적인 마음 안에 있는 것들을 파괴하였다는 것을 뜻한다는 것은 파괴하는 것을 가리키는 "쳤다"(smiting)는 말의 뜻에서, 그리고 악들에게서 비롯된 거짓들을 가리키는 "우박"의 뜻에서(7553항 참조), 그리고 자연적인 마음을 가리키는 "이집트의 땅"의 뜻에서(7569항 참조) 잘 알 수 있습니다.

7581. 들에 있는 모든 것…….
이 말씀이 교회에 속한 것을 뜻한다는 것은 교회를 가리키는 "들"(field)의 뜻에서(7557항 참조) 잘 알 수 있습니다.

7582. 사람이나 짐승이나 할 것 없이……(=사람에게서 짐승에 이르기까지).
이 말씀이 그것의 내면적인 선과 외면적인 선을 뜻한다는 것은 내면적인 선이나 외면적인 선을 가리키는 "사람과 짐승"의 뜻에서(7424·7523항 참조), 잘 알 수 있습니다.

7583. 우박이 들에 있는 모든 풀을 쳤다.
이 말씀이, 이런 거짓들이 교회의 모든 진리들을 파괴하였다는 것을 뜻한다는 것은 교회의 진리를 가리키는 "들의 풀"의 뜻에서(7571항 참조), 그리고 파괴하는 것을 가리키는 "친다"(smiting)는 말의 뜻에서, 그리고 거짓을 가리키는 "우박"의 뜻에서(7553항 참조), 잘 알 수 있습니다.

7584. 우박은 들의 모든 나무를 부러뜨렸다.
이 말씀이 그것들 역시 교회의 선이나 진리의 모든 지식들을 파괴하였다는 것을 뜻한다는 것은 선과 진리의 지각들을 가리키는 "나무"(tree)의 뜻에서(103 · 2163 · 2682항 참조), 그리고 선과 진리의 지식들을 가리키는 "나무"의 뜻에서(2722[E] · 2972항 참조) 잘 알 수 있습니다.

7585. 그러나 이스라엘 자손이 사는 고센 땅에는, 우박이 내리지 않았다.
이 말씀이, 영적인 교회에 속한 자들이 있는 곳에서는 그것이 그렇지 않았다는 것을 뜻한다는 것은 자연적인 마음 안에 있는 극내적인 것을 가리키는 "고센 땅"(=고센의 땅)의 뜻에서(5910 · 6028 · 6031 · 6068항 참조), 그리고 영적인 교회에 속한 자들을 가리키는 "이스라엘 자손"의 뜻에서(6426 · 6637 · 6862 · 6868 · 7035 · 7062 · 7198 · 7201 · 7215 · 7223항 참조) 잘 알 수 있습니다.

7586. 27-30절. 바로는 사람을 보내서, 모세와 아론을 불러들였다. 그리고 그들에게 말하였다. "이번에는 내가 죄를 지었다. 주께서 옳으셨고, 나와 나의 백성이 옳지 못하였다. 너는 주께 기도하여, 하나님이 나게 하신 이 천둥소리와 하나님이 내리신 이 우박을 그치게 하여 다오. 내가 너희를 보내겠다. 너희는 더 이상 여기에 머물지 않아도 괜찮다." 모세가 그에게 말하였다. "내가 이 성을 나가는 대로, 나의 손을 들어서 주께 빌겠습니다. 그러면 천둥소리가 그치고, 우박이 더 이상 내리지 않을 것입니다. 이것은, 온 세상이 우리 주님의 것임을 임금님께 가르치려는 것입니다. 그래도 임금님과 임금님의 신하들이 주 하나님을 두려워하지 않으리라는 것을, 나는 알고 있습니다."

"바로는 사람을 보내서, 모세와 아론을 불러들였다"는 말씀은 신령 율법의 현존(現存·臨在)을 뜻합니다. "그들에게 말하였다"는 말씀은 겸비의 상태(謙卑狀態·humiliation)를 뜻합니다. "이번에는 내가 죄를 지었다"는 말씀은 진리나 선으로부터의 분리(分離)를 뜻합니다. "주께서 옳으셨고, 나와 나의 백성이 옳지 못하였다"(=악하였다)는 말씀은 신령선은, 공격하고 괴롭히는 자들의 악의(惡意)를 참고 견딜 수가 없다는 것을 뜻하고, 그리고 이것이 그 결과이다는 것을 뜻합니다. "너는 주께 기도하여라"(=간구하여라)는 말씀은 그들이 중재(仲裁)하여야 한다는 것을 뜻합니다. "하나님이 내게 하신 이 천둥소리와 하나님이 내리신 이 우박을 그치게 하여 다오"(=충분하다)라는 말씀은 가능하다면 이런 거짓들이 중지한다는 것을 뜻합니다. "내가 너희를 보내겠다. 너희는 더 이상 여기에 머물지 않아도 괜찮다"는 말씀은 그들이 그들을 보낼 것을 뜻하고, 그리고 그들이 더 이상 억류되지 않을 것이다는 것을 뜻합니다. "모세가 그에게 말하였다"는 말씀은 대답을 뜻합니다. "내가 이 성을 나가는 대로 즉시"라는 말씀은 분리(分離·separation)를 뜻합니다. "나의 손을 들어서 주께 빌겠다"는 말씀은 중재나 간구를 뜻합니다. "그러면 천둥소리가 그치고, 우박이 더 이상 내리지 않을 것이다"는 말씀은 이 상태의 마지막을 뜻합니다. "이것은, 온 세상이 우리 주님의 것임을 임금님께 가르치려는 것이다"는 말씀은 이것으로 말미암아 주님께서 교회의 유일한 하나님이시다는 것을 안다는 것을 뜻합니다. "그래도 임금님과 임금님의 신하들이 주 하나님을 두려워하지 않으리라는 것을 나는 알고 있다"는 말씀은, 공격하고 괴롭히는 자들은 아직까지도 하나님 경외(敬畏)의 상태에 있지 않다는 것을 뜻합니다.

7587. 바로는 사람을 보내서, 모세와 아론을 불러들였다.
이 말씀이 동일한 말이 기술된 설명에서와 같이(7390·7451항 참조), 신령율법의 현존(=임재·presence)을 뜻합니다.

7588. (바로가) **그들에게 말하였다.**

이 말씀이 겸비의 상태(謙卑·humiliation)를 뜻한다는 것은 곧 이어지는 말에서, 다시 말하면, 겸비의 내용을 가리키는, 그리고 "그가 말한 것" 안에 내포된 겸비를 가리키는 "이번에는 내가 죄를 지었다. 주께서 옳으셨고, 나와 나의 백성이 옳지 못하였다"는 말에서 잘 알 수 있습니다.

7589. "이번에는 내가 죄를 지었다."
이 말씀이 진리와 선으로부터의 분리(分離)를 뜻한다는 것은 신령존재로부터 절단(切斷)하는 것이나, 등을 돌리는 것을 가리키는, 따라서 진리와 선으로부터 단절하고, 외면(外面)하는 것을 가리키는, 결과적으로는 분리를 가리키는 "죄를 지었다"(sinning)는 말의 뜻에서 (5229·5474·5841항 참조) 잘 알 수 있습니다. 왜냐하면 자기 자신을 진리와 선에게서 등을 돌리고 외면하는 사람은 그런 것들에게서 자기 자신을 갈라놓기 때문입니다.

7590. "주께서 옳으셨고, 나와 나의 백성이 옳지 못하였다"(=사악하였다).
이 말씀이 신령선은 공격하고, 괴롭히는 자들의 악의(惡意·원한·malice)를 참고, 견딜 수 없다는 것을 뜻한다는 것과, 그리고 이것이 그 결과이다는 것을 뜻한다는 것은 "주"(=여호와)가 신령선을 뜻한다는 사실에서 잘 알 수 있습니다. 왜냐하면 "주"(=여호와)는 신령선을 가리키는 신령존재(神靈存在·the Divine Esse)를 뜻하고, "하나님"은 신령진리를 가리키는 신령실재(神靈實在·the Divine Existere·현현·顯現·coming-forth)를 뜻하기 때문입니다(6905항 참조). "여호와"(=주)께서 "옳으셨다"(just)고 하였는데, 그 이유는 그분께서는 공격하고, 괴롭히는 자들의 악의나 원한 따위를 참고 견딜 수가 없으시기 때문입니다. 왜냐하면 "바로와 바로의 백성"은 공격하고, 괴롭히는 자들을 뜻하고, "그들의 옳지 못함"(=그들의 사악함)은 악의나 원한 따위를 뜻하기 때문입니다.

7591. "너는 주께 기도하여라"(=懇求하여라).

이 말씀이 그들이 반드시 중재(仲裁)하여야 한다는 것을 뜻한다는 것은, 다른 자들을 위하여 행하는 경우에는, 중재(仲裁·intercession)를 가리키는 "기도한다"(=간구한다·supplicating)는 말의 뜻에서 잘 알 수 있습니다.

7592. **"하나님이 나게 하신 이 천둥소리와 하나님이 내리신 이 우박을 그치게 하여 다오"**(=하나님의 소리와 우박은 이만하면 충분하기 때문이다).

이 말씀이 가능하다면 이런 거짓들이 중지(中止)된다는 것을 뜻한다는 것은 가능하면 그것들이 중지한다는 것을 가리키는 이만하면 "충분하다"는 말의 뜻에서, 그리고 악한 사람을 벌벌 떨게 하고, 황폐하게 만드는 신령진리를 가리키는, 여기서는 천둥소리인 "하나님의 소리"(voices of God)의 뜻에서, 그리고 그것들의 입류와 임재(臨在)가 "우박"이 뜻하는 악에 속한 거짓들을 자극, 흥분시키는 신령진리를 가리키는 "하나님의 소리"(=천둥소리)의 뜻에서(7573항 참조) 잘 알 수 있습니다. "우박"이 진리들을 파괴하는 거짓들을 뜻한다는 것은 7553·7574항을 참조하십시오.

7593. **"내가 너희를 보내겠다. 너희는 더 이상 여기에 머물지 않아도 괜찮다."**

이 말씀이, 그들을 떠나 보내고, 그리고 그들은 더 이상 체류(滯留)하지 않는다는 것을 뜻한다는 것은, 위에서 자주 언급된 것과 같이, 공격하고, 괴롭히는 자를 가리키는 자기 스스로 이런 것들을 말하는 "바로"의 표징에서, 그리고 떠나 보내는 것을 가리키는 "보내겠다"는 말의 뜻에서, 그리고 더 이상 체류하지 않는다는 것을 가리키는 "더 이상 여기에 머물지 않아도 괜찮다"는 말의 뜻에서, 잘 알 수 있습니다.

7594. **모세가 그에게 말하였다.**

이 말씀이 대답(對答·answer)을 뜻한다는 것은 다른 설명이 없이도 잘 알 수 있겠습니다.

7595. **"내가 이 성을 나가는 대로······"**(=이 성을 나가자마자······). 이 말씀이 분리(分離)를 뜻한다는 것은 분리나 분열(分裂)을 가리키는 "나아간다"(going out)는 말의 뜻에서(6100·7404·7463항 참조), 그리고 공격하고, 괴롭히는 자들이 처해 있는 거짓을 가리키는 "바로"가 살고 있는 곳인 "성"(城·city)의 뜻에서 잘 알 수 있습니다. 왜냐하면 "성"(=성읍·city)은 교리에 속한 것을 뜻하고, 그러므로 그것은 역시 진리를 뜻하고, 나쁜 뜻으로는 거짓을 뜻하기 때문입니다(402·2268·2451·2712·2943·3216·4492·4493항 참조).

7596. **"나의 손을 들어서 주께 빌겠다"**(=주께 내 손을 한껏 뻗겠다). 이 말씀이 중재(仲裁·intercession)를 뜻한다는 것은, 중재를 가리키는 "주께 손을 뻗는다"는 말의 뜻에서, 다시 말하면 기도한다, 또는 간구한다는 말의 뜻에서 잘 알 수 있습니다. 간구한다, 빈다(supplicating)는 말에 관해서는 7396·7462·7591항을 참조하십시오. 왜냐하면 간구한다(=기도한다·빈다·supplicating)는 말은 입(mouth)이나 언어에 속한 것이고, "손을 뻗는다"(=손을 편다·spreading out the palms)는 말은 마음의 간구에 대응하는 자태(姿態·gesture)나 행동(行動)에 속한 것이기 때문입니다. 마음의 모든 정동에 대응하는 몸의 자태들이나 행동들이 있는데, 예를 들면, 무릎을 꿇는다는 것은 겸비나 겸손 따위에 대응하고, 땅에 부복(俯伏)한다, 땅에 엎드린다(prostration)는 것은 보다 깊은 겸비에 대응합니다. 그러나 하늘을 향해 손을 활짝, 또는 힘껏 뻗는다는 것은 간구나 애원(哀願)에 대응합니다. 그 밖의 여러 자태나 행동도 있습니다. 성경에서 이런 자태들이나 행동들은, 그것들이 대응하는 바로 정동들 자체를 뜻합니다. 그 이유 때문에 그런 자태나 행동은 그것들을 표징합니다. 이상에서 표징들이 무엇인지를 잘 알 수 있겠습니다.

7597. **"그러면 천둥소리(=소리)가 그치고, 우박이 더 이상 내리지 않을 것이다."** 이 말씀이 이런 상태의 마지막을 뜻한다는 것은 악한 자를 황폐하

게 하는 신령진리들을 가리키는 천둥소리인, "음성"(=소리 · voice)의 뜻에서(7573항 참조), 그리고 진리들을 파괴하는 거짓들을 가리키는 "우박"의 뜻에서(7553 · 7574항 참조), 그리고 그것들이 종말(終末 · end)을 가리키는, 따라서 이 상태의 종말을 가리키는 "그치고, 더 이상 내리지 않는다"는 말의 뜻에서 잘 알 수 있습니다. 왜냐하면 각각의 모든 재앙(災殃 · plague)은 저 세상에서 의로운 사람을 공격하고, 괴롭히는 자들의 황폐의 한 상태를 뜻하기 때문입니다.

7598. **"이것은, 온 세상이 우리 주님의 것임을 임금님께 가르치려는 것이다"**(=임금님은 땅이 주님의 것임을 알 것이다).

이 말씀이, 주님께서 교회의 유일하신 하나님(the only God)이시다는 것을 알게 되었다는 것을 뜻한다는 것은, 알게 되는 것을 가리키는 "가르친다"(=안다 · knowing)는 말의 뜻에서, 그리고 교회를 가리키는 "땅"(=세상 · earth)의 뜻에서(662 · 1066 · 1067 · 1262 · 1413 · 1607 · 1733 · 1850 · 2117 · 2118 · 2928 · 3355 · 4447 · 4535 · 5577항 참조), 그리고 주님을 가리키는 "여호와의 것"(=주님의 것)의 뜻에서 (1343 · 1736 · 2921 · 3023 · 3035 · 5663 · 6303 · 6905 · 6945 · 6956항 참조), 잘 알 수 있습니다. 이상에서 볼 때 "온 세상(=땅)이 주님의 것"(=여호와의 것)이다는 말이, 교회가 주님의 것(所有)이다는 것과, 따라서 주님께서 교회의 유일하신 하나님(the only God)이시다는 것을 뜻한다는 것을 잘 알 수 있겠습니다(7401 · 7444 · 7544항 참조).

7599. **"그래도 임금님과 임금님의 신하들이 주 하나님**(=하나님의 얼굴)**을 두려워하지 않으리라는 것을, 나는 알고 있다."**

이 말씀이, 공격하고, 괴롭히는 자들이 아직까지는 주님의 경외(敬畏 · 두려움)의 상태에 있지 않다는 것을 뜻한다는 것은, 위에서 자주 언급한 것과 같이, 공격하고, 괴롭히는 자들을 가리키는 "바로"(=임금)와 "그의 신하들"(=임금의 신하들)의 표징에서, 그리고 거기에 주님의 경외의 상태가 없다는 것을 가리키는 "주 하나님을 두려워하지 않는다"는 말의 뜻에서, 잘 알 수 있습니다. 성경에서 주님(the

Lord)이 "여호와"(Jehovah)이시다는 것은 위에서 인용된 많은 장절들에게서 잘 알 수 있을 것입니다(7598항 참조). "여호와의 얼굴"(the face of Jehovah)이라고 언급하였는데, 그 이유는 "여호와의 얼굴"이 자비(慈悲·mercy)를 뜻하기 때문입니다. 그리고 이 뜻에서 그것은 평온(peace)과 모든 선을 뜻하기 때문입니다(222·223·5585항 참조). 그리고 그것은 나쁜 뜻으로는, 무자비·불안·악을 뜻하기 때문입니다(5585·5592·5816·5823항 참조). "여호와의 얼굴"(=주님의 얼굴·the face of Jehovah)이 무자비·불안·악(no mercy·no peace·no good)을 뜻한다는 것은, 악한 자는 스스로 여호와, 즉 주님에게서 등을 돌리기 때문입니다. 왜냐하면 그들은 자기 자신을 인애에 속한 선에게서 등을 돌리기 때문이고, 또한 주님이 계시는 믿음에 속한 진리에게서 외면하기 때문입니다. 그 때 주님에게 속한 모든 것들은 그들 뒤에 놓이게 되고, 그리고 그들에게 속한 것들은 그들 정면에 있기 때문입니다. 그리고 그들 뒤에 있는 것은 그들이 볼 수도 없고, 좋아하지도 않기 때문입니다. 이것에서부터 모든 악은 사람에게 생겨나고, 결과적으로 불행이나 지옥도 이것으로 말미암아 생겨납니다.

7600. 31-35절. **이 때에 이미, 보리는 이삭이 나오고, 삼은 꽃이 피어 있었으므로, 삼과 보리가 모두 피해를 입었다. 그러나 밀과 쌀보리는, 이삭이 팰 때가 아니었으므로, 피해를 입지 않았다. 모세는 바로 앞을 떠나서, 성 바깥으로 나갔다. 그가 주께 손을 들어 기도하니, 천둥소리와 우박이 그치고, 땅에는 비가 더 이상 내리지 않았다. 그러나 바로는, 비와 우박과 천둥소리가 그친 것을 보고서도, 다시 죄를 지었다. 그와 그의 신하들이 또 고집을 부렸다. 주께서 모세를 시켜 말씀하신 대로, 바로는 고집을 부리고, 이스라엘 자손을 내보내지 않았다.**

"삼과 보리가 모두 피해를 입었다"(=재해를 입었다·매를 맞았다)는 말씀에서 삼(亞麻·flax)은 외면적인 자연적인 것을 뜻하고, "보리"

는 그것의 선을 뜻하고, "피해를 입었다"(=매를 맞았다)는 말씀은 그것들이 파괴되었다는 것을 뜻합니다. "이 때에 이미, 보리는 이삭이 나오고, 삼은 꽃이 피어 있었다"(=줄기가 되었다)는 말씀은 이 선과 진리가 나타났고, 그리고 아래쪽을 보고 있다는 것을 뜻합니다. "그러나 밀과 쌀보리는 이삭이 팰 때가 아니었으므로, 피해를 입지 않았다"(=재해를 입지 않았다)는 말씀에서 "밀과 쌀보리"(=호밀·spelt)는 내면적 자연적인 것의 선과, 그것의 진리를 뜻하고, "피해를 입지 않았다"(=재해를 입지 않았다·매를 맞지 않았다)는 말씀은 그것들이 파괴되지 않았다는 것을 뜻하고, "그것들은 팰 때가 아니다"(=패지 않았다·숨겨져 있었다)는 말씀은 그것들이 나타나지 않았기 때문이다는 것을 뜻하고, 그리고 그것들이 안쪽으로 향하고 있었기 때문이다는 것을 뜻합니다. "모세는 바로 앞을 떠나서 성 바깥으로 나갔다"는 말씀은 그것들로부터의 분리를 뜻합니다. "모세가 손을 들어 기도하였다"(=손을 주를 향해 뻗었다)는 말씀은 중재(仲裁)를 뜻하고, "천둥소리와 우박이 그치었다"는 말씀은 이 상태의 마지막을 뜻하고, "땅에는 비가 더 이상 내리지 않았다"는 말씀은 이런 거짓들이 더 이상 나타나지 않았다는 것을 뜻합니다. "바로는 (그것을) 보았다"는 말씀은 인지(認知)하는 것을 뜻하고, "비와 우박과 천둥소리가 그쳤다"는 말씀은 이 상태의 마지막을 뜻합니다. "바로는 다시 죄를 지었다"는 말씀은 아직까지 여전한 후퇴(=뒤로 물러섬·a withdrawal)를 뜻합니다. "바로와 그의 신하들이 또 고집을 부렸다"(=마음이 완악해졌다)는 말씀은 완고나 고집스러움을 뜻하고, "바로의 마음이 완고해졌다"(=바로가 고집을 부렸다)는 말씀은 악에서부터 그것들이 종결되었다는 것을 뜻합니다. "바로가 이스라엘 자손을 내보내지 않았다"는 말씀은 그들이 그들을 떠나 보내지 않았다는 것을 뜻합니다. "주께서 모세에게 말씀하신 것과 같다"는 말씀은 그 예견(豫見)에 일치하는 것을 뜻합니다. "모세를 통해서"(=모세의 손에 의하여)라는 말씀은 신령존재에게서 비롯된 율법(律法·the law)에 의한 것을 뜻합니다.
　7601. 삼(=아마・亞麻・the flax) (은 피해를 입었다).
이 말씀이 외면적인 자연적인 것의 진리를 뜻한다는 것은 진리를 가리키는, 그러나 외면적인 자연적인 것의 진리를 가리키는 "삼"(flax)의 뜻에서 잘 알 수 있습니다. 이것에 관해서는 아래에서 설명하겠는데, 자연적인 것에 외면적인 것과 내면적인 것이 있다는 것은 4570・5118・5497・5649항을 참조하시고, 결과적으로 진리나 선 안에도 내면적인 것이나, 외면적인 것이 있다는 것은 3293・3294항을 참조하십시오. 외면적 자연적인 것의 진리와 선은 "삼과 보리"가 뜻하고, 내면적 자연적인 것의 선과 진리는 "밀과 호밀"(wheat and spelt)이 뜻합니다.
[2] 우리의 본문절과 아래의 절에서 다루고 있는 주제는 파괴되었고, 황폐하게 된 진리들과 선들이고, 그리고 파괴되지 않았고, 황폐하게 되지 않은 선들과 진리들입니다. 따라서 선용(=쓸쓸이・善用・use)을 위하여 저장되고, 따로 준비해 둔 진리들과 선들이고, 그리고 저장되지 않고, 따로 준비해 두지 않은 진리들과 선들이 그 주제입니다. 왜냐하면 악한 것이 황폐하게 될 때, 다시 말하면 그것들이 진리들이나 선들에게서 분리될 때, 그리고 그들 자신의 악들이나 거짓들에게 맡겨질 때, 그 때 그것들은 외면적 자연적인 것 안에 있고, 그리고 거기에서 거짓들이나 악들에 결합된 그런 진리들이나 선들의 측면에서 그것들은 박탈되고, 황폐하게 됩니다. 이런 진리들이나 선들이 아래쪽을 향한다는 것, 그러므로 따로 준비되지 않고, 저장될 수 없다는 것은 아래의 단락들을 참조하십시오(7604・7607항 참조). 그러나 박탈되지 않고, 더 안쪽으로 옮겨진 내면적 자연적인 것의 진리들이나 선들은 거기에서 선용(善用)을 위하여 저장, 따로 준비됩니다. 그 때 내면적 자연적인 것과 외면적 자연적인 것 사이의 교류(交流・內通・communication)는, 다만 그들로 하여금 추론하게 하고, 거짓들이나 악들을 확증하기 위하여 어떤 논쟁을 묶어 두

기 위한 어떤 일반적인 것들을 제외하면, 선에 속한 것이나 진리에 속한 것은 아무것도 내면적 자연적인 것에서 외면적 자연적인 것에 입류(入流)할 수 없을 정도로, 아주 굳게 단절되어 있습니다. 저장되고, 따로 준비된 이런 선들이나 진리들이 성경에서 남은그루터기(=남은백성·remains)가 뜻하는 것들입니다. 이것에 관해서는 468·530·560·561·576·661·798·1738·1906·2284·5135·5342·5344·5897-5899·6156·7556항을 참조하십시오. 이런 것들이 이들 두 절에서 다루어지고 있고, 그리고 본문, 즉 "보리는 이삭이 나오고, 삼은 꽃이 피어 있으므로, 삼과 보리가 모두 피해를 입었다. 그러나 밀과 쌀보리(=호밀)는, 이삭이 팰 때가 아니었으므로 피해를 입지 않았다"는 말이 그것들을 뜻합니다. 이와 같은 내용은 "삼"이 진리를 뜻하는 천계의 표징에서 비롯된 것입니다. 천계에서 자연적인 것의 진리 안에 있는 그들은 흰 색의 옷을 입고 나타나는데, 그 흰 옷은 분명히 아마포(亞麻布·세마포·linen)로 만든 것입니다.

[3] 자연적인 것에 속한 진리들은 거기에서 또한 마치 가는 아마의 실로 짠 것과 같은 것으로 드러납니다. 이런 실(絲)들은, 명주의 실처럼, 밝고 멋지게 투명하고, 그리고 부드럽습니다. 그리고 이것으로 만든 옷은, 마치 진리가 선으로 말미암아 그와 같이 드러내는 것처럼, 꼭 같이 보일 것입니다. 그러나 반면에, 아마에서 뽑은 실과 같은 실들은 투명하지도 않고, 밝지도, 부드럽지도 않지만, 그러나 만약에 그와 같이 드러내고 있는 진리가 선에서 비롯된 것이 아니라면, 조잡하고, 멋지지도 않게 보이겠지만, 그럼에도 불구하고 그것은 여전히 희게 보일 것입니다.

[4] 이상의 모든 내용에서 볼 때 고운 세마포 옷(linen garments)을 입고 나타난 사람들이 본 천사들이 뜻하는 것이 무엇인지 지금은 알 수 있겠습니다. 그들에 관해서 언급된 말씀입니다.

그 성전으로부터 일곱 재난을 들고, 일곱 천사가 나왔습니다. 그들은 깨끗하고 빛나는 모시 옷을 입고, 가슴에는 금띠를 띠고 있었습니다.
(묵시록 15 : 6)
그 때에 내가 눈을 떠서 보니, 한 사람이 모시 옷을 입고 우바스의 금으로 만든 띠로 허리를 동이고 있었다.
(다니엘 10 : 5)
여섯 사람이 북쪽으로 향한 윗문 길에서 오는데, 각자가 부수는 연장을 손에 들고 있었으며, 그들 가운데 한 사람은 모시 옷을 입고, 허리에는 서기관의 먹통을 차고 있었다.
(에스겔 9 : 2)

그 천사에 관해서는 같은 책에 더 자세하게 언급되고 있습니다(묵시록 15 : 3, 4 ; 10 : 2-7). 우리는 같은 예언서에서 새로운 성전을 측량하는 천사들에 관해서 읽을 수 있는데, 그 천사는, 그의 손에는 삼(flax)으로 꼰 줄과 측량하는 막대기가 있었습니다(에스겔 40 : 3). 주님의 무덤에서 보여진 천사들은 희고, 밝고, 빛나는 옷을 입고 있었습니다(마태 28 : 3 ; 마가 16 : 5 ; 누가 24 : 4 ; 요한 20 : 11, 12). [5] "삼"(=아마)이 외면적 자연적인 것에 속한 진리를 뜻하기 때문에, 그리고 외면적 자연적인 것이 내면적인 것들을 감싸고, 옷 입히고 있기 때문에, 그러므로 이 진리는 천사들이 입고 있었던 고운 세마포 옷(the linen garments)이 표의합니다. 그리고 아론이 거룩한 곳에서 제사장의 일을 할 때 그가 입었던 아마로 만든 옷(=세마포 옷)은 이 진리를 표의하고 있는데, 그 옷에 대해서 아래의 장절에 언급되고 있습니다.

(아론이 거룩한 곳에 들어가려고 할 때), 그는 모시로 만든 거룩한 속옷을 입고, 그 안에는 맨살에다 모시로 만든 홑옷을 입어야 한다. 모시로 만든 띠를 띠고 모시로 만든 관을 써야 한다. 이것들이 모여서 거룩한 옷 한 벌이 된다.

(레위기 16 : 4)
제사장들이 안뜰 문으로 들어올 때에나, 안뜰 문 안에서나 성전 안에서 직무를 수행할 때에는, 양털로 만든 옷을 입어서는 안 되고, 반드시 모시 옷을 입어야 한다. 머리에도 모시로 만든 관을 써야 하고, 모시 바지를 입어야 한다. 허리에도 땀이 나게 하는 것으로 허리띠를 동여서는 안 된다.
(에스겔 44 : 17, 18)

이 구절은 새로운 성전(the new temple)과 새 예루살렘(the New Jerusalem)에 관해서 언급하고 있는데, 그것은 곧 주님의 나라를 뜻합니다. 그러므로 또한 제사장들도 모시 에봇을 입었습니다(사무엘 상 2 : 18). 그리고 어린 사무엘은 여호와 앞에서 모시로 만든 에봇(=法衣·ephod)을 입고 주를 섬겼습니다(사무엘 상 2 : 18). 다윗이 그의 성으로 법궤를 옮길 때에도 그는 모시 에봇을 입었습니다(사무엘 하 6 : 14).

[6] 이상 여러 내용들에서 볼 때 주님께서, 제자들의 발을 씻을 때, 겉옷을 벗고, 수건(=세마 수건·a linen towel)을 가져다가 허리에 두르시고, 제자들의 발을 씻으시고, 그 두른 수건으로 닦아 주신 이유를 이해할 수 있겠습니다(요한 13 : 4, 5). 왜냐하면 발을 씻음(洗足·the washing of the feet)은 온갖 죄악으로부터의 정화(淨化·purification)를 뜻하기 때문인데, 그와 같은 일은 믿음의 진리들에 의하여 이루어집니다. 왜냐하면 이런 것들에 의하여 사람은 사는 방법을 터득하기 때문입니다.

[7] "삼"(=아마·세마·linen)이 아래의 장절에서는 진리를 뜻합니다. 예레미야서의 말씀입니다.

주께서 나(=예언자)에게 이렇게 말씀하셨다. "너는 가서 베로 만든 띠를 사서 너의 허리에 띠고, 물에 적시는 일이 없도록 하여라." 그래서 나는 주의 말씀대로, 베 띠를 사서, 허리에 띠었다. 주께서 다시 나에게 말씀하셨다. "네가 가서 허리에 띤 그 띠를 들고 일어나, 유프라테스 강 가로 가서, 그 곳의 바위 틈에 그 띠를 숨겨 두어라."……또 여러 날이 지난 다음에, 주께서 나에게 말씀하셨다. "너는,……내가 그 곳에 숨겨 두라고 너에게 명한 그 띠를, 그 곳에서 가져 오너라."……거기에서 그 띠를 꺼내 보니, 그 띠는 썩어서 전혀 쓸모가 없게 되었다.
(예레미야 13 : 1-7)

여기서도 "허리에 띤 베로 만든 띠"(=세마포 허리띠·the girdle of flax)는 선에서 비롯된 진리를 표의합니다. 이런 진리는, 주님에 의하여 하나의 교회가 다시 설시될 때의 초기에 존재하는 그런 것이고, 그 뒤에는 그와 같이 된 것을 가리킵니다. 다시 말하면 교회의 마지막 때에 그것은 부패하고, 아무런 쓸모가 없게 된 그런 진리를 뜻합니다. 이사야서의 말씀입니다.

가는(=명주 실로) 베를 짜는 사람이
베 짜는 일을 그만두고,
흰 천을 짜는 사람도 실망하여
베 짜는 일을 그칠 것이다.
(이사야 19 : 9)

이 말씀은 이집트에 관해서 언급되었는데, "가는 명주 실로 베를 짠다"는 것은 진리들을 위조(僞造)하고, 가장(假裝)하는 것을 뜻합니다. [8] 모세의 글입니다.

너희는 소와 나귀에게 한 멍에를 매워 밭을 갈지 말아라. 너희는 양털과 무명실을 함께 섞어서 짠 옷을 입지 말아라.
(신명기 22 : 10, 11)

여기서 "소"(=황소·ox)는 자연적인 것에 속한 선을 뜻하고, "나귀"(ass)는 그것의 진리를 뜻합니다. 그리고 "양털과 무명실"(wool and flax・양털과 세마)도 역시 같은 뜻을 뜻합니다. 그들이 소와 나귀를 한 멍에에 메우지 말라고 한 것이나, 양털과 무명실(=세마실)을 함께 섞어서 짠 옷을 입지 말라고 한 것은 그것들이 동시에 두 상태들 안에 있으면 안 된다는 것을 뜻하고, 있습니다. 다시 말하면 선 안에 있으면서, 그것으로 말미암아 진리를 우러르지 말고, 그리고 동시에 진리 안에 있으면서 그것으로 인하여 선을 우러르지 말라는 것을 뜻합니다. 이러한 것들은 주님께서 마태복음서에서 하신 말씀 안에 있는 것과 꼭 같은 것을 뜻합니다. 마태복음서의 말씀입니다.

지붕 위에 있는 사람은 제 집 안에서 물품을 꺼내려고 내려오지 말아라. 들에 있는 사람은 제 겉옷을 가지러 뒤로 돌아서지 말아라.
(마태 24 : 17, 18)

이 구절에 관해서는 위의 설명을 참조하십시오.(3652[E]항 참조). 왜냐하면 선으로 말미암아 진리를 우러르는 자들은 내면적 천계(an interior heaven)에 있지만, 그러나 진리로 인하여 선을 우러르는 자들은 외면적 천계(an exterior heaven)에 있기 때문입니다. 후자는 세상으로 말미암아 천계를 우러르지만, 전자는 천계로부터 세상을 우러릅니다. 이것으로 인하여 그들은 상반된 상태에 있게 되는데, 그러므로 만약에 그들이 함께 있다면, 하나는 다른 것을 파괴할 것입니다.

7602. 보리 (는 피해를 입었다).
이 말씀은 외면적 자연적인 것의 선을 뜻한다는 것은 외면적 자연적인 것(the exterior natural)의 선을 가리키는 "보리"(大麥・barley)의 뜻에서 잘 알 수 있습니다. "보리"가 이런 뜻을 가지고 있다는 것은 그것이 밭의 소산물이고, 그리고 음식물(=먹거리)에 맞는 낟알(穀物・grain)이기 때문입니다. 왜냐하면 일반적으로 낟알(=곡물)은 진리에 속한 선을 뜻하기 때문이고(3580·5295·5410·5959항 참조), 특히 "보리와 밀"(barley and wheat)의 경우, "보리"는 외면적인 마음(the exterior mind)의 선을 뜻하고, "밀"(wheat)은 내면적인 마음(the interior mind)의 선을 뜻하기 때문입니다. "보리"가 전자의 선을 뜻한다는 것은 요엘서에서 볼 수 있습니다. 요엘서의 말씀입니다.

> 성전에 날마다 바치는 곡식제물도 동나고,
> 부어 드리는 제물도 떨어지니,
> 주님을 모시는 제사장들이 탄식한다.
> 밭이 황폐하구나.
> 곡식이 다 죽고,
> 포도송이가 말라 쪼그라들고,
> 올리브 열매가 말라 비틀어지니,
> 땅이 통곡하는구나(=땅이 말라 버렸다).
> 농부들아, 슬퍼하여라.
> 포도원 일꾼들아, 통곡하여라.
> 밀과 보리가 다 죽고,
> 밭 곡식이 모두 죽었다.
> (요엘 1 : 9-11)

이 예언의 주제는 선과 진리의 황폐(=박탈·vastation)입니다. 이러한 사실은 그 장에 이어지는 것에서 잘 알 수 있습니다. 그러므로 "곡식"(=낟알·grain)·"새 포도주"(new wine)·"밀"(wheat)·"보리"(barley) 등등은 그런 것들을 뜻하지 않고, 오히려 영적인 것들을 뜻합니다. 따라서 "밀"은 내면적인 선을 뜻하고, "보리"는 외면적인 선을 뜻합니다. 에스겔서 4장 9절이나, 신명기서 8장 8절의 "보리"도 이와 꼭 같습니다. 사사기서의 말씀입니다.

> 기드온이 그 곳에 이르렀을 때에, 마침 한 병사가 자기가 꾼 꿈 이야기를 친구에게 하고 있었다. "내가 꿈을 꾸었는데, 보리빵 한 덩어리가

미디안 진으로 굴러 들어와, 장막에 이르러서, 그, 장막을 쳐서 뒤엎으니, 그만 막이 쓰러지고 말았다네" 하고 말하였다.
(사사기 7 : 13)

여기서 "미디안"은 소박한 선에 속한 진리(the truth of simple good) 안에 있는 자들을 뜻하고, 나쁜 뜻으로는 삶의 선(the good of life) 안에 있지 않은 자들을 뜻합니다(3242・4756・4788・6773항 참조). 이 선이 바로 외면적 자연적인 것(the exterior natural)의 선을 가리키는데, 이 선은 "보리빵"이 뜻합니다. 그러나 이 선 대신에 목적으로서 쾌락의 기쁨(the delight of pleasure)이 존중된다면, 그것이 바로 "보리빵 한 덩어리"가 뜻하는 것인데, 이것은 바로 거기에 기술된 미디안 사람들이 그 때 표징하는 상태입니다.

7603. (삼과 보리가 모두) **피해를 입었다**(=매를 맞았다・재해를 입었다).
이 말씀이, 그것들이 파괴되었다는 것을 뜻한다는 것은 다른 설명이 없이도 잘 알 수 있겠습니다.

7604. (왜냐하면, 이 때에 이미) **보리는 이삭이 나오고, 삼은 꽃이 피어**(=줄기가 되어) **있었기 때문이다.**
이 말씀이 이 선과 진리가 나타나고, 그리고 아래쪽을 향한다는 것을 뜻한다는 것은, 위에서 언급한 것과 같이(7601・7602항 참조), 외면적 자연적인 것의 선과 진리를 가리키는 "보리"와 "삼"의 뜻에서, 그리고 그것들이 나타났다는 것을 가리키는 "이삭이 나왔다"는 말과 "꽃이 피었다"(=줄기가 되었다)는 말의 뜻에서 잘 알 수 있습니다. 왜냐하면 그것들은 패지 않았다(=숨겨져 있어서), 다시 말하면 그것들은 나타나지 않았다고 밀과 쌀보리(=호밀)에 관해서 언급되었기 때문입니다. 왜냐하면 영근 낟알들은 이삭과 줄기에 나타나고, 그래서 그것들은 아래쪽으로 숙이기 때문입니다. 영적인 뜻으로 그것은 믿음의 선이나 인애에 대해서 다루고 있는데, 이 말은 그것들이 아래쪽을 향한다는 것을 뜻합니다. 지금 여기의 경우가 어떠한지는 앞에서 설명된 것에서(7601항 참조) 잘 알 수 있습니다. 악한 사람에게서 외면적 자연적인 것 안에 있는 선들이나 진리들이 아래쪽으로 향한다는 것은, 그것들이 악들이나 거짓들과 함께 거기에 뒤섞여 있고, 그리고 그것들과 결합되어 있기 때문입니다. 모든 악들이나 거짓들은 아래쪽을 향합니다. 다시 말하면 그것들은 땅과 세상을 향해 바깥쪽으로 향해 있습니다. 그것으로 인하여 그것들에게 결합된 선들과 진리들은 그와 꼭 같이 아래쪽을 향하기 때문입니다. 왜냐하면 악들이나 거짓들은 그들에게 있는 선들이나 진리들을 뽑아버리기 때문인데, 이러한 일은 잘못된 적용들(wrong application)에 의하여 행해집니다. 이것이 악한 사람에게 있는 황폐하게 된 선들이고 진리들입니다. 왜냐하면 만약에 그것들이 황폐하게 되지 않았다면 선들이나 진리들은 주님에 의하여 내면적 자연적인 것 안에 저장되고, 따로 마련된 것 안에 입류할 것이고, 그리고 외면적 자연적인 것 안에 있는 것들과 결합할 것이고, 따라서 그것들은 그것들과 더불어 한 몸처럼 활동할 것이기 때문입니다. 그리고 또한 그것으로 인하여 그것들은 역시 아래쪽으로 기울 것이고, 따라서 종국에는 소멸될 것입니다. 사람은, 사람이 위를 쳐다 볼 수 있다는 사실에 의하여, 다시 말하면 신령존재를 우러를 수 있다는 사실에 의하여, 금수(禽獸)와 분별됩니다. 만약에 이런 기능(機能)이 없다면 사람은 짐승과 다를 바 없을 것입니다. 왜냐하면 금수나 짐승은 오직 아래쪽만을 향하기 때문입니다. 이렇게 볼 때 아래쪽을 향하고 있는 악한 사람에게 있는 선들이나 진리들이 그들에게서 왜 제거되어야 하는지 밝히 알 수 있겠습니다. 그리고 이런 것들이 제거되었을 때, 주님에게서 비롯된 선들이나 진리들이 선용(善用)을 목적해서 저장되고, 따로 장만된 곳인, 내면적인 것들과의 교류가 단절(斷絶)된 이유도 밝히 알 수 있겠습니다.

7605. 밀과 쌀보리(=호밀·spelt) (는 피해를 입지 않았다).

이 말씀이 내면적 자연적인 것(the interior natural)의 선과 그것의 진리를 뜻한다는 것은 사랑의 선이나 인애를 가리키는 "밀"(小麥·wheat)의 뜻에서(3941항 참조), 그리고 보리에 비하여 훌륭한 곡식이기 때문에, 그것은 내면적 자연적인 것의 선을 뜻한다는 것에서 잘 알 수 있습니다. 그리고 "밀"이 뜻하는 선에 부합하는 내면적 자연적인 것의 진리를 가리키는 "호밀"(=쌀보리·spelt)의 뜻에서 잘 알 수 있습니다. "호밀"(spelt)이 이 진리를 뜻한다는 것은, 성경에서 선이 언급된 곳에서는 진리 또한 언급되고 있다는 사실에서 잘 알 수 있는데, 이것은 성경의 모든 개별적인 세목(細目)에는 선과 진리의 결합인 천계적인 혼인(the heavenly marriage)이 있기 때문입니다. 그리고 최고의 뜻으로는, 천계에서 선과 진리의 혼인이 대응하는, 주님 안에서의 신령존재 자체와 신령인간의 합일 때문입니다. 따라서 신령존재 자체와 신령인간의 측면에서 주님 자신은 성경에서 가장 내적으로 존재한다는 것은 683·793·801·2173·2516·2618·2712·2803·3132·4138·5502·6179·6343항을 참조하십시오. 이렇게 볼 때 "호밀"(spelt)이 "밀"이 뜻하는 선에 부합하는 진리를 뜻한다는 것은 아주 명백합니다.

7606. 피해를 입지 않았다(=매를 맞지 않았다).
이 말씀이 그것들은 파괴되지 않았다는 것을 뜻한다는 것은 별도의 설명이 없이도 잘 알 수 있겠습니다.

7607. 그것들(=밀과 호밀)**은 숨겨져 있었다**(=패지 않았다).
이 말씀이 그것들이 나오지 않았고, 그리고 그것들이 안으로 향해 있기 때문이다는 것을 뜻한다는 것은 나오지 않은 것(not to stand forth)을 가리키는 "그것들은 숨겨져 있었다"(=패지 않았다)는 말의 뜻에서 잘 알 수 있습니다. 영적인 뜻으로, 그것들이 내면적 자연적인 것 안에 있기 때문이고, 거기에서 그것들은 안으로 향해 있기 때문입니다. 이런 것들이 파괴될 수 없다는 것은, 안쪽(inward)을 우러르는 것을 가리키는, 그것들이 천계를 우러르고, 주님을 우러르기 때문이고, 그리고 바깥쪽(outward)을 우러르는 것을 가리키는, 땅이 나 세상을 우러르지 않기 때문입니다. 안쪽을 우러르고, 바깥쪽을 우러르는 것이 무엇인지 간략하게 설명하고자 합니다. 사람은, 그가 자기 자신 위쪽, 즉 천계나 심지어 신령존재까지도 우러를 수 있도 록 창조되었고, 또한 자기 자신 아래쪽, 즉 세상이나 땅을 우러를 수 있도록 창조되었습니다. 이 창조에서 사람은 금수와 분별됩니다. 사람은, 그가 목적으로서 그의 이웃을, 그의 나라를, 그리고 교회·천국, 특히 주님을 가지고 있을 때 자기 위의 것을, 즉 천계와 심지 어 신령존재까지도 우러르는 것입니다. 그리고 사람은, 그가 목적으 로서 자신이나 세상을 가지고 있을 때에는, 자기 아래의 것을 우러 르는 것입니다. 목적으로 가진다는 것은 사랑하는 것을 가리킵니다. 그리고 사랑받는 것은 보편적으로 지배하는 것이기 때문입니다. 다 시 말하면 그것은 생각이나 뜻에 속한 모든 구체적인 것들 안에서 지배하는 것이기 때문입니다. 사람은 한 쪽을 우러르면, 그는 다른 쪽은 우러르지 않습니다. 말하자면 그 사람이 세상이나 자기(自我)를 우러른다면, 그는 주님나라나 주님은 우러르지 않습니다. 그 반대도 마찬가지입니다. 왜냐하면 종결들(終結·determinations)은 서로 상반 되기 때문입니다.

[2] 사람이 자신 보다 위의 것을 우러른다는 것, 다시 말하면 신령 존재를 생각할 수 있고, 사랑에 의하여 신령존재와 결합할 수 있다 는 사실에서 얻는 결론은 신령존재에 의한 마음의 고양(高揚·an elevation of the mind)이 존재한다는 것입니다. 왜냐하면 위에 계시 는 분에 의한 고양(高揚)을 제외하면, 어느 누구도 자기 자신 이상을 우러를 수 없기 때문입니다. 여기에서 얻는 결론은 사람에게 있는 모든 선이나 진리는 모두가 주님의 것이다는 사실입니다. 이렇게 볼 때, 명확한 것은, 사람이 자기 자신의 아래의 것을 우러른다면 그는 자기 자신을 신령존재로부터 분리시키는 것이고, 그리고 그의 내면 적인 것들을 자아(自我)나 세상에 종결시키는 것이고, 마찬가지로 그

것들이 금수들과 더불어 종결되는 것과 같고, 그리고 그 때 그 사람은 그것에 비례하여 인간성(人間性·humanity)을 버리고, 짐승의 본성을 취한다는 사실입니다. 이상에서, 안쪽으로 우러른다, 또는 자기 자신의 위쪽을 우러른다는 말이나, 바깥쪽을 우러른다, 또는 자기 자신의 아래쪽을 우러른다는 말이 무엇을 뜻하는지 밝히 알 수 있겠습니다.

7608. 모세는 바로 앞을 떠나서, 성 바깥으로 나갔다.
이 말씀은 그것들로부터의 분리(分離)를 뜻한다는 것은 앞에서 동일한 말이 나오는 곳에서의 설명에서(7595항 참조) 잘 알 수 있습니다.

7609. 모세가 주께 손을 들어 기도하였다(=모세가 주께 자기 손을 활짝 뻗었다).
이 말씀이 중재(仲裁)를 뜻한다는 것은 위의 설명을 참조하십시오 (7596항 참조).

7610. 천둥소리와 우박이 그쳤다.
이 말씀은 이 상태의 마지막을 뜻합니다(7597항 참조).

7611. 땅에는 비가 더 이상 내리지 않았다.
이 말씀이 이런 거짓들이 더 이상 나타나지 않았다는 것을 뜻한다는 것은 거짓을 가리키는, 여기서는 우박의 비(the rain of hail)를 가리키는 "비"(the rain)의 뜻에서(7553·7574항 참조), 그리고 그것들이 끝이 났다, 따라서 그것들이 더 이상 나타나지 않는다는 것을 가리키는, 다시 말하면 "우박"이 뜻하는 거짓들이 나타나지 않았다는 것을 가리키는 "땅에 비가 더 이상 내리지 않았다"는 말의 뜻에서 잘 알 수 있습니다.

7612. 바로는 (이것들을) **보았다.**
이 말씀이 깨달음(認知·noticing)을 뜻한다는 것은 깨달음(=깨닫는 것·認知·a noticing)을 가리키는 "본다"(seeing)는 말의 뜻에서(2150·3764·4723·5400항 참조) 잘 알 수 있습니다.

7613. 비와 우박과 천둥소리가 그쳤다.

이 말씀이 이 상태의 마지막을 뜻한다는 것은 앞서의 설명을 참조하십시오(7597·7610항 참조).

7614. 바로는 다시 죄를 지었다.
이 말씀이 지금까지도 또다시 거두기(=취소·withdrawl)를 뜻한다는 것은, 지금까지 더 이상을 가리키는 "다시"(=또다시·yet more) 라는 말의 뜻에서, 그리고 선과 진리로부터의 단절·후퇴·분리 등을 가리키는 "죄를 짓는다"(sinning)는 말의 뜻에서(5229·5474·5841·7589항 참조) 잘 알 수 있습니다.

7615. 그와 그의 신하들이 또 고집을 부렸다(=그의 마음이 완악하였는데, 그와 그의 신하들이 그러하였다).
이 말씀이 고집·완악·완고를 뜻한다는 것은 종결된 것을 가리키는 "무겁게 하다" "어렵게 하다" "마음을 확고하게 한다"는 말의 뜻에서 잘 알 수 있습니다(7272·7300·7305항 참조).

7616. 바로는 고집을 부렸다(=바로의 마음이 완악해졌다).
이 말씀이 그것들이 악으로 말미암아 종결되었다는 것을 뜻한다는 것은, 그의 마음이 완악하였다고 언급된 곳에서 설명한, 종결되는 것을 가리키는 "마음을 굳힌다"는 말의 뜻에서(7615항 참조) 잘 알 수 있겠습니다. 그러나 이것들의 차이는 즉, "마음을 무겁게 한다"(to make the heart heavy)는 것은 거짓에서 비롯된 것을 뜻하고, 그러나 "마음을 확고하게 한다"(to make the heart firm)는 것은 악에서 비롯된 것을 뜻합니다.

7617. 바로는 이스라엘 자손을 내보내지 않았다.
이 말씀이 그들이 그들을 떠나 보내지 않았다는 것을 뜻한다는 것은, 위에서 자주 언급하였듯이, 떠나 보내는 것(to leave)을 가리키는 "내보낸다"(to let go)는 말의 뜻에서, 그리고 그들이 공격하고, 괴롭히는 영적인 교회에 속한 자들을 가리키는 "이스라엘 자손"의 뜻에서(6426·6637·6862·6868·7035·7062·7198·7201·7215·7223항 참조) 잘 알 수 있습니다.

7618. 주께서 말씀하신 대로…….

이 말씀이 예견(豫見·prediction)과의 일치를 뜻한다는 것은 7302·7340·7414·7432·7535항을 참조하십시오.

7619. (주께서) **모세를 시켜서**……(주께서 모세를 통하여·모세의 손을 빌어서……).

이 말씀이 신령존재에게서 비롯된 율법(律法·the law)에 의한 것을 뜻한다는 것은, 아래에 설명하겠지만, 수단이나 방법에 의한 것을 가리키는 누구의 "손에 의하여"(=손을 빌어서·by the hand of)라는 말의 뜻에서, 그리고 신령존재에게서 비롯된 율법을 가리키는 "모세"의 표징에서(6771·6827항 참조) 잘 알 수 있습니다. 누구의 "손을 통해서 말을 한다는 것"은 그의 뜻에 의하여(by his means), 또는 간접적으로 한다는 것을 뜻한다는 것은 "손"(hand)이 능력(能力·power)을 뜻하고, 따라서 "다른 자의 손"(the hand of another)은 대신하는 능력을 뜻하는데, 그것은 간접적인 것과 꼭 같습니다. 왜냐하면 간접으로 행한 것은 자기 자신 안에 있는 다른 존재의 능력에 의하여 행한 것이기 때문입니다. 이것이 열왕기 상서에서와 같이, 성경에서 이 화법의 형태(this form of speech)가 존재하는 이유입니다. 성경에 자주 언급된 예들입니다. "주께서 아히야 예언자를 시켜서"(=손에 의하여) 한 것과 같이(열왕기 상 14 : 18), 어느 누구의 "손을 통해서 주께서 말씀하신 말씀"이라 하였고, 그리고 "주께서 실로 사람인, 주의 종 아히야에게 말씀하셨다"(열왕기 상 15 : 29), "주께서 예언자 하나니의 아들 예후를 시켜서, 바아사와 그의 가문에 말씀하셨다"(열왕기 상 16 : 7, 12), "주께서 눈의 아들 여호수아를 시켜서 하신 주의 말씀대로……"(열왕기 상 16 : 34), "주께서 엘리야를 시켜서 하신 주의 말씀대로……"(열왕기 상 17 : 16), "요나 예언자에게 말씀하신 대로……"(열왕기 하 14 : 25) 등등이 있습니다.

화성(火星·the planet Mars)의 영들과 주민들에 관한 속편

7620. 나는 아주 멋진 불꽃(flame)을 보았습니다. 그것은 다양한 색깔들과 진홍색(眞紅色)이었고, 그리고 해맑은 붉은색(white reddening)에서 나왔습니다. 그리고 그 색깔들은 불꽃에 아주 찬란하게 빛나고 있었습니다. 나는 그 어떤 손을 보았는데, 그 손은 이 불꽃을 쥐고 있지는 않았지만, 그러나 그것은 처음에는 손등에 붙어 있었고, 그 뒤에는 손 안에, 즉 우묵한 손바닥 안에 있었습니다. 그리고 거기에서부터 그것은 손 주위에서 놀았습니다. 이런 광경은 한동안 계속되었습니다. 그 때 그 불꽃과 함께 그 손은 멀리 옮겨졌는데, 그 불꽃들은 거기에서 멈추었고, 거기에는 빛만 있었습니다. 이 빛 가운데서 그 손이 아래로 내려졌는데, 그 때 그 불꽃은 한 마리 새로 변하였습니다. 처음에 그 새는 불꽃과 꼭 같은 색깔을 지녔는데, 그 색깔들은 아까와 마찬가지로 찬란하게 빛을 발하였습니다. 그러나 그 색깔은 점차적으로 변하였습니다. 그 새는 주위를 날았는데, 처음에는 내 머리 주위를 날았고, 그 다음에는 앞쪽의 일종의 좁은 방으로 날았고, 그리고 앞으로 날아가는 것에 따라서 그것의 기력(氣力)은 점차적으로 쇠하여졌고, 종국에는 돌(石)이 되어 버렸습니다. 처음에는 그 돌의 색깔이 마치 진주색을 띠었으나, 그 뒤에는 검게 되었습니다. 그러나 비록 생명이 없었지만, 그것은 계속해서 날았습니다.

7621. 그 새가 내 머리 주위를 날고 있는 동안, 그 새는 여전히 생명의 기력 안에 있었습니다. 그 때 한 영(a spirit)이 아래로부터 허리의 영역을 지나서 가슴 부위까지 올라오는 것이 보였는데, 그

영은 그 장소에서 그 새를 가지고 가기를 열망하였습니다. 그러나 그 새가 너무나 아름다웠기 때문에, 내 주위에 있는 영들은 그것을 가지고 가지 못하도록 그를 방해하였습니다. 왜냐하면 그들은 그들의 눈들을 그것에 집중하고 있었기 때문입니다. 그 때 아래에서 올라온 그 영은, 주님께서 자신과 함께 하시고 있고, 그리고 따라서 자신은 이 일을 주님으로 말미암아 행하는 것이라고 강력하게 그들을 설득하였습니다. 그러나 비록 내 주위에 있는 대부분의 영들은 그의 주장을 믿지 않았지만, 그 영이 아래에서 올라왔기 때문에, 그들은 더 이상 그 새를 가져가는 일에서 방해하지는 못하였습니다. 그러나 그 때 천계가 내려왔기 때문에 그는 그것을 계속할 수가 없었습니다. 그래서 새는 그의 손에서 자유스럽게 날려 보냈습니다.

7622. 이런 일이 있은 뒤, 그 새를 응시했고, 그리고 계속적인 그것의 변화를 응시했던 내 주위의 영들은 그것에 관해서 서로 이야기하기 시작하였습니다. 그 대화는 긴 시간 계속되었습니다. 그들은 이런 광경이 천계적인 어떤 사실을 반드시 뜻한다는 것을 지각하였습니다. 그들은, 그 불꽃이 천적인 사랑(celestial love)과 그것의 정동들을 뜻한다는 것을 알았습니다. 그 불꽃이 밀착되어 있던 그 손(hand)은 생명(life)과 그것의 능력을 뜻한다는 것을 알았고, 그리고 색깔들의 변화들은 지혜와 총명의 측면에서 생명의 다양한 변화를 뜻한다는 것도 알았습니다. 그 새도 꼭 같은 것을 뜻하지만, 그러나 그것의 차이는, 즉 불꽃은 천적인 사랑이나 그 사랑에 속한 것을 뜻하지만, 이에 반하여 새는 영적인 사랑(spiritual love)과 이 사랑에 속한 것을 뜻한다는 것입니다. 천적인 사랑(celestial love)은 주님을 사랑하는 사랑(=주님사랑)이고, 영적인 사랑은 상호적인 사랑(相互的 愛·mutual love)과 이웃을 향한 인애(仁愛)를 가리킵니다. 색깔들의 변화나, 그것이 돌까지 되어버린 새 안에 있는 생명의 변화는 총명의 측면에서 영적인 생명의 계속적인 변화들을 뜻합니다. 그들은 또한, 허리의 영역을 통해서 가슴 부위까지 올라온 영들이, 자신들은

주님 안에 있다는 것이나, 그것으로 말미암아, 비록 악하고, 사악하다고 해도, 그들이 행한 것은 주님의 뜻(the Lord's will)에 따라서 행한 것이다는 등등을 강하게 주장한다는 것을 알았습니다. 그럼에도 불구하고 그들이 이 광경이 뜻하는 것이 누구인지 광경에서 알지 못하였습니다. 종국에 그들은 천계로부터 가르침을 받았는데, 그것은 화성(火星)의 주민을 뜻한다는 것입니다. 그들의 대부분이 거기에 있다고 하는 그들의 천적인 사랑은 그 손에 밀착되어 있는 그 불꽃이 뜻한다는 것이고, 그들의 지혜나 총명은 계속적인 색깔의 변화가 뜻한다는 것입니다. 초기에, 아주 멋진 색깔과 생명의 활력이 넘치는 그 새는 그들의 영적인 사랑을 뜻하지만, 그러나 돌이 되어 버리고, 생명이 결여된 그 새나, 그 때의 어두운 색깔은 사랑의 선에서 자신들을 옮겨버린 그 주민들을 뜻하고, 악한 상태에 있으면서도 자신들은 여전히 주님 안에 있다고 믿는 그 주민들을 뜻한다는 것입니다. 그러나 이런 성품에 속한 자들이나, 그들의 생명의 상태에 관해서 밝혀져야 할 것과 입증되어야 할 것이 너무나 많이 있기 때문에 나는 다음에 이어지는 장 말미에서 그것들을 설명하고자 합니다.

제 10장 서문 : 인애의 교리에 관하여(8)

7623. 주님에게서 발출하고, 그리고 이것 때문에 그것들의 근원 안에 신령한 것이 있는 것 둘이 있는데, 그 중 하나는 선(善·Good)이고, 다른 하나는 진리(眞理·Truth)입니다. 결과적으로 이 둘은 천계에서 통치하는 둘입니다. 아니, 천계를 이루는 것입니다. 교회에서는 이 둘을 인애와 믿음(charity and faith)이라고 합니다.

7624. 선과 진리가 주님에게서 발출할 때, 그것들은 완전히 결합되어 있습니다. 그리고 그것들이 둘이 아니고, 하나가 되도록 결합되어 있습니다. 결과적으로 그것들은 천계에서 하나입니다. 그리고 그것들이 천계에서 하나이기 때문에, 천계는 주님의 형상(a image of the Lord)입니다. 만약에 인애와 믿음이 교회 안에 하나의 존재로 있다면 교회에서도 그와 꼭 같을 것입니다.

7625. 인애에 속한 선의 개념이나, 믿음에 속한 진리의 개념은 태양과 그것의 빛으로 말미암아 형성됩니다. 태양에서 발출하는 빛이 볕과 결합할 때, 그것은 마치 봄철이나 여름철의 경우에서와 같이, 지상의 모든 것들은 싹을 내고, 생동하지만, 그러나 마치 겨울철에서와 같이, 그 빛 안에 볕(熱·heat)이 없다면, 지상의 모든 것들은 굼뜨고, 생기를 잃고, 죽을 것입니다. 더욱이 성경에서 주님은 "태양"에 비유되었고, 그리고 주님에게서 발출한 선과 결합된 진리는 "빛"(光·light)에 비유되었고, 그리고 또한 성경에서 믿음의 진리는 "빛"이라고 불리웠고, 사랑의 선은 "불"(fire)이라고 하였습니다. 더욱이 사랑은 생명의 불(=불꽃·the fire of life)이고, 믿음은 생명의 빛(the light of life)입니다.

7626. 이상의 모든 것에서 볼 때 하나의 개념은, 사람에게서 믿음과 인애가 결합하였을 때, 그 사람의 됨됨이에 관해서는 교회의 사람이라고 할 수 있겠습니다. 다시 말하면 그 사람은 정원이나 낙원과 같다고 하겠습니다. 그리고 그 사람에게서 믿음과 인애가 결합

되지 않았을 때, 그 사람의 됨됨이는 눈으로 덮힌 사막이나 빈들(land)과 같다고 하겠습니다.

7627. 자연적인 사람의 단순한 빛으로 사람은 누구나 진리와 선이 일치한다는 것을 볼 수 있고, 그리고 또한 그것들이 서로 결합할 수 있다는 것도 알 수 있습니다. 그리고 진리와 악은 일치하지 않는다는 것이나, 그리고 그것들은 서로 결합할 수 없다는 것도 알 수 있습니다. 믿음과 인애의 경우도 꼭 같습니다. 경험 자체도 동일한 것을 입증합니다. 삶의 측면에서 악 안에 있는 사람은 믿음의 측면에서 거짓 안에 있든지, 또는 믿음 안에 전혀 있지 않든지, 또는 믿음에 정반대되는 것에 있다는 것을 입증합니다. 하나의 비밀이지만, 삶의 측면에서 악 안에 있는 사람은, 비록 그가 자신은 진리 안에 있다고 할지라도, 그의 악에 속한 거짓 안에 있습니다. 그가 그와 같이 믿는다는 것은, 이것에 관해서 아래에서 설명하겠지만, 종지적 믿음(宗旨的 信仰 · persuasive faith) 안에 있기 때문입니다.

제 10장 본 문(10장 1-29절)

1 주께서 모세에게 말씀하셨다. "너는 바로에게 가거라. 그와 그 신하들이 고집을 부리게 한 것은 나다. 이것은 내가, 그들이 보는 앞에서 나의 온갖 이적을 보여 주려고 그렇게 한 것이다.

2 그뿐만 아니라, 내가 이집트 사람들을 어떻게 벌하였는지를, 그리고 내가 그들에게 어떤 이적을 보여 주었는지를, 네가 너의 자손에게도 알게 하려고, 또 내가 주님이라는 것을 너희에게 가르치려고 그렇게 한 것이다."

3 모세와 아론이 바로에게 가서 말하였다. "히브리 사람의 주 하나님이 말씀하시기를 '네가 언제까지 내 앞에서 교만하게 굴려느냐?

나의 백성을 보내서, 나를 예배하게 하여라.

4 네가 나의 백성을 보내기를 거절하면, 나는 내일 너의 영토 안으로 메뚜기 떼가 들어가게 할 것이다.

5 그것들이 땅의 표면을 덮어서, 땅이 보이지 않게 될 것이며, 우박의 피해를 입지 않고 남아 있는 것들을 먹어 치우되, 들에서 자라는 나무들까지 모두 먹어 치울 것이다.

6 너의 궁궐과 너의 모든 신하의 집과 이집트의 모든 사람의 집이 메뚜기로 가득 찰 것이다. 이것은 너의 아버지와 너의 조상이 이 땅 위에 살기 시작한 때부터 오늘까지, 너희가 전혀 못 본 일이다' 하셨습니다." 그리고 나서, 모세는 발길을 돌려 바로에게서 나왔다.

7 바로의 신하들이 바로에게 말하였다. "언제까지 이 사람이, 우리를 망하게 하는 함정이 되어야 합니까? 이 사람들을 내보내서, 그들의 주 하나님을 예배하게 하심이 좋을 듯합니다. 임금님께서는 아직도 이집트가 망한 것을 모르고 계십니까?"

8 모세와 아론이 다시 바로에게 불려 갔다. 바로가 그들에게 말하였다. "너희는 가서 주 너희의 하나님께 예배하여라. 그런데 갈 사람은 누구 누구냐?"

9 모세가 대답하였다. "우리 모두가 주의 절기를 지켜야 하므로, 어린 아이와 노인들을 비롯하여, 우리의 아들과 딸을 다 데리고 가야 하며, 우리의 양과 소도 몰고 가야 합니다."

10 바로가 그들에게 호통쳤다. "그래, 어디 다 데리고 가 봐라! 너희와 함께 있는 너희의 주가 나를 감동시켜서 너희와 너희 아이들을 함께 보내게 할 것 같으냐? 어림도 없다! 너희가 지금, 속으로 악한 음모를 꾸미고 있음이 분명하다!

11 그렇게는 안 된다! 가려면, 너희 장정들이나 가서 너희의 주에게 예배를 드려라. 너희가 처음부터 바란 것이 그것이 아니더냐?" 이렇게 해서, 그들은 바로 앞에서 쫓겨났다.

12 주께서 모세에게 말씀하셨다. "너의 팔을 이집트 땅 위로 내

밀어라. 그러면 메뚜기 떼가 이집트 땅으로 몰려와서, 우박의 피해를 입지 않고 땅에 그대로 남아 있는 푸성귀를 모두 먹어 치울 것이다."

13 모세가 지팡이를 이집트 땅 위로 내미니, 주께서 그 날 온종일, 그리고 밤이 새도록, 그 땅에 동풍이 불게 하셨다. 그 동풍은 아침녘에 메뚜기 떼를 몰고 왔다.

14 메뚜기 떼가 이집트 온 땅 위로 몰려와서, 곳곳마다 내려 앉았다. 그렇게 많은 메뚜기 떼는 전에도 본 적이 없고, 앞으로도 결코 볼 수 없을 만한 것이었다.

15 그것들이 땅의 표면을 다 덮어서, 땅이 새까맣게 되었다. 그것들이, 우박의 피해를 입지 않고 남아 있는, 나무의 열매와 땅의 푸성귀를 모두 먹어 치워서, 이집트 온 땅에 있는 들의 나무와 푸른 푸성귀는 하나도 남지 않았다.

16 그러므로 바로가 모세와 아론을 급히 불러들여서 말하였다. "내가 너희와 주 너희의 하나님께 죄를 지었다.

17 부디, 이번만은 나의 죄를 용서하고, 주 너희의 하나님께 기도하여, 이 엄청난 재앙이 나에게서 떠나게 하여라."

18 모세가 바로에게서 물러나와 주께 기도를 드리니,

19 주께서 바람을 가장 센 서풍으로 바꾸셔서, 메뚜기 떼를 홍해에 몰아 넣으시고, 이집트 온 땅에 메뚜기 한 마리도 남겨 두지 않으셨다.

20 그러나 주께서는 바로가 여전히 고집을 부리게 하셨으며, 바로는 여전히 이스라엘 자손을 내보내지 않았다.

21 주께서 모세에게 말씀하셨다. "너는 하늘로 팔을 내밀어라. 그러면 손으로 더듬어야 다닐 만큼 짙은 어둠이 이집트 땅을 덮을 것이다."

22 모세가 하늘에다 그의 팔을 내미니, 이집트 온 땅에 사흘 동안 짙은 어둠이 내렸다.

23 사흘 동안 사람들은, 서로 볼 수도 없었고, 제자리를 뜰 수도 없었다. 그러나 이스라엘 자손이 사는 곳에는, 어디에나 빛이 있었다.

24 바로가 모세를 불러들여서 말하였다. "너희는 가서 주께 예배하여라. 그러나 너희의 양과 소는 남겨 두고, 너희의 아이들만 데리고 가야 한다."

25 모세가 대답하였다. "임금님도 우리의 주 하나님께 바칠 희생제물과 번제물을 우리에게 더 보태 주셔야 합니다.

26 우리는 우리의 집짐승을 한 마리도 남겨 두지 않고 다 몰고 가겠습니다. 우리는 그것들 가운데서 주 우리의 하나님께 바칠 제물을 택할 것입니다. 그러나 우리가 거기에 다다를 때까지는, 우리가 어떤 것을 바쳐야 할지를 알 수 없습니다."

27 주께서 바로가 고집을 부리도록 하셨으므로, 바로는 여전히 그들을 내보내지 않았다.

28 바로가 모세에게 소리쳤다. "어서, 내 앞에서 썩 물러가거라. 다시는, 내 앞에 얼씬도 하지 말아라. 네가, 내 앞에 다시 나타나는 날에는, 죽을 줄 알아라."

29 모세가 말하였다. "말씀, 잘하셨습니다. 나도 다시는 임금님 앞에 나타나지 않겠습니다."

간추린 내용(10장 1-29절)

7628. 우리의 본문장에서 속뜻으로는 영적인 교회에 속한 자들을 공격하고, 괴롭히는 자들의 황폐에 관한 주제가 계속해 다루어지고 있습니다. 아홉 번째와 열 번째의 박탈의 상태들이나 그 계도들(階度)이 "메뚜기"(locust)와 짙은 흑암(thick darkness)에 의하여 기술되

었는데, "메뚜기"나 "짙은 흑암"은, 그들에게 있는 교회에 속한 모든 것들을 황폐하게 하는 악에서 비롯된 거짓을 뜻하는데, 그것이 지금 다루어지고 있습니다.

상세한 영적인 뜻(10장 1-29절)

7629. 1-6절. **주께서 모세에게 말씀하셨다. "너는 바로에게 가거라. 그와 그 신하들이 고집을 부리게 한 것은 나다. 이것은 내가, 그들이 보는 앞에서 나의 온갖 이적을 보여 주려고 그렇게 한 것이다. 그뿐만 아니라, 내가 이집트 사람들을 어떻게 벌하였는지를, 그리고 내가 그들에게 어떤 이적을 보여 주었는지를, 네가 너의 자손에게도 알게 하려고, 또 내가 주님이라는 것을 너희에게 가르치려고 그렇게 한 것이다." 모세와 아론이 바로에게 가서 말하였다. "히브리 사람의 주 하나님이 말씀하시기를 '네가 언제까지 내 앞에서 교만하게 굴려느냐? 나의 백성을 보내서, 나를 예배하게 하여라. 네가 나의 백성을 보내기를 거절하면, 나는 내일 너의 영토 안으로 메뚜기 떼가 들어가게 할 것이다. 그것들이 땅의 표면을 덮어서, 땅이 보이지 않게 될 것이며, 우박의 피해를 입지 않고 남아 있는 것들을 먹어 치우되, 들에서 자라는 나무들까지 모두 먹어 치울 것이다. 너의 궁궐과 너의 모든 신하의 집과 이집트의 모든 사람의 집이 메뚜기로 가득 찰 것이다. 이것은 너의 아버지와 너의 조상이 이 땅 위에 살기 시작한 때부터 오늘까지, 너희가 전혀 못 본 일이다' 하셨습니다." 그리고 나서, 모세는 발길을 돌려 바로에게서 나왔다.**

"주께서 모세에게 말씀하셨다"는 말씀은 명령을 뜻합니다. "너는 바로에게 가거라"는 말씀은 공격하고 괴롭히는 자들에게 있는 신령존재에게서 비롯된 진리의 임재(臨在·現存·presence)를 뜻합니다.

"그와 그 신하들이 고집을 부리게 한 것은 나다"(=내가 그의 마음과 그의 신하들의 마음을 완악하게 하였다)는 말씀은 일반적으로 그들 모두가 종결되었다는 것을 뜻합니다. "이것은 내가, 그들이 보는 앞에서(=그들 가운데서) 나의 온갖 이적을 보여 주려고 그렇게 한 것이다"는 말씀은 악한 자는 그들이 악 안에 있다는 것을 알게 하기 위한 것이고, 선한 자는 악하게 사는 교회 안에 있는 자들의 상태에 관해서 명료하게 깨닫게 하기 위한 것이다는 것을 뜻합니다. "그뿐만 아니라, 내가 이집트 사람을 어떻게 벌하였는지를, 네가 너의 자손에게도 알리게 하려고 한 것이다"(=내가 이집트에서 행한 일들과……네가 네 아들들과 네 아들의 아들의 귀에 전하게 하려는 것이다)는 말씀은 진리와 선 안에 있는 자들이, 교회에 속한 자들이나, 그리고 의로운 자를 공격, 괴롭히는 자들에게 무엇이 일어나는지를 알게 하기 위한 것이다는 것을 뜻합니다. "내가 그들에게 보여 준 나의 이적들"(=내가 그들 가운데 행한 내 표적들)은 교회에 속해 있으면서 악하게 산 자들의 상태에 관해서 그들이 명료하게 알게 하기 위한 것이다는 것을 뜻합니다. "또 내가 주님이라는 것을 너희에게 가르치려고 그렇게 한 것이다"는 말씀은 따라서 주님께서 유일하신 하나님(the only God)이시다는 것을 그들에게 알게 하기 위한 것이다는 것을 뜻합니다. "모세와 아론이 바로에게 갔다"는 말씀은 신령진리의 임재(臨在·現存·presence)를 뜻합니다. "(모세와 아론이) 바로에게 말하였다"는 말씀은 판별(判別)이나 확인(確認·discernment)을 뜻합니다. "히브리 사람의 주 하나님이 (이렇게) 말씀하셨다"는 말씀은 그 교회의 하나님이신 주님에게서 비롯된 명령을 뜻합니다. "네가 언제까지 내 앞에서 교만하게 굴려느냐?"(=네가 언제까지 내 앞에서 스스로 겸손하여 지기를 거부하겠느냐?)라는 말씀은 불복종(不服從·disobedience)을 뜻합니다. "나의 백성을 보내서, 나를 예배하게 하여라"는 말씀은 그들이 영적인 교회에 속한 자들을 반드시 떠나 보내야 한다는 것과, 그들이 주님을 예배하게 하여야 한다는 것을 뜻합니다. "네가 나의 백성 보내기를 거절한다면……"이라는 말씀은 만약 그들이 그들을 떠나 보내지 않는다면을 뜻합니다. "나는 내일 너의 영토 안으로 메뚜기 떼가 들어가게 할 것이다"는 말씀은 거짓이 그들의 가장 외적인 것들을 점유할 것이다는 것을 뜻합니다. "그것들이 땅의 표면을 덮을 것이다"는 말씀은 그것에서 파생된 자연적인 마음의 궁극적인 것들을 뜻합니다. "땅이 보이지 않게 될 것이다"(=사람이 땅을 볼 수 없을 것이다)는 말씀은 결과적으로 자연적인 마음이 전적으로 어두웁게 될 것이다는 것을 뜻합니다. "우박의 피해를 입지 않고 남아 있는 것들을 먹어 치운다"는 말씀은 진리에서 비롯된 어떤 것을 가지고 있는 모든 것들의 소멸(消滅·consuming)을 뜻합니다. "(그것들은) 들에서 자라는 나무들까지 모두 먹어 치울 것이다"는 말씀은 그들이 교회로부터 취한 모든 지식들의 소멸을 뜻합니다. "너의 궁궐과 너의 모든 신하의 집과 이집트의 모든 사람의 집이 메뚜기로 가득 찰 것이다"(=그것들은 네 집과 네 모든 신하의 집들과 모든 이집트 사람의 집들을 채울 것이다)는 말씀은 거짓이 자연적인 것 안에 있는 개별적인 것 안에 있는 것이나, 그리고 그것의 내면적인 것들로부터 그것의 가장 외적인 것들에 이르기까지, 모든 것들을 다스릴 것이다는 것을 뜻합니다. "이것은 너의 아버지와 너의 조상이 이 땅 위에 살기 시작한 때부터 오늘까지, 너희가 전혀 본 적이 없다"는 말씀은 고대로부터 이런 거짓이, 거기에 있는 것과 같이, 그 교회 안에 있지 않았다는 것을 뜻합니다. "그리고 나서, 모세는 발길을 돌려 바로에게서 나왔다"(=그 자신은 돌아서서 바로에게서 나왔다)는 말씀은 분별력의 박탈과 분리를 뜻합니다.

7630. 주께서 모세에게 말씀하셨다.
이 말씀이 명령(命令·command)을 뜻한다는 것, 바로 앞에 가야만 한다는 명령을 뜻한다는 것은, 주께서 공격하고, 괴롭히는 자들에게 말씀하실 때, 명령을 가리키는 "말한다"(saying)는 말의 뜻에서 잘 알 수 있습니다(7036·7107·7310항 참조).

7631. "**너는 바로에게 가거라.**"
이 말씀이 공격하고, 괴롭히는 자들에게 있는 신령존재에게서 비롯된 진리의 임재(臨在·現存·presence)를 뜻한다는 것은 임재나 현존을 가리키는, 어느 누구에게 "간다"(coming)나 "들어간다"(entering)는 말의 뜻에서(5934·6063·6089·7498항 참조), 그리고 신령존재에게서 비롯된 진리를 가리키는 "모세"의 표징에서(6771·6827항 참조), 그리고 저 세상에서 영적인 교회에 속한 자들을 공격하고, 괴롭히는 자들을 가리키는 "바로"의 표징에서(6651·6678·6683·7107·7110·7126·7142·7220·7228항 참조) 잘 알 수 있습니다.

7632. "**그와 그 신하들이 고집을 부리게 한 것은 나다**"(=내가 그의 마음과 그의 신하들의 마음을 완악하게 하였기 때문이다·무겁게 하였기 때문이다).
이 말씀이 일반적으로 그들 모두는 결심하였다는 것을 뜻한다는 것은, 결심한 것을 가리키는 "무겁게 한다" "굳게 한다" "마음을 굳게 한다"는 말의 뜻에서(7272·7300·7305항 참조), 그리고 공격하고 괴롭히는 자들을 가리키는 그의 마음이 무디게 된, "바로"의 표징에서, 그리고 "그와 그의 신하들"이라고 언급되었을 때에는 그 말은 일반적인 모든 것들을 뜻합니다. 왜냐하면 그와 함께 하는 신하들은 가족이나 식솔(食率)을 구성하기 때문입니다. "주께서 바로의 마음을 완악하게 (=무디게·고집스럽게) 만들었다"고 한 말은 속뜻으로는 바로가 자기 자신의 마음을 완악하게(=고집스럽게) 만들었다는 것을 뜻합니다. 왜냐하면 옛날에는 소박한 사람(the simple)은 모든 악들은 여호와의 탓이라고 돌렸기 때문입니다. 그리고 소박한 사람은 이 사실을 알 수 없었기 때문에, 그리고 그들의 대부분은 이해될 수도 없었기 때문에, 그리고 그런 일이 여호와 이외의 다른 존재에게서 어떻게 일어나는지도 알 수 없었기 때문입니다. 또한 여호와께서 악마들의 패거리가 악을 불러일으키는 것을 허락하신다는 것도 이해할 수 없었고, 여호와께서 그것을 막지 않는 이유도 알지 못하였지만,

그럼에도 불구하고 그 때 여호와는 모든 능력을 가지고 계신다고 이해하고 있었습니다. 소박한 사람은 이런 사실을 깨달을 수가 없었기 때문에, 심지어 총명한 자도 거의 이런 사실을 알지 못하였기 때문에, 그러므로 많은 자들이 믿고 있는 것과 같이, 심지어 악까지도 여호와에게서 솟는다고 언급되었습니다. 이러한 사실은 성경에서 보통의 사안(事案)인데, 그와 같은 말의 문자적인 뜻은 소박한 사람의 믿음과 일치합니다. 성경에서 여호와의 탓으로 돌리는 악은 사람에게서 비롯된다는 것은 2447·6071·6991·6997·7533항을 참조하십시오.

7633. "이것은 내가, 그들이 보는 앞에서 나의 온갖 이적을 보여 주려고 그렇게 한 것이다"(=나의 이 기적들을 그들 가운데 두려는 것이다).

이 말씀이 악한 사람은 그들이 악 안에 있다는 것을 알게 하기 우한 것이고, 선한 사람은 교회 안에 있는 악하게 사는 자들의 상태에 관해서 명확하게 알게 하기 위한 것이다는 것은, 진리들의 확증들, 따라서 지식들을 가리키는 "이적"(=기적·표적·sign)의 뜻에서(6870항 참조), 그리고 또한 조요(照耀·啓發·enlightenment)의 뜻에서 (7012항 참조) 잘 알 수 있습니다. 이런 뜻에서부터 "그들 가운데 기적들을 둔다"(=그들 앞에 이적을 보여 준다)는 말은 악한 사람은 그들이 악 안에 있다는 것을 알게 하기 위한 것이다는 것을 뜻합니다. 그리고 그 말은 또한 선한 사람이 교회 안에 있는 악하게 사는 자들의 상태에 관해서 밝히 알게 하기 위한 것이다는 것을 뜻한다는 것은 곧 뒤이어지는 구절에서, 즉 거기에서 언급된 "내가 이집트에서 행한 일들과 내가 그들 가운데서 행한 내 표적들을, 너와 네 아들과, 네 아들의 아들의 귀에 전하려는 것이다"는 말에서 잘 알 수 있겠습니다. 그런데 그 말은 진리나 선 안에 있는 그들이 선량한 자를 공격하고, 괴롭히는 교회에 속한 자들에게 무슨 일이 일어나는지를 알게 하기 위한 것이다는 것을 뜻합니다. 저 세상에서 선량한 자를 공격하고, 괴롭히는 자들이 교회에 속해 있으며, 믿음의 가르침들(戒律·precepts)을 잘 알고 있으나, 그럼에도 불구하고 아직까지 그것들에 정반대되게 사는 자들이다는 것은 7317·7502·7545·7554항을 참조하십시오.

7634. "그뿐만 아니라, 내가 이집트 사람들을 어떻게 벌하였는지를 네가 너의 자손에게도 알리게 하려고 그렇게 한 것이다"(=내가 이집트에서 행한 일들을 네가 네 아들과 네 아들의 아들의 귀에 전하게 하려는 것이다).

이 말씀이 진리와 선 안에 있는 자들이 교회에 속해 있으면서 선량한 자를 공격하고 괴롭히는 자들에게 무슨 일이 일어나는지를 알게 하기 위한 것을 뜻한다는 것은 그들이 알게 한다, 앎(認識)을 취한다는 것을 가리키는 "귀에 전한다"(=귀 안에다 말한다)는 말의 뜻에서, 그리고 진리나 선 안에 있는 자들을 가리키는 "아들"과 "아들의 아들"의 뜻에서 잘 알 수 있습니다. "아들"(son)이 진리를 뜻한다는 것은 489-491·1147·2623·3373항을 참조하시고, "아들의 아들"(son's son)이 그것에서 파생된 것들을 뜻한다는 것은 6583항을 참조하십시오. 여기서 "아들들"은 진리 안에 있고, 또한 선 안에 있는 자들을 뜻합니다. 그 이유는 그들이 교회에 속한 자들을 뜻하기 때문입니다. 그러므로 신령율법을 표징하는 모세에게 "너의 아들의 아들"(your son's son)이라고 언급되었는데, 그것(=신령율법·the Divine law)은 주님의 신령선에서 발출하는 신령진리(the Divine truth)를 가리킵니다. 따라서 신령선의 그것에 결합된 신령진리를 가리킵니다(7623·7624항 참조). 이것으로 말미암아 교회는 존재합니다. 그리고 저 세상에서 선량한 자를 공격하고, 괴롭히는 자들에게 무슨 일이 일어나는지를 가리키는 "내가 이집트 사람들을 어떻게 벌하였는지"(=내가 이집트에서 행한 일들)라는 말의 뜻에서도 잘 알 수 있습니다. "이적들"(=기적들·표적들·signs)이 일어난다는 것을 뜻한다는 것, 그리고 "바로와 이집트 사람들"이 저 세상에서 공격하고, 괴롭히는 자들을 뜻한다는 것 등등은 앞에서 설명된 내용에서 잘 알 수 있습니다. 그리고 그들이 교회에 속한 자들이었다는 것은 7633항을 참조하십시오.

7635. "내가 그들에게 보여 준 이적들"(=내가 그들 가운데서 행한 표적들).
이 말씀이 교회에 속해 있으면서, 악하게 사는 자들의 상태에 관해서 그들이 밝히 알게 하기 위한 것을 뜻한다는 것은, 꼭 같은 말이 나오는, 위의 설명에서(7633항 참조) 잘 알 수 있습니다.

7636. "또 내가 주님이라는 것을 너희에게 가르치려고 그렇게 한 것이다."
따라서 이 말씀이 주님께서 오직 홀로 하나님이시다는 것을 그들에게 알게 하기 위한 것이다는 것을 뜻한다는 것은 그들에게 가르치기 위한 것이다는 것을 가리키는 "너희에게 가르치려고 한다"는 말의 뜻에서 잘 알 수 있습니다. "내가 주님이다"는 말이 주님께서 홀로 하나님이시다(the only God)는 것은, 이름 "여호와"(Jehovah)가 존재(Is)를 뜻하기 때문이고, 따라서 모든 사물들의 존재(the being)나 발생(=생성·發生·coming forth)의 원천인 그분을 뜻하기 때문입니다. 오직 한 분이시고, 유일존재를 제외하면 어느 누구도 할 수 없기 때문입니다. "여호와"가 주님을 뜻한다는 것은 1343·1736·2921·3023·3035·5663·6303·6905·6945·6956항을 참조하시고, 이런 일련의 설명이 그분께서 유일하신 하나님(the only God)을 뜻한다는 것은 7401·7444·7544·7598항을 참조하십시오.

7637. 모세와 아론이 바로에게 갔다.
이 말씀이 신령진리의 임재(臨在·現存)를 뜻한다는 것은 임재(現存·presence)를 가리키는 "간다"(coming) 또는 "들어간다"(entering)는 말의 뜻에서(7631항 참조), 그리고 내적인 신령진리를, 그리고 외적인 신령진리를 각각 가리키는 모세와 아론의 표징에서(7089·7382항 참조) 잘 알 수 있습니다.

7638. (모세와 아론이) **바로에게 말하였다.**
이 말씀이 인식(認識・分別)을 뜻한다는 것은 인식(=인지・認知)하는 것(to notice)을 가리키는 "말한다"(saying)는 말의 뜻에서(1791・1815・1819・1822・1898・1919・2080・2619・2862・3395・3509・5743・5877항 참조) 잘 알 수 있습니다. 여기서 "그들이 말하였다"는 말이 인식이나 분별하는 것(to discern)을 뜻한다는 것은 모세와 아론이 신령진리를 표징하기 때문이고, 그리고 "갔다"(to come)는 말이 여기서는 그것의 임재나 현존을 뜻하기 때문입니다. 그리고 그 인식이나 분별은 신령진리의 임재(=현존)로 말미암은 것이기 때문입니다.

7639. "히브리 사람의 주 하나님이 말씀하셨다."
이 말씀이 그 교회의 하나님이신 주님에게서 비롯된 명령(命令)을 뜻한다는 것은 여호와께서 공격하고, 괴롭히는 자들에게 말씀하신 때에는 명령(命令・command)을 가리키는 "말한다"(saying)는 말의 뜻에서(7630항 참조), 그리고 교회에 속한 자들을 가리키는 "히브리 사람들"(the Hebrews)의 뜻에서(5136・6675・6684・6738항 참조), 잘 알 수 있습니다. "주 하나님"(=여호와 하나님・Jehovah God)이 주님을 뜻한다는 것은 7636항을 참조하십시오.

7640. "네가 언제까지 내 앞에서 교만하게 굴려느냐?"(=네가 언제까지 내 앞에서 스스로 겸손하여 지기를 거부하려느냐?)
이 말씀이 전혀 복종(服從・obedience)이 없다는 것을 뜻한다는 것은 복종하지 않는 것을 가리키는 "겸손하기를 거부한다"는 말의 뜻에서 잘 알 수 있습니다. 본문이 이런 내용을 뜻한다는 것은 신령존재 앞에서 겸손할 수 없는 자들인, 악한 상태에 있는 자들에게 그 말이 언급되었기 때문입니다. 왜냐하면 겸비의 상태(謙卑狀態・humiliation)에는 두 가지 것이 있기 때문입니다. 다시 말하면 그 하나는 자아인식(自我認識・the acknowledgment of self)인데, 그것은 악 이외에 아무것도 아니고, 그리고 상대적으로 신령존재에게 비교

한다면 그것은 전적으로 무가치(無價値)한 것일 뿐입니다. 그리고 다른 하나는 신령존재의 시인(the acknowledgment of the Divine)인데, 그것은 선 이외에 아무것도 아니고, 무한한 것입니다. 이런 둘은 악한 자에게 함께 있을 수 없습니다. 그 이유는 그것들은 자기사랑(自我愛·the love of self) 안에 있기 때문입니다. 그런데도 만약에 그들이 스스로 겸손하다면 그것은 공포(恐怖)에서 비롯되든가, 아니면 그들이 존경을 받기 위한 것이거나, 부유(富裕)하게 되기 위해서 일 것입니다. 따라서 그들은 오직 육신의 측면에서는 스스로 겸손하지만, 마음의 측면에서는 겸손하지 않습니다. 그 때 그 마음은 가끔 야유하고, 조소(嘲笑)합니다. 이런 것들이 공포에 속한 겸비(=겸손)이고, 또한 명예나 재물을 목적한 겸비입니다. 비록 그들이 이런 사실을 알지 못한다고 해도, 신령존재 앞에서는 그런 부류의 것일 뿐입니다. 왜냐하면 자기사랑에서 비롯된 악 안에 있는 자들에게 있는 내적인 것은, 오직 자기 자신만을 위한 것이고, 자기 자신만을 칭송하려는 것이기 때문이고, 그리고 또한 자기를 선호하지 않는 자들에게서 스스로 피하려고 하는 것이기 때문입니다. 이와 같이 겸손(=겸비)이 악한 사람에게는 불가능하기 때문에, 그러므로 속뜻으로 "겸손하다"(to be humbled)는 말은 복종을 뜻하고, 따라서 "겸손하기를 거부한다"는 말은 전혀 복종이 없다는 것을 뜻합니다.

7641. **"나의 백성을 보내서, 나를 예배하게 하라."**
이 말씀은 그들은 그들이 주님을 예배하기 위하여, 반드시 영적인 교회에 속한 자들을 떠나 보내야 한다는 것을 뜻한다는 것은, 꼭 같은 말이 언급된 위의 설명에서(7500항 참조), 잘 알 수 있습니다.

7642. **"네가 나의 백성을 보내기를 거절하면……."**
이 말씀이 만약에 그들이 그들을 떠나 보내지 않는다면을 뜻한다는 것은, 위에서 자주 언급한 것과 같이, 떠나 보내는 것을 가리키는, "보낸다"(to let go)는 말의 뜻에서 잘 알 수 있습니다. 그러므로 "보내기를 거절한다"는 말은 보내는 것을 원하지 않는다는 것을 뜻합니다.
7643. "나는 내일 너의 영토 안으로 메뚜기 떼가 들어가게 할 것이다"(=네 지경 내로 메뚜기들을 불러들이겠다).
이 말씀이 거짓이 그들의 가장 외적인 것들에 속한 소유(所有·possession)를 차지할 것이다는 것을 뜻한다는 것은, 그것에 관해서 아래에서 설명하겠지만, 가장 외적인 것들 안에 있는 거짓들을 가리키는 "메뚜기"(locust)의 뜻에서, 그리고 가장 외적인 것들을 가리키는 "지경"(=변두리·地境)의 뜻에서, 그리고 거짓에 관해서 서술하기 때문에 어떤 것의 소유를 취하는 것을 가리키는 "불러들인다"(=들어가게 한다·bringing)는 말의 뜻에서 잘 알 수 있습니다. 여기서는 "주께서 불러들일 것이다"고 언급되고 있지만, 그러나 그 말은 불러들이는 어떤 것을 뜻하는데, 그것은 곧 악이 그렇게 할 것이다는 것을 뜻합니다. 여기의 경우도, 주께서 바로의 마음을 완악하게 만들었다고 그것을 여호와 탓으로, 즉 주님의 탓으로 돌리는 경우와 꼭 같습니다. 그럼에도 불구하고 그 때 이 일은, 위에서 언급한 것과 같이(7632항 참조), 그 사람 안에 있는 그의 악에서 비롯된 것입니다. 악이 주님으로 말미암아 존재하지 않고, 오히려 그것은 사람에게서 일어난다는 것은 사람이 주님에게서 입류하는 선을 자신에게로 바꾸고, 그리고 주님을 생각하는 것 대신에, 그리고 모든 것들 안에 있는 주님에 속한 것을 생각하는 것 대신에 자기 자신만을 존중하기 때문입니다. 여기에서부터 모든 것들을 지배하고자 하는 지배적 욕망이 생성되고, 다른 사람에게 속한 것들을 모두 취하려는 소유욕망이 나옵니다. 그리고 또한 거기에서부터 다른 사람들을 무시하는 경멸(輕蔑)과 자기 자신을 좋아하지 않거나, 우애적이 아닌 자들에 대한 증오·복수·잔인 따위가 생겨납니다. 거기에서부터 믿음과 인애에 속한 것들에 대한 멸시나 모욕 따위도 생성됩니다. 그 이유는 이런 것들이 주님에게서 흘러들어올 때, 그것들은 자기 자신의 것으로 뒤바뀌고, 따라서 주님에게서 멀리 떼어놓기 때문입니다.

[2] 이상에서 밝히 알 수 있는 것은 사람은 주님에게서 오는 선 자체도 악으로 뒤바꾸어 놓는다는 사실입니다. 그리고 또한 여기서 알 수 있는 것은 저 세상에서 악한 사람은 가능한 한 자기 자신을 주님나라에서 멀리 떼어놓는다는 것입니다. 왜냐하면 주님나라가 그들에게 가까이 이르게 되면, 다시 말하면 선이나 진리가 매우 강하게 입류하게 되면, 그 때 그들은 반대쪽으로, 다시 말하면 악이나 거짓 속으로 보다 더 강하게 돌진(突進)하기 때문입니다. 악이나 거짓이 증대하는 정도에 따라서 그들은 자신들에게서 진리를 말살(抹殺)시키고, 그리고 자신들을 황폐하게 만듭니다. 그 때 그 증대의 정도와 동일하게 그들은 형벌에 속한 악들 속으로 돌진합니다. 왜냐하면 저 세상에서 악들이나 그것들의 형벌들은 서로 잘 결합하기 때문입니다.

[3] 주님께서 천계를 계속적으로 질서의 상태에 맞게 하시고, 그리고 계속해서 주님께서 천계의 새 주민으로 맞아들이고, 그리고 주님께서는 그들에게 사는 곳(居住地)이나 재산들을 주십니다. 주님께서 이런 일들을 행하실 때 천계는 가까이 다가옵니다. 다시 말하면 주님께서는 더욱 더 강하게 입류하시는데, 그 결과 지옥의 영들은 더욱 기승을 부리면서 악들이나 거짓들 속으로 돌진하고, 종국에 이런 것들의 형벌 속으로 돌진합니다. 이와 같은 악들이나 거짓들이 돌진한 결과, 앞에서 언급한 것과 같이, 그들은 자기 자신들을 황폐하게 만들어 버리는데, 이와 같은 일은, 그들이 자신들을 완전히 황폐하게 만들기 전까지는, 그들에게서 멈추지 않습니다. 종국에 그들은 자신들을 깊은 지옥 속으로 내동댕이칩니다. 이상에서 밝히 알 수 있는 것은 주님에게서는 선 이외의 아무것도 발출하지 않는다는 것이고, 그리고 악은 악 안에 있는 그들 자신에게서 비롯된다는 것 등입니다. 이러한 모든 것들은 여호와에 관해서 언급된 것, 즉 주님에 관해서 언급된 것이 어떻게 이해하여야 하는지를 잘 보여 주고 있습니다. 말하자면 본문에서 "주께서 바로의 마음을 완악하게 만들었다"는 말과 그리고 극외적인 것 안에 있는 악에서 비롯된 거짓들을

뜻하고 있는, 여기서는 "주께서 메뚜기 떼를 불러왔다"는 말을 어떻게 이해하여야 하는지를 잘 보여 주고 있습니다.
[4] 성경에는 여러 곳에서 악한 자의 박탈(=황폐)이 다루어졌는데, 가끔은 "메뚜기"나 "쐐기나방"(caterpillar)이 일으킨 것들이 언급되고 있는데, 속뜻으로 "메뚜기"에 의한 것은 가장 외적인 것들을 황폐하게 하는 거짓을 뜻합니다. 왜냐하면 앞에서 보여 주었듯이, 사람에게서 자연적인 것은 내적인 것과 외적인 것이 있고, 그리고 자연적인 것의 가장 외적인 것 안에 있는 거짓은 "메뚜기"가 뜻하고, 그리고 거기에 있는 악은 "쐐기나방"이 뜻합니다. "메뚜기"가 자연적인 것의 가장 외적인 것 안에 있는 거짓을 뜻하기 때문에, 그러므로 "메뚜기 떼"를 영토 안으로 들어가게 하고, 그리고 "메뚜기 떼"가 땅의 표면을 덮을 것이고, 뒤에 가서는 "메뚜기 떼가 이집트 온 땅 위로 몰려 와서 곳곳에 내려 앉았다……그것들이 땅의 표면을 다 덮어서, 땅이 새까맣게 되었다"고 언급되었기 때문입니다. 여기서 "영토 안"(=지경・변두리・변방)이나 "지면"(=땅의 표면)은 내면적인 것들이 정지해 있는, 다시 말하면 종결해 있는 외적인 것들이나 궁극적인 것을 뜻합니다.
[5] "메뚜기"나 "쐐기나방"이 시편에서 동일한 내용을 뜻합니다. 시편서의 말씀입니다.

  파리를 쏟아 놓아서 물게 하시고,
  개구리를 풀어 놓아
  큰 피해를 입게 하셨다.
  농작물을 해충(=쐐기나방・caterpillar)에게 내주시고,
  애써서 거둔 곡식을
  메뚜기에게 내주셨다.
  (시편 78 : 45, 46)
  그가 말씀하시니,
  이런 메뚜기 저런 메뚜기 할 것 없이

수없이 몰려와서······.
(시편 105 : 34)

이런 것들은 "이집트"와 "쐐기나방"에 관해서 언급된 것들인데, 모세의 글에는 "쐐기나방"에 관해서는 전혀 언급되지 않고, 단지 "메두기"에 관해서만 언급되었습니다. "쐐기나방"만 언급된 이유는, 그것은 악을 뜻하고, "메뚜기"는 거짓을 뜻하기 때문입니다. 그리고 그것들의 각각은 자연적인 것의 극외적인 것들 안에 있기 때문입니다. 그러나 "메뚜기"가 홀로 언급되었을 때에는 그것은 거짓과 악을 함께 뜻합니다. 왜냐하면 "메뚜기"는 악에서 비롯된 거짓을 뜻하기 때문입니다.

[6] 나훔서의 말씀입니다.

느치가 풀을 먹어 치우듯이,
거기에서 불이 너를 삼킬 것이고,
칼이 너를 벨 것이다.
느치처럼 불어나 보려무나.
메뚜기처럼 불어나 보려무나.
네가 상인들을
하늘의 별보다 더 많게 하였으나,
느치가 땅을 황폐하게 하고 날아가듯이
그들이 날아가고 말 것이다.
너의 수비대가 메뚜기 떼처럼 많고,
너의 관리들이 느치처럼 많아도,
추울 때는 울타리에 붙어 있다가
해가 떠오르면
날아가고 마는 메뚜기 떼처럼,
어디론가 멀리 날아가고 말 것이다.
(나훔 3 : 15-17)

여기서 다루고 있는 주제는, 거짓의 교리를 뜻하는 "피의 도시"(the city of bloods)입니다. 그리고 특히 거짓과 악이 자연적인 것에 속한 궁극적인 것들 안에서 증식하기 때문에, 그 이유는 거기에는 이 세상이나 이 땅의 대상물들에게서 비롯된 감관들의 오류들(誤謬·fallacies)이, 그리고 온갖 다양한 종류의 욕망들에게서 비롯된 쾌락들이 내재해 있기 때문인데, 그러므로 악과 거짓의 증식이, 사사기서의 말씀과 꼭 같이(사사기 6 : 5 ; 7 : 12), 그리고 예레미야서의 말씀과 꼭 같이(예레미야 46 : 23), "자벌레(쐐기나방)와 메뚜기"에 의하여 기술되었습니다. 자연적인 것의 가장 낮은 영역을 가리키는 감관적인 것은 온갖 거짓들로 가득 차 있고, 그리고 그것에서 파생된 거짓들로 가득 차 있다는 것은 5084·5089·5094·6310·6313·6318·6598·6612·6614·6622·6624·6948·6949항을 참조하십시오.

[7] 요엘서의 말씀입니다.

    풀무치가 남긴 것은
    메뚜기가 갉아 먹고,
    메뚜기가 남긴 것은
    누리가 썰어 먹고,
    누리가 남긴 것은
    황충이 말끔히 먹어 버렸다.
    술을 즐기는 자들아,
    깨어나서 울어라.
    포도주를 좋아하는 자들아,
    모두 다 통곡하여라.
    포도 농사가 망하였으니,
    새 술을 만들 포도가 없다.
    셀 수 없이 많고 강한 메뚜기 군대가
    우리의 땅을 공격하였다.……

그들이 우리의 포도나무를 망쳐 놓았고,
우리의 무화과나무도
그루터기만 남겨 놓았다.
(요엘 1 : 4-7)
이제 타작 마당에는 곡식이 가득 쌓이고,
포도주와 올리브 기름을 짜는 틀마다
포도주와 기름이 넘칠 것이다.
"메뚜기와 누리가 썰어 먹고
황충과 풀무치가 삼켜 버린
그 여러 해의 손해를,
내가 너희에게 보상해 주겠다."
(요엘 2 : 24, 25)

여기서 "메뚜기"는 진리들과 선들을 황폐하게 만드는 극외적인 것들 안에 있는 거짓을 뜻합니다. 신명기서의 말씀입니다.

너희가 밭에 많은 씨앗을 뿌려도, 메뚜기가 먹어 버려서, 거둘 것이 적을 것이며, 너희가 포도를 심고 가꾸어도, 벌레가 갉아 먹어서, 포도도 따지 못하고, 포도주도 마시지 못할 것이며,…….
(신명기 28 : 38, 39)

여기서도 "메뚜기"는 악에서 비롯된 거짓을 뜻합니다.
[8] 묵시록서의 말씀입니다.

그 연기 속에서 메뚜기들이 나와서 땅에 퍼졌습니다. 그것들은, 땅에 있는 전갈이 가진 것과 같은 권세를 가지고 있었습니다. 그것들은, 땅에 있는 풀이나 푸성귀나 나무는 하나도 해하지 말고, 이마에 하나님의 도장이 찍히지 않은 사람만을 해하라는 명령을 받았습니다. 그러나 그들에게는, 사람들을 죽이지는 말고, 다섯 달 동안 괴롭게만 하라는 허락이 내렸습니다. 그것들이 주는 고통은 마치 전갈이 사람을 쏠 때와 같은 고통이었습니다. 그 기간에는 그 사람들이 죽으려고 애써도 죽지 못하고, 죽기를 원해도 죽음이 그들을 피하여 달아날 것입니다. 그 메뚜기들의 모양은 전투 채비를 한 말들과 같고, 머리에는 금 면류관과 같은 것을 쓰고, 그 얼굴은 사람의 얼굴과 같았습니다. 그리고 그것들은, 여자의 머리털 같은 머리털이 있고, 이빨은 사자의 이빨과 같고, 쇠로 된 가슴막이와 같은 가슴막이를 두르고, 그 날개 소리는 마치 전장 터로 내닫는 많은 말이 끄는 병거 소리와 같았습니다. 그것들은 전갈과 같은 꼬리와 침을 가졌는데, 그 꼬리에는 다섯 달 동안 사람을 해할 수 있는 권세가 있었습니다. 그것들은 아비소스의 사자를 자기들의 왕으로 떠받들었는데, 그 이름은 히브리 말로 아바돈이요, 그리스 말로는 아볼루온입니다.
(묵시록 9 : 3-11)

이 구절들에 있는 것들이 무엇을 뜻하는 것인지 속뜻에서 비롯된 것들을 제외한다면 어느 누구도 이해할 수 없을 것입니다. 속뜻에 따라서 거기에서 밝히 이해한 구체적인 것들에서 얻는 것은, 여기서 "메뚜기들"은 온갖 오류들과 그것에서 파생된 온갖 거짓들에서 기인한 추론(推論)들을 뜻한다는 것이고, 그리고 또한 철학적인 것들에 의하여 확증한 오류들이나 거짓들에게서 생긴 추론들을 뜻한다는 것입니다. 따라서 "메뚜기들"은 사람에게 있는 가장 외적인 것 안에 있는 거짓들을 뜻하고, 그리고 또한 다른 어떤 거짓들에 비하여 보다 더 세속적이고, 관능적인 것을 뜻합니다. 사람은 그것에 의하여 쉽게 속고, 타락하기 쉽습니다. 왜냐하면 사람은 감관적인 것들에게 명료한 것은 쉽게 이해하지만, 감관에 반대되는 것은 매우 힘들게 이해하기 때문입니다.

[9] "메뚜기들"의 뜻이 이러한 내용이다는 것을 잘 알게 하기 위하여 이 구절의 내용들을 상세하게 설명하고자 합니다. 메뚜기들이 올라온 "아비소스"는 지옥을 뜻합니다. "그들이 해치지 못하도록 한 땅의 풀"은 기억지들을 뜻하고, "해치지 못하도록 한 나무"는 선이

나 진리의 지식들을 뜻하고, 사람들은 선에 속한 정동들을 뜻합니다. "땅의 풀이나 나무"는 이런 것들을 해치는 그들의 해침은, 비록 삶이 그것들과 일치하지 않는다고 해도, 진리와 선은 이해될 수 있다는 것을 뜻합니다. "그들의 이마에 하나님의 도장이 찍힌 자들"은 중생한 자들을 뜻합니다. "이마에 하나님의 도장이 찍히지 않은 사람만 해치는 다섯 달 동안"은 그들이 그들을 황폐하게 할 것을 뜻합니다. "전투 채비를 한 말들과 같은 메뚜기들"은 거짓에서 비롯된 추론(推論)을 뜻하는데, 그것에 의하여 교회에 속한 진리에 대항하는 다툼(=전쟁·combat)이 있습니다. "금 면류관과 같은 그들의 머리에 쓴 금 면류관들과 사람의 얼굴과 같은 그들의 얼굴들"은, 말하자면 선에서 비롯된 것과 같은, 진리처럼 보이게 하는 온갖 추론들을 뜻합니다. "여자의 머리털과 같은 머리털과 사자의 이빨과 같은 이빨들"은 자연적인 것에 속한 외적인 것들을, 다시 말하면 감각적인 것들이나, 또는 선의 겉모양을 꾸미는 그것 안에 있는 온갖 오류들을 뜻합니다. "쇠로 된 가슴막이"는 진리의 겉모양을 꾸미는 외적인 것들을 뜻합니다. "전쟁터로 내닫는 많은 말이 끄는 병거 소리와 같은 그 날개들의 소리"는 그들이 싸우는 근원이나 목적을 가리키는 교리에 속한 거짓들을 뜻합니다. "그것들의 전갈과 같은 꼬리와 침"은 이런 것들이 가져온 해침(有害)을 뜻합니다. "아비소스의 왕"은 지옥적인 거짓을 뜻하고, "아바돈"은 완전한 파멸(破滅·perdition)을 뜻하고, "아볼루온"은 진리에서 비롯된 것처럼 나타나는 거짓들에게서 비롯된 추론을 뜻합니다. 특히 만약에 현명하다고 믿는 자들에 의한 것이라면, 나쁘게 적용한 철학적인 것들에 의한 확증을 뜻합니다. 왜냐하면 그들의 지혜에 속한 맹목적인 칭찬 따위는 그들 안에 있는 믿음에게로 안내하기 때문입니다.

[10] 좋은 뜻으로 "메뚜기"는 궁극적인 진리나, 가장 외적인 일반적인 진리를 뜻하고, 또한 그것의 즐거움을 뜻합니다. 그것은 세례 요한의 먹거리가 "메뚜기와 석청"(=꿀)이었기 때문입니다(마태 3 : 4

; 마가 1 : 6). 이런 것들이 그의 먹거리가 된 것은 "그의 음식"이나 낙타 털로 만든 "그의 옷이나 허리에 띤 가죽 띠"는 마찬가지로 요한이 겉뜻으로 성언을 표징하기 때문입니다. 왜냐하면 "메뚜기와 석청"이 외적인 기쁨이나 즐거움을 뜻하기 때문이고(5620항 참조), 그리고 "그의 낙타 털 옷"과 "가죽 띠"는 외적인 진리를 뜻하기 때문입니다(3301항 참조). 이런 것들로부터 얻는 결론은, 요한은, 주님의 강림을 선포했던 엘리야를 뜻한다는 것입니다. "엘리야"가 성언을 뜻한다는 것은 창세기 18장 해설 서문을 참조하십시오(2762・5247항 참조). 메뚜기가 먹을 수 있는 작은 동물들 가운데 하나이다는 것은 레위기서 11장 22절을 참조하십시오.

7644. **"그것들**(=메뚜기들)**이 땅의 표면을 덮었다."**
이 말씀이 자연적인 마음에 속한 궁극적인 것들을 뜻한다는 것은 외적인 것들을 가리키는, 따라서 궁극적인 것을 가리키는 "표면"(=지면・surface)의 뜻에서, 그리고 자연적인 마음을 가리키는, 여기서는 "이집트 땅"인 "땅"(land)의 뜻에서(5276・5278・5280・5288・5301항 참조) 잘 알 수 있습니다.

7645. **"땅이 보이지 않게 될 것이다."**
이 말씀이 결과적으로 자연적인 마음의 전적인 흑암(黑暗)을 뜻한다는 것은 어둡게 된다는 것, 다시 말하면 진리의 지각이 전혀 없는 것을 가리키는 "볼 수 없다"(=보이지 않게 된다)는 말의 뜻에서, 그리고 자연적인 마음을 가리키는 "이집트의 땅"의 뜻에서(7644항 참조), 잘 알 수 있습니다. 자연적인 것 안에 있는 극외적인 것들이나, 가장 외적인 것들의 박탈(=황폐)로 인하여 자연적인 마음이 전적으로 어둡게 되었다는 것에 관해서, 그것의 경우가 어떠한 것인지, 간략하게 부연하고자 합니다. 사람 안에 있는 내면적인 것들은 그의 궁극적인 것들 안에서, 다시 말하면 그의 극외적인 것들 안에서 종결됩니다. 그리고 그 사람 안에 있는 연속적인 것들(the successive things)은 거기에 함께 존재합니다. 궁극적인 것들 안에 있는 것이 거짓이나 악 이외의 아무것도 아닐 때, 그 때 거기에는 내면적인 것들에게서 궁극적인 것들에 입류하는 진리들이나 선들은 거기에 있는 악들이나 거짓들에게 흘러들어가도, 그리고 결과적으로는 그것들은 그런 것들로 바뀌고 맙니다. 이런 이유 때문에 전적으로 자연적인 것 안에는 거짓이나 악한 것 이외에는 전혀 아무것도 보이지 않습니다. 이러한 내용이 "땅이 보이지 않게 될 것이다"는 말이 뜻하는 자연적인 마음의 전적인 암흑, 즉 어두웁게 되었다는 말의 뜻입니다. 이렇게 볼 때, 지옥적인 영들이 황폐하게 되면, 그들은 자연적인 것에 속한 가장 외적인 것들 안에 존재하게 된다는 것입니다. 그리고 또한 총명적인 빛(intellectual light)이라고 하는 그들의 빛은 이 세상의 빛과 전혀 다르지 않게 되는데, 저 세상에서 이 세상의 빛은 천계의 빛의 현존에서는 짙은 흑암이 되어 버린다는 것입니다. 감관적인 것이라고 부르는 자연적인 것에 속한 궁극적인 것은 오류들과 그것에서 파생된 온갖 악들로 채워졌기 때문에(6844·6845항 참조), 그리고 지옥은 이런 빛 가운데 존재하기 때문에, 그러므로 한 사람이 중생과정에 있을 때에는, 그 사람은, 이와 같은 감관적인 것들에게서 보다 내면적인 것들을 향해 상승하는 능력(能力·機能·capacity)을 주님에 의하여 받게 됩니다(6183·6313·7442항 참조).

7646. "우박의 피해를 입지 않고 남아 있는 것들을 먹어 치우겠다."

이 말씀이 진리에서 비롯된 어떤 것을 가지고 있는 모든 것들의 소멸(消滅·consuming)을 뜻한다는 것은 소멸되는 것을 가리키는 "먹어 치운다"(=삼켜 버린다·to devour)는 말의 뜻에서, 그리고 "우박"이 뜻하는 예전의 거짓(the former falsity)에 의하여 소멸되지 않은 진리를 가리키는 "우박의 피해를 입지 않고 남아 있는 것"(=나머지·찌꺼기·residue)의 뜻에서 잘 알 수 있습니다. "우박"이 거짓을 뜻한다는 것은 7553·7574항을 참조하십시오. "우박"이 뜻하는 거짓들은 외면적인 자연적인 것 안에 있는 거짓들을 가리키지만, 그러나 "메뚜기"가 뜻하는 거짓들은 그것의 극외적인 것 안에 있는 거짓들인데, 이러한 거짓들은 가장 일반적인 진리들이나 선들을 소멸시키는 거짓들입니다. 왜냐하면 외면적인 것은 역시 보다 조잡한 것이고, 그리고 외적인 것은 가장 조잡한 것이기 때문입니다. 조잡한 것들(=일반적인 것들)이 파괴되면, 개별적인 것들은 흩어져 버립니다. 왜냐하면 일반적인 것은 무엇인가를 담고 있는 것이지만, 담겨 있는 것들은 개별적인 것들이기 때문입니다.

7647. "(그것들이) **들에서 자라는 나무들까지 모두 먹어 치울 것이다.**"
이 말씀이 그들이 교회에서 취한 모든 지식들의 소멸을 뜻한다는 것은, 위에서 설명한 것과 같이(7646항 참조), 소멸하는 것(=없애버리는 것)을 가리키는 "먹어 치운다"(=삼켜 버린다)는 말의 뜻에서, 그리고 지각을 가리키는, 그리고 역시 진리의 지식들이나, 선의 지식들을 가리키는 "나무"(tree)의 뜻에서(2722·2972항 참조), 그리고 교회를 가리키는 "들"(=밭·field)의 뜻에서(2971·3317·3766·4440·7502·7571항 참조), 잘 알 수 있습니다.

7648. "**너의 궁궐과 너의 모든 신하의 집과 이집트의 모든 사람의 집이 메뚜기로 가득 찰 것이다.**"
이 말씀이, 자연적인 것의 내면적인 것들로부터 그것의 극외적인 것들에 이르기까지, 거짓이 자연적인 것들 안에 있는 개별적인 것이나 전체적인 것 안에서 지배할 것이다는 것을 뜻한다는 것은, 곧 설명하게 될, 지배하는 것을 가리키는 "가득 찬다"(to be filled)는 말의 뜻에서, 그리고 자연적인 것 안에 있는 개별적인 것들이나 모든 것들을 가리키는 "바로의 집(=궁궐)·그의 신하의 집들·이집트의 모든 사람의 집들"의 뜻에서(7353·7355항 참조), 그러나 여기서는 앞에서 설명한 것들에 일치하여(7645항 참조) 그것의 내면적인 것들로부터 그것의 극외적인 것들에 이르기까지를 가리킨다는 뜻에서 잘 알 수 있습니다. "가득 채운다"(to be filled)는 말이 지배한다(=통치한다)는 것을 뜻한다는 것은, 사람의 마음이 온갖 악들에게서 비롯된 거짓들로 가득 채워지게 되면, 그리고 그가 거짓들에 의하여 교사(教唆)하는 것이나, 악들을 자행(姿行)하는 것에서 쾌락을 취할 만큼 되면, 그 때에 "거짓이 그 사람을 지배한다"고 말하기 때문이고, 그리고 정동 자체가 다스림을 받고 있다고 언급하기 때문입니다. 사람의 마음 전부를, 다시 말하면 그의 생각(思想)이나 그의 의지(意志)를 가득 채우는 것을 "보편적으로 다스린다"고 말합니다. 그리고 또한 사람이 모든 것들 보다 더 사랑하는 것이나, 궁극적인 목적으로서 여기고, 따라서 그 사람에게서 지배하는 것을 "보편적으로 다스린다"고 말합니다. 이것은 그의 의지나 그의 생각에 속한 개별적(=단일적)인 것들 안에 존재합니다. 보편적으로 지배하는 것의 성질(=내용)이 무엇인지에 관해서는, 그것이 성공하였을 때 그 기쁨이나 쾌락에서 잘 알 수 있고, 그리고 그것이 실패하였을 때 그 고통이나 괴로움에서 잘 알 수 있습니다. 한 사람에게서 보편적으로 다스리는 것은 그의 영(his spirit)의 가시적인 표상(表象·드러냄·presentation)을 만들고, 그리고 그의 얼굴(顔面)도 전적으로 그것과 일치합니다. 만약에 다스리는 것이 악이나 거짓이라면, 그의 영의 형체는 악마적이지만, 그러나 다스리는 것이 선이고, 진리라면 그의 그 형체는 천사적입니다. 왜냐하면 본질적으로 살펴본다면, 그의 영(his spirit)은 형체 안에 있는 정동(情動)이고, 그리고 지배적인 정동(the ruling affection)은 그것의 진정한 형체이고, 그것의 나머지 정동들은 그것에 적용하는 것들일 뿐이기 때문입니다.

7649. "이것은 너의 아버지와 너의 조상이 이 땅 위에 살기 시작한 때부터 오늘까지, 너희가 전혀 못 본 일이다" 하였습니다.
이 말씀이 고대로부터 이런 거짓이 거기에 있었던 교회 안에 있지 않았다는 것을 뜻한다는 것은, 거기에 그와 같은 거짓이 있지 않았다는 것을 가리키는 "그들이 보지 못하였다" 즉 그들이 메뚜기를 보지 못하였다는 말의 뜻에서, 그리고 "메뚜기"가 극외적인 것 안에 있는 거짓을 뜻한다는 것은 7643항을 참조하시고, 그리고 고대로부터의 뜻을 가리키는 "아버지들"이나 "아버지들의 아버지들"(=조상)의 뜻에서, 그리고 교회를 가리키는 "이 땅"의 뜻에서(566·1068항 참조), 잘 알 수 있습니다. "그들이 이 땅 위에 살기 시작한 때부터 오늘까지"라는 말은 그 때부터 지금까지 있는 교회가 존재해 있는 상태를 뜻합니다. "날"(day)이 상태를 뜻한다는 것은 23·487·488·493·2788·3462·4850항을 참조하시고, 이 상태가 어떠한 것인지는 7686항을 참조하십시오.

7650. **그리고 나서, 모세는 발길을 돌려**(=그 자신은 돌아서서) **바로에게서 나왔다.**
이 말씀이 분별력(分別力)의 박탈(剝奪)과 분리(分離)를 뜻한다는 것은 신령존재에게서 비롯된 진리를 가리키는 "그가 발길을 돌려 나왔다"고 그에 관해서 언급된 "모세"의 표징에서, 그리고 공격하고 괴롭히는 자들을 가리키는 "바로"의 표징에서(7631항 참조), 그리고 분별력의 박탈을 가리키는 "발길을 돌렸다"(=자신은 돌아섰다)는 말의 뜻에서 잘 알 수 있습니다. 왜냐하면, 신령존재에게서 비롯된 진리가 뒤를 보고 있을 때, 다시 말하면 그것 자체를 외면할 때, 사람은 분별력을 빼앗기기 때문입니다. 다시 말하자면 사람이 그것에게서부터 자기 자신을 외면시킬 때 분별력은 빼앗기기 때문입니다. 그리고 또한 분리(分離)를 가리키는 "나왔다"(going out)는 말의 뜻에서(6100·7404항 참조) 잘 알 수 있습니다.

7651. 7-11절. **바로의 신하들이 바로에게 말하였다. "언제까지 이 사람이, 우리를 망하게 하는 함정이 되어야 합니까? 이 사람들을 내보내서, 그들의 주 하나님을 예배하게 하심이 좋을 듯합니다. 임금님께서는 아직도 이집트가 망한 것을 모르고 계십니까?" 모세와 아론이 다시 바로에게 불려 갔다. 바로가 그들에게 말하였다. "너희는 가서 주 너희의 하나님께 예배하여라. 그런데 갈 사람은 누구 누구냐?" 모세가 대답하였다. "우리 모두가 주의 절기를 지켜야 하므**

로, 어린 아이와 노인들을 비롯하여, 우리의 아들과 딸을 다 데리고 가야 하며, 우리의 양과 소도 몰고 가야 합니다." 바로가 그들에게 호통쳤다. "그래, 어디 다 데리고 가 봐라! 너희와 함께 있는 너희의 주가 나를 감동시켜서 너희와 너희 아이들을 함께 보내게 할 것 같으냐? 어림도 없다! 너희가 지금, 속으로 악한 음모를 꾸미고 있음이 분명하다! 그렇게는 안 된다! 가려면, 너희 장정들이나 가서 너희의 주에게 예배를 드려라. 너희가 처음부터 바란 것이 그것이 아니더냐?" 이렇게 해서, 그들은 바로 앞에서 쫓겨났다.

"바로의 신하들이 바로에게 말하였다"는 말씀은 공포상태에 있는 자들에게서 비롯된 경고(警告·warning)를 뜻합니다. "언제까지 이 사람이, 우리를 망하게 하는 함정이 되어야 합니까?"라는 말씀은, 따라서 그들은 그들 자신의 악에 의하여 사로잡혀 있을 것이다는 것을 뜻합니다. "이 사람들을 내보내서, 그들의 주 하나님을 예배하게 하심이 좋을 듯합니다"는 말씀은 그들을 떠나 보내서, 그들이 그들의 하나님 주님을 예배하게 하는 것이 현명할 것이다는 것을 뜻합니다. "임금님께서는 아직도 이집트가 망한 것을 모르고 계십니까?"라는 말씀은 이제까지 일어난 사건들로부터 소박한 자들을 끊임없이 공격하고, 괴롭히는 자들 모두가 지옥에 떨어지고, 거기에서 피하는 길이 전혀 없다는 것을 알 수 있다는 것을 뜻합니다. "모세와 아론이 다시 바로에게 불려갔다"는 말씀은 결과적으로 신령진리의 현존(=임재)을 뜻합니다. "바로가 그들에게 말하였다"는 말씀은 기우러짐(傾向)을 뜻합니다. "너희는 가서 주 너희의 하나님께 예배하여라"는 말씀은 그들이 떠나가게 될 것이고, 그래서 그들이 주님을 예배할 것이라는 것을 뜻합니다. "그런데 갈 사람은 누구누구냐?"는 말씀은 어느 누구는 남아 있을 것이라는 것을 뜻합니다. "모세가 대답하였다"는 말씀은 대답을 뜻합니다. "우리는 어린 아이들과 노인들을 데리고 가야 한다"는 말씀은 소박한 자와 현명한 자를 뜻하고, "우리의 아들과 딸을 데리고 가야 한다"는 말씀은 진리의 정동 안에 있는 자들이나, 선의 정동 안에 있는 자들을 뜻하고, "우리의 양과 소도 몰고 가야 한다"는 말씀은 내면적인 선 안에 있는 자들이나, 외면적인 선 안에 있는 자들을 뜻합니다. "우리 모두가 주의 절기를 지켜야 하기 때문이다"는 말씀은 모두 다 각자가 드리는 주님의 예배를 뜻합니다. "바로가 그들에게 호통쳤다"는 말씀은 조소(嘲笑)나 비웃음을 뜻합니다. "그래, 어디 다 데리고 가 봐라! 너희와 함께 있는 너희의 주가 나를 감동시켜서 너희와 너희 아이들을 함께 보내게 할 것 같으냐? 어림도 없다!"는 말씀은 만약에 그들이 떠난다면, 주님께서 그들과 함께 계실 것이다는 것을 뜻합니다. "너희가 지금, 속으로 악한 음모를 꾸미고 있음이 분명하다"는 말씀은 바람(=소망)에는 선이 전혀 없다는 것을 뜻합니다. "그렇게는 안 된다"는 말씀은 부인(否認)을 뜻합니다. "가려면, 너희 장정들이나 가서 너희의 주에게 예배를 드려라"는 말씀은 확증한 진리 안에 있는 자들은 그들이 주님을 예배하기 위하여 떠나갈 것이다는 것을 뜻합니다. "너희가 처음부터 바란 것이 그것이 아니더냐?"는 말씀은 이와 같이 그들은 그들이 원하는 것을 가지고 있다는 것을 뜻합니다. "이렇게 해서, 그들은 바로 앞에서 쫓겨났다"는 말씀은 괴롭히는 자들의 의중(意中·will)은 신령진리에 전적으로 반대이다는 것을 뜻합니다.

7652. 바로의 신하들이 바로에게 말하였다.
이 말씀이 공포의 상태에 있는 자들에게서 비롯된 경고(警告· warning)를 뜻한다는 것은 경고를 가리키는 자기 자신들의 멸망을 직시(直視)하고 있는 자들에 의하여 결심하고 있는 그 사회에 있는 자들에게 행하는 경우 "말한다"(saying)는 말의 뜻에서, 그리고 보다 저질의 상태에 있고, 그리고 공포의 상태에 있으면서 괴롭히는 자들을 가리키는 "바로의 신하들"의 뜻에서 잘 알 수 있습니다. 그들이 공포의 상태에 있다는 것은 그들이 한 말, 즉 이 말이 공포에서 비롯된 것이다는 것이 명확한 것인데, "언제까지 이 사람이, 우리를 망하게 하는 함정이 되어야 합니까? 이 사람들을 내보내서, 그들의 주 하나님을 예배하게 하심이 좋을 듯합니다. 임금님께서는 아직도 이집트가 망한 것을 모르고 계십니까?"라는 말에서 잘 알 수 있습니다. 그리고 또한 "바로의 신하들"이 공격하고 괴롭히는 악한 자를 뜻한다는 사실에서, 그리고 악한 자는 두려움에서 비롯된 것을 제외하면 선한 것을 결코 조언(助言)하지 못한다는 사실에서 잘 알 수 있습니다.

7653. "언제까지 이 사람이, 우리를 망하게 하는 함정이 되어야 합니까?"

이 말씀이 이와 같이 그들이 그들 자신의 악에 사로잡혀질 것을 뜻한다는 것은, 자신들의 악에 의하여 사로잡힌 것을 가리키는, 따라서 형벌(刑罰)의 악한 상태가 되었다는 것을 가리키는 "이 사람이 함정이 된다"는 말의 뜻에서 잘 알 수 있습니다.

7654. "이 사람들을 내보내서, 그들의 주 하나님을 예배하게 하심이 좋을 듯합니다."

이 말씀이, 그들을 떠나 보내서, 그들이 주 그들의 하나님을 예배하는 것이 영특하고, 현명한 것이다는 것을 뜻한다는 것은 떠나 보내는 것을 가리키는 "내보낸다"(to let go)는 말의 뜻에서, 그리고 주 그들의 하나님을 예배하는 것을 가리키는 "여호와를 예배한다"는 말의 뜻에서(7500 · 7540 · 7641항 참조) 잘 알 수 있습니다.

7655. "임금님께서는 아직도 이집트가 망한 것을 모르고 계십니까?"

이 말씀이 지금까지 일어난 사건들로부터 소박한 자들을 끊임없이 공격하고, 괴롭힌 자들이 지옥으로 떨어지고, 거기에서 전혀 피할 길이 없다는 것을 알 수 있다는 것을 뜻한다는 것은 지금까지 일어난 사건들로부터 잘 알 수 있는 것을 가리키는 "임금님(=당신)께서는 아직도 모르고 있다"는 말의 뜻에서, 지옥에 떨어지는 것을 가리키는, 그리고 거기에서 피하는 길이 전혀 없다는 것을 가리키는 "망한다"(to perish)는 말의 뜻에서 잘 알 수 있습니다. 영적인 뜻으로 "망한다"는 말은, 영벌(永罰)들이나 지옥을 뜻하는 "죽는다" "죽음" 이 뜻하는 것과 꼭 같은 뜻을 가리킵니다(5407・6119・7494항 참조). 그리고 공격이나 괴롭힘을 가리키는, 따라서 공격하고 괴롭히는 자들을 뜻하는 "이집트"의 뜻에서(7278항 참조) 잘 알 수 있습니다. 그러나 여기서 말하는 자들이 괴롭히는 자들이기 때문에 "공격하고 괴롭히는 자"라고 언급하지 않고, "망하게 하는 자"(harass)라고 언급하였습니다. 왜냐하면 악한 자는 자신들의 악을 변명하고, 그것에 관해서 가볍게 만들어 버리기 때문입니다. 그리고 또한 그들은 영적인 교회에 속한 자들을 괴롭히지 않고, 다만 소박한 자들을 괴롭힌다고 말할 뿐입니다. 왜냐하면 악한 자는, 교회에 속해 있고, 그리고 교회의 진리들이나 선들에 일치하여 사는 자들, 다시 말하면 믿음의 삶이나 인애의 삶을 사는 자들을 소박한 자들이라고 부르기 때문입니다.

7656. 모세와 아론이 다시 바로에게 불려 갔다.
이 말씀이 결과적으로 신령진리의 현존(=임재)을 뜻한다는 것은 현존(現存)하게 하는 것을 가리키는 "다시 불려 갔다"는 말의 뜻에서, 그리고 내적인 신령진리와 외적인 신령진리를 가리키는 모세와 아론의 표징에서(7089・7382항 참조), 잘 알 수 있습니다.

7657. 바로가 그들에게 말하였다.
이 말씀이 기우러짐(傾向・inclination)을 뜻한다는 것은 그가 그들을 보내기를 원하는 공포의 충격 하에 있다는 것은 아래에 이어지는 내용에서 잘 알 수 있습니다. 이 뜻(意中・will)이나 경향은 "바로가 그들에게 말하였다"는 말에 담겨 있습니다.

7658. "너희는 가서 주 너희의 하나님께 예배하여라."
이 말씀이 그들은 떠나 보내질 것이고, 그래서 그들은 주님을 예배할 것이다는 것을 뜻한다는 것은 주님을 예배하는 것을 가리키는 "하나님을 예배한다"(=여호와를 예배한다)는 말의 뜻에서(7500・7540

·7641·7654항 참조) 잘 알 수 있습니다. 바로가 모세에게 이스라엘 자손들에 관해서 말할 경우, "너희는 간다" 또는 "너희는 떠나간다"는 말은 그들이 떠나가게 된다는 것을 뜻한다는 것은 아주 명백합니다.

7659. "그런데 갈 사람은 누구 누구냐?"
이 말씀이 어느 누가 남을 것이냐를 뜻한다는 것은 다른 설명이 없이도 잘 알 수 있습니다.

7660. 모세가 대답하였다.
이 말씀이 대답을 뜻한다는 것은 아주 명확합니다.

7661. "우리는 어린 아이와 노인들을 데리고 가야 한다."
이 말씀이 소박한 사람(the simple)이나 현명한 사람(the wise)을 뜻한다는 것은 "노인들"에게 결부되었을 때에는 "소박한 사람"을 가리키는, "어린 아이들"(boys)의 뜻에서 잘 알 수 있습니다. 왜냐하면 "노인들"(the old men)은 현명한 사람(the wise)을 뜻하기 때문입니다(3183·6524·6890항 참조).

7662. "(우리는) 우리의 아들과 딸을 다 데리고 가야 한다."
이 말씀이 진리의 정동 안에 있는 자들이나, 선의 정동 안에 있는 자들을 뜻한다는 것은, 정동이 없으면 진리들은 아무것도 아니기 때문에, 교회의 진리들을 가리키는, 따라서 정동들을 가리키는 "아들들"(sons)의 뜻에서(489·491·533·1147·2623·3373항 참조), 따라서 선의 정동들을 가리키는 "딸들"(daughters)의 뜻에서(2362·3963항 참조) 잘 알 수 있습니다.

7663. "(우리들은) 우리의 양과 소도 몰고 가야 한다."
이 말씀이 내면적인 선 안에 있는 자들과 외면적인 선 안에 있는 자들을 뜻한다는 것은 내면적인 선을 가리키는 "양"(=양 떼)의 뜻에서, 그리고 외면적인 선을 가리키는 "소"(=가축·herd)의 뜻에서 (5913·6048항 참조) 잘 알 수 있습니다. 우리의 본문절에 있는 말들이, 다시 말하면 "그들이 그들의 아이들과 노인들을 비롯하여, 그

들의 아들들과 그들의 딸들을 다 데리고 가야 하며, 그들의 양과 소
도 몰고 가야 한다"는 말은, 속뜻으로, 외적인 교회이든 내적인 교
회이든, 교회에 속한 모든 것들을 뜻합니다. 외적인 교회에 속한 것
들은 "아이들"(boys)과 "아들들"과 "소"가 뜻하고, 내적인 교회에
속한 것들은 "노인들" "딸들" "양"이 뜻합니다. 왜냐하면 "노인들"
은 지혜를 뜻하고, "딸들"은 선에 속한 정동을 뜻하고, "양"(=양 떼)
은 내적인 교회에 속한 선 자체를 뜻하기 때문입니다. 이에 반하여
"아이들"(boys)은 소박함들(simplicities)을 뜻하고, "아들들"(sons)은
진리의 정동을 뜻하고, "소"(herd)는 외적인 교회에 속한 외적인 선
을 뜻합니다.

7664. "우리 모두가 주의 절기를 지켜야 하기 때문이다."
이 말씀이 개인이나 전체가 드리는 주님의 예배를 뜻한다는 것은
기쁜 마음(a glad mind)에서 비롯된 예배를 가리키는 "절기"(=축제·
feast)의 뜻에서(7093항 참조) 잘 알 수 있습니다. 이 낱말이 주님의
예배를 뜻한다는 것은 성경에서 "여호와"(=주·Jehovah)가 주님(the
Lord)을 뜻하기 때문입니다(1343·1736·2921·3023·3035·5663·
6303·6905·6945·6950항 참조). 그리고 축제(=절기)가 개인이나 전
체에 의한 예배를 뜻한다는 것은 바로 앞에서 언급된 내용에서 명
확한데, 거기에는 "그들은 그들의 아이들과 노인들, 아들들과 딸들,
양과 소를 다 데리고 가야 한다"고 언급되었기 때문입니다.

7665. 바로가 그들에게 호통을 쳤다(=말하였다).
이 말씀이 조소(嘲笑·비웃음·derision)를 뜻한다는 것은 바로가 했
다는 말, 즉 "내가 너희를 가게 하고, 너희 어린 것들을 가게 할 때,
주께서 그렇게 너희와 함께 계시게 하라"(=그래, 어디 다 데리고 가
봐라! 너희와 함께 있는 너희의 주가 나를 감동시켜서 너희와 너희 아이들
과 함께 보내게 할 것 같으냐? 어림도 없다)는 말은 조소에 관한 말들
인데, 이 말은, 만약에 그들이 떠나게 된다면 마치 주님께서 그들과
함께 있을 것이다는 것을 뜻합니다.

7666. "**너희가 지금, 속으로 악한 음모를 꾸미고 있음이 분명하다!**"(=조심하라, 악이 너희 얼굴 앞에 있다).
이 말씀이 그들의 열망(=바람) 안에는 전혀 선이 없다는 것을 뜻한다는 것은 정동들이나 그것에서 파생된 생각들의 측면에서 내면적인 것들을 가리키는 "너희 얼굴"의 뜻에서 잘 알 수 있습니다(358 · 1999 · 2434 · 3527 · 3573 · 4066 · 4797 · 5102 · 5168 · 5695 · 6604항 참조). 그리고 "얼굴"(=얼굴들·faces)이 정동들을 뜻하기 때문에, 그것들은 역시 열망들(=바람들·desires)을 뜻합니다. 그러므로 "너희 얼굴 앞에 악이 있다)는 말은 정동들, 또는 열망들 안에 전혀 선한 것이 없다는 것을 뜻합니다.

7667. "**그렇게는 안 된다!**"
이 말씀이 부인(否認)을 뜻한다는 것은 설명이 없이도 잘 알 수 있겠습니다.

7668. "**가려면, 너희 장정들이나 가서 너희의 주에게 예배를 드려라.**"
이 말씀이 확증된 진리들 안에 있는 그들이 떠나게 될 것이고, 그래서 그들이 주님을 예배하게 될 것이다는 것을 뜻한다는 것은 그들이 떠나게 되는 것을 가리키는 "너희나 가라"는 말의 뜻에서(7658항 참조), 그리고 그것에 관해서 아래에서 설명하겠지만, 확증된 진리들(truths confirmed)을 가리키는 장정(=젊은이들·young men)의 뜻에서, 그리고 주님을 예배하는 것을 가리키는 "여호와를 예배한다"(=주에게 예배를 드린다)는 말의 뜻에서(7654 · 7658 · 7664항 참조) 잘 알 수 있습니다. "장정들"(=젊은이들)이 확증된 진리들 안에 있는 자들을 뜻한다는 것은 "아들들"(sons)·"아이들"(boys)·"젊은이들"(young men)·"어른들"(men)·"노인들"(old men)이 그들의 순서에 따라서 총명과 지혜에 속한 것들을 뜻하기 때문입니다. 이런 것들이 천계에서는 이들의 세대(世代)에 속한 사람들 대신에 의미되고 있습니다. 왜냐하면 천계에 있는 자들은 영적인 개념들 안에 있고,

단순한 자연이나, 이 세상에 속한 것(=개념들)은 그 세계에 들어올 수 없고, 오히려 그런 것들은 천계의 지혜나 천사적인 생각에 조화스럽게 벗겨지고, 사라지기 때문입니다. 그러므로 "아들들"・"아이들"(boys)・"젊은이들"(young men)・"남자들"(=어른들・men)・"노인들"(old men)은 영적인 뜻으로 그와 같이 호칭되는 자들을 뜻할 수는 없습니다. 그러나 대응하는 영적인 것들을 뜻합니다. 그 영적인 것들은 총명이나 지혜에 관계되는 것을 가리킵니다. 이런 것들이 그런 내용을 뜻한다는 것은 성경에서 그들이 언급, 거명되어 있는 곳의 속뜻에서 아주 명확합니다.

[2] 성경에서 "젊은이들"(靑年・young men)은 총명스러운 자들을 뜻하고, 또한 추상적인 천사적인 개념에 따라서는 총명(intelligence)을 뜻합니다. 그리고 총명을 뜻하기 때문에, 그러므로 그들은 역시 확증된 진리(confirmed truth)를 뜻합니다. 왜냐하면 이것은 총명에 관계하고 있기 때문입니다. 더욱이 원어에서 여기서 "젊은이들"(young men)이 뜻하는 여기의 그 낱말은 진리가 선으로 말미암아 취한 힘(strength)이나 능력(power)에서 파생된 것입니다. 그러므로 이런 이름(name)은 주님의 성품으로 생각합니다. 스가라서의 말씀입니다.

"칼아, 깨어 일어나서,
내 목자를 쳐라.
나와 사이가 가까운 그 사람을 쳐라.
나 만군의 주가 하는 말이다.
목자를 쳐라.
그러면 양 떼가 흩어질 것이다.
나 또한 그 어린 것들을 칠 것이다.
(스가랴 13 : 7)

그러나 이 말들은 주님에 관해서 언급되고 있는데, 마태복음서 26

장 31절을 참조하십시오. 예레미야서의 말씀입니다.

> 너 방종한 딸아,
> 네가 언제까지 방황하겠느냐?
> 주께서 이 땅에 새 것을 창조하셨으니,
> 그것은 곧 여자가 남자를 안는(=보호하는) 것이다.
> (예레미야 31 : 22)

[3] 원어의 다른 낱말에서 "젊은이들"(young men)은 총명을 뜻하고, 따라서 그것의 진리를 뜻합니다. 아모스서의 말씀입니다.

> "내가 옛날 이집트에서 전염병을 내린 것처럼,
> 너희에게도 내렸다.
> 내가
> 너희의 젊은이들을 칼로 죽였으며,
> 너희의 말들을 약탈당하게 하였다.
> 또 너희의 진에서 시체 썩는 악취가 올라와서,
> 너희의 코를 찌르게 하였다.
> 그런데도 너희는
> 나에게로 돌아오지 않았다."
> (아모스 4 : 10)

여기서 "이집트"(=이집트의 길)는 왜곡된 기억지들을 뜻하고, "살해당한 젊은이들"은 그것에서 비롯된 파괴된 진리들을 뜻하고, "말들의 약탈"은 타락된 총명을 뜻합니다.
[4] 같은 책의 말씀입니다.

> 그 때에는 사람들이
> 주의 말씀을 찾으려고
> 이 바다에서 저 파도로 헤매고,

> 북쪽에서 동쪽으로 떠돌아다녀도,
> 그 말씀을 찾지 못할 것이다.
> 그 날에는
> 아름다운 처녀들과 총각들이
> 목이 말라서 지쳐 쓰러질 것이다.
> (아모스 8 : 12, 13)

여기서 "아름다운 처녀들"은 진리의 정동을 뜻하고, "총각들"(=젊은 이들)은 총명을 뜻하고, "목이 말라서 쓰러진다"(=기절한다)는 말은 진리의 박탈을 뜻합니다. 그러므로 "사람들이 주의 말씀을 찾으려고 헤매도, 그 말씀을 찾지 못할 것이다"고 언급되었습니다. 아름다운 처녀들과 총각들이 목이 마르기(=갈증) 때문에 쓰러진 것을 뜻하지 않는다는 것은 명확합니다. 예레미야서의 말씀입니다.

> 죽음이 우리의 창문을 넘어서 들어왔고,
> 우리의 왕궁에까지 들어왔으며,
> 거리에서는 어린 아이들이
> 사정없이 죽어 가고,
> 장터에서는 젊은이들이 죽어 간다.
> (예레미야 9 : 21)
> 칭찬을 받던 도성,
> 나의 기쁨이었던 성읍이,
> 이처럼 버림을 받게 되었다.
> 그러므로 그 날에는
> 그 도성의 젊은이들이
> 광장에서 쓰러져 죽고,
> 모든 군인이 전멸을 당할 것이다.
> (예레미야 49 : 25, 26 ; 50 : 30)
> 모든 백성아, 들어라.……
> 처녀 총각들이 사로잡혀서 끌려갔다.

(애가 1 : 18)

이 장절들에서도 "젊은이들"(=총각들·young men)은 총명에 속한 진리들을 뜻합니다.

7669. "너희가 처음부터 바란 것이 그것이 아니더냐?"
이 말씀이 따라서 그들은 원한 것을 가졌다는 것을 뜻한다는 것은 설명이 없이도 잘 알 수 있겠습니다.

7670. 이렇게 해서, 그들은 바로 앞에서(=바로의 면전에서) **쫓겨났다.**
이 말씀이 괴롭히는 자들의 의중(意中·will)이 신령진리에 전적으로 정반대이다는 것을 뜻한다는 것은, 신령진리를 가리키는 쫓겨난, 모세와 아론의 표징에서(7637항 참조), 그리고 공격하고, 괴롭히는 자들을 가리키는 "바로"의 표징에서(7631항 참조), 그리고 정동들의 측면에서 내면적인 것들을 가리키는(7666항 참조), 따라서 의중(意中·will)을 가리키는 "얼굴"(=면전)의 뜻에서 잘 알 수 있습니다. 왜냐하면 정동들은 의지(will)에 속한 것이지만, 생각들은 이해에 속한 것이기 때문입니다. 의중이 정반대이다는 것은 "그가 그들을 자신의 안전(=얼굴)에서 쫓아냈다"는 말이 뜻하고 있습니다. 왜냐하면 의중에 반대되는 것이, 다시 말하면 의지에 속한 정동들에 반대되는 것이 쫓겨나기 때문입니다.

7621. 12-15절. 주께서 모세에게 말씀하셨다. "너의 팔을 이집트 땅 위로 내밀어라. 그러면 메뚜기 떼가 이집트 땅으로 몰려와서, 우박의 피해를 입지 않고 땅에 그대로 남아 있는 푸성귀를 모두 먹어 치울 것이다." 모세가 지팡이를 이집트 땅 위로 내미니, 주께서 그 날 온종일, 그리고 밤이 새도록, 그 땅에 동풍이 불게 하셨다. 그 동풍은 아침녘에 메뚜기 떼를 몰고 왔다. 메뚜기 떼가 이집트 온 땅 위로 몰려와서, 곳곳마다 내려 앉았다. 그렇게 많은 메뚜기 떼는 전에도 본 적이 없고, 앞으로도 결코 볼 수 없을 만한 것이었다. 그것

들이 땅의 표면을 다 덮어서, 땅이 새까맣게 되었다. 그것들이, 우박의 피해를 입지 않고 남아 있는, 나무의 열매와 땅의 푸성귀를 모두 먹어 치워서, 이집트 온 땅에 있는 들의 나무와 푸른 푸성귀는 하나도 남지 않았다.

"주께서 모세에게 말씀하셨다"는 말씀은 가르침(敎訓)을 뜻합니다. "너의 팔을 (이집트 땅 너머로) 내밀어라"는 말씀은 힘의 통치(統治能力・the rule of power)를 뜻하고, "메뚜기 떼를 위해 이집트 땅 너머로 뻗는다"는 말씀은 거짓이 괴롭히는 자들의 모든 자연적인 소유를 차지하기 위한 것이라는 것을 뜻하고, "메뚜기 떼가 이집트 땅으로 몰려온다"는 말씀은 거기에 있는 것들 안으로 쏟아져 들어가는 것을 뜻합니다. "메뚜기 떼가 땅에 그대로 남아 있는 푸성귀를 모두 먹어 치울 것이다"는 말씀은 모든 진리의 소멸을 뜻하고, "우박의 피해를 입지 않고 그대로 남아 있는 모든 푸성귀"는 종전의 거짓이 소멸되지 않았다는 것을 뜻합니다. "모세가 지팡이를 이집트 땅 위로 내밀었다"(=뻗었다)는 말씀은 신령진리의 능력에 속한 통치가 괴롭히는 자들의 모든 자연적인 것을 다스리는 것을 뜻하고, "주께서 그 땅에 동풍이 불게 하셨다"는 말씀은 파괴의 수단들을 뜻하고, "그 날 온종일, 그리고 밤이 새도록"(=온 낮과 온 밤 동안)이라는 말씀은 괴롭히는 자들에게 있는 지각에 속한 모든 것 안에 있는 양자, 즉 불영명한 것이나, 불영명하지 않은 것을 뜻합니다. "그것(=그 동풍)이 아침에 있었다"(=그 때가 아침이었다)는 말씀은 질서의 상태에 있는 천계의 상태를 뜻합니다. "동풍은 메뚜기 떼를 몰고 왔다"는 말씀은 파괴의 수단들을 통하여 생긴 괴롭히는 자들에게 있는 심한 거짓(dense falsity)을 뜻합니다. "메뚜기 떼가 이집트 온 땅 위로 몰려왔다"는 말씀은 거짓에서 솟아난 것이 자연적인 것에 속한 모든 것들 안으로 쏟아져 들어가는 것을 뜻합니다. "이집트 땅 곳곳마다 내려 앉았다"(=이집트 땅 사방에 내려 앉았다)는 말씀은 거기의 가장 외적인 것들에게서 비롯되었다는 것을 뜻합니다. "메뚜기가 그렇게 많았다"(=그것들이 매우 심하였다)는 말씀은 그것이 개별적인 것이나 전체적인 모든 것 모두에게 두루 넘친다는 것을 뜻합니다. "그렇게 많은 메뚜기 떼는 본 적이 없고, 앞으로도 결코 볼 수 없을 만한 것이다"는 말씀은 그와 같은 거짓은 교회의 초기부터 없었고, 그리고 장차에도 없을 것이다는 것을 뜻합니다. "그것들(=메뚜기 떼)이 땅의 표면을 다 덮었다"는 말씀은 그것이 자연적인 마음에 속한 궁극적인 것들의 소유를 취하였다는 것을 뜻합니다. "땅이 새까맣게 되었다"는 말씀은 거짓이, 진리가 있는 곳 어디에나, 초래(招來)되었다는 것을 뜻합니다. "그것들이 그 땅의 모든 푸성귀를 먹어 치웠다"는 말씀은 그것이 진리에 속한 기억지 모두를 소멸시켰다는 것을 뜻하고, "우박의 피해를 입지 않고 남아 있는 나무의 열매"는 선에 속한 앎(=지식·the knowing of good)의 모두를 뜻합니다. "이집트 온 땅의 푸른 푸성귀는 하나도 남지 않았다"(=이집트 땅 전역에 푸른 것은 전혀 남아 있지 않았다)는 말씀은 진리에 속한 모든 지각이나 감수성(感受性)이 소멸되었다는 것을 뜻합니다. "들에 있는 나무와 푸성귀"는 교회에 속한 앎(知識·knowing)이나 기억지에게서 비롯된 것을 뜻합니다. "이집트 온 땅"은 자연적인 것 안에 있는 모든 면(面·all sides)에 관한 것을 뜻합니다.

7672. 주께서 모세에게 말씀하셨다.
이 말씀이 가르침(=교육·교훈·instruction)을 뜻한다는 것은 주님께서 신령진리를 표징하는 모세에게 행해졌을 때에는, 가르침(=교육·교훈)을 가리키는 "말한다"(saying)는 말의 뜻에서(6879·6881·6883·6891·7186·7267·7304·7380항 참조) 잘 알 수 있습니다.

7673. "너의 팔을 내밀어라"(=뻗어라).
이 말씀이 능력에 속한 통치(the rule of power)를 뜻한다는 것은, 곧 설명하겠지만, 다스림(統治)을 뜻하는 "내민다"(=뻗는다·stretching out)는 말의 뜻에서, 그리고 능력(能力·power)을 가리키는 "손"(hand)의 뜻에서(878·3387·4931-4937·5327·5328·5544

·6292·6947·7011·7188·7189·7518항 참조) 잘 알 수 있습니다. "손을 뻗는다"(=팔을 내밀다)는 말이 능력에 속한 통치를 뜻한다는 것은 손이나 팔을 뻗을 때, 그것들이 능력을 가지고 있기 때문입니다. 그리고 그러므로 "여호와께서 팔을 뻗는다" 또는 "손을 뻗는다"고 그분에 관해서 언급될 때, 그 말에는 한없는 능력(power unlimited), 또는 행동에서의 무한한 능력을 뜻합니다. 이것이 기적(奇蹟·miracle)이 행해지려고 할 때 주께서 모세에게 "그의 손을 뻗어라" 또는 "지팡이를 뻗어라"라고 그와 같이 자주 말씀하신 이유입니다. 이러한 사실은 아래 장절들에게서 잘 볼 수 있겠습니다. 출애굽기서의 말씀입니다.

> 너는 이집트의 모든 물이 고인 모든 곳에 손을 내밀라. 그 물이 피가 될 것이다.
> (출애굽기 7:19)
> 지팡이를 들고 강과 운하와 늪 쪽으로 손을 내밀어서, 개구리들이 이집트 땅 위로 올라오게 하라고 하여라.
> (출애굽기 8:5)
> 지팡이를 내밀어 땅의 먼지를 치라고 하여라. 그러면 이집트 온 땅에서 먼지가 이로 변할 것이다.
> (출애굽기 8:16)
> 네가 하늘로 팔을 내밀면, 우박이 온 이집트 땅에……쏟아질 것이다.
> (출애굽기 9:22)

"팔을 뻗는다"는 말이, 최고의 뜻으로, 그것이 여호와(=주님)의 전능(全能·omnipotence)을 뜻하지 않는다면, 그와 같이는 결코 언급되지 않았을 것입니다.
[2] 여호수아에게, 그가 "그의 단창을 뻗어라"라고 언급된 것도 그와 같은 내용인데, 그와 같은 일은 우리가 여호수아서에서 읽을 수 있습니다. 여호수아서의 말씀입니다.

> 주께서 여호수아에게 말씀하셨다. "네가 쥐고 있는 단창을 들어 아이 성 쪽을 가리켜라. 내가 그 성을 네 손에 넘겨 준다." 여호수아는 들고 있던 단창을 들어, 아이 성 쪽을 가리켰다. 그가 손을 쳐든 순간, 복병들이 잠복하고 있던 그 곳에서 재빨리 일어나서 돌진하여 들어가 성을 점령하고, 순식간에 그 성에 불을 놓았다.……여호수아는, 아이 성의 모든 주민을 전멸시켜서 희생제물로 바칠 때까지, 단창을 치켜든 그의 손을 내리지 않았다.
> (여호수아 8 : 18, 19, 26)

이 말씀은 신령능력의 한 표징을 가리키기 때문에, 그리고 그것이 그와 같이 명령되었을 때, 그것은 그 때 모든 표징들을 가지고 있기 때문에, 그러므로 그것은 힘(force)을 가지고 있었습니다.

[3] 수많은 장절들에서, 또한 전능(全能)이 "여호와께서 그의 손(His hand)을 뻗는다"는 말에 의하여 기술되었는데, 그리고 또한 "그분의 뻗은 손"이나 "그분의 뻗친 팔"도 같은 뜻을 뜻하는데, 아래의 장절에서 "여호와께서 그의 손을 뻗었다"는 말도 같은 뜻을 가리킵니다. 즉─.

> 주께서 백성에게 진노하셔서
> 손을 들어 그들을 치시니,
> 산들이 진동하고,
> 사람의 시체가
> 거리 한가운데 버려진 쓰레기와 같다.
> (이사야 5 : 25)
> 내가 내 손을 그에게 뻗쳐, 그를 내 백성 이스라엘 가운데서 멸망시키겠다.
> (에스겔 14 : 9, 13)
> 내가 내 손을 뻗쳐서 너를 치고, 네가 여러 민족에게 약탈을 당하도록 너를 넘겨 주겠다.

(에스겔 25 : 7)
내가 손을 뻗쳐서 에돔을 치고, 그 땅에서 사람과 짐승을 없애 버리며,……내가 손을 펴서 블레셋 사람들을 치고, 그렛 사람들을 없애 버리며, 바닷가에 살아 남은 사람들까지도 멸망시키겠다.
(에스겔 25 : 13, 16 ; 35 : 3 ; 이사야 31 : 3 ; 스바냐 1 : 4 ; 2 : 13)

아래의 장절들에서도 "뻗친 손"(an outstreched hand)은 전능(全能)을 기술하고 있습니다.

만군의 주께서 계획하셨는데,
누가 감히 그것을 못하게 하겠느냐?
심판하시려고 팔을 펴셨는데,
누가 그 팔을 막겠느냐?
(이사야 14 : 27)
내가 팔을 들고, 나의 손과 강한 팔로 너희를 치고…….
(예레미야 21 : 5)
심판을 계속하시려고
여전히 손을 들고 계신다.
(이사야 9 : 12, 17 ; 10 : 4)

이들 장절에서도 "펴신 팔"(an outstreched arm)은 같은 것을 뜻합니다.

내가 큰 권능과 편 팔로 이 땅을 만들고, 이 땅 위에 있는 사람과 짐승도 만들었다.
(예레미야 27 : 5)
크신 권능과 펴신 팔로 하늘과 땅을 지으신 분이 바로 주님이시니, 주께서는 무슨 일이든지 못하시는 일이 없으십니다.
(예레미야 32 : 17)

이 구절들에서도 "펴신 팔"(an outstreched arm)이 전능을 뜻한다는 것은 아주 명백합니다. "강한 손과 펴신 팔"이 언급된 수많은 장절에서도 같은 뜻을 가리킵니다. 예를 들면, 신명기 4 : 34 ; 5 : 15 ; 7 : 19 ; 9 : 29 ; 11 : 2 ; 26 : 8 ; 열왕기 상 8 : 42 ; 열왕기 하 17 : 36 ; 예레미야 32 : 21 ; 에스겔 20 : 33, 34가 있습니다. [4] 여호와(=주)에 관해서 "그가 하늘을 향해 뻗는다"는 말이나, 여기서와 같이 "펴신다"는 말은 전능(全能)을 뜻합니다. 다시 말하면 주께서 하늘의 경계들에까지 넓히시고, 생명과 지혜로 거기의 주민들을 채우신다는 것도 같은 뜻을 가리킵니다. 이러한 사실은 아래 장절들에서 볼 수 있겠습니다.

땅 위의 저 푸른 하늘에 계신 분께서
세상을 만드셨다.……
그는 하늘을, 마치 엷은 휘장처럼 펴셔서,
사람이 사는 장막처럼 쳐 놓으셨다.
(이사야 40 : 22)
하나님께서 하늘을 창조하여 펴시고,
땅을 만드시고,
거기에 사는 온갖 것을 만드셨다.
땅 위에 사는 백성에게 생명을 주시고,
땅 위에 걸어다니는 사람들에게
목숨(=영)을 주셨다.
(이사야 42 : 5)
권능으로 땅을 만드시고,
지혜로 땅덩어리를 고정시키시고,
명철로 하늘을 펼치신 분은 주님이시다.
(예레미야 51 : 15)
하늘을 펴신 분, 땅의 기초를 놓으신 분, 사람 안에 영을 만들어 주신 분께서 말씀하신다.

(스가랴 12 : 1)

이 밖에도 여러 장절들이 있습니다(이사야 44 : 24 ; 45 : 12 ; 시편 104 : 2). 이상에서 밝히 알 수 있는 것은, 모세가 그의 손이나 지팡이를 뻗으라고 명령된 이유가 무엇인지, 그리고 그 때 기적들이 행해진 이유가 무엇인지, 잘 알 수 있다는 것입니다. 따라서 "손을 뻗는다"는 말이 능력의 통치를 뜻하고, 최고의 뜻으로는 전능(全能)을 뜻한다는 것도 잘 알 수 있겠습니다.

7674. (너의 팔을) **"메뚜기를 위해서 이집트 땅 위로 내밀어라."**
이 말씀이 거짓이 괴롭히는 자들의 모든 자연적인 것의 소유를 취하게 하기 위한 것을 뜻한다는 것은 자연적인 마음을 가리키는 "이집트 땅"의 뜻에서(5276 · 5278 · 5280 · 5288 · 5301항 참조) 잘 알 수 있는데, "이집트"가 자연적인 것을 뜻한다는 것은 6147 · 6252항을 참조하십시오. 그리고 또한 공격하고 괴롭히는 자들에게 있는 극외적인 것 안에 있는 거짓을 가리키는 "메뚜기"(locust)의 뜻에서(7643항 참조) 잘 알 수 있습니다.

7675. **"그러면 메뚜기 떼가 이집트 땅으로 몰려온다."**
이 말씀이 거기에 있는 모든 것들 안으로 쏟아져 들어가는 것을 뜻한다는 것은 쏟아져 들어가는 것을 가리키는 "몰려온다"(coming up)는 말의 뜻에서 잘 알 수 있습니다. 왜냐하면 "메뚜기"는 극외적인 것들(the extremes) 안에 있는 거짓을 뜻하고, 그리고 극외적인 것에서부터 내면적인 것들을 향해 "몰려온다"고 언급된 것이기 때문입니다. 그 이유는 내면적인 것들은 보다 높은 것들과 동일한 것이기 때문입니다. 외면적인 것이 거짓에 의하여 점령되었을 때, 내면적인 것들도 거짓에 의하여 점령당한다는 것은 7645항을 참조하십시오. 그리고 또한 자연적인 마음을 가리키는 "이집트 땅"의 뜻에서도(7674항 참조), 잘 알 수 있습니다.

7676. "(우박의 피해를 입지 않고) **땅에 그대로 남아 있는 푸성귀를**

모두 먹어 치울 것이다."
이 말씀이 모든 진리의 전적인 파괴(=소멸)를 뜻한다는 것은 소멸시키는 것(=파괴시키는 것·to consume)을 가리키는 "먹어 치운다"(=삼켜 버린다·devouring)는 말의 뜻에서, 그리고 교회에 속한 진리를 가리키는 "땅의 푸성귀"의 뜻에서(7571항 참조) 잘 알 수 있습니다.

7677. **"우박의 피해를 입지 않고 남아 있는 모든 것**(=푸성귀) (을 먹어 치울 것이다)."
이 말씀이 종전의 거짓이 소멸되지 않았다는 것을 뜻한다는 것은, 소멸되지 않았다는 것을 가리키는 "남아 있다"(left)는 말의 뜻에서, 그리고 외면적인 자연적인 것 안에 있는 악에서 비롯된 거짓을 가리키는 "우박"(hail)의 뜻에서(7553·7574항 참조) 잘 알 수 있습니다.

7678. **모세가 지팡이를 이집트 땅 위로 내밀었다**(=뻗었다).
이 말씀이 괴롭히는 자들의 모든 자연적인 것을 다스리는 신령진리에 속한 능력의 통치를 뜻한다는 것은 능력의 통치(the rule of power)를 가리키는 "지팡이를 내민다"(=지팡이를 뻗었다)는 말의 뜻에서(7673항 참조), 그리고 신령진리를 가리키는 "모세"의 표징에서 (6752·7004·7010·7382항 참조), 그리고 또한 괴롭히는 자들의 자연적인 것을 가리키는 "이집트 땅"의 뜻에서(7674항 참조), 잘 알 수 있습니다. "모세의 손"에 의하여 기술된 신령능력(the Divine power)은 신령진리의 능력을 가리킵니다. 모든 능력이 진리에 속한 것이다는 것은 3091·5623·6344항을 참조하십시오. 아니, 이러한 능력은, 신령선에서 발출하는 신령진리를 취합니다. 그리고 그것을 통하여 우주 안에 있는 모든 것들이 창조되었습니다. 요한복음서에서 "말씀"(聖言·the Word)은 이 진리를 뜻합니다. 요한복음서의 말씀입니다.

태초에 말씀이 계셨다. 그 말씀은 하나님과 함께 계셨다. 그 말씀은 하나님이셨다.……모든 것이 그로 말미암아 생겨 났으니, 그가 없이 생겨 난 것은 하나도 없다.
(요한 1 : 1, 3)

그리고 모세에 의하여 행하여진 기적들은 바로 이것에서부터 이루어진 것입니다. 왜냐하면 모세는 신령진리를 표징하기 때문입니다. 대부분의 사람들이 믿는 것은 성언(聖言·the Word), 즉 신령진리는 여호와에게서 비롯된 말(言語·speech)에 지나지 않으며, 그리고 또한 그와 같이 행하여진 하나의 명령(命令·command)에 불과하며, 그 이상의 아무것도 아니다는 것입니다. 그러나 그것은 모든 것들이 그것으로부터, 그리고 그것에 의하여 존재하는 본질적인 자체(the very Essential)입니다. 주님에게서 발출하는 존재(存在·*Esse*·being)와 그리고 결과적으로 모든 것들의 현현(顯現·實在·*Existere*·the coming-forth)은 "신령진리"가 뜻하는 것입니다. 이러한 사실은 천사들에게서부터 입증될 수 있습니다. 천사들로부터는 인애와 믿음의 영기(靈氣·sphere)가 발출하는데, 이것은 아주 명확하게 지각되고, 그리고 역시 그것은 놀라운 결과들을 생산합니다. 이상에서 밝히 알 수 있는 사실은 주님의 신령선에서 발출하는 신령진리에 관한 몇몇 개념이 형성될 수 있다는 것입니다.

7679. 주께서 그 땅에 동풍이 불게 하셨다(=그 땅 위에 동풍을 일으키셨다).
이 말씀이 파괴(破壞)의 수단들을 뜻한다는 것은, 파괴의 수단들을 가리키는 "동풍"(東風·an east wind)의 뜻에서 잘 알 수 있습니다. "동풍"이 이런 뜻을 가지고 있다는 것은, 그것은 건조(乾燥·dry)하고, 격렬한 것이기 때문입니다. 결과적으로 그것은 그 땅의 산물(産物)들을 모두 바싹 말라 붙게 하고, 그리고 그 바람의 힘에 의하여 나무들을 산산조각으로 깨버리고, 그리고 바다의 배들도 부수어 버리기 때문입니다. 이것으로 말미암아, 그것에 의하여 하나의 수단으로서 신령능력의 결과가 기술되었습니다. 더욱이 "동쪽"(東·the east)은 사랑의 선이나, 인애에 속한 선을 뜻합니다. 그 이유는 최고의 뜻으로 동쪽은 주님을 뜻하기 때문입니다(101·1250·3708항 참조). 그것의 근원이나, 존재가 신령하기 때문에 사랑의 선이나 인애에 속한 선은 가장 유순(柔順·gentle)합니다. 결과적으로 그것은 천계로의 진전에서는 그와 같이 온순하지만, 그러나 그것이 지옥으로 침투할 때에는 그것은 무자비(harsh)하고, 매우 엄합니다. 그 이유는 그것은 거기에 있는 자들에 의하여 이와 같은 것으로 바뀌기 때문입니다. 그러므로 이와 같은 신령선의 입류(入流)나 현존(=임재·presence)은 고통들이나 괴로움들을 가져올 뿐만 아니라, 지옥을 더욱 황폐하게 만듭니다. 이상에서 얻는 것은 "동쪽에서 불어오는 바람"(東風·a wind from the east), 즉 "동풍"(東風·an east wind)은 파괴의 수단들을 뜻한다는 것입니다.

[2] 이 "바람"이 파괴의 수단들을 뜻한다는 것은 아래의 장절에서와 같이, 그 말이 언급된 성경의 여러 장절들에게서 아주 잘 알 수 있겠습니다.

> 내가 그들을 원수 앞에서 흩어 버리기를
> 동풍으로 흩어 버리듯 할 것이며,……
> (예레미야 18 : 17)
> 그러므로
> 그것(=포도나무)을 심어 놓았지만,……
> 동쪽 열풍이 불어오면
> 곧 마르지 않겠느냐?
> 자라던 그 밭에서
> 말라 버리지 않겠느냐?
> (에스겔 17 : 10)
> 그 포도나무가 분노 가운데 뽑혀서
> 땅바닥에 던져지니

그 열매가 동풍에 마르고,
그 튼튼한 가지들은 꺾이고 말라서,
불에 타 버렸다.
(에스겔 19 : 12)
이스라엘이
비록 형제들 가운데서 번성하여도,
사막에서 동풍이 불어오게 할 터이니,
주의 바람이 불면
샘과 우물이 모두 말라 버리고,
귀중한 보물상자들도 모두 빼앗길 것이다.
(호세아 13 : 15)
광풍(=동풍)에 파산되는 다시스의 배와도 같았다.
(시편 48 : 7)
너의 사공들이 너를 데리고
바다 깊은 데로 나갔을 때에,
동풍이 바다 한가운데서 너를 파선시켰다.
(에스겔 27 : 26)

이상의 여러 장절들에게서 밝히 알 수 있는 것은 "동풍"(=열풍·an east wind)이 파괴의 수단들을 뜻한다는 것인데, 그 이유는 그것이 건조하고, 격렬한 것이기 때문입니다. 따라서 그것은 박탈이나 황폐의 수단을 뜻한다는 것도 알 수 있겠습니다. 호세아서의 말씀입니다.

에브라임은 바람을 먹고 살며,
종일 열풍을 따라서 달리고,
거짓말만 하고 폭력(vastation)만을 일삼는다.
(호세아 12 : 1)

여기서 "에브라임"은 교회의 총명적인 것을 뜻하고(5354·6222·6238항 참조), "바람을 먹는다"는 말은 거짓말을 증대시키는 것을 가리킵니다. 박탈이나 황폐의 상태와 시험의 상태가 이사야서 27장 7, 8절에서는 "거센 동풍"(=거센 동풍의 날·the day of the east wind)이라고 하였습니다.

7680. 주께서 그 날 온종일, 그리고 밤이 새도록 (동풍이 불게 하셨다).

이 말씀이 괴롭히는 자들에게 있는 불영명한 것이나 불영명 하지 않은 지각이 모든 것 안에 있다는 것, 다시 말하면 거기에 파괴가 있다는 것을 뜻한다는 것은 불영명하지 않다는 지각의 상태를 가리키는 "낮"(=온종일·day)의 뜻에서, 그리고 불영명한 지각의 상태를 가리키는 "밤"(night)의 뜻에서 잘 알 수 있습니다. 왜냐하면 때들, 즉 아침·낮·저녁·밤은 총명이나 지혜에 속한 조요(照耀·enlightenment)의 상태들에 대응하기 때문입니다(5672·6110항 참조). 따라서 온갖 지각들에 대응하기 때문입니다. 그러므로 일반적으로 낮(day)이나 밤(night)도 그것에 대응합니다. 여기서 "지각들의 상태들"이라고 언급하고, "조요의 상태들"이라고 언급하지 않은 것은 공격하고 괴롭히는 악한 자는 조요의 상태를 결코 가지지 못하지만, 그럼에도 불구하고 지각의 상태는 가지기 때문입니다. 그러나 그들은, 그들이 거기에서 살았던 교회에서 비롯된 진리와 선에 속한 지식이 그들과 함께 남아 있는 한, 지각을 가지고 있습니다. 왜냐하면 진리나 선에 의하여 그들은 천계에 있는 자들과 교류하기 때문입니다. 그러나 이와 같은 일은 그들이 황폐하게 되었을 때 일어나는 것이지만, 그들이 이런 지식들이 박탈되었을 때, 그 때 그들은 더 이상 그 어떤 지각도 가질 수 없습니다. 지옥적인 존재들은 실제로 자신들의 온갖 악들을 확증할 수 있고, 또한 자신들의 온갖 거짓들을 확증할 수 있는데, 그러나 이것은 결코 지각은 아닙니다. 지각은 진리가 진리이다는 것이나, 선이 선이다는 것을 보는 것이고, 그리고 또한 악이 악이다는 것이나 거짓이 거짓이다는 것을 아는 것입니다. 그러나 진리를 거짓으로, 선을 악으로 보고, 아는 것은 지각이 아닙니다. 그리고 또한 그 반대로 악을 선으로, 거짓을 진리로 아는 것은 지각이 아닙니다. 이러한 것들을 행하는 자들은 지각 대신에 허망한 생각, 즉 백일몽(白日夢·phantasy)을 가지는 것인데, 그와 같은 생각은 지각에 속한 겉모습(外現)을 생산하고, 그들은 그것에 의하여 오관(五官)들에게 명확하고, 탐욕을 선호(選好)하는 그런 부류의 것들에 의하여 거짓들이나 악들을 확증하는 방법을 잘 알고 있습니다.

7681. 아침이 되었다(=아침녘에……).
이 말씀이 질서 가운데 있는 천계의 상태(a state of heaven)를 뜻한다는 것은, 주님의 나라(王國)를 가리키는, 최고의 뜻으로는 주님 그 분을 가리키는 "아침"(morning)의 뜻에서(22·2333·2405·2780항 참조), 그리고 조요의 상태를 가리키는 "아침"의 뜻에서(3458·3723·5740·5962항 참조) 잘 알 수 있습니다. 그러나 여기서 "아침"은 질서 가운데 있는 천계(=주님나라)를 뜻합니다. 여기서의 그 경우가 어떠한 것인지는 앞에 언급된 내용에서(7643항 참조), 다시 말하면 악한 자는 주님께서 질서 가운데 세우신 천계를 파괴한다는 것에서 잘 알 수 있습니다. 왜냐하면 천계에서 비롯되는 선의 입류나, 진리의 입류는 악한 자에게서는 파괴나 파멸을 일으키기 때문입니다. 그러므로 주님께서 질서 가운데 천계를 세우시고, 그리고 그 때 정반대에 있는 지옥을 질서 가운데 세우실 때, 지옥은 그들 자신의 질서에 맞게 고정시키고, 그리고 악에 속한 계도(階度)에 일치하여 천계로부터 멀리 옮겨지고, 그리고 그들의 악의 성질에 일치하여 장소들이 배정(排定)됩니다. 이상에서 밝히 알 수 있는 것은 주님에게서는 선 이외에는 아무것도 발출하지 않는다는 것이고, 그리고 악은, 선에 거스르는 자들로 말미암아, 그리고 마지막에는 선을 도저히 감수(感受)할 수 없는 자들에게서 비롯된다는 것 등입니다.

7682. 그 동풍은 메뚜기 떼를 몰고 왔다.
이 말씀이 괴롭히는 자들에게 있는 파괴의 수단들을 통한 매우 심한 거짓을 뜻한다는 것은 파괴의 수단들을 가리키는 "동풍"(=열풍·

the east wind)의 뜻에서(7679항 참조), 그리고 가장 극외적인 것 안에 있는 거짓을 가리키는(7643항 참조), 여기서는 자연적인 것이 그것에 의하여 점유되었기 때문에, 아주 심한 거짓(dense falsity)을 가리키는, "메뚜기"의 뜻에서(7645항 참조) 잘 알 수 있습니다.

7683. 메뚜기 떼가 이집트 온 땅 위로 몰려왔다.
이 말씀이 자연적인 것에 속한 모든 것들 안으로 들어가는 거짓의 쏟아져 들어감을 뜻한다는 것은, 여기와 꼭 같은 말이 기술된, 위의 설명에서(7674 · 7675항 참조) 잘 알 수 있습니다.

7684. 메뚜기 떼가 곳곳마다 내려 앉았다(=이집트의 온 지경에 내려 앉았다).
이 말씀이 거기에 있는 극외적인 것들에게서 비롯되었다는 것을 뜻한다는 것은 극외적인 것, 또는 가장 변방(邊方)을 가리키는 "곳곳"(=지경・地境・the border)의 뜻에서 잘 알 수 있습니다. 그러므로 "곳곳에 내려 앉았다"는 말은 거짓이 극외적인 것에서부터 자연적인 것에 속한 모든 것들에까지 확대되었다는 것을 가리키는, 그리고 그 때, 위에서 설명한 것과 같이(7645항 참조), 극외적인 것 안에서 종결되었다는 것을 뜻합니다.

7685. 그렇게 많았다(=그것들이 매우 심하였다).
이 말씀이, 전체적으로나 개별적으로나, 모든 것들에 거짓이 침투하였다는 것을 뜻한다는 것은 앞서의 설명에서 잘 알 수 있겠습니다(7684항 참조).

7686. 메뚜기 떼는 전에도 본 적이 없고, 앞으로도 결코 볼 수 없을 만한 것이었다(=메뚜기 떼는 전에도 없었고 후에도 없을 것이다).
이 말씀이 그와 같은 거짓은 교회의 처음 때부터 없었고, 앞으로 있지 않을 것이다는 것을 뜻한다는 것은 극외적인 것들 안에 있는 거짓을 가리키는 "메뚜기"의 뜻에서(7643항 참조), 잘 알 수 있습니다. 이런 거짓이 과거에도 없었고 장차에도 없을 것이다는 것은 7649항을 참조하십시오. 여기의 경우가 어떤 것인지 설명하고자 합니다.

속뜻으로 주님의 강림 전 낮은 땅(the lower earth)에 있었고, 그리고 주님께서 이 세상에 강림하셔서, 인성(人性・the Human)을 입으시고, 그리고 그것을 신령하게 이루시기 전에는 천계에 올리워질 수 없는 자들이 특별하게 다루어졌습니다(6854・6914항 참조). 그동안 그들은, 교회에 속해 있었고, 그리고 믿음의 진리들을 고백하였지만, 그러나 악한 삶을 산, 악한 자에 의하여 사로잡혀 온갖 고통을 겪었습니다. 주님이 강림하시기 전 교회에 속해 있었고, 삶의 측면에서 악한 자들인 그들은 전에도 없었고, 그 뒤에도 있지 않을 그런 거짓 안에 있었습니다. 그 이유는, "네피림" 또는 "아나킴" "르바임"이라고 불리운 자들이고, 태고교회(太古敎會・the Most Ancient Church)의 마지막 후손이었는데, 그들이 아직까지 지옥에 갇혀 있었지만, 그러나 그들이 할 수 있는 어떤 곳에서든 여기저기를 떠돌아다니면서, 치명적인 종지들(宗旨・persuasions)을 지독하게 주입(注入)시키고, 그리고 또한 교회 안에 있는 악한 자에게 그와 같이 주입시키기 때문입니다. 이것이 바로 이런 거짓의 근원이었습니다. 이런 "네피림"과 그들의 지독한 종지들에 관해서는 310・560・562・563・570・581・585・607・660・805・808・1034・1120・1265-1272・1673항을 참조하십시오. 주님께서 이 세상에 계실 때 이런 무리들은 주님에 의하여 그들의 지옥으로 쫓겨났는데, 그들의 지옥은 약간 떨어진, 정면 왼쪽에 있습니다. 이런 일이 행해지지 않았다면 거의 아무도 구원받지 못하였을 것입니다. 왜냐하면 그들이 주입시킨 그 거짓들은 치명적인 설득력(a direful persuasive)을 지녔기 때문이고, 그리고 치명적이었기 때문입니다. 그리고 이런 설득력은 결코 전에도 없었고, 다시 장차에도 있을 수 없는 그런 것이기 때문입니다. 주님이 오시기 전 이런 거짓들로 물든 자들은 영적인 교회에 속한 자들을 공격하고 괴롭혔습니다. 이러한 내용이 속뜻으로 우리의 본문이 뜻하는 것입니다. 이들이 특별하게 다루어진 자들이지만, 그러나 일반적으로는 교회에 속해 있고, 그리고 저 세상에서 선량한 자를 공격, 괴롭히는 자들을 뜻합니다. 이런 부류의 작자들은 오늘날 매우 많이 있습니다.

7687. 그것들이 땅의 표면을 다 덮었다.

이 말씀이 자연적인 마음(the natural mind)을 점유하였다는 것을 뜻한다는 것은, 표면(=地面)이 그 땅의 가장 외적인 것, 또는 그 땅의 극외적인 것이기 때문에, 궁극적인 것을 가리키는 표면(表面・地面・the surface)의 뜻에서, 그리고 자연적인 마음을 가리키는, 여기서는 이집트 땅을 가리키는 "땅"(the land)의 뜻에서(7674항 참조) 잘 알 수 있습니다.

7688. 땅이 새까맣게 되었다(=땅이 어두워졌다).

이 말씀이, 거짓이 진리가 있는 곳에 침투되었다는 것을 뜻한다는 것은 온갖 거짓들을 가리키는 어둠(黑暗・darkness)의 뜻에서(1839・1860・4418・4531항 참조) 잘 알 수 있습니다. 그러므로 "어두워졌다"는 말은 거짓 안에 있다는 것을 가리킵니다. 교회에 속해 있고, 진리들을 알고 있지만, 악한 삶을 살고 있는 자들의 황폐화가 여기서 다루어지고 있기 때문에, 그러므로 "땅이 어두워졌다"(=새까맣게 되었다)는 말은 진리가 있는 곳에 거짓이 있게 되었다는 것을 뜻합니다. 속뜻으로 "밝음"(=빛・light)은 진리를 뜻하고, 따라서 거짓은 "어둠"(黑暗)이 뜻합니다. 왜냐하면 진리와 거짓은 서로 상반되기 때문이고, 그리고 밝음과 어둠도 마찬가지이기 때문입니다. 진리 안에 있는 자들은 실제적으로 빛(=밝음)을 가지고 있고, 그리고 거짓 안에 있는 자들은 실제적으로 어둠을 가지고 있습니다. 저 세상에서 거짓 안에 있는 자들이 있는 그 빛(=밝음)은, 천계의 빛이 임(臨)하면 즉시 짙은 어둠이 되고, 교회에 속한 자들에게 있는 어둠은 더욱 더 짙은 흑암이 됩니다. 그 이유는, 주님의 말씀에 일치하여, 그들은 믿음의 진리에 거스르는 거짓 안에 있기 때문입니다. 마태복음서의 말씀입니다.

> 네 눈이 성하지 못하면 네 온 몸이 어두울 것이다. 그러므로 네 속에 있는 빛이 어두우면, 그 어둠이 얼마나 심하겠느냐?
> (마태 6 : 23)
> 그러나 이 나라의 아들들은 바깥 어두운 데로 쫓겨나서, 거기에서 울며 이를 갈 것이다.
> (마태 8 : 12)

"이 나라의 아들들"은 교회에 속한 자들을 뜻하고, "바깥 어두운 곳"은 매우 심한 거짓들을 뜻합니다. "바깥"(outer)이라고 한 것은 가장 외적인 것 안에, 또는 극외적인 것 안에 있는 거짓들은 보다 심한 것들이기 때문입니다.

[2] 거짓들이 "어둠"(darkness)이라고 불리운 것은, 아래와 같은 성경의 여러 장절들에서 잘 알 수 있습니다.

> 심판을 받았다는 것은, 빛이 세상에 들어왔지만, 사람들이, 자기들의 행위가 악하므로, 빛보다 어둠을 더 좋아하였다는 것을 뜻합니다.
> (요한 3 : 19)
> 예수께서 그들에게 대답하셨다. "아직 얼마 동안은 빛이 너희 가운데 있을 것이다. 빛이 있는 동안에 다녀라. 어둠이 너희를 이기지 못할 것이다.……나는 빛으로 세상에 왔다. 그것은 나를 믿는 사람이면, 누구든지 어둠 속에 머무르지 않게 하려는 것이다."
> (요한 12 : 35, 46)
> 악한 것을 선하다고 하고
> 선한 것을 악하다고 하는 자들,
> 어둠을 빛이라고 하고,
> 빛을 어둠이라고 하며,
> 쓴 것을 달다고 하고
> 단 것을 쓰다고 하는 자들에게,
> 재앙이 닥친다!
> (이사야 5 : 20)

너희는
주께서 날을 어두워지게 하시기 전에,
너희가 어두운 산 속에서 실족하기 전에,
주 너희의 하나님께 영광을 돌려라.
그 때에는 너희가 빛을 고대해도,
주님은 빛을 어둠과 흑암으로
바꾸어 놓으실 것이다.
(예레미야 13 : 16)
내가 네 빛을 꺼지게 할 때에,
하늘을 가려 별들을 어둡게 하고
구름으로 태양을 가리고,
달도 빛을 내지 못하게 하겠다.
하늘에서 빛나는 광채들을
모두 어둡게 하고,
네 땅을 어둠으로 뒤덮어 놓겠다.
(에스겔 32 : 7, 8)
주의 날이 다가오고 있다.
그 날은 캄캄하고 어두운 날,
먹구름과 어둠에 뒤덮이는 날이다.
(요엘 2 : 1, 2 ; 아모스 5 : 18-20)
그 날은 주께서 분노하시는 날이다.
환난과 고통을 겪는 날,
무너지고 부서지는 날,
캄캄하고 어두운 날
먹구름과 어둠이 뒤덮이는 날이다.
(스바냐 1 : 15)

이 장절들에서 "어둠"(darkness)은 거짓들을 뜻합니다. 성경에서 "어둠"은, 역시 성언을 가지고 있지 않고, 주님을 모르고 있는 자들 가운데 있는 이방 사람들과 같이, 진리의 무지(無知)를 뜻합니다.

7689. 그것들이 땅의 푸성귀를 모두 먹어 치웠다.
이 말씀이 그것이 진리에 속한 기억지(記憶知)를 모두 소멸시키는 것을 뜻한다는 것은 소멸시키는 것을 가리키는 "먹어 치운다"(devouring)는 말의 뜻에서, 그리고 진리의 기억지를 가리키는 "땅의 푸성귀"의 뜻에서 잘 알 수 있습니다. 왜냐하면 "들의 푸성귀"는 교회에 속한 진리를 뜻하기(7571항 참조) 때문입니다. 그 이유는 "들"(=밭·field)이 교회를 뜻하기 때문입니다. 그러나 "땅의 푸성귀"는 진리에 속한 기억지를 뜻하는데 그 이유는, 여기서 "땅"은 자연적인 마음을 뜻하기 때문입니다. 그리고 자연적인 마음의 진리는 기억지입니다. 더욱이 악한 자는 믿음에 의하여 진리를 결코 가지지 못하지만, 그러나 믿음에 속한 진리의 지식은 가지기 때문입니다. 교회 안에 있는 몇몇 악한 사람들은 그들이 믿음에 의하여 진리 안에 있다고 스스로 설득하지만, 그러나 그들은 그렇지가 않습니다. 그들은 거짓 안에 있고, 그리고 그들은 믿음의 진리에 거스르고 있습니다. 그들이 거짓 안에 있다는 것은 그들이 이 세상에 있는 동안 그들에게는 숨겨져 있습니다. 그러나 숨겨진 거짓들은, 그들이 알고 있는 믿음의 진리들에 관하여 황폐하게 되었을 때, 저 세상에서 그것 자체를 드러내고, 명확하게 합니다.

7690. 그것들이 우박의 피해를 입지 않고 남아 있는 나무의 열매를 먹어 치웠다.
이 말씀이 선에 관해서 알고 있는 모든 것을 뜻한다는 것은, 믿음의 소행(所行·works of faith)이나 인애에 속한 업적들, 따라서 온갖 선들을 가리키는 "열매"의 뜻에서 잘 알 수 있습니다. 이것에서부터 "열매를 맺는다"는 말이 선에 관해서 서술하고 있다는 것을 알 수 있겠습니다(43·55·913·983·2846·2847항 참조). 그리고 지각들이나, 지식들을 가리키는 "나무"(tree)의 뜻에서(103·2163·2722·2972항 참조) 잘 알 수 있습니다. "열매들"(fruits)이 인애의 업적들을, 따라서 선들을 뜻하는 이유는 나무의 첫째는 종자가 내재해 있는 열매이기 때문입니다. 그리고 나무의 중간적인 것들이 가지들이고, 잎들입니다. 사랑의 선이나, 믿음의 진리도 그와 같습니다. 사람이 중생과정에 있을 때, 또는 활착하고 있을 때, 사랑의 선은 첫째이고, 그것은 또한 마지막입니다. 그리고 중간적인 것들은 믿음의 진리들인데, 그것은 그것들의 종자와 같이, 사랑의 선에서 비롯되고, 그리고 그것은 그것들의 마지막으로서 사랑의 선을 우러르고 있는데, 그것은 마치 나무의 중간적인 것들이 종자가 내재해 있는 그것들의 열매를 우러르는 것과 꼭 같습니다. "열매들"이 선을 뜻한다는 것은 성경의 수많은 장절들에서 아주 명확합니다(마태 3 : 8, 10 ; 7 : 16-20 ; 12 : 33 ; 21 : 43 ; 누가 3 : 8, 9 ; 6 : 43-49 ; 13 : 6-10 ; 요한 15 : 2-8, 16 ; 이사야 37 : 31 ; 예레미야 17 : 8 ; 32 : 19 ;묵시록 22 : 2).

7691. (이집트 온 땅에는) **푸른 푸성귀는 하나도 남지 않았다.** 이 말씀이 모든 진리의 감수성(感受性)이 말살(抹殺)되었다는 것을 뜻한다는 것은 말살된 것을 가리키는 "하나도 남지 않았다"는 말의 뜻에서, 그리고 여기서는 "나무의 열매"가 선에 속한 앎을 뜻하기 때문에(7690항 참조), 진리의 지각인 기억이나 감관적인 것을 가리키는 "푸른 푸성귀"의 뜻에서 잘 알 수 있습니다. 그리고 "들에 있는 나무의 푸른 것이나, 들에 있는 푸른 푸성귀"라고 언급되었기 때문입니다. "푸른 것"(green)이 진리의 지각을 뜻한다는 것은 "풀"(herb)·"목초"(grass)·"나무 잎"이 진리들을 뜻하기 때문입니다. 따라서 그것들의 "푸르름"(greenness)은 진리의 지각을 뜻합니다. 이 감수성(=지각)은 지각의 궁극적인 것을 뜻합니다. 진리의 감수성(=지각)은 이사야서에서는 "푸른 것"이 역시 뜻합니다. 이사야서의 말씀입니다. .

니므림 샘들이 말라서
메마른 땅으로 바뀌고,

10 : 1 - 29

풀이 시들고,
초목이 모조리 사라지고
푸른 것이라고는 하나도 볼 수가 없구나.
(이사야 15 : 6)

묵시록서의 말씀입니다.

그것들(=메뚜기들)은 땅에 있는 풀이나 푸성귀나 나무는 하나도 해하지 말고, 이마에 하나님의 도장이 찍히지 않은 사람만을 해하라는 명령을 받았습니다.
(묵시록 9 : 4)

7692. 들의 나무와 푸른 푸성귀 (=나무나 들의 채소 중 푸른 것). 이 말씀이 앎(=지식·knowing)이나, 교회의 기억지에서 비롯되었다는 것을 뜻한다는 것은 진리의 앎(=진리의 지식)을 가리키는 "나무"(tree)의 뜻에서(7690항 참조), 그리고 진리의 기억지를 가리키는 "들의 푸른 푸성귀"의 뜻에서(7689항 참조) 잘 알 수 있습니다.

7693. 이집트 온 땅……
이 말씀이 자연적인 것 안에 있는 모든 측면들에 관한 것을 뜻한다는 것은 자연적인 마음, 따라서 자연적인 것을 가리키는 "이집트 땅"의 뜻에서(7674항 참조), 잘 알 수 있습니다. 여기서 다루는 주제인 "메뚜기"가 극외적인 것 안에 있는 거짓을, 다시 말하면 사람의 감관적인 것 안에 있는 거짓을 뜻하기 때문에, 감관적인 것이 무엇인지 꼭 설명되어야만 하겠습니다. 따라서 극외적인 것 안에 있는 거짓이 무엇인지 알게 하기 위해서 입니다. 감관적인 사람, 또는 감관적인 것으로 말미암아 생각하고, 행동하는 사람은 외적인 감관(the outward sense)에 대하여 명백한 것을 제외하면 아무것도 믿지 않는 사람입니다. 그리고 그 사람은 오직 육체적인 욕망들(the bodily appetites)에 의하여, 쾌락이나 정욕(情欲)에 의하여 살아가지만, 이성(理性)에 의한 것이 아니고, 이런 것들을 선호하는 것이 이성이라고 믿는 그런 사람입니다. 감관적인 사람이 이런 부류의 존재이기 때문에, 그러므로 그 사람은 모든 내적인 것을 배척하고, 종국에는 그것이 언급하고 있는 것을 듣기조차 원하지 않는 그런 사람입니다. 결과적으로 속마음에서 그 사람은 천계에 속한 것은 무엇이나 부인합니다. 다시 말하면 그 사람은 사후의 삶을 전혀 믿지 않는데, 그것은 그 사람이 오직 육신 안에만 존재하기 위하여 삶을 살고 있기 때문이고, 따라서 그 사람은 자기 자신이 짐승과 꼭 같이 죽을 것이라고 여기고 있습니다. 그는 소위 지면(地面)에서 생각합니다. 다시 말하면 그는 궁극적인 것이나, 극외적인 것에서 생각하고, 그리고 그 사람은 진리나 선의 지각에 일치하는 내면적인 생각의 존재에 관해서는 아주 무지(無知)한 사람입니다. 그 사람이 이런 사실을 알지 못하는 이유는, 심지어 속사람(an internal man)이 있다는 것까지도 모르는 이유는, 그의 내면적인 것이 이 세상에 속한 육신이나, 땅에 속한 것들을 우러르기 때문이고, 그리고 그것들과 하나를 이루기 때문입니다. 결과적으로 그런 것들은, 위를 우러르고, 또는 천계를 우러르는 것에서, 옮겨져 제거됩니다. 그 이유는 그것들은 정반대 방향을 주목하고 있기 때문입니다. 위를 우러른다는 것, 즉 천계를 우러른다는 것은 천계에 속한 것들에 관해서 생각하는 것이 아니고, 오히려 목적으로서 이런 것들을 소유하는 것을, 다시 말하면 다른 모든 것들에 비하여 그것들을 더 애지중지(愛之重之)하는 것을 가리킵니다. 왜냐하면 사람의 내면적인 것들(a man's interiors)은 그의 사랑이 향하는 곳으로 향하기 때문입니다. 이상에서 밝히 알 수 있는 것은 사람의 감관에 속한 본성이 무엇인지, 다시 말하면 극외적인 것 안에 내재해 있는 그의 본성이 무엇인지 잘 알 수 있다는 사실입니다. 왜냐하면 그 사람은 감관적인 것으로 말미암아 생각하는 감관적인 존재라고 불리우기 때문입니다.

7694. 16-20절. 그러므로 바로가 모세와 아론을 급히 불러들여

서 말하였다. "내가 너희와 주 너희의 하나님께 죄를 지었다. 부디, 이번만은 나의 죄를 용서하고, 주 너희의 하나님께 기도하여, 이 엄청난 재앙이 나에게서 떠나게 하여라." 모세가 바로에게서 물러나와 주께 기도를 드리니, 주께서 바람을 가장 센 서풍으로 바꾸셔서, 메뚜기 떼를 홍해에 몰아 넣으시고, 이집트 온 땅에 메뚜기 한 마리도 남겨 두지 않으셨다. 그러나 주께서는 바로가 여전히 고집을 부리게 하셨으며, 바로는 여전히 이스라엘 자손을 내보내지 않았다.

"그러므로 바로가 모세와 아론을 급히 불러들였다"는 말씀은 그 때 신령존재에게서 비롯된 진리에 대한 두려움을 뜻합니다. "그가 말하였다. '내가 너희와 주 너희의 하나님께 죄를 지었다'"는 말씀은 그들이 신령존재에게, 그리고 진리에게 복종하지 않았다는 고백(告白)을 뜻합니다. "부디, 이번만은 나의 죄를 용서하여라"는 말씀은 그들의 불복종(不服從)이 중요시되지 않을 것이라는 것을 뜻합니다. "주 너희의 하나님께 기도하여라"는 말씀은 중재(仲裁·intercession)를 뜻합니다. "이 엄청난 재앙(=죽음)이 나에게서 떠나게 하여라"는 말씀은 이 거짓이 고통을 주지 않게 하는 것을 뜻합니다. "모세가 바로 앞에서 물러나왔다"는 말씀은 분리(分離)를 뜻합니다. "모세는 주께 기도를 드렸다"는 말씀은 중재(仲裁)를 뜻합니다. "주께서 바람을 가장 센 서풍(=바다 바람·sea wind)으로 바꾸셨다"는 말씀은 천계를 통해 오는 신령입류의 멈춤(停止·cessation)을 뜻합니다. "그 바람이 메뚜기 떼를 쓸어갔다"는 말씀은 이 상태의 마지막을 뜻합니다. "메뚜기 떼를 홍해에 몰아 넣었다"는 말씀은 지옥에 넣는 것을 뜻합니다. "이집트 온 땅에 메뚜기 한 마리도 남겨 두지 않았다"는 말씀은 극외적인 것 안에 있는 거짓들이 더 이상 나타나지 않았다는 것을 뜻합니다. "그러나 주께서는 바로가 여전히 고집을 부리게 하셨다"는 말씀은 공격하며, 괴롭히는 자들이 종결(終結)되었다는 것을 뜻합니다. "바로는 여전히 이스라엘 자손을 내보내지 않았다"는 말씀은 그들이 영적인 교회에 속한 자들을 떠나보내지 않았다는 것을 뜻합니다.

7695. 그러므로 바로가 모세와 아론을 급히(=서둘러) **불러들였다.**
이 말씀이 그 때 신령존재에게서 비롯된 진리에 대한 두려움을 뜻한다는 것은, 두려움에서 비롯된 것을 가리키는 "서두름"의 뜻에서 잘 알 수 있습니다. 왜냐하면 모든 서두름은 자극받은 정동에서 야기되는데, 여기서는 두려움의 감정에서 야기되었기 때문입니다. 이러한 사실은 바로가 한 말, 즉 "내가 너희와 주 하나님께 죄를 지었다. 주 너희의 하나님께 기도하여, 그분께서 이 죽음만을 내게서 제거해 주시도록 하여라"(=하나님께 기도하여 이 엄청난 재앙이 나에게서 떠나게 하여라)는 말에서 잘 알 수 있습니다. 그리고 이 말에 관해서는 위에서 자주 언급하였듯이, 공격하고, 괴롭히는 자들을 가리키는 "바로"의 표징에서, 그리고 모세는 내적인 진리를 뜻하는, 아론은 외적인 진리를 뜻하는, 신령존재에게서 비롯된 진리를 가리키는 "모세와 아론"의 표징에서(7089·7382항 참조) 잘 알 수 있습니다.

7696. 바로가 말하였다. "내가 너희와 주 너희의 하나님께 죄를 지었다."
이 말씀이 그들이 신령존재나 진리에 복종하지 않았다는 고백을 뜻한다는 것은 신령질서에 반대되게 행한 것을 가리키는(5076항 참조), 그리고 그것들에서부터 자기 자신을 피하게 하는, 또는 분리시키는, 따라서 선과 진리에서 분리시키는(5229·5474·5841·7589항 참조), 결과적으로는 신령존재나 진리에 복종하지 않은 것을 가리키는 "죄를 지었다"는 말의 뜻에서 잘 알 수 있습니다. 왜냐하면 복종하지 않는 사람은 자기 스스로 피하기 때문입니다. 신령존재는 "주 너희의 하나님"이 뜻하는 것을 가리키고, "모세와 아론"은 진리를 뜻합니다(7695항 참조).

7697. "부디, 이번만은 나의 죄를 용서하여라"(=그러므로 이제 나의 죄를 이번만 용서하기를 주 너희의 하나님께 기도하여라).
이 말씀이 그들은 불복종을 중요시 하지 않겠다는 것을 뜻한다는 것은, 용서하는 것이 어느 누구를 악으로부터가 아니고 선으로 말미암아 중요시하는 것이기 때문에, 중요시 하지 않는 것을 가리키는 "용서"의 뜻에서, 그리고 불복종(不服從)을 가리키는 "죄"(sin)의 뜻에서 (7696항 참조), 잘 알 수 있습니다.

7698. "너희는 주 너희의 하나님께 기도하여라."
이 말씀이 중재(仲裁·intercession)를 뜻한다는 것은, 다른 자를 위해서 행하는 경우, 중재를 가리키는 "여호와께 간구한다"(=기도한다)는 말의 뜻에서(7396·7462항 참조), 잘 알 수 있습니다.

7699. "이 엄청난 재앙이 나에게서 떠나게 하여라"(=그분께서 이 죽음만은 내게서 제거해 주시도록 하여라).
이 말씀이 이 거짓이 고통을 주지 않기를 원한다는 것을 뜻한다는 것은 그것이 고통을 주지 않는 것을 가리키는 "죽음을 제거한다"는 말의 뜻에서 잘 알 수 있습니다. 왜냐하면 "죽음"(死亡·death)은 영벌(永罰)이나 지옥을 뜻하고(5407·6119항 참조), 따라서 고통을 뜻하기 때문입니다. 괴롭히는 자들이 이 거짓을 반대한다는 것은 그들이 믿음의 진리들에 거스르는 추론의 능력을 더 이상 가질 수 없기 때문입니다. 왜냐하면 그들은 이런 진리들에 대해서는 황폐하게 되었기 때문이고, 결과적으로는 그들에게 고통을 주는 지옥적인 흑암(an infernal darkness)만 가지고 있기 때문입니다. 그것이 오로지 거짓들로부터 추론하는 지옥적인 것들에게는 불쾌한 것이지만, 그러나 온갖 오류들이나 외현들에 의하여 위화(僞化)된 진리로부터 추론한다는 것은 즐거운 것이다는 것은 7392항을 참조하십시오.

7700. 모세가 바로에게서 물러나왔다.
이 말씀이 분리(分離)를 뜻한다는 것은 분리나 분열을 가리키는 "밖으로 나왔다"(going out)는 말의 뜻에서(6100·7404항 참조) 잘 알 수 있습니다.

7701. 모세는 주께 기도를 드렸다(=주께 간구하였다).
이 말씀은 위에서와 같이(7698항 참조), 중재를 뜻합니다.

7702. 주께서 바람을 가장 센 서풍(=바다 바람)**으로 바꾸셨다.**
이 말씀이 천계를 통한 신령입류(神靈入流)의 멈춤(停止)을 뜻한다는 것은 천계를 통한 신령입류의 멈춤을 가리키는 "바다 바람" 즉 "서풍"(west wind)의 뜻에서 잘 알 수 있습니다. 왜냐하면 "동풍"(east wind)이 파괴의 수단들을 뜻하고 있고, 신령입류가 천계를 통한 것이기 때문에(7643·7679항 참조), 그러므로 동풍에 정반대이기 때문에 "바다의 바람"(a wind of the sea), 즉 서풍(西風)은 이 입류의 멈춤(停止)을 뜻합니다.

7703. 서풍은 메뚜기 떼를 몰고 갔다.
이 말씀이 이 상태의 마지막을 뜻한다는 것은 극외적인 것에 있는 거짓을 가리키는 "메뚜기"의 뜻에서(7643항 참조) 잘 알 수 있습니다. 이 거짓의 상태의 제거, 따라서 이 상태의 마지막은, 앞서 우박에 관한 것과 꼭 같이(7597·7610항 참조), "메뚜기의 없앰"(除去)이 뜻합니다.

7704. (그 바람은) **메뚜기 떼를 홍해에 몰아 넣었다.**
이 말씀이 지옥에 처넣는 것을 뜻한다는 것은 지옥을 가리키는 "홍해"의 뜻에서 잘 알 수 있습니다. 그것에 관해서는 아래에서 주님의 자비로 이스라엘 자손의 그 바다의 통과와 이집트 사람의 거기에서의 멸망이 다루어지겠습니다. 지옥으로 내쫓는다는 말은 거짓이 괴롭히는 자들에게서 제거되는 것이나, 거기에 던져지는 것을 뜻하지 않고, 오히려 그것이 그들에게 남아 있다는 것을 뜻하고, 그리고 그것에 의하여 그들이 그런 것들이 존재해 있는 지옥과의 결합을 뜻합니다. 왜냐하면 저 세상에서 그들이 들어가는 모든 악의 상태나 거짓의 상태에 의하여 악한 자는, 이런 상태에 속한 모든 것들이 있는, 지옥과 결합하기 때문입니다. 따라서 결합은, 그들이 깡그리 황폐하기 전에 계속적인 수많은 지옥들과의 결합으로 이루어집니다. 그러나 이것에 관해서는 적절한 곳에서 경험에서 얻은 것을 설명하겠습니다.

7705. 이집트 온 땅에 메뚜기 한 마리도 남겨 두지 않으셨다.
이 말씀이 극외적인 것들 안에 있는 이런 거짓들이 더 이상 보이지 않는다는 것을 뜻한다는 것은 극외적인 것들 안에 있는 거짓을 가리키는 "메뚜기"의 뜻에서 잘 알 수 있습니다. 그리고 그것이 극외적인 것들 안에 있는 거짓을 뜻하기 때문에(7643항 참조), "이집트 온 땅"(=이집트의 전 지경 내에)이라고 언급되었습니다. 왜냐하면 "전 지경"(the border)이다는 말은 가장 외적인 것, 즉 극외적인 것을 뜻하기 때문이고, 그리고 "이집트"가 자연적인 것을 뜻하기 때문입니다. 그리고 "거기에 메뚜기를 한 마리도 남겨 두지 않았다"는 말이 그것이 보이지 않았다는 것을 뜻한다는 것은 아주 명확합니다. 이러한 내용은 우박에 관해서도 꼭 같이 언급되었습니다.

7706. 그러나 주께서는 바로의 마음을 완악하게 하셨다(=바로가 고집을 부리게 하셨다).
이 말씀이 괴롭히는 자들이 결심 짓게 되었다는 것을 뜻한다는 것은 결심 짓게 되었다는 것을 가리키는 "마음을 완악하게 하였다"는 말의 뜻에서(7272・7300・7305항 참조) 잘 알 수 있습니다. "주께서 바로의 마음을 완악하게 하였다"는 말이 속뜻으로는 바로가 자신의 마음을 완악하게 하였다는 것을 뜻한다는 것은 7632항을 참조하시고, 성경에서 악한 자는 사람에게서 비롯된 것을 여호와(=주님)의 탓으로 돌린다는 것은 2446・6071・6991・6997・7533항을 참조하십시오.

7707. 바로는 여전히 이스라엘 자손을 내보내지 않았다.
이 말씀이 그들이 영적인 교회에 속한 자들을 떠나보내지 않았다는 것을 뜻한다는 것은 떠나가는 것을 가리키는 "내보낸다"(to let go)는 말의 뜻에서, 그리고 영적인 교회에 속한 자들을 가리키는 "이스라엘 자손"의 표징에서(7474・7515・7617항 참조) 잘 알 수 있습니다.

**7708. 21-23절. 주께서 모세에게 말씀하셨다. "너는 하늘로 팔을

내밀어라. 그러면 손으로 더듬어야 다닐 만큼 짙은 어둠이 이집트 땅을 덮을 것이다." 모세가 하늘에다 그의 팔을 내미니, 이집트 온 땅에 사흘 동안 짙은 어둠이 내렸다. 사흘 동안 사람들은, 서로 볼 수도 없었고, 제자리를 뜰 수도 없었다. 그러나 이스라엘 자손이 사는 곳에는, 어디에나 빛이 있었다.

"주께서 모세에게 말씀하셨다"는 말씀은 가르침(敎育·敎訓)을 뜻합니다. "너는 하늘로 팔을 내밀어라"는 말씀은 천계 안에 있는 신령진리에 속한 능력의 통치(the rule of the power)를 뜻하고, "짙은 어둠이 이집트 땅을 덮을 것이다"는 말씀은 진리나 선에 관한 철저한 박탈(=황폐)을 뜻하고, "손으로 더듬어야 다닐 만큼 짙은 어둠"은 악에서 비롯된 거짓의 밀도(密度·重症·density)를 뜻합니다. "모세가 하늘에다 그의 팔을 내밀었다"(=뻗었다)는 말씀은 천계 안에 있는 신령진리에 속한 통치를 뜻합니다. "이집트 온 땅에 (사흘 동안) 짙은 어둠이 내렸다"는 말씀은 선과 진리의 철저한 박탈을 뜻합니다. "삼 일 동안"이라는 말은 완전한(=충분한) 상태를 뜻합니다. "사람들은 서로 볼 수도 없었다"(=그의 형제인 사람을 보지 못하였다)는 말씀은 그들은 어떠한 선에 속한 진리도 지각하지 못하였다는 것을 뜻합니다. "그들은 제 자리를 뜰 수도 없었다"(=아무도 자기 처소에서 일어나지 못하였다)는 말씀은 거기에 마음의 고양(高揚·elevation of mind)이 전혀 있지 않았다는 것을 뜻합니다. "사흘 동안"이라는 말은 완전한(=충분한) 상태를 뜻합니다. "이스라엘 자손이 사는 곳에는, 어디에나 빛이 있었다"는 말씀은 영적인 교회에 속한 자들은 그들의 마음 어디에나 조요(照耀·enlightenment)를 가지고 있다는 것을 뜻합니다.

7709. 주께서 모세에게 말씀하셨다.
이 말씀은 가르침(敎育·敎訓·instruction)을 뜻합니다(7672항 참조).

7710. "너는 하늘로 팔을 내밀어라"(=하늘을 향하여 네 손을 뻗어라).

이 말씀이 천계 안에 있는 신령진리에 속한 능력의 통치(the rule of the power)를 뜻한다는 것은 능력의 통치를 가리키는 "팔을 내민다"(=손을 뻗는다)는 말의 뜻에서(7673항 참조), 신령진리를 가리키는 그의 손을 뻗는 "모세"의 표징에서(6723·6752·7010·7014·7382항 참조), 그리고 천사적인 천계를 가리키는 "하늘"(heaven)의 뜻에서 잘 알 수 있습니다. 짙은 흑암이 뜻하는 괴롭히는 자들 가운데 있는 새로운 상태를 낳는 천계 안에 있는 신령진리에 속한 능력의 통치가 어떠한 것인지는 위에서의 설명에서(7643·7679항 참조) 잘 알 수 있습니다. 다시 말하면 주님께서 계속해서 천계를 질서 정연하게 하신다는 것, 그리고 거기에 있는 자들이나, 새로 거기에 도착한 자들에게 천적인 선이나 영적인 선을 주신다는 것에서 잘 알 수 있습니다. 이와 같은 질서 가운데 고정시킨 결과는 곧 악한 자는 점차적으로 황폐하게 된다는 것입니다. 왜냐하면 이 선은, 정반대에 있는 악한 자에게 점점 더 가까이 유입하기 때문입니다. 왜냐하면 신령입류(神靈入流·the Divine influx)는 계속해서 반대에 있는 자들에게도 유입하고, 그리고 이런 식으로 신령입류는, 관계나 구속들 안에서 지옥을 사로잡고 있기 때문입니다. 그리고 악한 자는 모든 선을 악으로 변질시키기 때문에, 따라서 보다 더 가까이에 유입하는 선을 보다 고약한 악으로 바꾸어 놓습니다. 그들이 이런 짓을 하는 것에 비례하여, 그들은 보다 더 강하게 진리와 선에 저항합니다. 다시 말하면 그들은 더욱 더 심하게 공격하고, 괴롭힙니다. 이것으로 인하여 거기에는 여러 종류의 황폐화가 있고, 종국에는 황폐의 최후 계도를 가리키는 지옥으로 그들은 던져집니다. 이상에서 밝히 알 수 있는 것은 선 이외에는 아무것도 주님에게서 발출하지 않는다는 것이고, 그리고 주님은 악한 자를 황폐하게 만들지 않는다는 것이고, 더욱이 주님께서는 그들을 지옥에 처넣지 않고, 다만 그들 스스로가 이런 일을 한다는 것 등등입니다.

7711. 짙은 어둠이 이집트 땅을 덮을 것이다.

이 말씀이 진리와 선의 완전한 박탈(剝奪)을 뜻한다는 것은 진리와 선의 완전한 박탈을 가리키는 "짙은 어둠"(黑暗·thick darkness)에 관해서 언급하고 있는데, 그 때 "어둠"(darkness)은 거짓에 관해서 단언하고, 그리고 "짙은 어둠"(黑暗·thick darkness)은 거짓과 결합된 악에 관해서 서술합니다. 그러나 우리의 본문절에서 표현된 "짙은 어둠"이라는 말은 가장 심한 어둠(黑暗)을 뜻하는데, 영적인 뜻으로 그 말은 악에서부터 솟아나는 그와 같은 거짓들을 뜻합니다. 이런 부류의 거짓들은, 교회에 속한 자들에게서, 그리고 그들이 알고 있는 믿음의 계율에 정반대되는 악한 삶을 사는 자들에게서 생성됩니다. 이런 거짓들이 솟아나는 근원인 악은 교회에 반대되는 것이고, 천계에, 그리고 주님에게 반대되는 것이고, 그것은 또한 선과 진리에 정반대되는 것입니다. 이런 상태가 "짙은 어둠"에 의하여 기술되고 있습니다.

[2] 성경에 "어둠"(darkness)과 "짙은 어둠"(thick darkness)이 함께 언급되었을 경우, 그 때 "어둠"(darkness)은 진리의 박탈을 뜻하고, 그리고 "짙은 어둠"(thick darkness)은 진리와 선 양자의 박탈을 뜻한다는 것은 아래의 장절들에게서 잘 알 수 있습니다. 이사야서의 말씀입니다.

> 그러므로 공평이 우리에게서 멀고,
> 공의가 우리에게 미치지 못한다.
> 우리가 빛을 바라나,
> 어둠뿐이며,
> 밝음을 바라나,
> 암흑 속을 걸을 뿐이다.
> 우리는 앞을 못 보는 사람처럼
> 담을 더듬고,
> 눈먼 사람처럼 더듬고 다닌다.
> 대낮에도

우리가 밤길을 걸을 때처럼 넘어지니,
몸이 건강하다고 하나,
죽은 사람과 다를 바 없다.
(이사야 59 : 9, 10)

여기서 "공평이 우리에게서 멀고" "공의가 우리에게 미치지 못한다"는 말은 거기에 진리도 없고, 선도 없다는 것을 뜻합니다. 그리고 "공평"(=심판·judgment)은 진리에 관해서, 그리고 "공의"(righteousness)는 선에 관해서 언급하고 있다는 것은 2235·3997항을 참조하십시오. "빛을 바란다"(=기다린다)는 말은 진리를 바란다는 것을 뜻하고, "밝음(brightness)을 바란다"는 말은 진리에 속한 선을 기다리는 것을 뜻합니다. 왜냐하면 빛의 밝음은 선에서 오기 때문입니다. "어둠"(darkness)이 여기서는 "빛"(light)이나 "공평"(公平·심판·judgment)에 반대된다는 것, 따라서 진리에 정반대이다는 것은 명확하고, 그리고 "짙은 어둠"(=암흑·chick darkness)이 "밝음"(brightness)이나 "공의"(公義·righteousness)에 반대된다는 것, 따라서 선에 정반대이다는 것은 아주 명확합니다. 그러므로 "어둠"은 진리의 박탈을 뜻하고, "짙은 어둠"(=암흑)은 진리와 선, 양자의 박탈을 뜻합니다. 아모스서의 말씀입니다.

주의 날은 어둡고 빛이라고는 없다.
캄캄해서 한 줄기 빛도 없다.
(아모스 5 : 20)

여기서도 같은 뜻입니다.

주의 날이 오고 있다.
그 날이 다가오고 있다.
그 날은 캄캄하고 어두운 날,

먹구름과 어둠에 뒤덮이는 날이다.
(요엘 2 : 1, 2)
주의 날은 주께서 분노하시는 날이다.
환난과 고통을 겪는 날,
무너지고 부서지는 날,
캄캄하고 어두운 날
먹구름과 어둠이 뒤덮이는 날이다.
(스바냐 1 : 15)

여기서도 "어둠"(darkness)은 진리의 박탈을 뜻하고, "짙은 어둠"(chick darkness)은 진리와 선의 박탈을 뜻합니다. "짙은 어둠"이 "어둠" 이상의 아무것도 뜻하지 않는다면, 그것은 성언(=거룩한 말씀·聖言·the Holy Word)과는 아주 먼 공허한 반복일 뿐입니다.
[3] 성경에서 한 사물에 관해서 두 표현들을 본다는 것은 다반사(茶飯事)입니다. 그 표현에 하나는 진리나 또는 거짓에 관계되는 것이고, 다른 하나는 선이나, 악에 관계되는 것입니다. 따라서 이사야서의 말씀도 마찬가지입니다.

땅을 내려다 보겠지만, 보이는 것은 다만 고통과 흑암, 무서운 질병뿐일 것이니, 마침내 그들은 짙은 흑암 속에 떨어져서, 빠져 나오지 못할 것입니다.
(이사야 8 : 22)

[4] "어둠"(darkness)이 또한 진리의 무지(無知·진리의 결여·ignorance of truth)를 뜻하는데, 이와 같은 일은 이방 사람(the Gentiles)에게 있습니다. 그리고 "짙은 어둠"(=흑암)은 선의 무지(ignorance of good)를 뜻합니다. 이사야서의 말씀입니다.

그 날이 오면
듣지 못하는 사람이

> 두루마리의 글을 읽는 소리를 듣고,
> 어둠과 흑암에 싸인 눈먼 사람이
> 눈을 떠서 볼 것이다.
> (이사야 29 : 18)
> 네가 너의 정성을 굶주린 사람에게 쏟으며,
> 불쌍한 자의 소원을 충족시켜 주면,
> 너의 빛이 어둠 가운데 나타나며,
> 캄캄한 밤이 오히려 대낮같이 될 것이다.
> (이사야 58 : 10)

"어둠"(darkness)이 거짓을 뜻한다는 것은 7688항을 참조하십시오.

7712. 손으로 더듬어야 다닐 만큼 짙은 어둠(=누구나 짙은 어둠 가운데 더듬고 다닐 것이다).
이 말씀이 악에서 비롯된 거짓에 속한 매우 심한 흑암(the density of falsity)을 뜻한다는 것은, 악에서 비롯된 거짓들은 너무나 어둡기 때문에 진리나 선에 속한 것은 전혀 알 수 없다는 것을 가리키는 "짙은 어둠 가운데 더듬고 다닌다"는 말의 뜻에서 잘 알 수 있습니다. 그러나 만약에 그것이 무엇인가를 찾으려고 한다면, 마치 사람이 짙은 어둠 속을 더듬고 다니는 것과 같고, 또한 비틀거리고, 넘어지고, 방향이 없이 모든 면으로 돌진하는 것과 같습니다. 그러므로 이사야서에서 "짙은 어둠"(=흑암)은 "떨어져서, 빠져 나오지 못하는 흑암"(the driven thick darkness)이라고 하였습니다(이사야 8 : 22). 같은 책에 그것이 이렇게 기술되기도 하였습니다.

> 우리는 암흑 속을 걸을 뿐이다.
> 우리는 앞을 못 보는 사람처럼
> 담을 더듬고
> 눈먼 사람처럼 더듬고 다닌다.
> 대낮에도

우리가 밤길을 걸을 때처럼 넘어지니,
몸이 건강하다고 하나
죽은 사람과 다를 바가 없다.
(이사야 59 : 9, 10)

7713. 모세가 하늘에다 그의 팔을 내밀었다(=손을 뻗었다).
이 말씀이 천계 안에 있는 심령진리의 통치를 뜻한다는 것은, 꼭 같은 말이 있는 7710항을 참조하십시오.

7714. 이집트 온 땅에 (사흘 동안) **짙은 어둠이 내렸다.**
이 말씀이 진리나 선의 철저한 박탈을 뜻한다는 것은 앞서의 설명에서(7711항 참조) 잘 알 수 있습니다.

7715. 사흘 동안…….
이 말씀이 충분한 상태를 뜻한다는 것은 충분한 상태를 가리키는 "사흘"(=3일)의 뜻에서(2788・4495항 참조) 잘 알 수 있습니다. 그리고 충분한 상태라는 말은 시작부터 마지막까지의 전 상태를 뜻합니다. 왜냐하면 모든 상태는 그것의 시작을 가지고 있고, 그리고 그것의 증가(增加)와 그것의 정점(頂点)을 가지고 있기 때문입니다. 이와 같은 일련의 기간이 충분한 상태가 뜻하는 것이고, 그리고 "사흘 동안"이라는 말이 뜻하는 것입니다.

7716. 사흘 동안 사람들은 서로 볼 수도 없었다(=그의 형제 사람을 보지 못하였다).
이 말씀이 그들은 어떤 선에 속한 진리도 지각하지 못하였다는 것을 뜻한다는 것은 이해하거나, 지각하는 것을 가리키는 "본다"(seeing)는 말의 뜻에서(2150・2325・2807・3764・3863・4403-4421・4567・4723・5400항 참조), 그리고 진리를 가리키는 "사람"(a man)의 뜻에서(3134항 참조), 그리고 선을 가리키는 "형제"(brother)의 뜻에서(2360・3308・3803・3815・4121・5409・5686・5692・6756항 참조) 잘 알 수 있습니다. 그리고 "그의 형제로서의 사람"은 진리에 속한 선을 뜻하기 때문입니다(3459항 참조). 이상에서 밝히 알 수 있는 것은 "그들이 그의 형제 사람을 보지 못하였다"는 말은 어떤 선에 속한 진리도 그들이 지각하지 못하였다는 것을 뜻한다는 것입니다.

7717. 사람들은 제자리를 뜰 수도 없었다(=아무도 자기 처소에서 일어나지 못하였다).

이 말씀이 거기에 마음의 고양(高揚·elevation of mind)이 없었다는 것을 뜻한다는 것은 내면적인 것들을 향한 고양을 가리키는, 따라서 마음의 고양을 가리키는 "일어난다"(rising up)는 말의 뜻에서(2401 · 2785 · 2912 · 2927 · 3171 · 3458 · 3723 · 4103 · 4881 · 6010항 참조) 잘 알 수 있습니다. 그러므로 "그들이 일어나지 못하였다"는 말은 거기에 고양이 없었다는 것을 뜻합니다.

7718. 사흘 동안…….

이 말씀은 충분한 상태를 뜻합니다(7715항 참조).

7719. 그러나 이스라엘 자손이 사는 곳에는, 어디에나 빛이 있었다.

이 말씀이 영적인 교회에 속한 자들은 그들의 어디에나 조요(照耀·enlightenment)를 가지고 있다는 것을 뜻한다는 것은 영적인 교회에 속한 자들을 가리키는 "이스라엘 자손"의 표징에서(6426 · 6637 · 6862 · 6868 · 7035 · 7062 · 7198 · 7201 · 7215 · 7223항 참조), 그리고 조요(=밝음)를 가리키는 "빛"의 뜻에서 잘 알 수 있습니다. 왜냐하면 주님에게서 발출한 빛은 이해를 깨우치기 때문입니다. 그 이유는 그 빛에는 총명과 지혜가 내재해 있기 때문입니다(1521 · 1524 · 1619-1632 · 2776 · 3138 · 3167 · 3190 · 3195 · 3222 · 3223 · 3339 · 3636 · 3643 · 3993 · 4302 · 4408 · 4413 · 4415 · 5400 · 6608항   참조). 그리고 또한 마음에 속한 것들을 가리키는 "사는 곳"(dwellings)의 뜻에서 잘 알 수 있는데, 그 이유는 "집"(house)은 사람의 마음을 뜻하고(3538 · 4973 · 5023 · 7353항 참조), 그리고 "침실"은 마음의 내면적인 것들을 뜻하기(7353항 참조) 때문입니다. 그러나 여기서

"사는 곳"(處所)은 마음에 속한 모든 것들을 뜻합니다. 더욱이 속뜻으로 "거주한다"(to dwell)는 말은 사는 것(to live)을 뜻합니다(1293・3384・3613・4451・6051항 참조). 그러므로 "주거"(住居・dwelling)는 삶에 속한 것들이 있는 장소를 뜻합니다. 다시 말하면, 총명이나 지혜에 속한 것들이 있는 곳, 그것은 우리가 잘 알고 있듯이, 마음에 속한 것이 있는 장소를 뜻합니다. 더욱이 저 세상에서, 그들의 마음에 속한 총명이나 지혜에 일치하여 천사들이 사는 곳(處所)이나 거주지(居住地・abode)에는 빛이 존재합니다. 그리고 그들이 빛을 가지고 있는 것에 비례하여, 괴롭히는 자들이 있는 정반대쪽에 있는 자들은 짙은 어둠을 가지고 있습니다.

7720. 24-29절. **바로가 모세를 불러들여서 말하였다. "너희는 가서 주께 예배하여라. 그러나 너희의 양과 소는 남겨 두고, 너희의 아이들만 데리고 가야 한다." 모세가 대답하였다. "임금님도 우리의 주 하나님께 바칠 희생제물과 번제물을 우리에게 더 보태 주셔야 합니다. 우리는 우리의 집짐승을 한 마리도 남겨 두지 않고 다 몰고 가겠습니다. 우리는 그것들 가운데서 주 우리의 하나님께 바칠 제물을 택할 것입니다. 그러나 우리가 거기에 다다를 때까지는, 우리가 어떤 것을 바쳐야 할지를 알 수 없습니다." 주께서 바로가 고집을 부리도록 하셨으므로, 바로는 여전히 그들을 내보내지 않았다. 바로가 모세에게 소리쳤다. "어서, 내 앞에서 썩 물러가거라. 다시는, 내 앞에 얼씬도 하지 말아라. 네가, 내 앞에 다시 나타나는 날에는, 죽을 줄 알아라." 모세가 말하였다. "말씀, 잘하셨습니다. 나도 다시는 임금님 앞에 나타나지 않겠습니다.**

"바로가 모세를 불러들였다"는 말씀은 신령율법의 현존(=임재・現存)을 뜻합니다. "말하였다. '너희는 가서 주께 예배하여라'"는 말씀은 그들이 그들의 하나님 주님을 예배하기 위하여 반드시 떠나야 한다는 것을 뜻합니다. "그러나 너희의 양과 소는 남겨 두어야 한다"는 말씀은 선에서 비롯된 것이 아닌 것은 제외한다는 것을 뜻합니다.

"너희의 아이들만 데리고 가야 한다"는 말씀은 그 일이 진리로 말미암아 행해졌다는 것을 뜻합니다. "모세가 대답하였다"는 말씀은 대답을 뜻합니다. "임금님도 우리의 주 하나님께 바칠 희생제물과 번제물을 우리에게 더 보태 주셔야 한다"는 말씀은 그들이 예배를 성취하기 위한 수단들인 모든 것들을 떠나 보내야 한다는 것을 뜻합니다. "우리는 그것들 가운데서 주 우리의 하나님께 바칠 제물을 택할 것이다"는 말씀은 그것이 주님에게 열납(悅納)된다는 것을 뜻합니다. "우리는 우리의 집짐승을 다 몰고 간다"(=우리와 함께 간다)는 말씀은 그것이 진리의 선에서 비롯된 것이다는 것을 뜻합니다. "(우리의 집짐승을) 한 마리도 남겨 두지 않는다"는 말씀은 선에서 비롯된 진리에 속한 것은 어느 것이나 부족하지 않다는 것을 뜻합니다. "우리는 그것들 가운데서 주 우리의 하나님께 바칠 제물을 택할 것이다"는 말씀은 주님께서 그것으로부터 반드시 예배를 받으신다는 것을 뜻합니다. "우리가 어떤 것을 바쳐야 할지를 알 수 없다"는 말씀은 예배가 무엇을 가지고 반드시 행해져야 하는지를 모른다는 것을 뜻합니다. "우리가 거기에 다다를 때까지는 알 수 없다"는 말씀은 그들이 악에서 비롯된 완전한 거짓들 안에 있는 자들에게서 옮겨지기 전을 뜻합니다. "주께서 바로가 고집을 부리도록 하셨다"는 말씀은 그들이 신령존재에 거슬러 결심하였다는 것을 뜻합니다. "바로는 여전히 그들을 내보내지 않았다"는 말씀은 그들이 그들을 떠나 보내려는 마음을 전혀 가지고 있지 않다는 것을 뜻합니다. "바로가 모세에게 소리쳤다"는 말씀은 그 때 신령존재에 대한 분노가 뜨겁게 타올랐다는 것을 뜻합니다. "어서, 내 앞에서 썩 물러가거라"는 말씀은 그들이 그것에 관해서 어떤 것도 알기를 원하지 않고 있다는 것을 뜻합니다. "다시는, 내 앞에 얼씬도 하지 말아라"(=스스로 주의하여 내 얼굴을 다시는 보지 말아라)는 말씀은 그것이 그들의 마음에 들어가지 않는다는 것을 뜻합니다. "네가, 내 앞에 다시 나타나는 날에는, 죽을 줄 알아라"는 말씀은 만약에 그것이 그들의 마음에 들어간다면, 그것이 뿌리째 없어질 것이다는 것을 뜻합니다. "모세가 말하였다"는 말씀은 대답을 뜻합니다. "말씀, 잘 하셨습니다"라는 말씀은 진리로 말미암아 그것은 그러하다는 것을 뜻합니다. "나도 다시는 임금님 앞에 나타나지 않겠다"는 말씀은 신령진리가 더 이상 그들의 마음에 들어가지 않을 것이다는 것을 뜻합니다.

7721. 바로가 모세를 불러들였다.

이 말씀이 신령율법의 현존(=임재·現存·presence)을 뜻한다는 것은 현존(現存·臨在)을 가리키는 "그에게 불러들였다"는 말의 뜻에서 (6177·7390·7451항 참조), 그리고 신령율법을 가리키는 모세의 표징에서(6723·6752·7014·7382항 참조) 잘 알 수 있습니다. 공격하고, 괴롭히는 자들에게 있는 신령율법의 현존(=임재)은 그 재앙들(災殃·plagues)이 어디에서 왔는지 근원을 깨달았다는 것, 여기서는 "짙은 어둠"이 뜻하는 악에서 비롯된 매우 캄캄한 거짓이 어디에서 왔는지 그 근원을 깨달았다는 것을 뜻합니다. 저 세상에서 악한 사람이 황폐하게 될 때, 신령존재가 원인이 아니고, 그들 그 자신들이 원인이라는 것을 알게 하기 위하여, 그들이 가지게 되는 형벌에 속한 악들의 근원을 깨닫는 것이 가끔 허락됩니다. 이와 같은 일은 지옥에 있는 자들에게 자주 일어나지만, 그러나 그 때는 그들이 조용한 상태에 있을 때입니다. 이러한 일은 여러 가지 원인들 때문에 일어나지만, 그러나 주된 이유는 그들이 이 세상에 있을 때 행한 온갖 악들을 기억하게 하기 위해서 입니다.

7722. (바로가) 말하였다. "너희는 가서 주께 예배하여라."

이 말씀이, 그들이 그들의 하나님인 주님을 예배하기 위하여 그들을 반드시 떠나 보내야 한다는 것을 뜻합니다(7658항 참조).

7723. "그러나 너희의 양과 소는 남겨 두어야 한다."

이 말씀이 선에서 비롯된 것이 아닌 것은 제외한다는 것, 다시 말하면 그들이 주님을 예배하여야 한다는 것을 뜻한다는 것은 내면적인 선을 가리키는 "양"(=양 떼)의 뜻에서, 그리고 외면적인 선을 가리키는 "소"의 뜻에서(5913·6048항 참조) 잘 알 수 있습니다.

7724. "너희의 아이들만 데리고 가야 한다"(=너희의 아이들은 너희와 함께 가라).

이 말씀이 그들은 진리로 말미암아 반드시 예배한다는 것을 뜻한다는 것은, 여기서는 진리를 가리키는 "아이"(=어린 것)의 뜻에서 잘 알 수 있습니다. 왜냐하면 "아이"(=어린 것)는 소년들·청년들·젊은 사람들은 한마디로 자손들을 뜻하는데, 그들은 총명에 속한 것, 따라서 진리들을 뜻하기 때문입니다(7668항 참조). 그리고 그들이 그들의 하나님 주님을 예배하기 위하여 그들이 떠나가야 한다는 것을 가리키는 "너희와 함께 간다"는 말의 뜻에서 잘 알 수 있습니다. 선으로 말미암아 주님을 예배하는 것이 무엇인지, 그리고 여기서 "남겨두어야 하는 양과 소"가 뜻하고, 그리고 "가야 하는 아이들"이 뜻하는 선이 결여(缺如)된 진리에서 예배하는 것이 무엇인지 필히 설명하여야 하겠습니다. 진정한 예배는 선에서부터 진리를 통하여 존재합니다. 왜냐하면 주님께서는 선 안에 임재하시기 때문입니다. 그러나 선이 결여된 진리에서 비롯된 예배는 예배가 아니고, 다만 내적인 것이 빠진 외적인 예전(禮典)이고 행위일 뿐입니다. 왜냐하면 선이 결여된 진리는 단순한 기억지에 지나지 않기 때문입니다. 이 기억지를 믿음에 속한 것으로 만들기 위해서는 반드시 선과 결합하여야 하는데, 그 때 그것이 선과 결합하면 그것은 속사람(the internal man) 안에 들어가고, 그리고 믿음이 됩니다. 인애가 결여된 믿음도 진정한 믿음이 아니다는 것은 이미 앞에서 자주 설명하였습니다. 이렇게 볼 때, 선에서 비롯된 예배가 무엇을 뜻하는지, 그리고 선이 결여된 진리에서 비롯된 예배가 무엇을 뜻하는지 밝히 알 수 있겠습니다. 예배의 근원인 선은 삶에 속한 선을 뜻하는데, 그것은 진리와의 결합에 의하여 영적인 선이 됩니다. 왜냐하면 영적인 선은 진리로 말미암아 그것의 본성을 가지며, 그리고 진리는 선으로부터 그것의 본질을 취하기 때문입니다. 그러므로 선은 진리의 진수

(眞髓 · the soul of truth)입니다. 여기에서 재차 밝히 알 수 있는 사실은 선이 결여된 진리가 무엇인지, 다시 말하면 그것은 영혼이 없는 육체와 같고, 따라서 주검(屍體)과 같다는 것입니다.

7725. 모세가 대답하였다.
이 말씀이 대답을 뜻한다는 것은 자명(自明)합니다.

7726. "임금님도 (우리의 주 하나님께 바칠) 희생제물과 번제물을 우리에게 더 보태 주셔야 한다"(=임금님께서 우리의 손에 희생제물과 번제물을 주셔야 합니다).
이 말씀이 그들은 예배가 이루어지기 위한 수단들인 모든 것들을 떠나 보내야 한다는 것을 뜻한다는 것은 떠나 보내는 것을 가리키는 "손에 준다"는 말의 뜻에서 잘 알 수 있습니다. 왜냐하면 "손"(hand)은 능력을 뜻하고, 따라서 "그들의 손에 준다"는 것은 그들의 능력에 넘겨주는 것을 뜻하고, 따라서 떠나 보내는 것을 뜻하기 때문입니다. 그리고 일반적으로 예배를 가리키는, 따라서 예배에 속한 모든 것을 가리키는 "희생제물과 번제물"의 뜻에서(923 · 6905항 참조) 잘 알 수 있습니다. 희생제물이나 번제물이 예배에 속한 모든 것들을 뜻하는 이유는 신령예배는 주로 희생제물에 의하여 이루어지기 때문인데, 이러한 사실은 모세의 책에서 밝히 알 수 있겠습니다. 희생제물에 관해서는 이미 앞에서 설명된 내용을 참조하십시오(922 · 923 · 1128 · 1343 · 1823 · 2165 · 2180 · 2187 · 2776 · 2784 · 2805 · 2807 · 2812 · 2818 · 2830 · 3519 · 6905항 참조).

7727. "우리는 주 우리의 하나님에게 그것을 드릴 수 있다."
이 말씀이 주님께서 열납(悅納)하시는 예배를 뜻한다는 것은 앞에서 설명한 내용에서 잘 알 수 있습니다. 다시 말하면 "희생제물과 번제물"이 예배를 뜻한다는 것에서(7726항 참조), 그리고 희생제물이 이루어지는 "양과 소"가 예배의 근원인 선을 뜻한다는 것에서(7723 · 7724항 참조)도 잘 알 수 있습니다. 그러므로 "여호와에게 희생제물과 번제물을 드리는 것"이 선에서 비롯된 예배이다는 것을 뜻하고,

그것이 바로 열납하시는 예배입니다. 성경말씀에서 "여호와"(Jehovah)가 주님을 뜻한다는 것은 1343·1736·2921·3023·3035·5041·5663·6280·6281·6303·6905·6945·6956항을 참조하십시오.

7728. **"우리는 우리의 집짐승을** (한 마리도 남겨 두지 않고) **다 몰고 가겠다"**(=우리의 가축도 우리와 함께 가야 한다).
이 말씀이 그것을 뜻한다는 것, 다시 말하면, 예배는 진리에 속한 선으로 말미암아 존재한다는 것을 뜻한다는 것은 진리에 속한 선을 가리키는 "집짐승"(家畜·cattle)의 뜻에서(6016·6045항 참조) 잘 알 수 있습니다. "우리와 함께 간다"는 말은 이것으로 말미암아 거기에 예배가 있다는 것을 뜻합니다. 다시 말하면 희생제물이나 번제물이 뜻하는 예배가 드려진다는 것을 잘 알 수 있겠습니다.

7729. **"(우리의 집짐승을) 한 마리도 남겨 두지 않겠다."**
이 말씀이 선에서 비롯된 진리의 어떤 것도 부족하지 않을 것이다는 것을 뜻한다는 것은, 아래에서 설명하겠지만, 선에서 비롯된 진리를 가리키는 유제류(有蹄類)의 동물(=가축·hoof)의 뜻에서, 그리고 부족하지 않다는 것, 다시 말하면 주님께 드리는 예배를 위해서 부족함이 없다는 것을 가리키는 "뒤에 남겨 놓지 않는다"는 말의 뜻에서 잘 알 수 있습니다. 가장 가까운 뜻으로 "집짐승(=유제류 동물)을 한 마리도 남겨 놓지 않는다"는 말은 부족하거나 결여된 것이 전혀 없다는 것을 뜻하는데, 그 이유는 "발굽"(hoof)이 모든 짐승에게는 공통적이기 때문입니다. 그러나 보다 더 내면적인 뜻으로 "발굽"은 궁극적인 계도 안에 있는, 따라서 가장 낮은 것을 가리키는 감관적인 진리 안에 있는 진리를 뜻하고, 나쁜 뜻으로는 거짓을 뜻합니다. 이러한 내용이 "발굽"의 뜻이다는 것은 "발"(foot)이 자연적인 것을 뜻하고, "발바닥"이 자연적인 것의 궁극적인 것을 뜻하기 때문입니다(2162·3147·3761·3986·4280·4938-4952·5327·5328항 참조). 그리고 "발굽" 역시 같은 뜻을 가리키는데 그 이유는,

이것이 곧 짐승들의 발의 "발바닥"이기 때문입니다. "발굽"이 자연적인 것에 속한 궁극적인 것을 뜻하기 때문에, 그리고 "발바닥"이 역시 그것을 뜻하기 때문에, 그 진리는 자연적인 것에 속한 궁극적인 진리(the ultimate truth)를 가리킵니다. 왜냐하면 자연적인 것이 언급될 때에는 그것의 진리와 선을 뜻하거나, 또는 나쁜 뜻으로는 그것의 거짓과 악을 뜻하기 때문입니다. 이런 것들로부터 자연적인 것은 존재하고, 그리고 이러한 것이 없다면 그것에 관해서 언급되는 것은 아무것도 있을 수 없습니다.
[2] "발굽" 특히 "말발굽"은 궁극적인 계도 안에 있는 진리를 뜻한다는 것, 따라서 감관적인 진리를 뜻하고, 나쁜 뜻으로는 동일한 계도의 거짓을 뜻한다는 것은 아래의 장절들에게서 잘 알 수 있습니다. 이사야서의 말씀입니다.

> 그들의 화살은 예리하게 날이 서 있고,
> 모든 활시위는 쏠 준비가 되어 있다.
> 달리는 말발굽은 부싯돌처럼 보이고,
> 병거 바퀴는 회오리바람과 같이 구른다.
> (이사야 5 : 28)

이 구절은 황폐해 가는 백성에 관해서 언급하고 있습니다. 여기서 "화살"은 전쟁이 비롯된 거짓에 속한 교리적인 것들을 뜻하고, "활"은 이 교리를 뜻하고(2686·2709항 참조), "말들"은 여기서는 왜곡된 총명적인 것들을 뜻합니다(2761·2762·3217·5321·6125·6534항 참조). 이렇게 볼 때 "말의 발굽"이 뜻하는 것이 무엇인지, 다시 말하면 궁극적인 계도 안에 있는 거짓을 뜻한다는 것을 밝히 알 수 있겠습니다.
[3] 예레미야서의 말씀입니다.

> 군마들의 요란한 말발굽소리,

> 덜컹거리며 달려오는 병거들의
> 소란한 바퀴소리에,
> 아버지들은 손이 풀려서
> 자식들을 돌볼 겨를도 없을 것이다.
> (예레미야 47 : 3)

여기서도 황폐해 가는 백성 블레셋 사람에 관해서 언급하고 있습니다. "강한 것들의" 즉 군마들의 "요란한 말발굽소리"는 진리에 대항하는 공공연한 거짓의 투쟁을 뜻하고, "병거"는 거짓에 속한 교리를 뜻합니다. "병거"가 진리나 거짓의 교리를 뜻한다는 것은 5321·5945항을 참조하십시오.

[4] 에스겔서의 말씀입니다.

> 그의 군마들이 많아서,
> 너는 그들의 먼지에 묻힐 것이다.
> 그가 마치 무너진 성읍 안으로 들어오듯이,
> 네 모든 성문 안으로 들어오면,
> 그의 기병과 병거의 바퀴 소리에
> 네 모든 성벽이 진동할 것이다.
> 그가 말발굽으로
> 네 거리를 짓밟을 것이고,
> 칼로 네 백성을 죽일 것이며
> 네 튼튼한 돌기둥들도
> 땅바닥에 쓰러뜨릴 것이다.
> (에스겔 26 : 10, 11)

이 구절은 두로를 멸망시키는 느부갓네살에 관해서 언급하고 있습니다. 여기서 "그의 군마들"은, 앞에서와 같이, 왜곡된 총명에 속한 것들을 뜻하고, "기병"은 그와 같은 총명적인 것에 속한 것을 뜻합니다(6534항 참조). "병거의 바퀴들"은 교리에 속한 거짓을 뜻하고,

병거는, 위에서와 같이, 교리를 가리킵니다. "거리들"은 진리들을 뜻합니다(2336항 참조). 이렇게 볼 때 명확한 것은 "말발굽들"은 거짓들을 뜻한다는 것입니다. 만약에 이 낱말들 안에 이런 뜻이 있지 않다면 "그의 군마들이 많아서, 너는 그들의 먼지에 묻힐 것이다. 그의 기병과 병거의 바퀴 소리에 네 모든 성벽이 진동할 것이다. 그가 말발굽으로 네 거리를 짓밟을 것이다"고 언급한 이유가 무엇이겠습니까? 내면적인 뜻이 없다면 이런 말들은 그저 울리는 소리 이외의 무엇이겠습니까? 그러나 성언 안에 있는 모든 표현은, 그것이 신령존재에게서 비롯된 것이기 때문에 중요한 값을 지니고 있습니다.
[5] 같은 책의 말씀입니다.

> 이집트가 자랑하던 것을 그들이 박살내며,
> 이집트의 온 무리를
> 그들이 멸망시킬 것이다.……
> 내가 그 큰 물 가에서
> 모든 짐승을 없애 버리면,
> 다시는 사람의 발이
> 그 물을 흐리게 하지 못하고,
> 짐승의 발굽도
> 그 물을 흐리게 하지 못할 것이다.
> 그리고 나서 내가 그 강물을 맑게 하여,
> 모든 강물이 기름처럼 흐르게 하겠다.
> (에스겔 32 : 12-14)

만약에 "이집트"가 뜻하는 것이 무엇인지, "사람의 발"이, "짐승의 발굽"이 뜻하는 것이 무엇인지, 그리고 "짐승이 흐리게 할 물"이나, "사람의 발이나 짐승의 발굽이 흐리게 할 물"이나, "내가 그 강물을 맑게 한다"(=그 강물을 깊은 데로 보낸다)는 말이 무엇을 뜻하는지 알지 못하면, 이 구절은 역시 이해되지 않을 것입니다. 여기서 "이집트의 물이나 강"은 기억지에 속한 진리들을 뜻하고, "짐승의 발굽"은, 기억지에 속한 진리를 깨부수는 자연적인 것에 속한 궁극적인 것 안에 있는 거짓을 뜻합니다.

[6] 미가서의 말씀입니다.

> 도성 시온아,
> 너의 원수에게 가서, 그들을 쳐라!
> 내가 네 뿔을 쇠 같게 하고,
> 네 굽을 놋쇠 같게 할 것이니,
> 너는 많은 민족을 짓밟고,…….
> (미가 4 : 13)

여기에 속뜻이 없다면 이 구절이 뜻하는 내용을 알 수 있는 사람은 아무도 없습니다. 따라서 "친다"(=때린다・threshing)・"시온의 딸"・"쇠 같이 될 뿔"・"많은 민족을 짓밟을(=산산조각을 낼) 놋쇠 같게 할 굽"이 뜻하는 것을 알지 못하면, 이 구절이 뜻하는 내용은 알 수 없습니다. "시온의 딸"은 천적인 교회를 뜻하고(2362항 참조), "뿔"(horn)은 선에서 비롯된 진리의 능력을 뜻하고(2832항 참조), "쇠"(鐵・iron)는 거짓들을 파괴하는데 유익한 자연적인 진리를 뜻하고(425・426항 참조), "굽"(hoof)은 궁극적인 계도 안에 있는 선에서 비롯된 진리를 뜻하고, "놋쇠"(brass)는 악들에 대항하여 싸우는데 도움이 되는 자연적인 선을 뜻합니다(425・1551항 참조).

[7] 스가랴서의 말씀입니다.

> "내가 이 땅에 한 목자를 세우겠다. 그는 양을 잃어버리고도 안타까워 하지 않으며, 길 잃은 양을 찾지도 않으며, 상처받은 양을 고쳐 주지도 않으며, 튼튼한 양을 먹이지 않아서 야위게 하며, 살진 양을 골라서 살을 발라 먹고, 발굽까지 갉아 먹을 것이다.
> (스가랴 11 : 16)

이 구절은 어리석은 목자에 관해서 언급하고 있습니다. "살진 양을 골라서 살을 발라 먹는다"는 말은 선을 악으로 바꾸는 것을 뜻하고, "발굽까지 갉아 먹는다"는 말은 진리를 거짓으로 변질시키는 것을 뜻합니다.

[8] 고대 사람들이 총명에 대하여 현대 사람들에 비하여 매우 뛰어나다는 것은 천계에 있는 것들이 이 세상에 있는 수많은 것들에 대응하는 것을 그들이 알고 있다는 사실에서 잘 알 수 있습니다. 결과적으로 그것들이 뜻하는 것이 무엇인지 잘 알고 있다는 것입니다. 이러한 사실은 교회에 속한 사람들에게 알려졌을 뿐만 아니라, 교회 밖에 있는 사람들에게도 알려져 있었습니다. 예를 들면, 그리스에 살고 있는 사람들에게도 알려져 있고, 그리고 전적으로 알려지지 않았기 때문에 오늘날은 믿어지지 않는 것(fabulous)이라고 부르는 표의(表意·significatives)에 의하여 수많은 것들을 기술한 태고시대 사람들에게도 알려져 있었습니다. 고대의 현인들(the ancient Sophi)이 이런 것들에 속한 지식 안에 있었다는 것은, 언덕에 있었고, 아홉 명의 처녀들이 주위에 있었던 그 샘을 그 말의 발굽으로 연, 페가수스(Pegasus·天馬)라고 부르는 날개달린 말에 의하여 총명과 지혜의 근원을 그들이 기술하였다는 사실에서 잘 알 수 있습니다. 왜냐하면 그들은, "말"이 총명을 뜻한다는 것, "그것의 날개들"이 영적인 것을, "발굽"이 총명의 근원이 있는 궁극적인 계도에 속한 진리를, "처녀들"이 학문(學問·science)을, "언덕"이 일치(一致·unanimity)를, 그리고 영적인 뜻으로는 인애를 각각 뜻한다는 것을 잘 알고 있었기 때문입니다. 그러나 오늘날 이런 것들은 전반적으로 이미 잃어버린 것들이 되었습니다.

7730. (왜냐하면) **"우리는 그것들 가운데서 주 우리의 하나님께 바칠 제물을 택할 것이다."**
이 말씀이 주님께서는 반드시 그것으로 예배를 받으셔야 한다는 것을 뜻한다는 것은 예배하는 것을 가리키는 "주 우리의 하나님께 바친다"(serving)는 말의 뜻에서 잘 알 수 있습니다. "여호와"(=주)가 주님을 뜻한다는 것은 7727항을 참조하십시오.

7731. "우리가 어떤 것을 바쳐야 할지를 알 수 없다."
이 말씀이 예배가 무엇을 가지고 반드시 행해져야 하는지를 모르고 있다는 것을 뜻한다는 것은 주님을 예배하는 것을 가리키는 "여호와(=주)에게 바친다"는 말의 뜻에서 잘 알 수 있습니다(7730항 참조).

7732. "우리가 거기에 다다를 때까지……."
이 말씀이 악에서 비롯된 온전한 거짓들 안에 있는 자들이 멀리 옮겨지기 전이라는 것을 뜻한다는 것은 "거기에 다다른다" 다시 말하면, 이집트에서부터 옮겨지는 것을 뜻하는, 따라서 지금은 "이집트 사람들"이 뜻하는 악에서 비롯된 순전히 온갖 거짓들 안에 있는 자들에게서 옮겨지는 것을 뜻하는 광야(曠野·wilderness)에 들어간다는 사실에서 잘 알 수 있습니다. "희생제물을 바치기 위하여 광야에 들어간다"는 것은 거짓들로부터 옮겨진 상태에 있다는 것을 뜻합니다(6904항 참조).

7733. 주(=여호와)께서 바로가 고집을 부리도록 하셨다(=주께서 바로의 마음을 완악하게 하셨다).
이 말씀이 그들이 신령존재에게 반항하도록 결정되었다는 것을 뜻합니다(7706항 참조).

7734. 바로는 여전히 그들을 내보내지 않았다.
이 말씀이 그들은 그들을 떠나 보내려는 마음이 전혀 없었다는 것을 뜻한다는 것은 그들이 전혀 마음을 가지고 있지 않다는 것을 가리키는 "원하지 않았다"는 말의 뜻에서, 그리고 떠나 보내는 것을 가리키는 "보낸다"는 말의 뜻에서(7707항 참조) 잘 알 수 있습니다.

7735. 바로가 모세에게 소리쳤다.
이 말씀이 그 때 신령진리에 대한 분노가 심하게 치솟았다는 것을 뜻한다는 것은 "소리쳤다"는 말의 뜻에서 잘 알 수 있습니다. 그 뜻이 아래에 이어지는 것들을 뜻하기 때문에, 그 말은 분노가 심하게 치솟았다는 것을 뜻합니다. 왜냐하면 "어서 내 앞에서 썩 물러나거라. 다시는, 내 앞에 얼씬도 하지 말아라. 네가, 내 앞에 다시 나타나는 날에는, 죽을 줄 알아라"는 말이 뒤이어지는데, 이 말은 모세가 표징하는 신령진리에 반항하는 분노의 말이기 때문입니다.

7736. "어서, 내 앞에서 썩 물러가거라."
이 말씀이 그들이 그것에 관해서, 다시 말하면 신령진리에 관해서 어떤 것도 알기를 원하지 않는다는 것을 뜻한다는 것은 악한 사람이 신령진리에 대하여 말할 때에는 그들이 그것(=신령진리)에 관해서 어떤 것도 알기를 원하지 않는다는 것을 가리키는 "어서 내 앞에서 썩 물러가거라"는 말의 뜻에서 잘 알 수 있습니다.

7737. "다시는, 내 앞에서 얼씬도 하지 말아라"(=네가 내 얼굴을 더 이상 보지 않도록 스스로 주의하여라).
이 말씀이 그것이 그들의 마음에 들어가지 못한다는 것을 뜻한다는 것은 더 이상 마음에 들어가지 못한다는 것을 가리키는 "더 이상 얼굴을 보지 않는다"는 말의 뜻에서 잘 알 수 있습니다. 왜냐하면 "얼굴"(face)은 내면적인 것들을 뜻하기 때문이고(1999・2434・3527・3631・4066・4796-4798・5102・5165・5168・5695항 참조), 특히 정동들에 관해서 내면적인 것들을 뜻하기 때문입니다. 따라서 "얼굴"이 마음을 뜻하기 때문입니다.

7738. "네가, 내 앞에 다시 나타나는 날에는, 죽을 줄 알아라" (=네가 내 얼굴을 보는 날에는 네가 죽을 것이다).
이 말씀이, 그것이 마음에 들어간다면 그것은 뿌리째 뽑힐 것이다는 것을 뜻한다는 것은 마음에 들어가는 것을 가리키는 "얼굴을 본다"(seeing the face)는 말의 뜻에서(7737항 참조), 그리고 뿌리째 뽑힌다는 것을 가리키는 "죽는다"(dying)는 말의 뜻에서 잘 알 수 있습니다. 바로가 지금 모세가 "반드시 그에게서 떠나야 하고, 만약에 그가 그의 얼굴을 다시 보는 날에는 죽을 것이다"고 말한 것은, 거기에 "짙은 어둠"이 뜻하는 악에서 비롯된 순전한 거짓들 안에 있는 괴롭히는 자들의 상태를 기술하고 있기 때문입니다. 지옥적인 것들은 악에서 비롯된 거짓들 안에 있으면 있을수록 그들은 더욱 더 진리를 싫어하고 종국에는 진리에 속한 것은 어떠한 것도 듣기를 원하지 않는 그런 정도에 이르게 됩니다. 왜냐하면 진리는 거짓에 정반대이기 때문이고, 그리고 거짓은 그들을 기쁘게 하기 때문입니다. 그 이유는, 거짓의 근원지인 악은 그들의 삶의 쾌락이기 때문입니다. 그러므로 그들은 진리를 그들의 마음에서 전적으로 배척(排斥)합니다. 그 이유는 그것은 그들의 마음의 즐거움이나 쾌락에 정반대이기 때문입니다. 그리고 만약에 그들이 그것을 듣는다면 그들은 괴로운 상태에 빠지기 때문입니다(7519항 참조). "짙은 어둠"이 뜻하는, 악에서 비롯된 거짓의 상태에 있기 때문에 그들은 스스로, 모세가 표징하는 신령진리에게서 옮겨져야만 하는 이유입니다. 그러므로 바로는 지금 모세에게 "어서, 내 앞에서 썩 물러가거라. 네가 내 얼굴을 더 이상 보지 않도록 주의하여라. 만약에 네가 다시 본다면, 죽을 것이다"고 말하였고, 따라서 모세는 "말씀, 잘 하셨습니다. 나도 다시는 임금님 앞에 나타나지 않겠습니다"라고 대답하였습니다.

7739. 모세가 말하였다.
이 말씀이 대답을 뜻한다는 것은 자명합니다.

7740. "말씀, 잘 하셨습니다"(=임금님께서 잘 말씀하셨습니다).
이 말씀이 그것이 진리로 말미암아 그러하다는 것을 뜻한다는 것은 그러하다는 것을 가리키는 "잘 말씀하였다"는 말의 뜻에서 잘 알 수 있습니다. 그것이 진리에게서 비롯되었다는 것은 "잘 하였다"(=올바르다·rightly)는 말이 뜻합니다(5434·5437항 참조). 진리로 말미암아 그것이 그러하다는 것은 그들이 신령진리에 관해서 아무것도 알기를 원하지 않는 그런 상태에 지금 있기 때문입니다. 만약에 그것이 마음에 들어간다면, 곧 앞에서 설명한 것과 같이(7738항 참조),

그들은 그것을 쫓아낼 것입니다.
 7741. "나도 다시는 임금님 앞에 나타나지 않겠다."
이 말씀이 신령진리가 더 이상 그들의 마음에 들어가지 않을 것이다는 것을 뜻한다는 것은, 위에서 설명한 것과 같이(7737·7738항 참조), 마음에 들어가지 않는다는 것을 가리키는 "얼굴을 보지 않는다"(=나타나지 않는다)는 말의 뜻에서 잘 알 수 있습니다.

화성(火星·the planet Mars)의 영들과 주민들에 관한 속편

7742. 앞장의 말미에서는 한 마리 아름다운 새가 보여졌고, 그것은 나중에 돌로 변했다는 것이 설명되었습니다. 그리고 그 새가 그들의 천적인 사랑과 영적인 사랑에 대한 화성(火星)의 주민들의 상태를 드러낸다는 것을 언급하였습니다. 그 상태나 그것의 변화에 관해서는 아래와 같은 내용을 알게 하기 위하여 주어진 것입니다.

7743. 화성의 주민들이 천적인 사랑 안에 있다는 것은 이미 설명하였습니다. 그들은, 여러 가지 다양한 색깔을 지닌 아름답게 빛나는 불꽃의 겉모양(外現)에 의하여, 그리고 동일한 색깔의 새에 의하여 묘사되고 있습니다. 오늘날 몇몇들은 이 천적인 사랑에서 후퇴하기 시작하였고, 그리고 단지 지식들만을 사랑하고, 그리고 이런 것들에만 존재하는 천적인 삶을 산다는 것 등이 돌로 변한 그 새에 의하여 묘사되고 있습니다. 왜냐하면 새는 영적인 삶을 뜻하기 때문이고, 그리고 그 새가 돌로 변한 그것의 변화는 사랑이 결여된 지식들에 속한 삶을 뜻하기 때문입니다. 그와 같은 삶은 더 이상 영적인 삶이 아니지만, 그러나 돌과 같이 냉랭한 삶일 뿐, 천계에서 비롯되

는 것은 아무것도 그것에 유입되지 않습니다. 그래도 그들은 자신들이 거기에 있는 천적인 사랑의 삶 안에 있는 자들과 꼭 같이, 자신들은 주님 안에 있다고 믿고 있는 것이 올라가서 그 새를 제거하기 원하는 영들에 의하여 뜻하여졌고, 또 보여 주었습니다.

7743[A]. 돌로 변한 그 새는, 이상한 방법으로 그들의 생각들이나 정동들에 속한 생명을 전혀 생명이 없는 것으로 바꾸어 놓는 그 지구의 주민들을 묘사하고 있습니다. 아래의 내용이 그것에 관해서 내가 듣고, 본 것입니다.

7744. 내 머리 위에 어떤 영이 하나 있었는데, 그 영은 나에게 말을 걸었고, 그의 음성의 어투에서 내게 인지된 것은 그는 마치 잠자는 상태에 있다는 것입니다. 그는 몇 가지 질문을 받았을 때 이 잠자는 상태에서 말을 하였는데, 그는 너무나도 조심성 있게 말을 하였기 때문에, 그가 깨어 있다고 해도 더 이상 조심성 있게 그것들을 질문할 수 없었습니다. 그는, 천사들이 그를 통해서 말하는, 피술자(被述者·subject)이다는 것을 나는 지각하였습니다. 그는 그 상태에서 그들이 말한 내용을 분별하고, 그리고 그것을 발설했습니다. 왜냐하면 그는 참된 것 이외에는 아무것도 말하지 않았기 때문입니다. 만약에 다른 근원에서부터 어떤 것이 유입된다면, 사실 그는 그것을 허입(許入)하지만, 그러나 그것을 발설(發說)하지는 않습니다. 나는 그에게 이런 상태에 관해서 질문을 하였습니다. 그는, 이런 상태는 그에게는 하나의 평온한 것이라는 것과, 그리고 미래에 관해서는 모든 불안으로부터 자유스럽다는 것과 그리고 동시에 그는 선용(善用·쏨쏨이·use)들을 이루고 있고, 그리고 그 선용들에 의하여 천계와 교류하고 있다는 것 등등을 말하였습니다. 내게 일러진 것은 이런 자는 최대인간(最大人間·the Grand Man)에게 있는 대뇌 안에 있는 두 반구체(半球體) 사이에 있는 세로대의 공동(空洞·the longitudinal sinus)과 관계를 가지고 있다는 것과 그것은 두뇌가 양쪽에서 아무리 시끄럽다고 해도 아주 고요한 상태에 있다는 것 등

등이었습니다.

7745. 이 영과 내가 대화를 하고 있는 동안에 몇몇 영들이 그 영이 있는 머리의 정면 쪽에 나타났는데, 그들은 그를 밀어냈습니다. 그래서 그는 한쪽으로 물러났고, 그들에게 장소를 내주었습니다. 새로 온 낯선 영들은 저희들끼리 서로 대화를 하였는데, 그러나 그 영들은 나에 관해서 알지 못하였고, 나 역시 그들이 무슨 말을 하는지 알지 못하였습니다. 천사들이 나에게 일러 준 것은, 그들은 화성(火星)에서 온 영들인데, 그들은 거기에 있는 영들이 이해하지도, 깨닫지도 못하는 그런 방법으로 서로 말하는 방법을 알고 있다는 것이었습니다. 나는 모든 영들이 하나의 언어를 가지고 있다는 것을 알고 있기 때문에 이런 식의 언어가 가능하다는 것을 이상하게 생각하였습니다. 그리고 모든 언어는 생각에서 나오고, 그리고 생각은, 낱말 대신에 영계에 있는 관념들로 이루어지고 있으며, 그리고 그것들이 생각을 말하기에 앞서 생각 자체와 결합한 낱말들을 가리키는 관념들은 저 세상에서 명확하게 지각되기 때문입니다. 나에게 일러진 것은, 이런 영들은 입술이나 얼굴을 수단으로 한 어떤 방법에 의하여 다른 자들에게 인지되지 않는 관념들을 형성한다는 것과, 그리고 그들이 이런 방법으로 다른 자들과 이야기 할 때 한 순간에 그들은 아주 교묘하게 다른 자들로부터 자신들의 생각들을 거두어들이고, 그리고 정동에 속한 것은 아무것도 드러나지 않도록 특별하게 조심하면서 말을 한다는 등등이었습니다. 왜냐하면 만약에 정동에 속한 어떤 것이 지각된다면, 생각이 정동에서 나오기 때문에, 그 생각은 그 때 공개되기 때문입니다. 더 상세한 것이 나에게 일러졌습니다. 그것은, 사랑에 속한 삶 안에 존재하지 않고, 오직 지식들 안에 존재하는 천적인 삶을 사는 화성의 주민들은, 그들 전부가 그런 것은 아니지만, 이런 언어를 구사(驅使)한다는 것이고, 그리고 그들이 영체(靈體)가 되었을 때 그들은 그것을 간직한다는 것 등입니다. 이들이 바로 돌이 된 새가 특별하게 뜻하는 자들입니다. 왜냐하면

다른 자들에게서 정동들을 옮기고, 그리고 생각들을 끄집어내는 것과 함께 용모를 변화시키는 것이나, 입술 모양을 바꾸는 것에 의하여 언어를 형성한다는 것은 그 언어를 박탈하는 것이고, 그리고 동일한 하나의 이미지로 만드는 것이고, 그리고 점차적으로 자신들을 그렇게 만드는 것이기 때문입니다.

7746. 그러나 비록 그들이, 자신들의 언어가 다른 자들이 알지 못한다고 생각한다고 해도, 그럼에도 불구하고 천사적인 영들(angelic spirits)은 그들이 말한 모든 것을 전부 지각합니다. 그 이유는 어떤 생각도 천사적인 영들에게서는 숨겨질 수 없기 때문입니다. 이러한 것은 생생한 경험을 통하여 보여 준 것입니다. 나는, 우리 지구의 영들이 다른 사람을 공격하고, 괴롭힐 때 부끄러움을 전혀 느끼지 않는다는 사실에 관해서 생각하였는데, 이런 생각은 천사적인 영들로부터 나에게 유입된 것입니다. 그 때 화성의 영들은, 이와 같은 일은 그들이 서로 이야기한 것이고, 그리고 그들은 그 일에 대하여 몹시 놀랐다는 것을 시인하였습니다. 그들이 말하고 생각했던 수많은 다른 것들도 천사적인 영에 의하여 밝혀졌으며, 그들이 천사적인 영으로부터 그들의 생각을 감추려고 애를 쓰지만, 밝혀지지 않는 것은 아무것도 없었습니다.

7747. 이런 일이 있은 뒤, 화성의 영들이 좀 위로부터 내 얼굴에 유입하였습니다. 그 유입은 가늘게 내리는 빗방울 같이 느껴졌는데, 그것은 그들이 진리나 선의 정동들 안에 있지 않다는 표시였습니다. 왜냐하면 이것은 가는 빗줄기에 의하여 드러났기 때문입니다. 그 때 그들은 나와 명확하게 말하였는데, 그들이 하는 말은 그들의 지구의 주민들은 다른 자들과 서로 그와 같이 말한다고 하였습니다. 그 때 그들에게 일러진 것은 이것은 나쁜 것인데, 그 이유는 이런 식으로 그들은 내적인 것들을 방해하고, 그리고 내적인 것들로부터 그들의 삶을 박탈하는 외적인 것들에게로 후퇴하기 때문입니다. 특히 그렇게 말한다는 것은 성실한 것이 아니기 때문입니다. 왜냐하면 성실한

자들은, 다른 자들이 알지 못하게, 사실은 모든 자들이 알지 못하게, 심지어 온 천계가 알지 못하게 어떤 것을 말하고, 생각하는 것을 원하지 않기 때문입니다. 그러나 이에 반하여 다른 자들이 그들이 말한 것을 알기를 원하지 않는 자들은 다른 자들에 대하여 판단을 하는데, 그들은 다른 자들에 대해서 나쁘다고 생각하고, 자신들에 대해서는 좋다고 생각합니다. 그리고 종국에는 심지어 교회에 관해서도, 주님나라에, 아니 주님 그분에 대해서도, 그들은 나쁘다고 생각하고, 말하는 그런 습관이 몸에 뱁니다.

7748. 단순히 지식들만을 애지중지하고, 그 지식들에 일치한 삶을 사랑하지 않는 자들은 두개골의 내면적인 얇은 막과 관계를 가지지만, 그러나 정동이 없이 말을 하고, 그리고 그 생각을 자신들에게로 끌어들이고, 그것을 다른 자들에게서 떼어내려는 일에, 몸에 밴 자들은 같은 얇은 막과 관계를 가지고 있지만, 그러나 그 때 그것은 마른 뼈와 같이 됩니다. 이 이유는 그들은 영적인 것들로부터 아무것도 취하지 못하기 때문입니다.

7749. 오직 지식들만을 애지중지하고, 그것들에 일치하는 삶을 중하게 여기지 않는 자들은, 대부분 그들은 그 지식들에 대하여 자만하기 때문에, 다른 자들에 비하여 자신들이 더 현명하다고 여깁니다. 따라서 그들은 자신들을 매우 중하게 여기지만, 다른 자들을 경멸(輕蔑)합니다. 특히 그들은 선 안에 있는 자들을 경멸하고, 그들에 대해서 그들은 단순한 자이고, 불학무식(不學無識)한 자라고 대합니다. 그러나 저 세상에서 그와 같은 처지(處地·the lot)는 뒤바뀌는데, 거기에서 자기 스스로 현명하다고 여겼던 자들은 바보처럼 되고, 단순하다고 여겼던 자들은 현명한 사람이 됩니다.

7750. 돌로 변한 새가 오직 지식들 안에만 있고, 사랑에 속한 삶 안에 있지 않는 자들을, 결과적으로는 영적인 생명을 거의 가지지 못한 자들을 뜻하기 때문에, 그러므로 여기서 부연 설명에 의하여, 천계적인 사랑 안에 있고, 그리고 그것으로 인하여 지식들 안에 있

는 자들이 영적인 생명을 가지고 있다는 것과, 그리고 모든 사랑은 그것 안에 그 사랑에 속한 것을 알게 하는 모든 능력을 담고 있다는 것을 입증하려고 합니다. 이 땅의 동물들이나, 또는 공중의 동물들이나 새들을 예로 들어 보겠습니다. 이런 것들은 자신들의 사랑에 속한 모든 것들에 관한 그 지식을 가지고 있습니다. 그들의 사랑들은 자신들을 양육(養育)하는 것이고, 안전하게 사는 것이고, 새끼를 낳는 것이고, 그들의 새끼들을 기르는 것입니다. 그들은 이런 목적에 필요한 적절한 모든 지식을 가지고 있습니다. 왜냐하면 이런 것은 모두가 이런 사랑들 안에 있기 때문이고, 또한 이런 동물들의 수용체 안에 흘러들기 때문입니다. 이런 지식들은 어떤 경우에는 사람이 그것에 대하여 놀랄 수밖에 없을 만큼 아주 특별한 것이기도 합니다. 이것을 가리켜 선천적이라고 하기도 하고, 본능적인 것이라고도 합니다. 그러나 그것은 그들이 존재해 있는 사랑에 속한 것입니다.

[2] 만약에 사람이, 짐승들과 분별되는 사람의 고유한 사랑을 가리키는, 주님사랑이나 이웃사랑인 그 사람 자신의 사랑 안에 있다면 그 사람은 그 때 모든 필수적인 지식 안에 있을 뿐만 아니라, 모든 총명이나 지혜 안에 있는 것입니다. 그리고 또한 그 사람이 그런 것들을 배울 필요도 없을 것입니다. 왜냐하면 그런 것들은 천계로부터 이런 사랑들에게 입류하기 때문입니다. 다시 말하면 신령존재로부터 천계를 통하여 입류하기 때문입니다. 그러나 만약에 사람이 이런 사랑들 안에 있지 않고, 오히려 그런 사랑들에 정반대되는 사랑들 안에, 다시 말하면 자기사랑(自我愛)이나 세상사랑(世間愛) 안에 있기 때문에, 그러므로 그 사람은 필연적으로 모든 무지(無知) 가운데, 또는 특수한 기능의 결핍(缺乏·lack of skill) 가운데 태어날 수밖에 없습니다. 그럼에도 불구하고 그는 신령방법들에 의하여 총명이나 지혜에 속한 어떤 것에 옮겨지지만, 그러나 그 사람이 자기사랑이나 세상사랑을 제거하고, 따라서 주님사랑과 이웃사랑을 목적한 상태

(狀態·way)를 열지 않는다면, 실제적으로(*actually*) 어떠한 것에도 들어가지 못할 것입니다.

[3] 주님사랑이나 이웃사랑이 그것들 안에 있는 모든 총명이나 지혜를 가지고 있다는 것은 이 세상에서는 이런 사랑들 안에 있었던 자들에게서 잘 알 수 있습니다. 왜냐하면 저 세상에서 그들이 천계에 들어가게 되면, 거기에서 그들은 그들이 전에는 결코 알지 못했던 그런 것을 알게 되고, 이해하게 되고, 뿐만 아니라, 그들은 지금까지 듣지도 못하였고, 알지도 못하였고, 형언할 수도 없는 그런 것들을, 천사들이 하는 것과 같이, 그들은 거기서 생각하고, 말하기 때문입니다. 그 이유는 이런 사랑들은 그것들 안에 이런 것들을 수용하는 능력을 가지고 있기 때문입니다.

7751. 이어지는 장(章) 말미에서는 목성(木星)의 영들이나 주민들에 관한 내용을 부연하겠습니다.

제 11장 서문 : 인애의 교리에 관하여(9)

7752. 우주 안에 있는 모든 것들은 선과 진리에 관계를 가지고 있습니다. 선과 진리에 관계를 가지고 있지 않는 것은 신령질서 안에 존재하지 않으며, 그리고 그것들과 관계를 가지고 있지 않는 것은 아무것도 생산(生産)하지 못합니다. 선은 생산하는 자체이고, 진리는 그것이 생산하게 하는 수단입니다.

7753. 이러한 사실은 인애(charity)나 믿음(faith)이라고 부르는 영적인 선과 진리의 경우가 어떠한 것인지를 잘 입증해 줄 것입니다. 다시 말하면 교회에 속한 모든 것들은 이것들과 관계를 가지고 있다는 것, 그리고 이런 것들과 관계를 가지고 있지 않는 것들은 그것들 안에 교회에 속한 것은 아무것도 가지고 있지 않다는 것입니다. 그리고 또한 그것 안에 이 양자를 지니고 있지 않는 것은 그 어떤 열매도 생산할 수 없습니다. 다시 말하면 인애나 믿음에 속한 선을 전혀 생산할 수 없습니다.

7754. 왜냐하면 어떤 것이 생산되기 위해서는 반드시 거기에는 두 힘(two forces)이 있어야만 하는데, 그 하나는 능동적(能動的·active)이라고 부르는 것이고, 다른 하는 수동적(受動的·passive)이라고 부르는 것입니다. 후자가 없으면 전자는 아무것도 생산하지 못합니다. 이런 힘들, 즉 생명들은 교회에 속한 사람 안에 있는 인애(charity)와 믿음(faith)입니다.

7755. 교회에 속한 첫째는 선이고, 둘째는 진리입니다. 또는 교회에 속한 첫째는 인애이고, 둘째는 믿음입니다. 왜냐하면 믿음의 교리에 속한 진리는 선한 삶의 목적을 위해서 존재하기 때문입니다. 다른 어떤 것들이 존재하기 위한 목적이라면, 그것이 바로 첫째(the first)입니다.

7756. 사람 안에서 인애에 속한 선과 믿음에 속한 진리의 결합에 관한 관계는 이러합니다. 인애에 속한 선은 영혼(soul)을 통하

여 사람 속으로 들어오고, 그러나 믿음에 속한 진리는 청각(聽覺·the hearing·순종)을 통하여 들어옵니다. 전자는 주님으로부터 직접적으로 입류하지만, 후자는 성언(聖言·the Word)을 통해서 간접적으로 입류합니다. 따라서 인애의 선이 들어오는 방법을 내적인 길(the internal way)이라고 부르고, 믿음의 진리가 들어오는 방법을 외적인 길(external way)이라고 부릅니다. 내적인 길을 통해서 들어오는 것은 지각(知覺)되지 않는데, 그 이유는 그것은 명확하게 감관(感官)에 종속(從屬)되어 있지 않기 때문입니다. 그러나 이에 반하여 외적인 길을 통하여 들어오는 것은 지각되는데, 그 이유는 그것은 명확하게 감관에 종속되어 있기 때문입니다. 이런 이유 때문에 교회에 속한 모든 것은 믿음의 덕으로 돌립니다. 그렇지만 중생한 사람의 경우는 이와는 다른데, 인애에 속한 선은 명확하게 지각됩니다.

7757. 인애의 선과 믿음의 진리의 결합은 사람의 내면적인 것들 안에서 이루어집니다. 주님에게서 입류하는 선 자체는 거기에 있는 진리에 채택되고, 그리고 그것을 자기 자체에 전유(專有)시킵니다. 그것에 의하여 사람에게서 선은 선이 되게 하고, 진리는 진리가 되게 하고, 인애는 인애가 되게 하고, 믿음은 믿음이 되게 합니다. 이 결합이 없다면, 인애는 인애가 아니고, 다만 그것은 자연적인 착함(goodness)일 뿐입니다. 그리고 그 결합이 없다면 믿음은 믿음이 아니고, 그저 단순한 믿음에 속한 것들의 기억지에 지나지 않습니다. 그리고 어떤 경우에는 그것은 재물이나 명예를 얻기 위한 그런 것에 불과한 종지(宗旨·persuasion)일 뿐입니다.

7758. 진리가 선과 결합하였을 경우, 그것은 더 이상 진리라고 부르지 않고, 선이라고 부르며, 그리고 그러므로 믿음이 인애와 결합하였을 때 그것은 더 이상 믿음이라고 하지 않고, 인애라고 부릅니다. 그 이유는 그 때 그 사람은 진리를 원하고, 행하며, 그리고 그 사람이 원하고 행한 것을 선이라고 부르기 때문입니다.

7759. 인애의 선과 믿음의 진리의 결합에 관하여 더 상세하게 말하면 이러합니다. 이 선은 그것의 성질(=본성·quality)을 진리에서 취하고, 진리는 그 자체의 본질(本質·essence)을 선에서 취합니다. 여기에서 얻는 결론은 선의 성질은 그것과 결합된 진리들에게 일치한다는 것입니다. 그러므로 선은, 만약에 그것과 결합한 진리가 순수한 것이라면, 순수한 것이 됩니다. 믿음의 순수한 진리는 교회 안에서 가능하지만, 그러나 교회 밖에서는 불가능합니다. 왜냐하면 교회 안에는 성언(聖言·the Word)이 존재하기 때문입니다.

7760. 더욱이 인애에 속한 선은 그것의 성질을 풍부한 믿음에 속한 진리에서 받고, 마찬가지로 전자의 진리와의 상호 결합에서 취합니다. 사람에게서 영적인 선은 이와 같이 형성됩니다.

7761. 영적인 선과 자연적인 선 사이에 명확한 분별이 필히 있어야만 하겠습니다. 앞에서 설명한 것과 같이 영적인 선은 그 자체의 성질을, 그들의 믿음에 속한 진리들의 넉넉함과 그들의 관계에서 취하지만, 그러나 자연적인 선은 사람과 함께 태어나고, 그리고 불행이나 질병들과 같은 그런 사건들에 의하여 일어납니다. 자연적인 선은 어느 누구도 구원하지 못하지만, 영적인 선은 모두를 구원합니다. 그 이유는, 믿음에 속한 진리들을 통하여 형성된 영적인 선은 천계에서, 다시 말하면 주님으로부터 천계를 통하여 입류되는 지평(地平)과 같으며, 그것은 사람을 인도하고, 그리고 악으로부터 사람을 떼어 놓고, 그리고 그렇게 한 뒤에는 사람을 천계로 들어올리기 때문입니다. 그러나 자연적인 선은 그렇게 할 수 없습니다. 그러므로 자연적인 선 안에 있는 자들은, 만약에 거짓이 진리의 형체로 나타나기라도 한다면, 마치 진리에 의한 것과 꼭 같이, 거짓에 의하여 아주 쉽게 감동되어 넋을 잃고 맙니다. 그리고 그들은, 만약에 악이 선처럼 등장한다면, 마치 선에 의한 것과 같이, 악에 의하여 아주 쉽게 따라갑니다. 그들은 마치 바람결에 나는 깃털과 같습니다.

7762. 믿음에 속한 것이다 라고, 그리고 믿음이라고 말할 수 있는 신뢰의 확신(confidence of trust)은 영적인 확신이나, 신뢰가 아니고, 자연적인 그런 것입니다. 영적인 확신이나 신뢰는 사랑에 속한 선에서 그것의 본질이나 생명을 취합니다. 그러나 분열된 믿음의 진리로부터는 그것들을 취하지 않습니다. 분열된 믿음의 확신은 생명이 없는 죽은 것이고, 따라서 악한 삶을 살아가는 사람들에게는 참된 확신(true confidence)은 있을 수 없습니다. 더욱이 삶이 어떠한 것이냐는 문제가 되지 않고, 오직 주님의 공로(功勞・the Lord's merit)를 통해서 구원 받는다는 확신은 진리에서 비롯된 것이 아닙니다.

제 11장 본 문(11장 1-10절)

1 주께서 모세에게 말씀하셨다. "내가 이제 바로에게와 이집트 땅 위에 한 가지 재앙을 더 내리겠다. 그렇게 한 다음에야, 그가 너희를 여기에서 내보낼 것이다. 그가 너희를 내보낼 때에는, 여기에서 너희를 마구 쫓아낼 것이니,
2 이제, 너는 백성에게 일러서, 남자는 이웃에 사는 남자에게, 여자는 이웃에 사는 여자에게 은붙이와 금붙이를 요구하게 하여라."
3 주께서, 이집트 사람들이 이스라엘 백성에게 호감을 가지게 하시고, 또 이집트 땅에서 바로의 신하와 백성이 이 사람 모세를 아주 위대한 인물로 여기게 하셨다.
4 그래서 모세가 바로에게 말하였다. "주께서 이르시기를 '내가 한밤중에, 이집트 사람 가운데로 지나갈 것이니,
5 이집트 땅에 지는 처음 난 것이 모두 죽을 것이다. 임금 자리

에 앉은 바로의 맏아들을 비롯하여, 맷돌질하는 몸종의 맏아들과 모든 짐승의 맏배가 다 죽을 것이다.

6 이집트 온 땅에서, 이제까지도 없었고, 앞으로도 없을, 큰 곡성이 들릴 것이다.

7 그러나 이집트의 개마저 이스라엘 자손을 보고서는 짖지 않을 것이다. 사람뿐 아니라 짐승을 보고서도 짖지 않을 것이다. 이는, 나 주가 이집트 사람과 이스라엘 사람을 구별하였다는 것을 너희에게 알리려는 것이다' 하셨습니다.

8 이렇게 되면, 임금님의 모든 신하가 나에게 와서, 내 앞에 엎드려 '당신과 당신을 따르는 백성은 모두 나가 주시오' 하고 사정할 것입니다. 이런 일이 있은 다음에야, 내가 여기서 떠나겠습니다." 모세는 매우 화를 내면서, 바로 앞에서 나왔다.

9 주께서 모세에게 말씀하셨다. "바로가 너희의 말을 듣지 않을 것이다. 이것은 내가 아직도 더 많은 이적을 이집트 땅에서 나타내 보여야 하기 때문이다."

10 모세와 아론이 바로 앞에서 이 모든 이적을 행하였다. 그러나 주께서 바로의 고집을 꺾지 않으셨으므로, 바로가 그 땅에서 이스라엘 자손을 내보내지 않았다.

간추린 내용(11장 1-10절)

7763. 우리의 본문장의 주제는 속뜻으로 인애에서 분리된 믿음의 영벌(永罰·damnation)인데, 그것은 한밤중에 죽음에 내몰린 이집트의 맏자식(長子·the firstborn)이 뜻합니다. 그리고 또 하나의 주제는 영적인 교회에 속한 자들에게 전가(轉嫁)되는 진리와 선의 기억지들인데, 그 지식은 이스라엘 자손들이 이집트 사람에게 요구

된 은그릇과 금그릇이 뜻합니다.

상세한 영적인 뜻(11장 1-10절)

7764. 1-3절. **주께서 모세에게 말씀하셨다. "내가 이제 바로에게와 이집트 땅 위에 한 가지 재앙을 더 내리겠다. 그렇게 한 다음에야, 그가 너희를 여기에서 내보낼 것이다. 그가 너희를 내보낼 때에는, 여기에서 너희를 마구 쫓아낼 것이니, 이제, 너는 백성에게 일러서, 남자는 이웃에 사는 남자에게, 여자는 이웃에 사는 여자에게 은붙이와 금붙이를 요구하게 하여라." 주께서, 이집트 사람들이 이스라엘 백성에게 호감을 가지게 하시고, 또 이집트 땅에서 바로의 신하와 백성이 이 사람 모세를 아주 위대한 인물로 여기게 하셨다.**

"주께서 모세에게 말씀하셨다"는 말씀은 가르침(敎育·敎訓)을 뜻합니다. "내가 이제 바로에게와 이집트 땅 위에 한 가지 재앙을 더 내리겠다"는 말씀은 영벌을 가리키는 마지막 황폐를 뜻합니다. "그렇게 한 다음에야, 그가 너희를 여기에서 내보낼 것이다"는 말씀은 그 때에 그들이 떠나 보내질 것이다는 것을 뜻합니다. "그가 너희를 보낼 땅에는, 여기에서 너희를 마구 쫓아낼 것이다"는 말씀은 그들은 그들이 완전히 내보낼 것과, 그리고 그들을 혐오감 안에 둘 것이다는 것과 그들의 현존으로부터 기피할 것이다는 것 등을 뜻합니다. "이제, 너는 백성에게 일러라"는 말씀은 가르침과 복종(服從·obedience)을 뜻합니다. "남자는 이웃에 사는 남자에게, 여자는 이웃에 사는 여자에게 은붙이와 금붙이를 요구하게 하여라"는 말씀은 교회에 속해 있는 악한 자에게서 제거된 진리와 선의 기억 지들이 교회에 속한 선한 자에게 주어질 것이다는 것을 뜻합니다.

"주께서, 이집트 사람들이 이스라엘 백성에게 호감을 가지게 하셨다"는 말씀은, 그 재앙들에 의한 영적인 교회에 속한 자들 때문에 온갖 악들 안에 있는 자들의 두려움(恐怖·fear)을 뜻합니다. "또 이집트 땅에서 (바로의 신하와 백성이) 이 사람 모세를 아주 위대한 인물로 여기게 하셨다"는 말씀은 지금은 신령진리에 대한 존경(尊敬)을 뜻합니다. "바로의 신하와 그 백성이 눈에서"라는 말씀은 거기에 있는 복종의 상태에 있는 자들을 뜻합니다.

7765. 주께서 모세에게 말씀하셨다.
이 말씀이 가르침(敎育·敎訓)을 뜻합니다(7186·7267·7304·7380항 참조).

7766. "내가 이제 바로에게와 이집트 땅 위에 한 가지 재앙을 더 내리겠다."
이 말씀이 재앙(災殃)을 가리키는 황폐의 마지막 상태를 뜻한다는 것은 황폐의 마지막을 가리키는 "한 가지 재앙을 더 내리겠다"는 말의 뜻에서 잘 알 수 있습니다. 이집트에 밀어닥친 재앙들이 계속적인 황폐의 상태들을 뜻한다는 것은 앞에서 설명한 내용에서 알 수 있고, 그리고 그것이 마지막 영벌이라는 것, 다시 말하면 인애에서 분리된 믿음에 속한 영벌(永罰·damnation)을 뜻한다는 것은 아래에 이러지는 내용에서 잘 알 수 있겠습니다. 왜냐하면 이집트에서 죽음에 내몰린 맏아들(長子)이 이런 믿음의 영벌을 뜻하기 때문이고, 그리고 "죽음"(死亡·death)이 영벌 자체를 뜻하고, 그리고 "맏이"(the firstborn)가 믿음을 뜻하기 때문입니다. 믿음에 속한 것들이 거짓들이나, 악들을 유지하기 위하여 적용되었을 때, 믿음은 영벌을 받았다고 언급됩니다. 그리고 또한 그것들이 이런 것들을 지지하고 있을 때, 그것들은 자신들의 역할(their side)을 뛰어넘는 것이고, 그리고 그것들을 확증하는 수단들이 되는 것입니다. 이것이 교리 안에는 있으면서, 인애에서 분리된 믿음 안에 있는 자들에게 있는 실정입니다. 그러나 이들에게 믿음 따위는 결코 존재하지 않습니다. 그들에게는 그들에 의하여 믿음이라고 불리우는 지식을 가리키는 믿음에 속한 그런 것들에 속한 기억지(記憶知)만 있을 뿐입니다. 이러한 내용이 천벌 받은 믿음(faith damned)이 뜻하는 것입니다. 더욱이 믿음에 속한 것들이 온갖 거짓들이나 악들에게 결합된 것이 내재해 있는 작자들은 박탈의 상태 뒤에는 영벌의 상태에 있게 됩니다. 이 영벌의 상태는, 믿음에 속한 것들을 가지고 있지 않는 자들에게서 나오는 악취에 비하여 그들에게서 발산하는 아주 불쾌하고, 비위에 거슬리는 악취(惡臭)에 의하여 지각됩니다. 이러한 사실은 일반적으로나 개별적으로나 마찬가지입니다. 일반적인 경우, 만약에 악한 영이 인애가 자리하고 있는 천계적인 사회에 근접하게 되면 그 악령에게서 발산하는 악취는 명확하게 지각됩니다. 마찬가지로 개별적인 경우 천계에 속한 것들이 있는, 다시 말하면 믿음에 속한 것들이 있는, 그리고 지옥에 속한 것들이 있는 경우도, 꼭 같은 일이 일어납니다. 이렇게 볼 때 "내가 이제 바로에게와 이집트 땅 위에 한 가지 재앙을 더 내리겠다"는 말이 영벌을 가리키는 마지막 황폐의 상태를 뜻하는 것이다는 것을 잘 알 수 있겠습니다. 왜냐하면 "바로"는 내습하고 괴롭히는 자들을 표징하고, 그리고 여기서는 영벌을 받고 있는 자들을 뜻하고, 그리고 "이집트"는 자연적인 마음을 뜻하기 때문입니다(5276・5278・5280・5288・5301・6147・6252항 참조).

7767. "그렇게 한 다음에야, 그가 너희를 여기에서 내보낼 것이다."
이 말씀이 그 때 그들이 떠나게 될 것이다는 것을 뜻한다는 것은, 위에서 여러 번 언급한 것과 같이, 떠나는 것을 가리키는 "내보낼 것이다"는 말의 뜻에서 잘 알 수 있습니다.

7768. "그가 너희를 모두 내보낼 때에는, 여기에서 너희를 마구 쫓아낼 것이다"(=그가 너희를 가게 할 때, 그가 반드시 너희를 다 함께 여기서 쫓아낼 것이다).

이 말씀이 그들이 그들을 완전히 떠나 보낼 것이다는 것과 그리고 그들이 그들을 혐오상태(嫌惡狀態)에 두고, 그리고 그들의 현존(現存)을 기피해 버릴 것이다는 것을 뜻한다는 것은 완전하게 떠나 보내는 것을 가리키는 "너희를 모두 쫓아낼 것이다"(=너희를 다 함께 쫓아낼 것이다)는 말의 뜻에서, 그리고 그들이 공격하여, 괴롭히던 자들인 영적인 교회에 속한 자들을 혐오하고, 기피하는 것을 가리키는 "너희를 마구 쫓아낼 것이다"는 말의 뜻에서 잘 알 수 있습니다. 왜냐하면 누구인가의 현존을 혐오하고, 또한 그의 현존을 기피하는 자는 마찬가지로 그에게서 그 사람을 쫓아버리기 때문입니다. 그들이 지금 영적인 교회에 속한 자들을 혐오하고, 그들을 기피한다는 것은 입류하는 선과 진리들이 지금 그들을 괴롭히고, 고통을 주기 때문입니다. 여기서의 경우는 따뜻한 물의 접촉이나, 공기를 마시는 숨까지도 차마 견딜 수 없이 매우 고통스러워하는 궤양(潰瘍)들과 같다고 하겠습니다. 그리고 또한 아주 부드러운 태양광선까지도 참고 견딜 수 없는 상처 입은 눈과 같다고 하겠습니다. 이런 영들의 자연적인 마음은 이와 같은 극도로 쓰라린 피부와 같습니다. 왜냐하면 그들이 황폐하게 된 뒤에는, 다시 말하면 믿음에 속한 것들이 모두 배척된 뒤에는, 그들은 선과 진리의 미세한 숨결까지도 참고 견딜 수가 없고, 그리고 거기에서 그것에 대한 혐오감이 치솟기 때문입니다.

7769. "**이제, 너는 백성에게 일러라**"(=이제 백성들의 귀에 말하여라).

이 말씀이 교훈과 복종을 뜻한다는 것은, 이집트를 떠날 때 이스라엘 자손들이 해야 할 것을 주께서 말씀하시기 때문에, 여기서는 교훈을 가리키는 "말한다"는 말의 뜻에서, 잘 알 수 있습니다. 그리고 "귀에 말한다"는 말은, "귀"가 복종에 대응하고, 결과적으로는 그것을 뜻하기 때문에 복종(=순종·obedience)을 뜻합니다(2542·3869·4551·4652·4660항 참조).

7770. **"남자는 이웃에 사는 남자에게, 여자는 이웃에 사는 여자에게 은붙이와 금붙이를 요구하여라"**(=은그릇들과 금그릇들을 요구하여라).

이 말씀이, 교회에 속한 악한 자에게서 제거된 진리나 선에 속한 지식들이 교회에 속한 선한 자에게 주어질 것이다는 것을 뜻한다는 것은 진리와 선에 속한 기억지들을 가리키는 "은그릇과 금그릇"(=은붙이와 금붙이·vessels of silver and vessels of gold)의 뜻에서 잘 알 수 있습니다. "은"(銀·silver)이 진리를 뜻하고, "금"(金·gold)이 선을 뜻한다는 것은 1551·1552·2954·5658·6112항을 참조하시고, 그리고 "그릇들"(容器·vessels)이 기억지들을 가리킨다는 것은 3068·3079항을 참조하십시오. 기억지들이 진리의 그릇들이나 선의 그릇들이라고 하였는데, 그 이유는 그것들이 그것들(=기억지들)을 담고 있기 때문입니다. 보통 진리와 선에 속한 지식들을 진리 자체로, 그리고 믿음의 선들이라고 믿고 있지만, 그러나 그 지식들이 그것들은 아닙니다. 믿음을 이루는 것은 진리와 선의 정동입니다. 이것들이, 마치 그것들이 자기 자신의 그릇에 들어가는 것과 같이, 기억지 속에 유입합니다. 이집트 사람에게 속한 이런 것들을 요구한다는 것은 그것들을 제거하고, 그것들을 자신들에게 주어진 것이라고 여기는 것을 뜻한다는 것은 아주 명료합니다. 그러므로 앞 장에서(3장) 그들은 "이집트 사람의 물건을 반드시 빼앗는다"고 언급되었습니다(3 : 22). 그리고 그 뒤에 이어지는 장(12 : 35)에서는 그들이 "그것들을 빼앗았다"고 언급되었습니다. "남자는 이웃에 사는 남자에게, 여자는 이웃에 사는 여자에게 그것들을 요구하였다"는 언급은 "남자"는 진리와 관계되고, "여자"는 선에 관계되기 때문인데, 그들은 역시 그것들을 뜻하고 있기 때문입니다.

[2] 여기의 경우가 어떠한 것인지는 출애굽기 3장 22절의 설명을 참조하십시오(6914-6917항 참조). 그 설명에서 알 수 있는 것은,

믿음에 관한 비의(秘義)를 알고 있지만, 그럼에도 불구하고 악한 삶을 사는 교회에 속한 자들이 소유하고 있는 진리와 선에 속한 기억지들은 영적인 교회에 속한 자들에게 전가(轉嫁)된다는 것입니다. 이 전가의 결과가 어떠한지는 6914항을 참조하십시오. 이러한 내용은 마태복음서의 주님말씀이 뜻하고 있습니다. 마태복음서의 말씀입니다.

> 물러가서, 그 달란트를 땅에 숨겨 두었습니다……"그에게서 그 한 달란트를 빼앗아서, 열 달란트 가진 사람에게 주어라. 가진 사람에게는 넘치게 하고, 없는 사람에게서는 있는 것마저 빼앗을 것이다. 이 쓸모 없는 종을 바깥 어두운 데로 내쫓아라."
> (마태 25 : 25, 28-30 ; 누가 19 : 24-26)
> 가진 사람은 더 받아서 차고 남을 것이며, 가지지 못한 사람은 가진 것마저 빼앗길 것이다.
> (마태 13 : 12 ; 마가 4 : 24, 25)

[3] 그 이유는 악한 자에게 있는 선과 진리의 지식들은 나쁜 쓰임이(evil use)에 적용되기 때문입니다. 지식들도 동일한 것이지만, 그러나 선용(=쓰임이)에의 적용은 각 사람에게 있는 그들의 성품을 낳습니다. 여기서의 경우 세상적인 재물(財物·riches)도 그와 꼭 같은데, 그것은 어떤 사람에게서는 좋은 쓰임이에, 그리고 어떤 사람에게서는 나쁜 쓰임이에 적용합니다. 결과적으로 재물은, 한 사람에게서는 그것들이 어떤 것에 적용되고 있는 쓰임이(善用·use)와 꼭 같습니다. 이렇게 볼 때 악한 사람이 가지고 있는 재물과 꼭 같이 그가 가지고 있는 지식들도 선한 사람에게도 있을 수 있고, 좋은 쓰임이를 위하여 이바지할 수 있다는 것은 아주 명확합니다. 이런 일련의 것들로부터 이스라엘 자손들이 이집트 사람에게서 은붙이와 금붙이를 요구하고, 그리고 따라서 빼앗고, 강탈(强奪)하라고 한 명령이 뜻하는 것이 무엇인지 지금은 알 수 있게 되었습니다. 이와 같은

약탈(掠奪)이나 강탈은, 만약에 그것이 영계에서의 그와 같은 것들을 뜻하지 않는다면 주님께서 결코 명령하시지 않았을 것입니다.
[4] 이런 내용에 비슷한 것이 이사야서에 기술되었습니다. 이사야서의 말씀입니다.

> 두로가 장사를 해서 벌어들인 소득은
> 주의 몫이 될 것이다.
> 두로가 제 몫으로 간직하거나
> 쌓아 두지 못할 것이다.
> 주를 섬기며 사는 사람들이,
> 두로가 벌어 놓은 것으로,
> 배불리 먹을 양식과 좋은 옷감을 살 것이다.
> (이사야 23 : 18)

이 구절은 두로에 관해서 언급하고 있는데, "두로"는 선과 진리에 속한 지식들을 뜻합니다(1201항 참조). 그리고 "상품"과 "저속한 임금"(賃金·몸값·meretricious hire)은 나쁜 쓰임이에 적용된 지식들을 뜻합니다. 이런 것들이 좋은 쓰임이에 그것들을 적용하려고 하는 선한 사람에게 주어질 것이다는 것은 "두로의 장사나 주를 섬기며 사는 사람들(=주 앞에 거하는 자들에게)이 배불리 먹을 양식과 좋은 옷감(=노인이 자신을 가릴 옷)을 살 것이다"는 말이 뜻하고 있습니다.
[5] 미가서의 말씀입니다.

> 도성 시온아,
> 너의 원수에게 가서, 그들을 쳐라!
> 내가 네 뿔을 쇠 같게 하고,
> 네 굽을 놋쇠 같게 할 것이니,
> 너는 많은 민족을 짓밟고(=많은 사람을 쳐서 산산조각을 낼 것이다),
> 그들이 폭력을 써서 착취한
> 그 재물을 빼앗아다가,

온 세상의 주 곧 나에게 가져 올 것이다.
(미가 4 : 13)

"많은 사람을 산산조각을 내어라"는 말은 그들을 황폐하게 만드는 것을 뜻하고, "온 세상의 주 곧 주님에게 가져 올 재물"은 진리와 선의 지식들을 뜻합니다. 다윗이 정복한 모든 민족에게서 가져 온 은과 금과 함께, 그리고 시리아(=에돔)와 모압과 암몬 사람들과 블레셋 사람들과 아멜렉과 소바 왕 하닷에셀에게서 빼앗아 온 은과 금을 주께 바치었는데(열왕기 하 8 : 11, 12), 바쳐진 은과 금이나, 그리고 솔로몬이 그의 아버지 다윗이 구별하여 바친 성물(聖物), 곧 주의 성전 창고에 넣은 은과 금과 기구들(열왕기 상 7 : 51)도 같은 내용을 뜻합니다.

7771. **주께서, 이집트 사람들이 이스라엘 백성에게 호감을 가지게 하셨다**(=주께서 이집트 사람의 눈에 은총을 주었다).
이 말씀이, 여러 재앙들 때문에 영적인 교회에 속한 자들로 인한 온갖 악들 안에 있는 자들의 두려움(=공포)을 뜻한다는 것은, 같은 말이 나오는, 위의 설명에서(6914항 참조) 잘 알 수 있겠습니다.

7772. **또 이집트 땅에서 이 사람 모세를 아주 위대한 인물로 여기게 하셨다.**
이 말씀이 지금은 신령진리에 대한 존경(尊敬)을 뜻한다는 것은, 위에서 자주 설명하였듯이, 신령진리를 가리키는 모세의 표징에서, 그리고 지옥에 있는 악한 자는 신령존재에 대하여 두려움 이외의 다른 존경은 가지고 있지 않기 때문에, 여기서는 두려움에서 빚은 존경을 가리키는 "위대한 인물로 여겼다"는 말의 뜻에서, 그리고 자연적인 마음을 가리키는 "이집트 땅"의 뜻에서(5276・5278・5280・5288・5301・6447・6252항 참조), 잘 알 수 있습니다. "위대한 인물로 여겼다"는 말이 존경을 뜻한다는 것은 명확한데, 그 이유는 "바로의 신하와 백성이 호감을 가졌다"고 언급되었기 때문입니다. 이렇게 볼 때 "이 사람 모세가 이집트 땅에서 아주 위대한 인물이다"는 말이 그 마음에서, 다시 말하면 괴롭히는 자들의 마음에 있는 신령 진리에 대한 존경을 뜻한다는 것을 잘 알 수 있겠습니다.

7773. (주께서) **이집트 땅에서 바로의 신하와 백성이 이스라엘 백성에게 호감을 가지게 하셨다.**
이 말씀이 거기에 종속적인 관계에 있는 자들을 뜻한다는 것은 종속적인 관계에 있는 자들을 가리키는 "신하"와 "백성"의 뜻에서 잘 알 수 있습니다. 왜냐하면 "바로"는 공격하고, 괴롭히는 자들 중 우두머리를 표징하고, 그리고 그 사람 밑에 있는 나머지들은 종속적인 자들을 뜻한다는 것은 선한 자뿐만 아니라 악한 자 사이에서도, 다시 말하면 천계에서와 꼭 같이 지옥에서도 통치의 형체(a form of government)가 있기 때문입니다. 다시 말하면 거기에는 다스림(統治·rule)이 있고, 그리고 거기에는 종속적인 관계가 있기 때문인데, 만약에 그것이 없다면 그 사회는 응집(凝集·coherence) 따위를 가질 수 없기 때문입니다. 그러나 천계의 종속관계들은 지옥에 있는 종속관계와는 전혀 다릅니다. 천계에서는 모두가 평등(平等·equals)한데, 그 이유는 형제가 형제를 사랑하는 것과 같이, 서로가 서로를 사랑하기 때문입니다. 그럼에도 불구하고, 총명이나 지혜에서 뛰어난 자를 그것에 비례하여 자기 윗자리에 두기 때문입니다. 선과 진리에 속한 진정한 사랑은, 마치 자기 스스로 하는 것과 같이, 선에 속한 지혜나, 진리에 속한 총명에서 뛰어난 자에게 자기 자신을 종속시키고 있기 때문입니다. 그러나 지옥에 있는 종속관계는 독재적인 권위(despotic authority)에 속한 것들이고, 결과적으로는 가혹(苛酷)한 것들입니다. 왜냐하면 명령하는 자는 그의 모든 명령에 우호적이 아니면, 그들에 대하여 매우 심하게 격노하기 때문입니다. 그 이유는, 각자 각자는, 다른 자들의 폭행에 대해서는 서로 결합한 목적 때문에 비록 겉으로는 친구처럼 여기지만, 다른 자들을 자기 자신의 원수로 여기기 때문입니다. 이와 같은 결속(結束)이나 결합은 강도들의 그것들과 꼭 같습니다. 종속적인 관계에 있는 자들은 계속해서 지배하기를 열망하고, 그리고 또한 그들은 자주 반란을 일으키는데, 그 때 거기의 상황들은 아주 비참합니다. 왜냐하면 그 때 거기에는 가혹함들이나, 잔학함들이 있기 때문입니다. 이러한 일은 번갈아 가면서 일어납니다. 이런 모든 내용에서 볼 때, 저 세상에서의 종속적인 상태들이 어떠한지 밝히 알 수 있겠습니다.

7774. 4-8절. **그래서 모세가 바로에게 말하였다. "주께서 이르시기를 '내가 한밤중에, 이집트 사람 가운데로 지나갈 것이니, 이집트 땅에 있는 처음 난 것이 모두 죽을 것이다. 임금 자리에 앉은 바로의 맏아들을 비롯하여, 맷돌질하는 몸종의 맏아들과 모든 짐승의 맏배가 다 죽을 것이다. 이집트 온 땅에서, 이제까지도 없었고, 앞으로도 없을, 큰 곡성이 들릴 것이다. 그러나 이집트의 개마저 이스라엘 자손을 보고서도 짖지 않을 것이다. 사람뿐 아니라 짐승을 보고서도 짖지 않을 것이다. 이는, 나 주가 이집트 사람과 이스라엘 사람을 구별하였다는 것을 너희에게 알리려는 것이다' 하셨습니다. 이렇게 되면, 임금님의 모든 신하가 나에게 와서, 내 앞에 엎드려 '당신과 당신을 따르는 백성은 모두 나가 주시오' 하고 사정할 것입니다. 이런 일이 있은 다음에야, 내가 여기서 떠나겠습니다." 모세는 매우 화를 내면서, 바로 앞에서 나왔다.**

"그래서 모세가 바로에게 말하였다"는 말씀은 가르침(敎育·敎訓)을 뜻합니다. "한밤중에"라는 말씀은 파괴가 전부인 때를 뜻합니다. "내가 이집트 사람 가운데로 지나갈 것이다"는 말씀은 그 때 어디에나 있는 신령존재의 현존(=임재)을 뜻합니다. "이집트 땅에 있는 처음 난 것이 모두 죽을 것이다"는 말씀은 인애에서 분리된 그 때의 믿음에 속한 영벌(永罰·damnation)을 뜻합니다. "임금 자리에 앉은 바로의 맏아들을 비롯하여"라는 말씀은 으뜸의 자리에 있는 믿음에 속한 위화된 진리를 뜻하고, "맷돌질하는 몸종의 맏아들을 비롯하여"라는 말씀은 마지막 자리에 있는 믿음에 속한 위화된 진리들을 뜻하고, "모든 짐승의 맏배가 다 죽을 것이다"는 말씀은 믿음에 속한 섞음질된 선들을 뜻합니다. "이집트 온 땅에서 곡성이 들릴 것이다"는 말씀은 내면적인 비애(悲哀)를 뜻합니다. "그 곡성은 이제까지도 없었고, 앞으로도 없을 것이다"는 말씀은 거기에는 그것과 같은 것이 있을 수 없는 그런 상태를 뜻합니다. "그러나 이집트의 개마저 이스라엘 자손을 보고서도 짖지 않을 것이다"는 말씀은 영적인 교회에 속한 자들 가운데에는 지극히 작은 영벌이나 비애도 있지 않을 것이다는 것을 뜻합니다. "사람뿐만 아니라 짐승을 보고서도 짖지 않을 것이다"는 말씀은 진리의 측면에서도, 선의 측면에서도 그런 것이 없을 것이다는 것을 뜻합니다. "이는, 나 주가 이집트 사람과 이스라엘 사람을 구별하였다는 것을 너희에게 알리려는 것이다"는 말씀은 악에 빠져 있는 자들과 선 안에 있는 자들 사이에 있는 등차의 성질(等次性質)을 알게 하려는 것이다는 것을 뜻합니다. "이렇게 되면, 임금님의 모든 신하가 나에게 올 것이다"는 말씀은 종속적인 관계에 있는 자들을 뜻합니다. "(그들이) 내 앞에 엎드릴 것이다"는 말씀은 신령진리 때문에 생긴 두려움에서 비롯된 존경을 뜻합니다. "'당신과 당신을 따르는 백성은 모두 나가 주시오' 하고 사정할 것이다"는 말씀은 그들이, 가장 높은 것에서 가장 낮은 데 이르기까지 신령존재에게서 비롯된 진리 안에 있는 자들에게서 떠나야 할 것이다는 간청을 뜻합니다. "이런 일이 있은 다음에야, 내가 여기서 떠나겠다"는 말씀은 신령진리가 떠날 것이다는 것을 뜻합니다. "모세는 매우 화를 내면서, 바로 앞에서 나왔다"는 말씀은 영벌을 받을 자들에게서부터 신령진리의 현존이 산산이 분열되는 것을 뜻합니다.

7775. 그래서 모세가 바로에게 말하였다.
이 말씀은, 위에서 설명한 것과 같이(7765항 참조), 가르침(敎育·敎訓)을 뜻합니다.

7776. "주께서 이르시기를 (내가) **한밤중에** (지나갈 것이다)."

이 말씀이 파괴가 전부인 때를 뜻한다는 것은 짙은 어둠이 가장 심한 때를 가리키는, 다시 말하면 거기에 온전히 거짓만 있는 때를 가리키는, "한밤중"(midnight)의 뜻에서 잘 알 수 있습니다. 왜냐하면 "밤"(night)은 거짓의 상태를 뜻하고(2353·6000항 참조), 그것의 중앙은 가장 심한 것을 뜻하고, 따라서 "한밤중"은 전적인 파괴나 멸망을 뜻하기 때문입니다.

7777. "(내가) **이집트 사람 가운데로 지나갈 것이다.**"
이 말씀이, 그 때 어디에나 존재하는 신령존재의 현존(=임재)을 뜻한다는 것은, 주에 관해서 언급될 경우, 신령존재의 현존(現存·臨在)을 가리키는 "가운데로 지나간다"(going out through the midst)는 말의 뜻에서 잘 알 수 있습니다. "한가운데"가 그 땅에 관해서 언급할 경우, 그것은 어디나 모두를 뜻합니다. 왜냐하면 "이집트의 한가운데를 지나간다"는 것은 모든 지역에 들어가는 것을 뜻하기 때문입니다.

7778. "**이집트 땅에 있는 처음 난 것**(every firstborn)**이 모두 죽을 것이다.**"
이 말씀이 인애에서 분리된 믿음에 속한 영벌(永罰·damnation)을 뜻한다는 것은 영벌을 가리키는 "죽는다"(dying)는 말의 뜻에서 (5407·6119항 참조), 그리고 인애가 그것을 통해서 나온 교회에 속한 믿음을 가리키는 "처음 난 것"(=장자·맏배·firstborn)의 뜻에서(352·2435·6344·7035항 참조) 잘 알 수 있지만, 그러나 "이집트 땅에 있는 처음 난 것"은 인애가 결여된 믿음을 뜻합니다 (이것에 관해서는 7766항 참조).

[2] 인애가 결여(缺如)된 믿음에 관해서 살펴보면, 그것은 인애가 없는 믿음은 믿음이 아니지만, 그러나 그것은 다만 믿음에 속한 그런 것들의 기억지들이다고 부연할 수 있겠습니다. 왜냐하면 믿음에 속한 진리들은, 그것들의 궁극적인 목적으로서 인애를 우러르고, 그리고 그 뒤에는 그들의 첫째 목적으로서 인애에서부터 발출하기

때문입니다. 이렇게 볼 때 명확한 것은 믿음에 속한 그런 것들은 인애 안에 있지 않는 자들에게는 결코 존재하지 못한다는 것입니다. 그럼에도 불구하고 믿음에 속한 진리들의 기억지들이 그들에게 존재한다고 알려져 있습니다. 이 기억지들은 그들이 믿음이라고 부르는 것입니다. 진리의 지식들이나, 믿음의 선이 온갖 악들이나 거짓들을 확증하기 위하여 그들에 의하여 적용될 때, 그 때 진리들이나 믿음에 속한 선들은 더 이상 그들에게 존재하지 않습니다. 그 이유는 그 진리들이나 선들은 그들이 섬기고 있는 거짓들이나 악들에 대하여 동의(同意)하기 때문입니다. 왜냐하면 그 때 그들이 확증한 거짓들이나 악들은 그것들 안에서 이해되었기 때문입니다.

[3] 순수한 믿음에 속한 자들은 주님나라와 주님을 우러르지만, 그러나 인애에서 분리된 믿음에 속한 자들은 아래를 주목하고, 그리고 그들이 악들이나 거짓들을 확증할 때에는 그들은 지옥을 우러르기 때문입니다. 이렇게 볼 때 확실한 것은 인애에서 분리된 믿음은 진정한 믿음이 아니다는 것입니다. 이상의 모든 내용에서 우리는 인애에서 분리된 믿음에 속한 영벌이 뜻하는 것이 무엇인지, 다시 말하면 그것은 위화된 진리나 섞음질된 믿음의 선의 영벌이다는 것을 잘 알 수 있겠습니다. 왜냐하면 선이 위화될 때, 그것은 더 이상 거짓 이외의 다른 것이 아니기 때문입니다. 그리고 믿음 자체는, 겉모양으로는 그럴듯하게 보이고, 건전하게 들린다고 해도 별문제가 되지 않고, 더 이상 진리나 선에 속한 믿음이 아니고, 다만 거짓과 악에 속한 믿음일 뿐입니다. 이것은 비밀스러운 것이지만, 모두 각자의 믿음의 본성은 그의 삶의 본성과 같다는 것입니다. 그러므로 만약에 그의 생명이 영벌을 받았다면, 그의 믿음도 그러합니다. 왜냐하면 그것은 삶이 악에 속한 삶이라면, 거짓에 속한 믿음이기 때문입니다. 이러한 사실은, 이 세상에서는 그와 같이 나타나지 않지만, 그러나 저 세상에서 악한 사람이 진리나 선에 속한 기억지가 박탈되었을 때 명료하게 보여지기 때문입니다. 왜냐하

면 그 때 그들 안에 숨겨져 있는 악들에게서 비롯된 거짓들은 모습을 드러내기 때문입니다.

[4] 몇몇 악한 자들에게는 믿음에 속한 진리가 진리이다고 하는 종지(宗旨・persuasion)가 있는데, 그와 같은 종지(=억지 주장)는 역시 믿음이라고 여기기 때문인데, 그러나 그것은 믿음이 아닙니다. 왜냐하면 그것은, 재물・영예・명성 따위를 얻는 수단들로서 종사하는 이런 목적으로 말미암아 각인(刻印)되었기 때문입니다. 이런 진리들이 수단들로 종사하는 한, 그것들은 악한 것을 가리키는 목적을 위해 애지중지하게 됩니다. 그러나 그것들이 더 이상 그와 같이 이바지하지 않을 때, 그것들은 뒤로 물러나게 되고, 아니, 그것들은 거짓들로 여겨질 것입니다. 이와 같은 억지 주장(宗旨)은 "억지믿음"(=종지적인 믿음・persuasive faith)이라고 하는데, 그것은 마태복음서에서 주님의 말이 뜻하는 것입니다. 마태복음서의 말씀입니다.

> "그 날에 많은 사람이 나에게 말하기를 '주님, 주님, 우리가 주의 이름으로 예언을 하고, 주님의 이름으로 귀신을 내쫓고, 또 주의 이름으로 많은 기적을 행하지 않았습니까?' 할 것이다. 그 때 내가 그들에게 밝히 말할 것이다. '나는 너희를 도무지 알지 못한다. 불법을 행하는 자들아, 나에게서 물러가라.'"
> (마태 7 : 22, 23)

이와 꼭 같은 믿음이, "주님, 주님, 우리에게 문을 열어 주십시오 하고 애원하였지만, 그러나 그는 대답하여 말하기를, '내가 진정으로 말한다. 나는 너희를 알지 못한다'고 하였다"는 어리석은 다섯 처녀들이 가지고 있는 "기름이 없는 등불"이 뜻합니다(마태 25 : 11, 12). 여기서 "등불"(=등・lamps)은 믿음의 진리를 뜻하고, "기름"(oil)은 인애의 선을 뜻합니다. 따라서 "기름이 없는 등"은 인애의 선이 없는 믿음의 진리들을 뜻합니다.

7779. "임금 자리에 앉은 바로의 맏아들을 비롯하여……."
이 말씀이 첫째 자리에 있는 위화된 믿음의 진리를 뜻한다는 것은 믿음을 가리키는 "맏아들"의 뜻에서(352・2435・6344・7035항 참조), 일반적으로 교회의 진리들을 왜곡시키는 기억지를 가리키는 "바로"의 표징에서(6015・6651・6679・6683・6692항 참조), 잘 알 수 있습니다. 따라서 "바로의 맏아들"은 이런 것에 속한 믿음을 뜻하는, 결과적으로는 위화된 믿음의 진리들에 속한 믿음을 뜻합니다. 그리고 진리의 통치를 가리키는, 그리고 반대의 뜻으로는 거짓의 지배를 가리키는 "임금 자리"(=보좌・throne)의 뜻에서 잘 알 수 있습니다. "임금 자리에 앉은 바로의 맏아들"이 첫째 자리에 있는 위화된 믿음의 진리를 뜻한다는 것은, 말석(末席)에 있는 위화된 믿음의 진리를 뜻하는 "맷돌질하는 몸종의 맏아들에게 이르기까지"라고 언급된 사실에서 잘 알 수 있습니다. 더욱이 임금의 아들(王子)은, 임금이 머리되는 것을 가리키기 때문에, 첫째 되는 것을 뜻합니다.

[2] 첫째 자리에 있는 위화된 진리들이 본질적인 것들로 시인되고 있는데, 그런 것들은 이러합니다. 사람이 여하히 살았느냐는 문제가 되지 않고, 오직 믿음이 구원한다는 것, 그리고 그 믿음은 사람의 삶의 마지막 때에 사람을 구원한다는 것, 그리고 그 때 그 사람은 죄악들로부터 깨끗하다는 것, 그리고 따라서 온갖 죄악들은, 마치 손에 붙어 있는 불결한 것이 물에 의하여 씻어지듯이, 일순간에 깨끗이 씻어진다는 것 등입니다. 그리고 또한 그것이 주장하는 것은 인애가 없이도 믿음이 존재한다는 것, 그리고 사람의 구원의 측면에서 보면, 삶은 아무것도 성취하지 못한다는 것, 그리고 또한 악마적인 인간(a man-devil)은 일순간에 하나님의 천사가 될 수 있다는 것 등등입니다. 이런 것들이나 이와 유사한 것들은 첫째 자리에 있는 위화된 진리들입니다. 그런 것에서 파생된 것들은 두 번째 자리를 차지하고 있습니다. 아주 멀리까지 파생된 것들은 마지막

자리에 있습니다. 왜냐하면 모든 진리의 파생들은 아주 많이 있고, 길게 계속 이어지고 있기 때문입니다. 그런 것 중에 어떤 것들은 직접적으로 들어오기도 하고, 어떤 것들은 간접적으로 들어오기도 합니다. 단순히 접촉하는 것은 가장 마지막의 것입니다.

[3] 이런 것이나, 이와 유사한 것이 위화된 믿음의 진리들이라는 것은 아주 확실합니다. 왜냐하면, 만약에 사람이 바르게 생각한다면, 믿음의 삶이 사람을 영적인 존재가 되게 하지만, 그러나 삶 안에 그것이 활착(活着)되는 것을 제외하면, 믿음이 아니라는 것을 그 누구가 모르겠습니까? 사람의 생명은 그의 사랑입니다. 그리고 그가 애지중지하는 것을 그가 원하고, 의도하며, 그리고 그가 원하고 의도하는 것을 그가 행합니다. 이것이 사람의 존재이지만, 그러나 그가 알고, 생각도 하지만, 원하지 않는 것은 사람의 존재가 아닙니다. 사람에 속한 이와 같은 존재는 중재(仲裁 · mediation)나 구원에 관해서 생각하는 것에 의하여 결코 다른 존재로 변할 수 없지만, 그러나 그의 전 생애의 대부분에 걸쳐 성취한 새로운 중생에 의하여 변할 수 있습니다. 왜냐하면 그는 반드시 수태되고, 태어나고, 새롭게 성장하기 때문입니다. 이러한 것은 생각하고 말하는 것에 의하여 이루어지는 것이 아니고, 오히려 원하고 행하는 것을 통하여 성취되기 때문입니다.

[4] 이런 내용이 언급된 것은 "바로의 맏아들"이나, "이집트 사람의 맏아들"이 인애에서 분리된 믿음을 뜻하기 때문입니다. 그러한 것이 믿음이 아니고, 다만 믿음에 속한 것들의 기억지라는 것은 앞서의 설명에서 입증하였습니다. 이집트 사람의 맏아들이 이 믿음을 표징하는데, 그 이유는 이집트 사람들이 홍수 이후 표징적인 교회를 세운 나머지들에 비하여 교회의 예전(禮典 · rituals)에 관한 지식에서 조예(造詣)가 깊기 때문입니다(4749 · 4964 · 4966 · 6004항 참조). 그 때 모든 예전들은 천계에 있는 영적인 것들의 표징이었습니다. 이집트 사람들이 다른 민족들에 비하여 이런 것들에 속한

보다 많은 지식을 가지고 있었지만, 그러나 시간이 경과하면서 그들은 오직 그 지식들을 애지중지하기 시작하였고, 그리고 그 때에 오늘날과 같이, 교회의 모든 것들을 교회에 속한 그런 것들의 지식 안에 두기 시작하였으나, 더 이상 인애의 삶 안에 두지는 않았습니다. 따라서 그들은 교회의 모든 질서를 뒤바꾸어 놓았고, 그것이 뒤바뀌어졌기 때문에, 믿음에 속한 진리들이라고 부르는 진리들은 위화될 수밖에 없었습니다. 왜냐하면 이것은 그들이 온갖 악에 적용하였을 때 이집트 사람 사이에서는 마술(魔術·magic)에 적용한 경우인데, 신령질서에 정반대로 적용된 진리들은 그들에게서는 더 이상 진리들이 아니고, 다만 그들이 적용한 온갖 악들에게서 비롯된 거짓들이 되어버렸기 때문입니다.

[5] 이러한 사실은 이집트 사람들 가운데 있었던 송아지 예배(the worship of a calf)에 의하여 설명하겠습니다. 그들은 송아지(calf)가 표징하는 것이 무엇인지, 다시 말하면 그것이 인애에 속한 선(the good of charity)을 표징한다는 것을 알고 있었습니다. 그들이 이런 것을 알고 있고, 그리고 이것을 생각하는 동안, 그들이 송아지들을 볼 때나, 또는 고대인들이 거행하였던 것과 같은 인애의 축제일(feasts of charity)에 송아지들을 준비할 때, 그리고 그 뒤, 송아지들이 희생제물에 사용되었을 때, 그 때 그들은, 천계의 천사들과 함께, 합리적이고 분별이 있는 생각을 하였고, 그들에게 송아지는 인애에 속한 선이었습니다. 그러나 그들이 금송아지들(calves of gold)을 만들기 시작하고, 그리고 그것들을 그들의 신전(神殿)에 모시고, 그것들을 숭배할 때, 그 때 그들은 미치광이처럼 생각하였고, 지옥의 것들과 더불어 생각하였습니다. 이런 식으로 그들은 참된 표징을 거짓된 표징으로 뒤바꾸어 놓았습니다.

7780. "**맷돌질하는 몸종의 맏아들이** (다 죽을 것이다)."
이 말씀이 마지막 자리에 있는 믿음에 속한 위화된 진리들을 뜻한다는 것은 믿음을 가리키는 "맏아들"(firstborn)의 뜻에서(7779항 참조) 잘 알 수 있습니다. 그리고 그것이 믿음을 뜻하기 때문에, 그것은 총체적으로 진리를 뜻합니다. 왜냐하면 진리는, 그것이 믿어지는 것이기 때문에, 믿음에 속한 것이기 때문입니다. 그리고 진리에 속한 외면적인 정동을 가리키는, 또는 기억지의 정동을 가리키는 "몸종"(=하녀·maidservant)의 뜻에서(1895·2567·3835·3849항 참조) 잘 알 수 있습니다. 그러나 "맷돌질하는 몸종"(=맷돌 뒤에 있는 여종)은 기억지에 속한 가장 외적인 정동을 뜻합니다. 왜냐하면 "맷돌 뒤에 있다"(=맷돌질한다)는 말은 마지막 자리에 있는 것을 뜻하기 때문입니다. "맷돌"(millstone)이 믿음에 속한 것들에 관해서 서술하고 있기 때문에, "맷돌 뒤에 있다"고 언급되었습니다. 왜냐하면 맷돌들에 의하여 낟알이 가루로 만들어지고, 그리고 따라서 빵을 준비하기 때문입니다. 그리고 "밀가루"는 선이 비롯된 진리를 뜻하고, "빵"은 그것에서 파생된 선 자체를 뜻하기 때문입니다. 따라서 "맷돌 곁에 앉는다"는 것은 배우는 것을 가리키고, 그리고 믿음에 도움이 되는 것이나, 믿음을 통해서 인애에 도움이 되는 것들로 고취(鼓吹)되는 것을 가리킵니다. 이런 이유 때문에, 고대 사람들은, 그들이 믿음의 교리에 속한 첫째 되는 원리(原理)를 기술할 때, 그것들을 "맷돌 곁에 앉는다"는 말에 의하여 기술하였습니다. 그리고 보다 더 원리적인 것들은 "맷돌들 뒤에 앉는다"는 말에 의하여 기술되었습니다. 이와 같은 뜻 때문에 주님께서는 교회의 마지막 때(the last time of the church)에 관해서 가르치는 곳에서 이렇게 말씀하셨습니다. 마태복음서의 말씀입니다.

> 두 여자가 맷돌을 갈고 있을 터이나, 하나는 데려가고, 하나는 버려 둘 것이다.
> (마태 24 : 41)

이 구절은, 만약에 "맷돌"(mill)이 믿음에 속한 것들을 뜻하지 않는다면, 결코 언급되지 않았을 것입니다. "맷돌"이나 "가루 빻는 일"(grinding)이 속뜻으로 무엇을 뜻하는지는 4335항을 참조하십시오. 첫째 자리에 있는 믿음에 속한 진리들이나, 마지막 자리에 있는 믿음에 속한 진리들에 관해서 주지하여야 할 것은, 선에서 직접 발출하는 믿음에 속한 진리들은 첫째 자리에 있는데, 그 이유는 그 진리들이 형체 안에 있는 선들이기 때문입니다. 그러나 마지막 자리에 있는 진리들은 적나라한 진리들(naked truth)입니다. 왜냐하면 진리들이 계속해서 파생될 때, 그것들은 선에서부터 한 걸음씩 후퇴하며, 종국에는 적나라한 진리들이 되기 때문입니다. 이런 진리들이 "맷돌 뒤에 있는 몸종들"(=맷돌질하는 여종들)이 뜻합니다.

7781. "**모든 짐승의 맏배가** (다 죽을 것이다").
이 말씀이 믿음에 속한 섞음질된 선(the adulterated good)을 뜻한다는 것은 믿음을 가리키는 "맏배"(firstborn)의 뜻에서, 그리고 선에 속한 정동을 가리키는 "짐승"의 뜻에서, 그리고 반대의 뜻으로는 악에 속한 정동(=정욕)을 가리키는 "짐승"의 뜻에서(45·46·142·143·246·714·715·719·776·2179·2180·3519·5198항 참조) 잘 알 수 있습니다. "짐승들"(beasts)이 이런 뜻을 가지고 있다는 것은 저 세상에서의 표징(表徵·the representative)에서 비롯된 것입니다(3218항 참조). 그러므로 희생제물에서 그것들은 이런 내용을 뜻하고 있습니다(2180·2805·2807·2830·3519항 참조). "짐승들"이 이런 뜻을 가지고 있기 때문에, 그러므로 "짐승의 맏배"는 진리에 속한 선을 뜻하는데, 여기의 경우는 섞음질된 것을 뜻합니다. 그 이유는, 모든 진리들이나 선들을 나쁜 씀씀이(惡用·evil uses)에 적용하는 것으로 왜곡시키는 이집트 사람들에게 속해 있기 때문입니다.

7782. "**이집트 온 땅에서 큰 곡성이 들릴 것이다.**"
이 말씀이 내면적인 비애(悲哀·interior lamentation)를 뜻한다는 것은, 여기서는 "맏아들"의 죽음 때문에, 속뜻으로는 영벌 때문에 생긴 비애를 가리키는 "울음소리"(=곡성·哭聲·cry)의 뜻에서 잘 알 수 있습니다. "큰 울음소리"(a great cry)가 내면적인 비애(=슬픔)를 뜻한다는 것은, 비애가 너무나 크기 때문에, 그리고 그것은 보다 더 내면적인 것이기 때문입니다.

7783. "(그와 같은 곡성은) **이제까지도 없었고, 앞으로도 없을 것이다.**"
이 말씀이 그것과 같은 것이 있을 수 없는 상태를 뜻한다는 것은 위에서 설명된 내용에서(7649·7686항 참조) 잘 알 수 있습니다.

7784. "**이집트의 개마저 이스라엘 자손을 보고서는 짖지 않을 것이다.**"
이 말씀이 영적인 교회에 속한 자들 가운데에는 지극히 작은 영벌이나 비애도 있지 않을 것이다는 것을 뜻한다는 것은 영적인 교회에 속한 자들을 가리키는 "이스라엘 자손"의 표징에서(6426·6637·6862·6868·7035·7062·7198·7201·7215·7223항 참조), 그리고 지극히 작은 영벌이나 비애가 있지 않을 것이다는 것을 가리키는 "개마저 짖지 않는다"(=개도 그의 혀를 놀리지 않는다)는 말의 뜻에서 잘 알 수 있습니다. 왜냐하면 이와 같은 표현은, 내면적인 비애를 뜻하는, "이집트 온 땅에 있을 큰 곡성"에 반대되기 때문입니다(7782항 참조). 이것은 "맏이"의 죽음이 영벌을 뜻하기 때문입니다.

[2] 영적인 교회에 속한 자들이, 다시 말하면 영적인 교회의 선 안에 있는 자들이, 지극히 작은 영벌도 받지 않는다는 것을 뜻한다는 것은 그들이 전혀 악이 없다는 말로 이해되어서는 안 되고, 오히려 그들은 주님에 의하여 악으로부터 선 안에 있게 되었다는 것으로 이해되어야 한다는 것입니다. 그들 자신의 것은 악 이외에 아무것도 아니고, 그리고 영벌을 받을 존재 이외에 아무것도 아니지만, 그러나 주님 자신의 것은 선이고, 그리고 그들이 받는 것 역시 선이다는 것입니다. 결과적으로 주님의 것에는 영벌 따위는 전혀 없습니다. 따라서 이 말은 주님 안에 있는 자들에게 영벌에 속한 것은 전무(全

無)하다는 것을 뜻합니다.
[3] "개가 짖지 않을 것이다"고 언급된 것은 "개"가 가지고 있는 뜻 때문입니다. "개"(dog)는 모든 자들 중 가장 낮은 것, 또는 교회에 있는 작은 가치를 지닌 자들을 뜻합니다. 마찬가지로 교회 밖에 있는 자들을 뜻하고, 그리고 교회에 속한 것들에 관해서 쓸데없이 지껄이는 것을 뜻하고, 그리고 그것들을 거의 이해하지 못하는 자들을 뜻합니다. 반대의 뜻으로는, 전적으로 교회에 속한 믿음 밖에 있는 자들을, 그리고 믿음에 속한 것들을 전적으로 무시하는 자들을 뜻합니다. 성경에서 "개들"이 교회 밖에 있는 자들을 뜻한다는 것은 마태복음서의 말씀에서 명확합니다.

> 예수께서 대답하시기를 "아이들이 먹을 빵을 집어서, 개들에게 던져 주는 것은 옳지 않다" 하시니, 그 여자가 말하였다. "주님, 그렇습니다. 그러나 개들도 주인의 상에서 떨어지는 부스러기는 얻어먹습니다." 그제서야 예수께서 그 여자에게 말씀하셨다. "여자야, 참으로 네 믿음이 크다. 네 소원대로 될 것이다." 바로 그 때에 그 여자의 딸이 나았다.
> (마태 15 : 26-28 ; 마가 7 : 27, 28)

여기서 "아이들"(children)은 교회 안에 있는 자들을 뜻하고, "개들"(dogs)은 교회 밖에 있는 자들을 뜻합니다. 마찬가지로 "나사로의 헌데를 핥는 개"도 같은 뜻을 뜻합니다(누가 16 : 21). 왜냐하면 여기서 "부자"(the rich man)는 속뜻으로 교회 안에 있는 자를 뜻하고, 결과적으로는 진리와 선의 지식들을 가리키는 영적인 재물이 풍부한 자를 뜻하기 때문입니다. "개들"은 교회 안에 있으면서 가장 낮은 자리(the lowest place)에 있는 자들이나, 교회에 속한 것들에 관해서 쓸데없이 지껄이고, 그것에 관해서 거의 아무것도 이해하지 못하는 자들을 뜻합니다. 그리고 반대의 뜻으로는 아래의 장절에서는 믿음에 속한 것들을 경멸(輕蔑)하는 자들을 뜻합니다. 즉─.

백성을 지키는 파수꾼이라는 것들은
눈이 멀어서 살피지도 못한다.
지도자가 되어 망을 보라고 하였더니,
벙어리 개가 되어서
야수가 와도 짖지도 못한다.
기껏 한다는 것이 꿈이나 꾸고,
늘어지게 누워서 잠자기나 좋아한다.
(이사야 56 : 10)
그들은 저녁만 되면 돌아와서,
개처럼 짖어 대면서,
성 안을 이리저리 쏘다닙니다.
그들은 입에 악독을 머금고,
입술에는 칼을 물고서
"흥, 누가 들으랴!" 하고 말합니다.……
그들은 저녁만 되면 돌아와서,
개처럼 짖어 대면서,
성 안을 이리저리 쏘다닙니다.
(시편 59 : 6, 7, 14)
너는 원수들의 피로 발을 씻고,
네 집 개는 그 피를 마음껏 핥을 것이다.
(시편 68 : 23)
거룩한 것을 개에게 주지 말고, 너희의 진주를 돼지 앞에 던지지 말아라. 그것들이 발로 그것을 짓밟고, 되돌아와서 너희를 물어 뜯을지도 모른다.
(마태 7 : 6)

이런 이유 때문에 던져버려야 할 모든 것들 중에서 가장 나쁜 것은 "죽은 개"(a dead dog)가 뜻합니다(사무엘 상 24 : 14 ; 사무엘 하 9 : 8 ; 16 : 9).

7785. "사람뿐 아니라 짐승을 보고서도 짖지 않을 것이다."

이 말씀이 진리의 측면에서도, 선의 측면에서도 그러한 일은 없을 것이다는 것을 뜻한다는 것은 진리를 가리키는 "사람"의 뜻에서(3134항 참조), 그리고 선에 속한 정동을 가리키는, 따라서 선을 가리키는 "짐승"의 뜻에서(7781항 참조), 잘 알 수 있습니다.

7786. "**이는, 나 주가 이집트 사람과 이스라엘 사람을 구별하였다는 것을 너희에게 알리려는 것이다.**"
이 말씀이 악 안에 있는 자들과 선 안에 있는 자들 사이에 차이가 무엇인지를 알게 하려는 것을 뜻한다는 것은 알게 하려는 것을 가리키는 "너희에게 알리려는 것이다"는 말의 뜻에서, 그리고 악 안에 있는 자들을 가리키는 "이집트 사람"의 표징에서 잘 알 수 있습니다. "이집트 사람들"은, 앞에서는 거짓 안에 있는 자들을 뜻하였지만, 그러나 여기서는 그들이 알고 있었던 교회의 진리들의 측면에서 박탈된 뒤에는 악 안에 있는 자들을 뜻합니다. 왜냐하면 맏이의 죽음은 악한 상태를 가리키는 영벌을 뜻하기 때문입니다. 그리고 영적인 교회에 속한 자들을 가리키는, 따라서 선 안에 있는 자들을 가리키는 이스라엘 자손들의 표징에서(7784항 참조) 잘 알 수 있습니다. 왜냐하면 영적인 교회에 속한 자들은 믿음에 의하여 인애에 인도되기 때문에, 따라서 진리에 의하여 선에 인도되기 때문입니다.

7787. "**이렇게 되면, 임금님의 모든 신하가 나에게 올 것이다.**"
이 말씀이 종속관계에 있는 자들을 뜻한다는 것은 종속된 자들을 가리키는 "바로의 신하들"의 뜻에서(7773항 참조) 잘 알 수 있습니다.

7788. "(신하들이) **내 앞에 스스로 엎드릴 것이다.**"
이 말씀이 신령진리로 인한 두려움(fear)에서 비롯된 존경을 뜻한다는 것은, 위에서 자주 언급한 것과 같이, 신령진리를 가리키는 모세의 표징에서, 그리고 겸비(謙卑·humiliation)를 가리키는, 그러나 여기서는, 악 안에 있는 자들에 관해서 언급되었기 때문에, 두려움에서 비롯된 존경을 뜻하는 "스스로 엎드릴 것이다"(=무릎을 꿇을 것이다)는 말의 뜻에서 잘 알 수 있습니다. "두려움(恐怖·fear)에서 비롯된 존경"이라고 말하였는데, 그것은 악한 사람은 신령진리에 대하여 그 어떤 존경도 가지고 있지 않고, 또한 그들이 두려움 때문에 가지고 있는 것을 제외하면 신령존재 자체에 대한 존경 따위도 가지고 있지 않기 때문입니다. 왜냐하면 지옥에 있는 자들은 자기 자신만을 사랑하고, 그리고 자기 자신만을 사랑하는 자들은 그 누구에 대한 존경 따위는 전혀 가지고 있지 않기 때문입니다. 그 이유는 그들은 다른 자들에 대한 모든 존경을, 심지어 신령존재 그분에 대한 존경까지도 자기 자신에게로 방향을 바꾸기 때문입니다. 사랑이 있는 곳에는 역시 존경이 있습니다. 그리고 사랑이 있지 않는 곳에는, 두려움에서 비롯된 것이 아니면, 결코 거기에 존경 따위는 존재하지 않습니다. 이런 이유 때문에 저 세상에서 악한 자들은 온갖 형벌을 겪고 있습니다. 그 형벌은 종국에는 그들이 선한 자들에 대항하고, 그들을 괴롭히는 짓을 감히 하지 못하는 데까지 지속됩니다. 왜냐하면 형벌의 두려움 이외의 다른 방법들에 의해서는 악행에서부터 그들이 멈추거나, 단념하게 할 수 없기 때문입니다.

7789. (임금님의 모든 신하가 내 앞에 엎드려) **"'당신과 당신을 따르는 백성은 모두 나가 주시오' 하고 사정할 것이다."**
이 말씀이, 가장 높은 자에게서부터 가장 낮은 자에 이르기까지 신령존재에게서 비롯된 진리 안에 있는 자들이 떠나기를 간청(懇請)하는 것을 뜻한다는 것은 떠나는 것을 가리키는 "나간다"(going out)는 말의 뜻에서, 그리고 신령진리를 가리키는, 여기서는 "당신"이 뜻하는 모세의 표징에서, 그리고 신령존재에게서 비롯된 진리 안에 있는 자들을 가리키는 "백성"(people)의 뜻에서 잘 알 수 있습니다. 왜냐하면 여기서 "백성"인 이스라엘 자손들은 영적인 교회에 속한 자들을, 따라서 선에 속한 진리나, 진리에 속한 선 안에 있는 자들을 여기서는 "당신을 따르는 백성"(=당신 발에 있는 백성)이라고 언급되었기 때문에, 신령존재에게서 비롯된 진리 안에 있는 자들을 표징하기 때문입니다. 그리고 아래에 있는 자들을 가리키는, 따라서 종속관계에 있는 자들을 가리키는 "당신 발에"(=당신을 따른다)라는 말의 뜻에서 잘 알 수 있습니다. 왜냐하면 "발"(feet)은, 자연적인 것을 뜻하기 때문에, 보다 낮은 것을 뜻하기 때문입니다. 그 이유는 자연계(自然界)는 영계(靈界) 아래에 있기 때문입니다. 그리고 "발"(feet)이 자연적인 것을 뜻한다는 것은 2162·3761·3986·4280·4938-4952항을 참조하십시오. 이런 이유 때문에 "당신 발에 있는 백성"(=당신을 따르는 백성)이라고 언급되었습니다. 또한 가장 윗자리부터 가장 낮은 자리에 있는 자들을 뜻합니다. 모세는, 그가 신령진리를 표징하기 때문에, 가장 높은 자리에 있는 자를 뜻합니다. "그의 발에 있는 백성"은, 전체적이든 개별적이든, 신령존재에게서 비롯된 진리 안에 있는 자들을 표징합니다.

7790. "이런 일이 있은 다음에야, 내가 여기서 떠나겠다."
이 말씀이 신령진리가 떠날 것이다는 것을 뜻한다는 것은 떠나는 것을 가리키는 "떠나겠다"(=가겠다·going out)는 말의 뜻에서, 그리고 신령진리를 가리키는 모세의 표징에서 잘 알 수 있습니다. 이러한 내용들은, 선량한 자를 공격하고, 괴롭히는 자들이 영벌을 받을 때, 모든 신령진리는 그들에게서 떠난다는 것을 뜻합니다. 왜냐하면 그 때 그들은 자신들의 악에 속한 상태에 있고, 그리고 악은 모든 신령진리를 배척하고, 소멸시키기 때문입니다. 그들의 영벌의 상태에 이르기 전까지 그들은 사실 믿음에 속한 진리들을 터득하고 있지만, 그러나 그럼에도 불구하고, 그들은 자신들 안에 전혀 진리들을 가지고 있지 않습니다. 왜냐하면 그 때 진리들은 그들의 입 안에 있을 뿐, 마음 안에는 있지 않기 때문입니다. 그러므로 그들이 이런 진리들에 관해서 박탈되었을 때, 그 때 악은 남아 있고, 그리고 그 때 역시 그들 안에 숨겨두었던 악에 속한 거짓은 나타나기 때문입니다. 왜냐하면 비록 그들이 진리들을 고백한다고 해도, 그럼에도 불구하고, 그들은 진리들 안에 있지 않고, 오히려 거

짓들 안에 있기 때문입니다. 더욱이 진리의 고백 자체는 그것의 원
천에서, 다시 말하면, 선에서부터 온 것이 아니고, 오히려 악에서
부터 온 것입니다. 왜냐하면 그들은 그것을 재물·영예·명성 따위
를 목적해서, 따라서 자기 자신들이나 세상을 겨냥해서 고백하였기
때문입니다. 이런 원천에서 온 진리들은 그 표면에 밀착하고, 그러
므로 그것들이 박탈하게 되면, 진리들은, 마치 물고기비늘처럼, 떨
어져 나가버립니다. 그것들이 떨어져 나갔을 때, 거기에 있는 악에
서 솟아나는 온갖 거짓들로부터 악취가 나고, 고약한 냄새가 나는
장소들에 그들은 남게 됩니다. 이러한 것이, 믿음에 속한 진리들을
알고 있지만, 그럼에도 불구하고 그것들에 반대되게 사는 자들의
처지입니다. 이러한 것은 누가복음서의 주님말씀에 일치합니다. 누
가복음서의 말씀입니다.

> 주인의 뜻을 알고도, 준비하지도 않고, 그 뜻대로 행하지도 않은 종은,
> 많이 매를 맞을 것이다. 그러나 알지 못하고 매맞을 일을 한 종은, 적
> 게 맞을 것이다.
> (누가 12 : 47, 48)

7791. 모세는 매우 화를 내면서, 바로 앞에서 나왔다.

이 말씀이 영벌을 받을 자들에게서 신령진리의 현존(現存)이 산산이
사라진다는 것을 뜻한다는 것은, 떠나는 것을 가리키는, 여기서는
"매우 화를 내었다"고 언급되었기 때문에, 산산이 깨져 없어지는 것
을 가리키는 "나왔다"(going out)는 말의 뜻에서 잘 알 수 있습니다.
더욱이 영벌이 일어나는 마지막 때에 산산이 사라지는 일이 있게
됩니다. 왜냐하면 그들이 신령진리를 혐오하기 시작하고, 또한 그것
을 두려워하기 시작하고, 종국에는 신령진리의 현존에 공포와 전율
을 느끼기 시작할 때, 그들은 스스로 그것으로부터 산산이 흩어지기
때문인데, 이러한 일은, 위에서 자주 언급하였듯이, 신령진리를 가

리키는 모세의 표징에서, 그리고 역시 앞에서 자주 언급하였듯이, 영적인 교회에 속한 자들을 공격하고, 괴롭히는 자들을 가리키는 "바로"의 표징에서 잘 알 수 있습니다. 그 이유는 죽음에 내몰리는 "맏이"가 영벌을 뜻하기 때문입니다(7778항 참조). 그리고 증오(憎惡)나 혐오 따위를 가리키는 "매우 화를 냈다"(=매우 심한 분노)는 말의 뜻에서(3614・5034・5798항 참조) 잘 알 수 있습니다. 그리고 여기서와 같이 모세가 표징하는 신령진리에게 탓을 돌리는, 신령존재에게 탓을 돌릴 때, 그것은 신령존재 자체가 왼 고개를 트는 것이 아니라, 악 안에 있는 그들이 스스로 내쫓는 것을 뜻합니다(5798항 참조). "심한 분노"(wrath)는 거짓에 대해서 서술하고, "화"나 "화내는 것"은 악에 관해서 서술합니다(3614항 참조).

7792. 9-10절. 주께서 모세에게 말씀하셨다. "바로가 너희의 말을 듣지 않을 것이다. 이것은 내가 아직도 더 많은 이적을 이집트 땅에서 나타내 보여야 하기 때문이다." 모세와 아론이 바로 앞에서 이 모든 이적을 행하였다. 그러나 주께서 바로의 고집을 꺾지 않으셨으므로, 바로가 그 땅에서 이스라엘 자손을 내보내지 않았다.

"주께서 모세에게 말씀하셨다"는 말씀은 정보(情報)나 견문(見聞・information)을 뜻합니다. "바로가 너희의 말을 듣지 않을 것이다"는 말씀은 불복종(不服從)을 뜻합니다. "이것은 내가 아직도 더 많은 이적을 이집트 땅에서 나타내 보여야 하기 때문이다"는 말씀은 그들이 전혀 믿음 안에 있지 않고, 오히려 악 안에 있다는 사실을 그들이 확증하기 위한 것이다는 것을 뜻합니다. "모세와 아론이 바로 앞에서 이 모든 이적을 행하였다"는 말씀은 이와 같은 박탈들이나, 결과적으로는 그들이 악에 빠져 있다는 확증들이 신령존재에게서 발출하는 신령진리에 의하여 행해졌다는 것을 뜻합니다. "그러나 주께서 바로의 고집을 꺾지 않으셨다"(=바로의 마음을 완악하게 하셨다)는 말씀은 그들이 그와 같이 결정되었다는 것을 뜻합니다. "바로가 그 땅에서 이스라엘 자손을 내보내지 않았다"는 말씀은 그들이 영적인 교회에 속한 그들을 떠나보내지 않았다는 것을 뜻합니다.

7793. 주께서 모세에게 말씀하셨다.
이 말씀이 정보(情報)나 견문(見聞)을 뜻한다는 것은 주께서 앞으로 행하실 것을 미리 말씀하실 때에는, 정보나 견문을 가리키는 "말한다"(saying)는 말의 뜻에서 잘 알 수 있습니다.

7794. "바로가 너희의 말을 듣지 않을 것이다."
이 말씀이 복종이 전혀 없는 것, 즉 불복종을 뜻한다는 것은 복종을 가리키는 "듣는다"(to hear)는 말의 뜻에서(2542·3869·4652-4660·5017·7216항 참조), 그리고 저 세상에서 선량한 사람을 공격하고, 괴롭히는 자들을 가리키는, 그리고 지금은 영벌을 받을 자들을 가리키는 "바로"의 표징에서 잘 알 수 있습니다.

7795. "이것은 내가 아직도 더 많은 이적을 이집트 땅에서 나타내 보여야 하기 때문이다"(=내가 나의 이적들을 이집트 땅에서 증대시켜야 한다).
이 말씀이, 그들이 전혀 믿음 안에 있지 않고, 오히려 악 안에 있다는 것을 확증하기 위한 것이다는 것을 뜻한다는 것은, 박탈들이나, 결과적으로는 그들이 악하다는 확증들을 가리키는 이집트에서 행해진 "이적들"이나 "표적들"(signs)의 뜻에서 잘 알 수 있습니다 (7633항 참조). 왜냐하면 이런 "이적들"은, 믿음에 속한 것들의 기억지 안에 있는 교회 안에 있지만, 그러나 악하게 사는 자들의 박탈에 관한 수많은 정도들을 뜻하기 때문입니다. 그리고 이들이 저 세상에서 선령한 자들을 공격하고 괴롭히는 자들이기 때문에 그들의 상태가 지금 여기에 기술되었습니다(7465항 참조). "이적들을 증대시켜야 한다"는 말은 계속적인 그들의 상태들의 정도들을 뜻합니다. 거기에 그와 같은 수많은 정도들이나 등급들이 있는 이유는 그들이 악 안에 빠져 있다는 사실을 악한 자가 확증하기 위해서이고, 그리고 또한 선한 자가 악하게 산 교회 안에 있는 자들의 상태에 관해서 밝히 알게 하기 위한 것입니다(7633항 참조). 이런 이유들이 없다면, 악한 자는 계속적인 상태들의 변화 없이 정죄될 것이고, 그리고 지옥으로 떨어질 것입니다.
[2] 악한 자가 정죄되고, 지옥에 떨어지기 전에 그들이 수많은 상태들을 겪는다는 것은 이 세상에 전혀 알려지지 않았습니다. 대부분의 사람들이 믿고 있는 것은 사람은 단죄(斷罪)되든지, 아니면 구원되든지 한다는 것이고, 그리고 이와 같은 일은 어떤 과정도 거치지 않고 일어난다는 것입니다. 그러나 이것들은 사실과 전혀 다릅니다. 거기에서는 공정(公正·justice)이 다스리고, 그리고 그 자신이 악 안에 있다는 것과 자신이 천계에 있다는 것이 전적으로 불가능하다는 것을 자기 스스로 알고, 그리고 내적으로 확신되기 전까지는 어느 누구도 정죄 받지 않습니다. 그 사람 자신의 악들은 누가복음서에서의 주님의 말씀에 따라서 그 사람에게는 노출되어 있습니다. 누가복음서의 말씀입니다.

> 덮어둔 것이라고 해도 벗겨지지 않을 것이 없고, 숨긴 것이라 해도 알려지지 않을 것이 없다. 그러므로 너희가 어두운 데서 한 말을 사람들이 밝은 데서 들을 것이고, 너희가 골방에서 귀에 대고 속삭인 말을 사람들이 지붕에서 선포할 것이다.
> (누가 12 : 2, 3 ; 마태 10 : 26, 27 ; 마가 4 : 22)

더욱이 그는 악에서부터 기피할 것이 경고되었지만, 그러나 악의 지배 때문에 그가 이 일을 할 수 없을 때, 그 때 악을 행하는 능력이 진리의 위화들이나 선의 겉꾸밈들(僞裝)에 의하여 그에게 제거되는데, 이런 일은 한 계도에서 다른 계도로 계속해서 일어나고, 종국에는 단죄가 뒤따르고, 지옥에 떨어지는 일이 일어납니다. 이러한 일은, 그 사람이 자신의 삶에 속한 악 안에 들어갈 때, 일어납니다.
[3] 삶에 속한 악은 의지에 속한 악이고, 거기에서 파생된 생각에

속한 것입니다. 따라서 그것은 그 사람의 내적인 성품(the man's inward quality)이고, 그리고 만약에 그가 법률들에 의하여 제재를 받지 않는다면, 그리고 마찬가지로 재물·영예·명성·생명의 상실에 대한 두려움에 의하여 제재를 받지 않는다면, 그 사람의 외적인 성품입니다. 이것은 사후(死後) 모든 사람에게 뒤이어지는 생명의 상태이지만, 그러나 이것은, 내적인 생명에서 발출한 것을 제외하면 외적인 생명은 아닙니다. 왜냐하면 사람은 외적인 것 안에 반대되는 것을 위장하고 있기 때문입니다. 그러므로 사람이 사후에 외적인 것들에 대하여 박탈되게 되면 그 때 의지나 생각 안에 있는 그 사람의 본성이 어떤 것인지 명료하게 나타나기 때문입니다. 모든 악한 사람은 박탈의 계도들에 의하여 이와 같은 상태에 빠지게 됩니다. 왜냐하면 저 세상에서 모든 박탈의 상태는 외적인 것들로부터 내적인 것들에게로 진전하기 때문입니다. 이상에서 볼 때, 저 세상에서 공정(公正·justice)의 본성이 무엇인지 밝히 알 수 있겠습니다. 그리고 악한 사람이 정죄 받기에 앞서 그 과정의 성질이 무엇인지도 알 수 있겠습니다. 이렇게 볼 때, "내가 아직도 더 많은 이적을 이집트 땅에서 나타나 보여야 한다"는 말이, 그들이 믿음 안에 있지 않고, 악 안에 있다는 사실을 악한 자가 확증하기 위한 것을 뜻한다는 것이 아주 명확합니다. 악 안에 있는 자들이 믿음을 전혀 가지고 있지 않다는 것은 7778항을 참조하십시오.

7796. 모세와 아론이 바로 앞에서 이 모든 이적을 행하였다.
이 말씀이 이런 박탈들과 그리고 결과적으로 그들이 악 안에 있다는 확증들이 신령존재에게서 비롯된 진리에 의하여 수행되었다는 것을 뜻한다는 것은, 모세는 신령존재에게서 직접적으로 발출하는 신령진리를 가리키는 모세의 표징과, 아론은 신령존재에게서 간접적으로 발출하는 신령진리를 가리키는 아론의 표징에서(7010·7089·7382항 참조) 잘 알 수 있고, 그리고 교회에 속해 있으면서 악하게 산 자들의 수많은 박탈들을 가리키는 "이집트에서 그 행한 이적들"

또는 "바로 앞에서 행한 이적들"의 뜻에서 잘 알 수 있습니다. "이 집트에서의 이적들"이 이런 뜻을 가지고 있다는 것은 여러 이적들의 뜻에서 잘 알 수 있고, 그리고 그들이 믿음 안에 있지 않고, 악 안에 있다는 확증들을 가리킨다는 것 등은 7795항을 참조하십시오. "모세와 아론이 이런 이적들을 행하였다"고 언급되었지만, 그럼에도 불구하고, 그 때 그것들은 그들에 의하여 행하여지지 않았고, 오히려 신령존재에 의하여 행하여졌습니다. 그러나 그렇게 언급된 것은 모세와 아론이 신령진리를 표징하기 때문이고, 그리고 그 이적들이 신령존재 자체에게서 발출하는 진리를 통하여 신령존재에 의하여 이루어졌기 때문입니다. 왜냐하면 신령존재 자체에 의하여 행하여진 모든 것들은 신령존재 자체에게서 발출하는 신령진리에 의하여 행해졌기 때문입니다. 그리고 신령존재 자체는 모든 것들의 존재(存在·esse) 자체이시고, 이에 반하여 신령존재에게서 발출하는 진리는 모든 것들의 파생적인 현현(顯現·實在·existere)이기 때문입니다. 신령존재(=신령본질·the Divine esse)를 가리키는 선 자체는 그것의 진리에 의하여 모든 것들을 생산하였습니다. 모든 박탈들이 신령존재에게서 비롯된 진리에 의하여 수행되었다고 언급하였지만, 그러나 그것은 신령진리가 원인이 아니다는 것을 이해하여야 합니다. 왜냐하면 신령존재는 어느 누구도 황폐하게 하지 않고, 또한 박탈하지도 않기 때문입니다. 그렇지만 악한 작자는 신령진리에 거슬러서 스스로 행하는 짓에 의하여, 그리고 그것을 소멸시키고, 배척하고, 왜곡시키는 온갖 그런 짓들에 의하여, 그리고 또한 부단(不斷)하게 입류하는 신령선을 악으로 변질시키는 짓을 통하여, 자기 자신을 황폐하게 할 뿐입니다. 그 때 변질된 이 악이 바로 박탈하고 황폐하게 하는 것이고, 그리고 이것에서 밝히 알 수 있는 것은 그것으로 인하여 그 원인이 존재한다는 것입니다. 다시 말하면 신령존재에게서 오는 선과 진리의 입류가 그 원인이 아니고, 그러나 그 원인은, 악 안에 빠져 있는 자에 의하여 행해지는, 악과 거짓으로 변질시키는 그들의 개악(改惡)이다는 것입니다. 왜냐하면 이와 같은 입류가 없으면 거기에 생명이 전혀 없기 때문입니다.

7797. 그러나 주께서 바로의 고집을 꺾지 않으셨다(=바로의 마음을 완악하게 하셨다).
이 말씀이 그들이 그렇게 결정하셨다는 것을 뜻한다는 것은 결정되는 것을 가리키는 "마음을 완악하게 하셨다"(=고집을 꺾지 않았다)는 말의 뜻에서 잘 알 수 있습니다(7272ㆍ7300ㆍ7305항 참조). 비록 성경의 문자적인 뜻으로는 이것이 그분의 탓이라고 하겠지만, 주께서 마음을 완악하게 하지 않으신다는 것은, 또는 악을 행하지 않으신다는 것은 7533ㆍ7632ㆍ7643항을 참조하십시오.

7798. 바로가 그 땅에서 이스라엘 자손을 내보내지 않았다.
이 말씀이 그들이 영적인 교회에 속한 자들을 떠나 보내지 않았다는 것을 뜻한다는 것은 떠나 보내는 것을 가리키는 "보낸다"(to let go)는 말의 뜻에서, 그리고 영적인 교회에 속한 자들을 가리키는 "이스라엘 자손"의 표징에서(6426ㆍ6637ㆍ6862ㆍ6868ㆍ7035ㆍ7062ㆍ7198ㆍ7201ㆍ7215ㆍ7223항 참조), 잘 알 수 있습니다.

목성(木星ㆍthe planet Jupiter)의 영들과 주민들에 관하여

7799. 목성(木星ㆍJupiter)의 영들이나 천사들과의 사회적인 교류가 다른 행성(行星)들의 영들과의 교류에 비하여 아주 긴 시간이 나에게 허락되었습니다. 따라서 그들의 상태에 관해서, 그리고 이 행성의 주민들에 관해서 언급될 개별적인 것들이 많이 있습니다.

7800. 목성(木星)은 저 세상에 있는 자들에게 사실은 나타나지 않지만, 그러나 그 지구에서 온 영들은 나타납니다. 이들이 약간 떨어진, 정면, 왼쪽에 나타났는데, 이런 일은 변함이 없었습니다. 역시

그 지구는 영들이나 천사들의 개념 안에 존재합니다. 각각의 지구들의 영들은 다른 지구에서 온 자들에게서 분리되고, 그들 자신의 세계에 가까이 있습니다. 그들이 분리되어 있는 이유는 그들이 서로 상이한 성품에 속해 있기 때문이고, 그리고 최대인간(最大人間・the Grand Man)의 서로 다른 영역에 있기 때문입니다. 그리고 서로 다른 성품의 그들은 그 차이점에 따라서 다른 자들에게서 멀리 떨어져 나타나기 때문입니다. 저 세상에 있는 장소들이나 거리들의 측면에서 영들이나 천사들의 모든 분리(分離)나 구분(區分)은 기질들이나 특성들의 차이점들에 따라서 나타나는데, 그 이유는 장소가 상태에 대응하기 때문입니다(2625・2837・3356・3387・4321・4882・5605・7381항 참조).

7801. 거기에는 목성에서 온 여러 종류의 영들이 있었지만, 그러나 거기에서 내가 교제하였고, 내가 그들과 자주 대화한 영들은 세 종류였습니다. 한 종류는 가장 낮은 영들이었는데, 그들은 어두웠지만, 거의 검게 나타났습니다. 그들은 다른 자에 의하여 경멸되었고, "징벌하는 자들"(chastisers)이라고 불리웠는데, 그 이유는 그들은 악하게 사는 그들의 지구의 주민들을 징벌하기 때문입니다. 그들은 변함없이 천계에 오르기를 열망하였습니다. 다른 종류는, 마치 촛불에서 반사되는 것과 같이, 빛나는 얼굴들을 가지고 있었습니다. 이들은 우상들처럼 앉아 있는 모습이었는데, 그 이유는 그들은 다른 자들에 의하여, 특히 그 세계에서 그들이 거느렸던 종들에 의하여, 숭배되기를 선호하였습니다. 왜냐하면 거기에서 그들은 자신들이 주님과의 중재자들(仲裁者・mediator)이라고 그들을 설득하였기 때문입니다. 사실 그들은 그들에 의하여 "성자들"(聖者・saints)이라고, 그리고 "주들"(lords)이라고 불리웠습니다. 최고의 자들인, 세 번째 종류는 총명이나 지혜에서 다른 자들에 비하여 탁월하였습니다. 그들은 작은 금 알맹이들로 짠, 푸른 색 옷이나, 또는 하늘색 옷을 입고 나타났습니다. 그러나 그 지구에서 온 천사들은 다른 지구들의 천사

들과 함께 있었습니다. 왜냐하면 참된 천사들은 하나의 일반적인 천계를 형성하기 때문입니다.

7802. 그 지구에서 일반적인 것은 영들을 위하여 주민들과 같이 말하고, 그들을 가르치고, 그리고 또한 만약에 그들이 악을 행한다면, 그들을 징벌한다는 것입니다. 그 주제에 관해서 그들의 천사들이 나에게 수많은 것들을 일러 주었는데, 나는 순서에 따라서 언급하고자 합니다. 그 행성의 영들이 사람들과 함께 대화를 하는 이유는 이들이 천계에 관해서, 그리고 사후의 삶에 관해서 많은 것들을 숙고(熟考)하였기 때문이고, 그러나 이 세상의 삶에 관해서 상대적으로 거의 걱정이나 염려를 하지 않았기 때문입니다. 왜냐하면 그들은, 그들이 죽은 뒤에도 살 것이다는 것을 잘 알고 있었기 때문이고, 또한 이 세상에서 형성된 그들의 속사람의 상태에 일치하여 행복의 상태에서 살 것이다는 것을 잘 알고 있었기 때문입니다. 이러한 사실은, 동일한 원인 때문에, 다시 말하면 그 때의 사람들이 천계에 관해서는 깊이 생각하지만, 이 세상에 관해서는 거의 생각하지 않았던 같은 이유에서, 영들이나 천사들과 대화를 하였던 고대의 우리 지구에서도 일반적인 것이었습니다. 그러나 천계와의 이와 같은 살아 있는 교류는 시간의 경과 속에서 닫혀지게 되었는데, 그것은 사람이 내적인 것에서부터 외적인 것에로, 생각하기 때문이고, 다시 말하면, 사람이 이 세상에 관해서는 생각하지만, 천계에 관해서는 거의 생각하지 않기 시작하였기 때문이고, 특히 그 때 천계나 지옥이 있다는 사실을 더 이상 믿지 않았기 때문이고, 또한 자신 안에 사후에 사는 영적인 사람이 있다는 것을 믿지 않았기 때문입니다. 왜냐하면 오늘날 사람들이 믿고 있는 것은, 육신은 그것 자체로 말미암아 살아가는 것이지 그의 영에 의하여 사는 것이 아니다는 것 때문입니다. 그러므로 사람이 몸과 함께 그가 다시 산다는 믿음을 가질 수 없다면, 그 사람은 부활(復活)의 신념을 결코 가질 수 없습니다.

7803. 목성의 주민들과 같이 하는 영들의 언어에 관해서 살펴보면, 거기에는 징벌하는 영들이 있고, 그리고 가르치는 영들이 있고, 또한 그들을 지배하는 영들도 있습니다. 징벌하는 영들은 좌측을 주목하고, 그리고 등 쪽으로 기웁니다. 그들이 거기에 있을 때, 그들은 사람의 기억에서부터 그의 모든 행위들이나 생각들을 끄집어냅니다. 왜냐하면 이러한 일은 영들에게는 쉬운 일이기 때문입니다. 그 이유는 그들이 한 사람에게 가까이 가게 되면 그들은 그 즉시 그의 모든 기억 속으로 들어가기 때문입니다(6192·6193·6198·6199·6214항 참조). 만약에 그들이 그 사람이 나쁜 짓을 했거나 나쁜 생각을 하였다는 것을 알게 되면, 그들은 그 사람을 책망하고, 그리고 발이나 손의 관절에 심한 고통을 주는 것으로 징벌하고, 또는 위 부위에 통증을 주는 것으로 징벌합니다. 더욱이 허락되었을 때에는 영들은 아주 교묘하게 이 일을 행합니다. 이런 부류의 징벌자들이 사람에게 오게 되면 그들은 두려움과 더불어 전율(戰慄)을 일으키는데, 그런 일을 통하여 그 사람은 그들의 근접을 알게 됩니다. 악한 영들은 그들이 어느 누구에게나 가까이 가게 되면, 특히 이 세상에서 살 때 강도들이었던 자들에게 가까이 가게 되면 공포 따위를 자극합니다. 나는 이런 영들이 그들의 지구에 속한 사람에게 오게 되면 어떤 식으로 이런 영들이 행동하는지를 알게 하기 위해서, 그러한 부류의 영이 나에게 오는 것이 허락되었습니다. 그 영이 가까이에 이르렀을 때 명확하게 나를 사로잡는 두려움과 함께 전율이 엄습하였습니다. 그러나 나는 놀라지도 않았고, 내적으로 공포 따위에 휩싸이지도 않았고, 다만 외적으로 공포 가운데 있었는데, 그 이유는, 그가 그런 부류의 영이다는 것을 내가 알고 있었기 때문입니다. 그 영이 눈에 보여졌는데, 그는 마치 구름 안에 작은 별들이 움직이는 어두운 구름과 같이 나타났습니다. 움직이는 별들은 거짓들을 뜻하지만, 움직이지 않는 별들은 진리들을 뜻합니다. 그 영은 나의 등 쪽 좌측에 자기 자신을 밀착시키었고, 그리고 그는 내가

행하고 생각했던 것들 때문에 나를 질책하기 시작하였습니다. 그것들은 그가 나의 기억에서 끄집어낸 것들이고, 그리고 나쁜 해석들이었는데, 그러나 그는 현존해 있는 천사들에 의해서 제재되었습니다. 그가 그의 지구의 사람 이외에 다른 사람과 함께 있다는 것을 알게 되었을 때 그는 나에게 말을 하기 시작하였고, 그리고 그가 어떤 사람에게 가까이 갔을 때 그는 그 사람이 행하고, 생각했던 것들을 모두 안다는 것을 말하였고, 그리고 또한 그는 사정없이 그 사람을 질책하고, 마찬가지로 여러 종류의 고통을 가지고 그 사람을 징벌한다고도 말하였습니다.

7804. 그러나 가르치는 일을 하는 영들도 그들이 가르치는 자들의 왼쪽에 자신들을 밀착시키었는데, 그러나 보다 정면에 밀착하였습니다. 그들은 역시 질책하였지만, 그러나 부드럽게 하였습니다. 그리고 지금은 그들이 어떻게 살아야 하는지를 가르쳤습니다. 역시 이들은 어두웁게 보였는데, 그럼에도 불구하고 종전의 구름과 같지는 않았지만, 그러나 마치 상복(喪服)을 입은 것 같았습니다. 이들은, 전자는 "징벌자들"(chastisers)이라고 하였지만, "가르치는 자들"(instructors)이라고 불리웠습니다.

7805. 이런 영들이 나타나면, 마찬가지로 그들의 지구에서 온 천사적인 영들이 나타났고, 그리고 머리에 있는 그들의 자리에 앉았습니다. 말하자면 특별한 방법으로 그 자리를 채웠습니다. 그들의 등장은 마치 부드러운 숨결과 같이, 거기에서 지각되었습니다. 왜냐하면 그들은, 사람이 그들의 근접이나 입류로부터 최소한의 고통이나 불안 따위를 깨닫지 않을까 걱정하고 있기 때문입니다. 그들은 징벌하는 영들이나 가르치는 영들을 다스리는데, 징벌하는 영들은 주님에 의하여 허락된 것 이상으로 사람에게 나쁜 짓을 하지 못하도록 막고 있고, 그리고 가르치는 자들은 진리를 말하도록 명령을 받고 있기 때문입니다. 나에게는 이런 천사적인 영들과 대화하는 일이 허락되었습니다.

7806. 그들이 어떤 사람과 같이 있게 되었을 때, 이들 영들에게 두 가지 증표들이 그 영들에게 나타났습니다. 그들은 흰 얼굴을 가진 노인 한 사람을 보았습니다. 이것은 참된 것 이외에는 아무것도 말하지 않는다는 증표였습니다. 그들은 유리창을 통해서 한 얼굴을 보았습니다. 이것은 거기에서 떠난다는 증표이었습니다. 나는 노인도 보았고, 마찬가지로 유리창을 통해서 그 얼굴도 보았습니다. 후자가 보여졌을 때, 그 영은 즉시 나에게서 떠나갔습니다.

7807. 징벌하는 영이 나와 같이 있었을 때에 천사적인 영들은 내 얼굴을 계속해서 명랑하고, 미소 짓는 모습을 하게 하였고, 입술 주위는 눈에 띄게 하였고, 그리고 입은 열게 하였습니다. 이와 같은 일은 입류에 의하여 천사들이 매우 쉽게 하는 일이었습니다. 그들은, 그들의 지구의 주민들이 거기에 있을 때에는 이런 용모를 일으킨다고 말하였습니다.

7808. 만약에 징벌이나 가르침이 있은 뒤에 사람이 다시 악을 행하거나 악을 행하고자 생각한다면, 진리의 계율들에 의하여 자기 자신을 자제하지 않는다면, 징벌하는 영에 의하여 아주 심한 형벌을 받습니다. 그러나 천사적인 영들은 행위의 의도나, 생각들의 뜻에 따라서 형벌을 가감합니다.

7809. 거기에 있는 영들이 사람과 더불어 말을 하였지만, 그러나 반대로, 그 사람이 가르침을 받을 때 "그는 더 이상 하지 않는다"는 말이 없었다면, 사람이 영들과 말하는 일은 없습니다. 한 영이 그에게 말한 것을 그의 동료에게 말하는 것이 허락되지 않았는데, 만약에 그가 그 일을 하였다면 그는 심한 형벌을 받을 것입니다. 목성의 영들은 처음에는 그들이 나와 함께 있을 때, 그들의 지구의 어떤 사람과 같이 있다고 생각하였지만, 그러나 반대로 내가 그들에게 말하였을 때, 그리고 내가 이런 것을 공표할 것이라고 내가 생각하였을 때, 그리고 또한 내게 벌을 주는 것이나, 가르치는 일이 허락되지 않았을 때, 그들은 그들이 다른 자들과 같이 있다는 것을 알게 되었

습니다.

7810. 다른 때에, 징벌하는 영이 나에게 왔는데, 그는, 앞에서와 같이, 몸의 중간 부위 아래, 내 왼쪽에 그의 몸을 붙이었고, 그리고 나에게 벌을 주기를 열망하였습니다. 그러나 그는, 마찬가지로 거기에 있었던 그들의 천사들에 의하여 추방되었습니다. 그 때 그는 나에게, 만약에 그들이 악을 행하거나, 악을 행하려고 의도하였다면, 그들의 지구의 사람들에게 형벌을 주는 것이 허락되었던 여러 종류의 형벌들을, 보여 주었습니다. 관절의 고통뿐만 아니라, 예리한 혁대(革帶)에 의한 압박과 같은 것을 느낀 복부(腹部) 중간 부위 주위에 심하게 느끼는 아픔의 위축(萎縮)이 있었습니다. 그리고 호흡이 이따금씩 멈추는 일이 있었고, 심지어 고통까지 있었습니다. 그리고 또한 빵 이외에는 어떤 것도 먹어서는 안 되는 금지 조항도 있었습니다. 마지막에는, 그들이 만약에 이런 일을 하는 것을 그만두지 않는다면, 위협적인 멸망의 선언까지 있었습니다. 그리고 동시에 슬픔의 침투에서 빚어진 배우자·자녀들·친구들에게서 빼앗는 즐거움의 박탈도 있었습니다.

7811. 이상에서 밝히 알 수 있는 것은 머리 위에 앉아 있는 그들의 천사들은 그 사람에게 일종의 재판권을 행사한다는 것입니다. 왜냐하면 천사들은 허락되었고, 가감하고, 억제하고 입류하기 때문입니다. 그러나 나에게 그들이 그들을 재판하는 것을 믿지 않아도 된다는 것을 그들에게 일갈하는 것이 허락되었습니다. 그러나 주님께서 유일한 재판주(the Judge)이시다는 것과, 징벌하는 영들이나 가르치는 영들에게 지시하고 명하는 것들은 모두가 그분에게서 그들에게 입류한다는 것과, 그리고 이런 것들은 마치 그들에게서 나오는 것처럼 보인다는 것 등등은 반드시 믿어야 한다는 것을 말하는 것도 허락되었습니다.

7812. 뿐만 아니라 지금 언급된 영들 이외에도 반대적인 종지(宗旨·설득)를 주입시키는 영들도 있는데, 그들이 이 세상에서 사는 동

안 그들이 악하기 때문에 다른 자들의 사회에서 추방되었습니다. 그들이 접근하게 되면, 얼굴 가까이서 슬며시 흘러내리는 이른바 나르는 화염(a flying flame)이 나타납니다. 그들은 그 사람의 뒷부분 아래에 자리를 잡고, 거기에서 위의 부분을 향해서 말을 하였습니다. 그들은 천사들에게서 비롯된 가르치는 영이 말하는 것에 정반대되는 것들을 말하였습니다. 다시 말하면 그들은 그 가르침에 일치된 삶을 살 필요는 없고, 오히려 그들 자신들의 뜻이나, 즐거움대로, 또는 그런 것들과 같은 것들대로 사는 것이 좋다고 말하였습니다. 그들은 보통 전자의 영들이 떠난 뒤 즉시 오고는 하였습니다. 그러나 그 지구의 사람들은 이런 영들이 누구인지, 그리고 성품이 어떤지 잘 알고 있었고, 그리고 그러므로 그들은 그들에 대하여 관심을 가지고 있지 않았습니다. 그럼에도 불구하고 그들은 이것으로 말미암아 악이 무엇인지, 따라서 선이 무엇인지를 배웠습니다. 왜냐하면 악을 통하여 선이 무엇인지를 배웠고, 그리고 선의 성질은 그것의 반대되는 것으로부터 알게 되었기 때문입니다. 한 사물의 모든 지각은 여러 가지 방법과 등차에 반대되는 것들에게서 비롯되는 명확한 구분들에 대한 심사숙고(深思熟考)에 일치합니다.

7813. 목성의 영들이나 주민들에 관한 주제는 이어지는 장의 말미에서 다시 계속되겠습니다.

제 12장 서문 : 인애의 교리에 관하여(10)

7814. 사람은 위를 향해 볼 수 있도록, 즉 자기 자신의 위를 볼 수 있도록 창조되었고, 그리고 또한 아래를 향해 볼 수 있도록, 즉 자기 자신의 아래를 볼 수 있도록 창조되었습니다. 자신의 위를 본다는 것은 자신의 이웃을, 그리고 그의 나라, 교회나, 주님나라를, 특히 주님을 우러르는 것을 가리킵니다. 그러나 자신의 아래를 본다는 것은 땅을 우러르는 것이고, 세상을, 특히 자기 자신을 우러르는 것을 가리킵니다.

7815. 자신의 이웃이나, 나라 교회를 우러른다는 것이 자기 자신의 위의 것을 우러르는 것이라는 것은 이것이 곧 주님을 우러르는 것이기 때문입니다. 왜냐하면 주님께서는 인애 안에 계시기 때문이고, 그리고 이웃이나 자신의 나라 교회를 우러른다는 것은 곧 그들이 잘 되기를 원한다는 것은 인애에 속한 것이기 때문입니다. 그러나 이런 것들에게서 방향을 스스로 바꾸는 것은 자기 자신의 아래를 우러른다는 것이고, 그리고 또한 자기 자신이 잘 되기를 원한다는 것입니다.

7816. 자기 자신의 위를 우러른다는 것은 주님에 의하여 올리워지는 것입니다. 왜냐하면 위에 계시는 주님에 의하여 그 사람이 올리워지는 것이 없다면, 어느 누구도 자기 자신의 위를 볼 수 없기 때문입니다. 그러나 자기 지신의 아래를 우러른다는 것은 사람에게 속한 것인데, 그 이유는 그 때 그 사람은 자신이 올리워지는 것을 선호하지 않기 때문입니다.

7817. 인애의 선이나 믿음의 선 안에 있는 자들은 자신의 위를 우러르는데, 그 이유는 그들이 주님에 의하여 올리워졌기 때문입니다. 그러나 인애의 선이나 믿음의 선 안에 있지 않는 자들은 자신의 아래를 우러르는데, 그 이유는 그들이 주님에 의하여 올리워지지 않았기 때문입니다. 사람이 주님에게서 비롯된 진리나 선의 입류를 자

신에게로 방향을 바꿀 때 그는 자기 자신의 아래를 우러릅니다. 주님에게서 입류하는 선과 진리를 자기 자신에게로 방향을 바꾸는 사람은 자기 자신과, 자기 앞에 있는 세상을 보게 되지만, 그분의 선과 진리와 함께 주님을 보지 못합니다. 그 이유는 선과 진리는 그 사람 뒤에 있고, 따라서 그런 것들은 그에게는 불영명한 것이고, 그리고 그 사람은 그것들에 대하여 전혀 관심도 없으며, 종국에는 그 사람은 그것들을 부인하기 때문입니다.

7818. 자신의 위를 우러르는 것이나 또는 아래를 우러르는 것은 그것을 목적으로 가지는 것을 뜻하고, 또한 그것을 모든 것의 으뜸으로 사랑하는 것을 뜻합니다. 따라서 자신의 위를 우러른다는 것은 주님에 속한 것이나 주님나라에 속한 것을 목적으로 갖는다는 것을 뜻하고, 또한 모든 것들의 으뜸을 사랑한다는 것을 뜻합니다. 그리고 자신의 아래를 우러른다는 것은 자기 자신에 속한 것이나 세상에 속한 것을 목적으로 소유한다는 것을 뜻하고, 그리고 그것을 모든 것들의 으뜸으로 사랑한다는 것을 뜻합니다. 사람의 내면적인 것들은 사랑이 자체를 향하는 곳을 향해 실제적으로 자신을 바꿉니다.

7819. 인애나 믿음의 선 안에 있는 사람은 역시 자기 자신이나 세상도 사랑하지만, 그러나 목적에 대한 수단으로서 사랑을 하는 그 이상은 아닙니다. 그 사람에게서 자기사랑(自我愛)은 주님사랑을 우러릅니다. 왜냐하면 그가 주님을 섬기기 위한 목적에 대한 수단으로서 자신을 사랑하기 때문입니다. 그리고 그 사람에게서 세상사랑(世間愛)은 이웃사랑을 우러르는데, 왜냐하면 이웃을 섬기기 위한 목적 때문에 수단으로 세상을 사랑하는 것입니다. 그러므로 수단들이 목적 때문에 사랑을 받을 때 그것은 사랑받는 수단들이 아니고, 목적입니다.

7820. 이렇게 볼 때, 세상적인 광영 안에 있는 자들은, 다시 말하면 다른 사람에 비하여 뛰어나게 탁월함이나 풍부함 가운데 있는 자들이 그렇지 않은 자들이 할 수 있는 것과 꼭 같이 주님에 대하

여 자기 자신을 더 높이 우러를 수 있다는 것을 잘 알 수 있습니다. 왜냐하면 그들이 목적으로서가 아니고 수단으로서 탁월함이나 풍부함을 존중한다면, 그들은 자기 자신의 위를 우러르기 때문입니다.

7821. 자신의 위를 우러른다는 것은 사람의 고유한 것이지만, 그러나 자신의 아래를 우러른다는 것은 짐승의 특질입니다. 이상에서 이어지는 결론은 사람이 자신의 아래를, 또는 아래를 향하여 우러르는 것에 비례하여 그는 짐승과 같고, 그리고 또한 지옥의 형상이다는 것이고, 그리고 사람이 자신의 위를, 또는 위를 향하여 우러르는 것에 비례하여 그는 사람이고, 또한 주님의 형상이다는 것 등입니다.

제 12장 본 문(12장 1-51절)

1 주께서 이집트 땅에서 모세와 아론에게 말씀하셨다.

2 "너희는 이 달을 한 해의 첫째 달로 삼아서, 한 해를 시작하는 달로 하여라.

3 온 이스라엘 회중에게 알리어라. 이 달 열흘날 각 가문에 어린 양 한 마리씩, 곧 한 가족에 한 마리씩 어린 양을 마련하도록 하여라.

4 한 가족의 식구 수가 너무 적어서, 양 한 마리를 다 먹을 수 없으면, 한 사람이 먹을 분량을 계산하여, 가까운 이웃에서 그만큼 사람을 더 불러다가 함께 먹도록 하여라.

5 너희가 마련할 짐승은 흠이 없는 일 년 된 수컷으로 하되, 양이나 염소 가운데서 골라라.

6 너희는 그것을 이 달 열나흗날까지 두었다가, 해 질 무렵에 모든 이스라엘 회중이 모여서 잡도록 하여라.

7 그리고 그 피는 받아다가, 잡은 양을 먹을 집의 좌우 문설주와 상인방에 발라야 한다.

8 그 날 밤에 그 고기를 먹어야 하는데, 고기는 불에 구워서, 누룩을 넣지 않은 빵과 쓴 나물을 곁들여 함께 먹어야 한다.

9 너희는 고기를 결코 날로 먹거나 물에 삶아서 먹어서는 안 된다. 머리와 다리와 내장 할 것 없이, 모두 불에 구워서 먹어야 한다.

10 그리고 너희는 그 어느 것도 다음날 아침까지 남겨 두어서는 안 된다. 아침까지 남은 것이 있으면, 불에 태워 버려야 한다.

11 너희가 그것을 먹을 때에는 이렇게 하여라. 허리에 띠를 띠고, 발에 신을 신고, 손에 지팡이를 들고, 서둘러서 먹어라. 유월절은 주 앞에서 이렇게 지켜야 한다.

12 그 날 밤에 내가 이집트 땅을 지나가면서, 사람이든지 짐승이든지, 이집트 땅에 있는 처음 난 것을 모두 치겠다. 그리고 이집트의 모든 신을 벌하겠다. 나는 주다.

13 문틀에 피를 발랐으면, 그것은 너희가 살고 있는 집의 표적이니, 내가 이집트 땅을 칠 때에, 문설주에 피를 바른 집은, 그 피를 보고 내가 너희를 치지 않고 넘어갈 터이니, 너희는 재앙을 피하여 살아 남을 것이다.

14 이 날은 너희가 기념해야 할 날이니, 너희는 이 날을 주 앞에서 지키는 절기로 삼아서 영원한 규례로 대대에 지켜야 한다.

15 너희는 이레 동안, 누룩을 넣지 않고 만든 빵을 먹어야 한다. 그 첫날에, 너희는 집에서 누룩을 말끔히 치워라. 첫날부터 이렛날까지 누룩을 넣은 빵을 먹는 사람은 누구든지 이스라엘에서 끊어진다.

16 너희는 첫날에 거룩한 모임을 열고, 이렛날에도 거룩한 모임을 열어라. 이 두 날에는, 너희 각자가 먹을 것을 장만하는 일이 아니면, 어떤 일도 해서는 안 된다.

17 너희는 무교절을 지켜야 한다. 바로 이 날에, 내가 이집트 땅

에서 너희 온 이스라엘 지파를 이끌어 냈기 때문이다. 너희는 이 날을 영원한 규례로 삼아서 대대로 지켜야 한다.

18 너희는 첫째 달 열나흗날 저녁부터 그 달 스무하룻날 저녁까지 누룩을 넣지 않은 빵을 먹어야 한다.

19 이레 동안에는 너희 집 안에 누룩이 있어서는 안 된다. 누룩든 빵을 먹는 사람은 누구든지, 외국인이든지 본국인이든지, 이스라엘 회중에서 끊어진다.

20 누룩을 넣은 것은 아무것도 먹지 않아야 한다. 너희가 어디에서 살든지, 이 기간 동안에는 누룩을 넣지 않은 빵을 먹어야 한다."

21 모세가 이스라엘의 장로를 모두 불러서, 이렇게 말하였다. "여러분은 여러분의 가족들과 함께 먹을 양이나 염소를 준비하여, 유월절 제물로 잡으십시오.

22 우슬초 묶음을 구하여다가 그릇에 받아 놓은 피에 적셔서, 그 피를 상인방과 좌우 문설주에 뿌리십시오. 여러분은 아침까지, 아무도 자기 집 문 밖으로 나가서는 안 됩니다.

23 주께서 이집트 사람들을 치려고 지나가시다가, 상인방과 좌우 문설주에 바른 피를 보시고, 그 문 앞을 그냥 지나가실 것이며, 파괴자가 여러분의 집을 치러 들어가지 못하게 하실 것입니다.

24 여러분은 이 일을 여러분과 여러분의 자손이 지킬 규례로 삼아, 영원히 지키게 하십시오.

25 여러분은, 주께서 여러분에게 주시겠다고 약속하신 땅에 들어가거든, 이 예식을 지키십시오.

26 여러분의 아들딸이 여러분에게 '이 예식이 무엇을 뜻합니까?' 하고 물을 것입니다.

27 그러면 여러분은 그들에게 '이것은 주께 드리는 유월절 제사다. 주께서 이집트 사람을 치실 때에, 이집트에 있던 이스라엘 자손의 집만은 그냥 지나가셔서, 우리의 집들을 구하여 주셨다' 하고 이르십시오." 백성은 이 말을 듣고서, 엎드려 경배를 드렸다.

28 이스라엘 자손은 돌아가서, 주께서 모세와 아론에게 명하신 대로 하였다.

29 한밤중에 주께서 이집트 땅에 있는 처음 난 것들을 모두 치셨다. 임금 자리에 앉은 바로의 맏아들을 비롯하여, 감옥에 있는 포로의 맏아들과 짐승의 맏배까지 모두 치시니,

30 바로와 그의 신하와 백성이 그 날 한밤중에 모두 깨어 일어났다. 이집트에 큰 통곡소리가 났는데, 초상을 당하지 않은 집이 한 집도 없었다.

31 바로는 밤중에 모세와 아론을 불러들여서 말하였다. "너희와 너희 이스라엘 자손은 어서 일어나서, 내 백성에게서 떠나가거라. 그리고 너희의 요구대로, 너희는 가서 주를 섬겨라.

32 너희는 너희가 요구한 대로, 너희의 양과 소도 몰고 가거라. 그리고 내가 복을 받게 빌어라."

33 이집트 사람은 '우리 모두 다 죽게 되었다' 하면서, 이스라엘 백성에게 '어서 이 땅에서 떠나라'고 재촉하였다.

34 그래서 이스라엘 백성은, 아직 빵 반죽이 부풀지도 않았는데, 그 반죽을 그릇째 옷에 싸서, 어깨에 둘러메고 나섰다.

35 이스라엘 자손은 모세의 말대로, 이집트 사람에게 은붙이와 금붙이와 의복을 요구하였고,

36 주께서는 이스라엘 백성이 이집트 사람에게 환심을 사도록 하셨으므로, 이집트 사람들은 이스라엘 자손의 요구대로 다 내어 주었다. 이렇게 하여서, 그들은 이집트 사람들에게서 물건을 빼앗아 가지고 떠나갔다.

37 마침내, 이스라엘 자손이 라암셋을 떠나서 숙곳으로 갔는데, 딸린 아이들 외에, 장정만 해도 육십만 가량이 되었다.

38 그 밖에도 다른 여러 민족들이 많이 그들을 따라 나섰고, 양과 소 등 수많은 집짐승 떼가 그들을 따랐다.

39 그들은 이집트에서 가지고 나온 부풀지 않은 빵 반죽으로 누

룩을 넣지 않은 빵을 구워야 하였다. 그들은 이집트에서 급히 쫓겨 나왔으므로, 먹을거리를 장만할 겨를이 없었다.

40 이스라엘 자손이 이집트에서 산 기간은 사백삼십 년이었다.

41 마침내, 사백삼십 년이 끝나는 바로 그 날, 주의 모든 군대가 이집트 땅에서 나왔다.

42 그 날 밤에 주께서 그들을 이집트 땅에서 이끌어 내시려고 밤을 새우면서 지켜 주셨으므로, 그 밤은 '주의 밤'이 되었고, 이스라엘 자손이 대대로 밤새워 지켜야 하는 밤이 되었다.

43 주께서 모세와 아론에게 말씀하셨다. "유월절 규례는 이러하다. 이방 사람은 아무도 유월절 제물을 먹지 못한다.

44 그러나 돈으로 사들인 종으로서, 할례를 받은 사람은 누구나, 그것을 먹을 수 있다.

45 임시로 거주하는 타국인이나 고용된 타국인 품꾼은 그것을 먹을 수 없다.

46 어느 집이든지, 고기는 한 집에서 먹어야 하며, 그 고기를 조금이라도 집 바깥으로 가지고 나가서는 안 된다. 뼈는 하나라도 꺾어서는 안 된다.

47 이스라엘 모든 회중이 다 함께 이 유월절을 지켜야 한다.

48 너희에게 몸붙여 사는 외국인이 주의 유월절을 지키려고 하면, 너희는 그 모든 남자에게 할례를 받게 하여야 한다. 그런 다음에, 그는 본국인과 같이 되어서, 유월절에 참여할 수 있다. 할례를 받지 않은 사람은 아무도 제물을 먹어서는 안 된다.

49 본국인에게나 너희에게 몸붙여 사는 타국인에게나, 이 법은 동일하다."

50 이스라엘의 모든 자손은, 주께서 모세와 아론에게 명하신 대로 하였다.

51 바로 이 날에, 주께서 이스라엘 자손을 각 군대 단위로 이집트 땅에서 이끌어 내셨다.

간추린 내용(12장 1-51절)

7822. 속뜻으로 우리의 본문에서 다루는 주제는 영적인 교회에 속한 자들의 해방(解放·liberation)이고, 그리고 인애에서 분리된 믿음 안에 있는 자들의 영벌(永罰·damnation)입니다. 후자의 영벌과 전자의 해방은 유월절(逾越節·the passover)이 뜻하고, 그리고 해방된 자들의 인애나 믿음의 성태들은 유월절 날에 지켜야 했던 것들이 뜻합니다.

7823. 최고의 뜻으로 유월절은, 주님께서 영광화(榮光化)하실 때 주님에 의한 불신자(不信者·the unfaithful)의 영벌과 신자(信者·the faithful)의 해방을 뜻합니다. 그 때, 일반적이든 개별적이든, 신자들의 상태의 성질이나, 또는 그 뒤의 그것의 성질이 어떠한 것인지를 최고의 뜻으로 유월절의 법령들에 의하여 기술되었습니다.

상세한 영적인 뜻(12장 1-51절)

7824. 1-2절. **주께서 이집트 땅에서 모세와 아론에게 말씀하셨다. "너희는 이 달을 한 해의 첫째 달로 삼아서, 한 해를 시작하는 달로 하여라.**

"주께서 모세와 아론에게 말씀하셨다"는 말씀은 신령진리에 의한 통보나 소식을 뜻하고, "이집트 땅에서"라는 말씀은 영적인 교회에 속한 자들이 아직까지는 괴롭히는 자들의 영역(領域·vicinity) 안에 있다는 것을 뜻합니다. "말씀하시기를 '너희는 이 달을 한 해의 첫째 달로 삼아라"(=이 달이 너희에게 달들의 머리이다)는 말씀은 이 상태가 모든 상태들의 으뜸이다는 것을 뜻합니다. "한 해를 시작하는 달로 하여라"(=이 달이 너희에게는 해의 첫째 달이다)는 말씀은 영원까지 이어지는 모든 상태들이 비롯된 시작(始作)을 뜻합니다.

7825. 주께서 (이집트 땅에서) **모세와 아론에게 말씀하셨다.**
이 말씀이 신령진리에 의한 통보(通報)나 소식을 뜻한다는 것은, 주께서 교회 안에 제정될 것에 관해서 말씀하실 때에는, 통보나 소식(information)을 가리키는 "말씀한다"(saying)는 말의 뜻에서 잘 알 수 있습니다. 왜냐하면 "말한다"(to say)는 낱말은 그것에 뒤이어지는 것들을 뜻하기 때문입니다. 그리고 또한 신령진리를 가리키는 "모세와 아론"의 표징에서 잘 알 수 있습니다. 여기서 "모세"는 신령존재에게서 직접적으로 발출하는 진리를 표징하고, "아론"은 신령존재에게서 간접적으로 발출하는 진리를 표징합니다(7009・7010・7089・7382항 참조).

7826. 이집트 땅에서……
이 말씀이 아직까지 영적인 교회에 속한 자들이 괴롭히는 자들의 영역(領域・근처・vicinity)에 있다는 것을 뜻한다는 것은 괴롭히는 그들이 있는 곳을 가리키는 "이집트 땅"의 뜻에서 잘 알 수 있습니다. 왜냐하면 "바로"와 "이집트 사람"은 인애에서 분리된 믿음 안에 있는 교회에 속한 자들을 표징하고, 표의하기 때문이고, 그리고 저 세상에서는 선량한 자를 공격하고, 괴롭히는 자들을 표징하고, 표의하기 때문입니다(6692・7097・7107・7110・7126・7142・7317항 참조). 그리고 "이집트 땅"이 공격하고 괴롭히는 자들의 영역에 있다는 것은 7240항을 참조하십시오. 이 영역(=근처)이 이집트 땅의 중앙, 다시 말하면 고센 땅에 있는 이스라엘 자손이 뜻하고, 그리고 온갖 공격이나 괴롭힘들은 그들에게 지워진 짐들(burdens)이 뜻합니다. 이상에서 볼 때, "주께서 모세와 아론에게 이집트 땅에서 말씀하셨다"는 말이, 아직까지 영적인 교회에 속한 자들이 괴롭히는 자들의 영역(=근처)에 있을 때 신령진리에 의한 통보나 소식을 뜻한다는 것을 잘 알 수 있겠습니다.

7827. 말씀하시기를 "너희는 이 달을 한 해의 첫째 달로 삼아라"(=이 달이 너희에게 달들의 머리이다).

이 말씀이, 이 상태가 모든 상태의 으뜸이다는 것을 뜻한다는 것은 전자의 마지막과 뒤이어지는 상태의 시작, 따라서 새로운 상태를 가리키는 "달"(月·month)의 뜻에서(3814항 참조), 그리고 그 해의 달들에 관해서 서술할 경우, 으뜸 되는 상태를 가리키는 속뜻으로 삶의 상태들인 "머리"(=첫째 달)의 뜻에서 잘 알 수 있습니다. 이렇게 볼 때 "이 달을 너희에게는 첫째 달로 삼아라"는 말이 이 상태가 모든 상태들의 으뜸이다는 것을 뜻한다는 것을 잘 알 수 있겠습니다. 이 상태가 모든 상태들의 으뜸이다는 이유는 아래에 이어지는 것에 내포되어 있습니다.

7828. "너희는 한 해를 시작하는 달로 하여라"(=이것이 너희에게는 해의 첫째 달이다).

이 말씀이 영원까지 이어지는 모든 상태들이 그것에서 비롯된 시작을 뜻한다는 것은, 그 해의 달들에 관해서 언급되었을 경우, 그리고 속뜻으로 삶의 상태들을 서술할 때, 시작을 가리키는 "첫째이다"는 말의 뜻에서, 그리고 상태들을 가리키는 "달들"(months)의 뜻에서(7827항 참조), 그리고 시작부터 마지막까지의 삶의 전 기간(全 期間)을 가리키는 "해"(年·year)의 뜻에서 잘 알 수 있습니다(2906항 참조). 현재의 경우 저 세상에서 영적인 교회에 속한 자들에 관해서 언급하고 있기 때문에, 그들의 삶의 기간은 끝이 아니라 시작을 가지고 있고, "한 해"(年·year)는 시작부터 영원까지의 전 기간을 뜻합니다. "해"(年·year)가 이런 뜻을 가지고 있다는 것은 2906항을 참조하십시오. 이 달이 모든 달들의 으뜸으로 삼는다는 것이나 모든 것의 최초로 삼는다는 것은, 그것이 영적인 교회에 속한 자들의 해방의 시작을 뜻하기 때문이고, 그리고 바로나 이집트 사람이 표징하는 악한 자에 의하여 낮은 땅에 갇혀 있었고, 거기에서 괴롭힘을 겪는 포로의 상태에 지금까지 있었던 자들의 해방의 시작을 뜻하기 때문입니다. 그들이 해방되었을 때 그들의 처음 상태는, 영원까지 뒤이어지는 거기에서 모든 상태들의 으뜸이고, 시작이다는 것은 거기에 있던 자들이 주님의 이 세상 강림에 의하여 해방되었기 때문이고, 그리고 주님의 이 세상 강림이 없었다면 그들이 구원받을 수 없기 때문이고, 그리고 또한 그들이 주님께서 부활하셨을 때 그들이 해방되었기 때문입니다. 이상에서 볼 때 명확한 사실은 그들이 해방될 때의 상태가 그들에게는 모든 상태들의 으뜸이다는 것입니다. 꼭 같은 경우가 되겠는데, 만약에 주님께서 이 세상에 강림하시지 않았고, 그리고 그분의 인성이 신령하게 영화되시지 않았다면 영적인 교회에 속한 자들도 구원받을 수 있다는 것은 불가능하다는 것입니다. 주님께서 이 세상에 강림시기 전에, 낮은 땅(the lower earth)에 감금(監禁)되었던 영적인 교회에 속한 자들이 주님에 의하여 해방되었고, 구원받았다는 내용은 6854·6914항을 참조하십시오. 그리고 일반적으로 영적인 교회에 속한 자들이 주님의 강림에 의하여 구원받았다는 내용은 2661·2716·6372·7035·7091항을 참조하십시오. 그러므로 우리의 본문은, 최고의 뜻으로, 주님의 인성의 측면에서 주님의 영광화(榮光化·glorification)와 부활(復活·resurrection)이 모든 구원의 원천이라는 것을 뜻하겠습니다.

7829. 3-6절. **"온 이스라엘 회중에게 알리어라. 이 달 열흘날 각 가문에 어린 양 한 마리씩, 곧 한 가족에 한 마리씩 어린 양을 마련하도록 하여라. 한 가족의 식구 수가 너무 적어서, 양 한 마리를 다 먹을 수 없으면, 한 사람이 먹을 분량을 계산하여, 가까운 이웃에서 그만큼 사람을 더 불러다가 함께 먹도록 하여라. 너희가 마련할 짐승은 흠이 없는 일 년 된 수컷으로 하되, 양이나 염소 가운데서 골라라. 너희는 그것을 이 달 열나흗날까지 두었다가, 해 질 무렵에 모든 이스라엘 회중이 모여서 잡도록 하여라."**

"온 이스라엘 회중에게 알리어라"는 말씀은 영적인 교회에 속한 자들의 알림(通報)과 함께 하는 입류를 뜻합니다. "이 달 열흘날"(=열째날)은 내면적인 것에 속한 도입(導入)의 상태를 뜻합니다. "각 가문에 어린 양 한 마리씩 마련하도록 하여라"는 말씀은 각자의 특별한 선에 일치하는 것을 뜻합니다. "한 가족의 수가 너무 적어서, 양 한 마리를 다 먹을 수 없다"는 말씀은 만약에 개별적인 선이 이노센스에 대하여 충분하지 않다는 것을 뜻합니다. "가까운 이웃에서 그만큼 사람을 더 불러와라"는 말씀은 가장 가까운 진리에 속한 선을 뜻하고, "한 사람이 먹을 분량을 계산하여, 함께 먹도록 하여라"는 말씀은 이노센스의 전유(專有)에 일치하여 매우 많은 선에 속한 진리로부터 이노센스에 일치하는 선으로 가득 채우는 것을 뜻합니다. "흠이 없는 어린 양"은 결함이나 흠이 없는 온전한 것을 뜻하고, "수컷"(=숫양)은 그것이 인애의 믿음에 속한 것이라는 것을 뜻하고, "일 년 된 숫양"은 충분한 상태를 뜻하고, "양이나 염소(=암염소) 가운데서 골라라"는 말씀은 이노센스에 속한 내면적인 선이나 외면적인 선을 뜻합니다. "너희는 그것을 (이달 열나흗날까지) 두어라"(=간수하여라)"라는 말씀은 도입의 때와 상태를 뜻하고, "이 달 열나흗날까지"라는 말씀은 거룩한 상태를 뜻합니다. "(해 질 무렵에) 모든 이스라엘 회중이 모여서 그것을 잡도록 하여라"는 말씀은 일반적으로 영적인 교회에 속한 모든 자들에 의한 즐거움(enjoyment)에 대한 준비를 뜻하고 "해 질 무렵"(두 저녁의 사이)이라는 말씀은 마지막 상태와 최초 상태를 뜻합니다.

7030. "온 이스라엘 회중에게 알리어라"(=너희는 이스라엘의 온 회중에게 고하여 말하라).
이 말씀이 영적인 교회에 속한 모든 자들에게 알리는 통보나 소식과 줄곧 함께 하는 입류를 뜻한다는 것은 입류를 가리키는 "말한다"(to speak)는 낱말의 뜻에서(2951·5481·5743항 참조), 그리고 통보나 소식을, 다시 말하면, 그들이 해방될 때 관측되는 것들에 관한 입류를 뜻한다는 것에서 잘 알 수 있습니다. 이러한 사실은 아래에 이어지는 내용에서 명확합니다. 그리고 총체적으로 진리들과 선들을 가리키는 "이스라엘 회중"(the assemblage of Israel)의 뜻에서 잘 알 수 있습니다. 왜냐하면 "이스라엘 회중"은 모든 지파들(支派· the tribes)을, 다시 말하면 진리와 선에 속한 모든 것들을, 또는 믿음과 인애에 속한 모든 것들을 뜻하기(3858·3926·4060·6335항 참조), 때문입니다. 이런 것들이 뜻해지고 있기 때문에, 그러므로 "이스라엘의 회중"은 영적인 교회에 속한 자들을 뜻합니다(6337항 참조). 왜냐하면 진리들과 선들이 교회를 이루기 때문입니다. 이스라엘 자손이 영적인 교회를 표징한다는 것은 6426·6637·6862·6868·7035·7062·7198·7201·7215·7223항을 참조하십시오.

7831. "**이 달 열흘날**"(=이 달 십일째 되는 날).
이 말씀이 내면적인 것들의 도입(導入·initiation)의 상태를 뜻한다는 것은 내면적인 달들의 상태를 가리키는 "열흘" 다시 말하면 "십일째 되는 날"의 뜻에서 잘 알 수 있습니다. 왜냐하면 "날"(日·day)이 상태를 뜻하기 때문이고(23·487·488·493·575·893·1738·2788·3462·3785·4850·5672항 참조), 그리고 "열"(10·ten)이 남은 것들(=남은백성·남은그루터기·remains)을 뜻하기 때문이고(576·1906·2284항 참조), 다시 말하면 사람의 내면적인 것들 안에 주님에 의하여 저장된 진리들과 선들을 뜻하기(1050·1906·2284·5135·5897·7560·7564항 참조) 때문입니다. 그리고 남은 것(=남은그루터기·남은백성·remains)이 내면적인 것 안에 있기 때문에, 그리고 그것들에 의하여 사람은 주님에게서 비롯되는 선과 진리를 영접하기를 준비하고, 또 도입하기 때문에, 그러므로 "십일째 되는 날"(=열흘날)은, 여기서는, 내면적인 것들의 도입의 상태를 뜻합니다. 사람은 리메인즈(remains)에 의하여 중생(重生)한다는 것, 결과적으로 주님에게서 비롯되는 선과 진리의 입류의 수용에 도입된 그것들에 의하여 중생한다는 것은 5342·5898·6156항을 참조하시고,

그리고 그것들에 의하여 사람이 천계와 교류(交流)한다는 것은 7560항을 참조하십시오.. 왜냐하면 이런 선들이나 진리들은, 사람에게서 비롯되는 것이 아니고, 오직 주님에게서 나오기 때문입니다(7564항 참조). "달"(月·month)이 그것의 시작부터 마지막까지의 전 상태를 뜻하고(3814항 참조), 따라서 총체적으로 유월절이 뜻하는 해방의 전상태(全狀態)를 뜻합니다. 이렇게 볼 때 명확한 사실은 "이 달의 십일째 되는 날"(=이 달 열흘날)이 내면적인 것들의 도입의 상태를 뜻한다는 것입니다. 다시 말하면 내면적인 것들의 도입의 이 상태는 그 달의 십일째 날부터 그 달의 14일째 날까지 이고, 그 날들 동안 유월절의 어린 양은 지켜지지 않으면 안 됩니다. 유월절 짐승이 가장 극내적인 것을 가리키는 이노센스에 속한 선을 뜻합니다. 따라서 그것 안에 내재해 있는 내면적인 것들과 함께, 이와 같은 극내적인 것은 그 동안에 더러워진 것들로부터 격리(隔離)되어야 하고, 간수(看守)되어야 한다는 것을 뜻합니다. 이런 상태가 내면적인 것에 속한 도입의 상태를 가리킵니다. 다시 말하면 주님으로부터 선과 진리의 입류를 영접, 수용하기 위한 준비의 상태를 뜻합니다. 이것이 바로 우리의 본문말씀에 내포되어 있는 거룩한 것을 뜻합니다. 왜냐하면 안에 저장된 거룩한 것이 없다면, 이 달의 열째 날에 유월절 짐승을 취하고, 그 달의 열 나흗날까지 잘 간수되어야 한다는 것은 명령되지 않았을 것이기 때문입니다. 그리고 또한 그 뒤 그것은 저녁 무렵에(=두 저녁들 사이에) 잡는다는 것도 명령되지 않았을 것이고, 물로 삼지 말고, 불로 익힌 것을 먹어야 한다는 것도 명령되지 않았을 것이고, 또한 그들은 아침까지 그것의 어떤 것도 남겨서는 안 된다는 것도, 그리고 남은 것은 반드시 불로 살라야 한다는 것도, 그리고 그들은 그것의 뼈를 뿌러뜨리지 않아야 된다는 것도, 그리고 지금까지 누구에게도 알려지지 않은 거룩한 것들을 뜻하는 것을 반드시 알게 하기 위하여 그것에 관해서 깊이 생각하여야 한다는 그 밖의 개별적인 것도 명령되지 않았을 것입니다. 그리고 이런 거룩한 것들이 교회나 천계에 속한 것들인 영적인 것들이다는 것, 그리고 그것에서부터 성언의 모든 상세한 것들이 비롯된 원천인 신령존재와 관계를 가지고 있다는 것을 알게 하기 위한 그것에 관해서 깊이 생각하여야 한다는 것도 명령되지 않았을 것입니다.

7832. "한 가족에 한 마리씩 어린 양을 마련하도록 하여라"(=그들 각자는 어린 양 한 마리를 취하여라).
이 말씀이 이노센스(innocence)에 관한 것을 뜻한다는 것은 이노센스를 가리키는, 여기서는 "어린 양"이 뜻하는 것이지만, 어린 양이나 암염소(a she-goat)의 뜻에서 잘 알 수 있습니다. "어린 양"은 내면적인 사람의 이노센스를 뜻하고, "암염소"는 외면적인 사람의 이노센스를 뜻합니다(3519항 참조).

7833. "각 가문에 어린 양 한 마리씩 마련하여라"(=그의 아버지들의 집에 어린 양 한 마리씩 마련하여라).
이 말씀이 각자의 특별한 선에 일치한다는 것을 뜻한다는 것은, 한 가족의 선이 다른 가족의 선과 분별된다는 것을 뜻하는 "그의 아버지의 집"의 뜻에서 잘 알 수 있습니다. 왜냐하면 "한 아버지의 집"은 내적인 선의 측면에서 사람을 뜻하기 때문입니다(3128항 참조). 여기의 경우는 이러합니다. 이스라엘의 모든 지파들은 모든 진리들과 믿음에 속한 선들을 뜻하고, 총체적으로는 인애를 뜻하고, 각각의 지파는 선이나 진리에 속한 하나의 속성을 뜻합니다(3858·3926·3939·4060·6335·6337·6640항 참조). 따라서 그 지파 안에 있는 각각의 가족(=씨족·family)은 하나의 종(種)에 속한 개별적인 선을 뜻합니다. 지파들이 이런 것들을 뜻하는 이유는, 이스라엘 자손들 사이에서 분별되는 씨족들이나 가문들이 천계를 표징하기 때문입니다. 왜냐하면 천계에서 선들은 종(種)과 유(類)와 개별적인 것으로 분별되기 때문이고, 그리고 천사들은 이것들에 일치하여 결합하기 때문입니다. 주지하여야 할 것은 어느 누구의 선이 다른 누구의 선과 꼭 같은 경우는 결코 존재하지 않는다는 것입니다. 그러나 그들은 다양다종하고, 그리고 다종다양하기 때문에 그들은 보편적으로 보다 높은 종(種)으로 분별되고, 그리고 이들은 보편적으로 낮은 종(種)으로 분별되고, 그 아래에서는 개별적인 것들이, 지극히 개별적인 것들로 분별된다는 것 등입니다. 사랑과 믿음에 속한 선들이 매우 다종다양하다는 것은 684・690・3241・3267・3744-3746・3986・4005・4149・5598・7236항을 참조하십시오. 이렇게 볼 때, 그의 아버지들의 집안을 위해서, 어린 양 한 마리를 취하고, 곧 한 집에 어린 양 한 마리를 준비하라고 그들에게 명령된 이유가 무엇인지 잘 알 수 있겠습니다.

7834. "양 한 마리에 대하여 한 가족의 식구 수가 너무 적다면……"
이 말씀이, 만약에 개별적인 선이 이노센스를 위해서 충분하지 않다는 것을 뜻한다는 것은 개별적인 선을 가리키는 "집안"(=그 가족・a house)의 뜻에서(7833항 참조), 그리고 충분하지 않다는 것을 가리키는 "수가 너무 적다"는 말의 뜻에서, 그리고 또한 이노센스를 가리키는 "어린 양"의 뜻에서(7832항 참조) 잘 알 수 있습니다.

7835. "양 한 마리를 다 먹을 수 없으면, 가까운 이웃에서 그만큼 사람을 더 불러다가 함께 먹도록 하여라."
이 말씀이 진리에 속한 가장 가까운 선과의 결합을 뜻한다는 것은, 결합을 가리키는 그의 가까운 이웃과 함께 한 마리 어린 양을 "취한다"(=먹도록 한다)는 말의 뜻에서, 그리고 진리에 속한 가장 가까운 선을 가리키는 "가까운 이웃에서 사람을 그의 집으로 불러온다"는 말의 뜻에서 잘 알 수 있습니다. "가까운 이웃"이 가장 가까운 것을 뜻한다는 것은 명확합니다. 그리고 "집"이 선을 뜻한다는 것은 7833항을 참조하십시오. "진리에 속한 선"이라고 언급하였는데, 그것은 그들에게 있는 진리에 속한 선이 있는 영적인 교회에 속한 자들을 다루고 있기 때문입니다. 왜냐하면 진리에 속한 선은 의지와 행위 안에 있는 진리를 가리키기 때문입니다. 왜냐하면 믿음에 속한 진리가 인애에 속한 정동과 함께 수용될 때, 그것은 마음의 내면적인 것들 안에 활착되기 때문입니다. 그리고 진리가 재생산될 때 진리가 결합되는 정동이 재생산되고, 그리고 선의 모습(the aspect of good) 하에 나타나기 때문입니다. 그러므로 이 교회에 속한 선은, 역시 영적인 선이라고 부르는, 진리에 속한 선입니다.

7836. "**한 사람이 먹을 분량을 계산하여**(=영혼의 수에 따라) **어린 양을 취하여라**"(=각각 그 먹는 입에 따라 너희는 그 어린 양에 대하여 계산하여라).

이 말씀이, 이노센스의 전유(專有)에 일치하여 선에 속한 수많은 진리들로부터 이노센스에 들어맞게 선으로 가득 채운다는 것을 뜻한다는 것은 선에 속한 수많은 진리들을 가리키는 "영혼들의 수"(=먹을 사람의 수)의 뜻에서 잘 알 수 있습니다. 왜냐하면 성경에서 "수"(數·number)는 진리에 관해서 서술하고, "영혼"(soul)은 영적인 선에 관해서 서술하기 때문입니다. 그리고 또한 그것의 전유에 일치하는 것을 가리키는 "그 먹는 입에 따라서"라는 말의 뜻에서, 그리고 이노센스를 가리키는 "어린 양"의 뜻에서(7832항 참조) 잘 알 수 있습니다. 성경에서 "먹는다"(to eat)는 말이 전유, 즉 자기의 것으로 삼는 것을 뜻한다는 것은 3168·3513·3596·3832항을 참조하십시오. 이노센스에 잘 맞게 선으로 가득 채운다는 것은 "가까운 이웃의 집에서 취하는" 어린 양에 대한 충분한 그런 숫자가 뜻합니다. "집"이 선을 뜻한다는 것은 7833항을 참조하십시오. "선에 속한 진리"라고 언급하였는데, 이 말은 선에서 비롯된 진리를 뜻합니다. 왜냐하면 영적인 교회에 속한 자들이 중생 중에 있을 때, 그들은 믿음에 속한 진리에 의하여 인애의 선에 안내되지만, 그러나 그들이 인애에 속한 선에 안내될 때에는 그 후 거기에서 나온 진리들은 "선에 속한 진리들"이라고 불리우기 때문입니다.

[2] 그러나 우리의 본문절에 담고 있는 것들의 경우가 어떠한 것인지는, 만약에 천계에 있는 사회들이 어떠한 것인지를 알지 못한다

면, 전혀 이해될 수 없겠습니다. 왜냐하면 이스라엘 자손의 제휴(提携·consociations)들은 지파들·씨족들·가문들이 이런 사회들을 표징하는 것에 일치하기 때문입니다. 천계에 있는 사회들에게도 이와 같습니다. 보편적인 천계(the universal heaven)도 하나의 사회인데, 그 사회는 주님에 의하여 한 사람처럼 다스려지고 있습니다. 거기의 일반적인 사회들은, 한 사람 안에 있는 손발이나, 내장들, 기관들처럼, 수도 없이 많이 있고, 그리고 특별한 사회들도 각각의 내장·손발·기관 안에 담고 있는 작은 내장들만큼이나 많이 있습니다. 그리고 개별적인 사회들도, 보다 큰 부분을 구성하는 보다 작은 것들이 있는 작은 내장들 안에 그만큼의 것들이 있습니다. 이러한 경우는 사람의 대응들과 최대인간(最大人間)에게 있는 그의 손발들·내장들·가관들의 대응들에서 명확합니다. 이러한 내용은 《천계비의》의 다른 많은 장들의 말미의 경험에서 언급되었습니다. 이상에서 우리는 천계에 있는 사회들의 분별의 경우가 어떠한지 잘 알 수 있겠습니다.

[3] 그러나 개별적으로 각각의 사회의 경우는 이러합니다. 그 사회는 선의 측면에서 일치하는 수많은 천사들로 이루어졌습니다. 이런 선들은 다종다양합니다. 왜냐하면 각각의 천사는 그 자신만의 특유한 선을 가지고 있지만, 그러나 이와 같은 다종다양하게 일치하는 선들도 그들이 지금 하나의 선으로 보여 주고 있는 그와 같은 형체로 주님에 의하여 처리, 정리 정돈되어 있기 때문입니다. 이런 부류의 사회들이 이스라엘 자손들 가운데 있는 "아버지들의 집들"(the houses of the fathers)이 뜻합니다. 이것은 이스라엘 자손들이 지파별로 분별될 뿐만 아니라, 씨족들로, 가문별로 분별되는 이유입니다. 그리고 그들이 언급되었을 때, 그들의 조상들의 이름들이 그 지파가 거명된 순서에 따라서 언급된 이유이기도 합니다. 예를 들면 사무엘의 경우가 되겠습니다. 사무엘 상서 1장 1절에서 볼 수 있듯이, "에브라임 지파에 속한 숩의 자손 엘가나라는 사람이 에브라임 산간

지방에 있는 (라마다임에) 살고 있었다. 그의 아버지는 여로함이고, 할아버지는 엘리후이고, 그 윗대는 도후이고, 그 윗대는 숩이다"라고 기술되었습니다. 그리고 사울의 아버지에 관해서 언급된 것은, "베냐민 지파에 기스라고 하는 유력한 사람이 있었다. 그의 아버지는 아비엘이고, 할아버지는 스롤이고, 그 윗대는 베고랏이고, 그 윗대는 아비아인데, 베냐민 사람이다"(사무엘 상 9 : 1)고 하였습니다. 그리고 그 밖의 여러 사람들에 관해서도 마찬가지입니다. 이와 같은 언급은 처음 존재(the first)에서부터 계속해서 파생하고 있는 선의 성질을 천계에서 알기 위한 것이고, 그리고 그 선의 성질은 언급되고 있는 그 사람에 의하여 표징되고 있습니다.

[4] 더욱이 천계에서의 경우는 이러합니다. 만약에 한 사회가 완전하지 않다면, 그리고 그것이 완전해야 한다면, 그 때 거기에는, 각각의 상태나 그것의 변화의 필요에 따라서 그 선의 형체를 그 많은 것으로 채워야 하기 때문에 가까이에 있는 이웃의 사회에서부터 선을 취하는 일이 있습니다. 왜냐하면 그 선의 형체는 그 상태의 변화에 따라서 다양하게 변하기 때문입니다. 그러나 주지하여야 할 것은, 영적인 것들이 존재하는 천계의 그 위에 있는 삼층천 또는 극내적 천계에서는—왜냐하면 영적인 것들이 중간천계, 즉 이층천을 형성하기 때문에—이노센스가 다스리는데, 그 이유는 이노센스 자체이신 주님께서 그 천계에 직접 입류하시기 때문입니다. 이에 반하여 영적인 것들이 존재해 있는 이층천에는 이노센스와 함께 주님께서는 간접적으로, 다시 말하면 삼층천을 통해서 입류하시기 때문입니다.

[5] 이 입류는 이층천에 있는 그 사회들에 의하여 그들의 선에 따라서 질서 가운데 정리, 정돈됩니다. 그러므로 그 선의 상태들은 이노센스의 입류에 일치하여 변화합니다. 결과적으로는 거기에 있는 사회들의 결합들이 다종다양하게 바뀌는 변화가 일어납니다. 이렇게 볼 때, 속뜻으로 우리의 본문절을 어떻게 이해해야 하는지, 다시 말

하면, 만약에 어느 누구의 개별적인 선이 이노센스에 대하여 충족한 상태가 아니라면, 그 결합은, 이노센스의 전유(專有)에 일치하여 선에 속한 수많은 진리들로부터 이노센스에 알맞게 가장 가까이에 있는 진리의 선으로, 이루어진다는 것을 잘 이해할 수 있겠습니다.

7837. "**흠이 없는 어린 양**"(을 골라라).
이 말씀이 흠이나 오점(汚點)이 없는 이노센스(innocence unspotted)를 뜻한다는 것은 이노센스를 가리키는 "어린 양"의 뜻에서(7832항 참조), 그리고 오점이 없다는 것, 따라서 결백하다는 것을 가리키는 "흠이 없다"는 말의 뜻에서 잘 알 수 있습니다. 영계에서 모든 오점(=얼룩 · 汚點)은 거짓이나 악을 뜻하기 때문에 그것은 흠도 없고, 오점도 없어야 합니다.

7838. "**숫컷**"(으로 하여라).
이 말씀이 인애에 속한 믿음의 것을 뜻한다는 것은 믿음의 진리를 가리키는, 따라서 인애에 속한 믿음을 가리키는 "숫컷"(a male)의 뜻에서(2046 · 4005항 참조) 잘 알 수 있습니다. 왜냐하면 믿음에 속한 진리는, 만약에 인애의 선과 함께 있지 않다면, 특히 그것이 인애의 선에서 비롯된 것이 아니라면, 믿음에 속한 진리가 아니기 때문입니다. 유월절 짐승(the paschal animal)이 숫컷이어야 한다는 이유는, 유월절 짐승이 영적인 교회에 속한 자들의 이노센스를 뜻하기 때문이고, 그리고 영적인 교회에 속한 자들은 본질적으로 믿음에 속한 진리 이외의 다른 선 안에 있지 않기 때문입니다. 왜냐하면 이것은 인애의 정동으로 말미암아 행동으로 옮겨졌을 때 선이라고 부르기 때문입니다(7835항 참조). 이런 이유 때문에 그 짐승은 반드시 "숫컷"이어야 합니다. 희생제물의 다른 경우에서는, 그것이 선에서 비롯된 예배를 표징하고 있을 때에는 양의 "암컷"(female animal)이 사용되었습니다.

7839. "(너희가 마련할 짐승은) **일 년 된 것**(=아들 · son)(이어야 한다)".

이 말씀이 완전한 상태를 뜻한다는 것은 진리를 가리키는 "아들"(son)의 뜻에서(489·491·533·1147·2623·2803·2813·3373·3704항 참조), 그리고 처음부터 마지막까지의 전 기간을 가리키는, 따라서 충분한 상태를 가리키는 "일 년"(a year)의 뜻에서(2906항 참조) 잘 알 수 있습니다. "충분한 상태"가 무엇인지 반드시 설명되어야 하겠습니다. 선이 이노센스의 입류를 영접, 수용하는 것에 대하여 어떤 것도 부족함이 없을 때, 이 상태를 가리켜 "충분하다"고 합니다. 인애의 선과 결합된 믿음에 속한 진리들은 이런 부류의 선이 되게 합니다. 왜냐하면 영적인 선은 자신의 성품을 믿음의 진리들에게서 취하기 때문입니다. 이러한 내용이 여기서 "일 년 된 아들"(=일 년 된 어린 양·the son of a year)이 뜻하는 "충분한 상태"라는 말이 뜻하는 것입니다. 그러나 아직까지 진리들이 선이라고 하지 못한다면, 그 상태는 충분한 것은 아니므로, 따라서 이 상태는 이노센스의 대응의 상태를 수용할 수 있습니다. 진리들이 선으로 말미암아 존경된다면 처음으로 이 상태는 충분한 상태가 됩니다. 그리고 선이 진리들로 말미암아 존경된다면 그것은 아직은 충분한 상태는 아닙니다. 중생과정에 있는 자들은 후자의 상태에 있지만, 그러나 전자의 상태에는 중생된 자들이 있습니다. 전자는 선에 인도하는 진리 안에 있지만, 후자는 선에서 비롯된 진리 안에 있습니다. 다시 말하면 전자는 진리에 대한 복종의 상태에 있지만, 후자는 진리를 행하려는 정동의 상태에 있습니다. 그러므로 전자는 외적인 교회에 속한 사람들이지만, 후자는 내적인 교회에 속한 자들입니다. "일 년 된 아들"(=일 년 된 수컷)이 충분한 상태를 뜻하기 때문에, 그러므로 "한 살짜리 아들"(a son of a year)인 어린 양이나 염소새끼(kid)가 반드시 제물로 바쳐져야 한다는 것이 수도 없이 엄명되고 있는 것입니다. 예를 들면 출애굽기 29장 38절, 레위기 9장 3절, 12장 6절, 14장 10절, 23장 12, 18, 19절, 민수기 6장 12절, 7장 15, 87, 88절, 15장 27절, 28장 9, 11절이나 그 밖의 여러 장절들이 되겠습니다. 그리고 에스겔서의 새로운 성전이 다루어진 장절이 되겠습니다. 에스겔서의 말씀입니다.

> "너는 매일 주에게 일 년 된 흠 없는 어린 양 하나를 번제물로 바쳐야 한다. 너는 아침마다 그것을 바쳐야 한다."
> (에스겔 46 : 13)

여기서 "새로운 성전"(the new temple)은 주님의 영적인 왕국을 뜻하고, "왕자"(王子·prince)는 순수한 진리들이나, 그것에서 비롯된 선 안에 있는 자들을 뜻하고, "어린 양의 번제물"은 이노센스의 선에서 비롯된 주님예배를 뜻하고, "일 년 된 아들"은 충분한 상태를 뜻합니다.

7840. "**너희는 양들**(=어린 양들)**이나 염소들**(=암염소들)* **가운데서 골라라.**"
이 말씀이 외면적인, 또는 내면적인 이노센스의 선을 뜻한다는 것은 이노센스의 선(good of innocence)을 가리키는 "어린 양"(lamb)의 뜻에서(3994항 참조), 그리고 이노센스가 내재해 있는 진리의 선을 가리키는 "암염소"(she-goat)나 "염소새끼"(kid)의 뜻에서(3995·4005·4006·4871항 참조)잘 알 수 있습니다. "어린 양"이 이노센스의 내면적인 선을 뜻하고, "염소새끼"나 "암염소"가 이노센스의 외면적인 선을 뜻한다는 것은 3519항을 참조하십시오. 내면적인 선이나 외면적인 선이 무엇을 뜻하는지 간략하게 설명하겠습니다. 모든 선 안에는 그것이 선이 되기 위해서는 반드시 이노센스(innocence)가 있어야만 합니다. 이노센스가 없는 선은, 마치 그것의 영혼이 없는

---

* 라틴어의 *capra*와 히브리어의 *ez*는 새끼를 낳을 어미로 골라 놓은 것을 가리키는데, "염소새끼들"(kids)나 "암염소들"은 모두가 외적인 사람이나 또는 자연적인 사람을 뜻하고, 따라서 이노센스의 진리나 선을 뜻합니다 (A.C. 3518[3·4]항 참조). (역자 주)

것과 꼭 같습니다. 그 이유는 주님께서는 이노센스를 방편으로 하여 입류하시기 때문이고, 그리고 그것에 의하여 중생과정에 있는 자들에게 있는 선을 생기발랄하게 하시기 때문입니다. 이노센스가 생기발랄하게 하는 선은 내적인 것이나 외적인 것입니다. 내적인 선은 내적인 교회(internal church)에 속한 사람들이라고 부르는 자들에게 있지만, 그러나 외적인 선은 외적인 교회(external church)에 속한 사람들이라고 하는 자들에게 있습니다. 내적인 교회에 속한 사람들은 성언의 내적인 뜻에 속한 것들을 가리키는, 내면적인 진리들(interior truths)에 의하여 그들의 선이 인증(認證)된 자들을 가리킵니다. 그러나 외적인 교회에 속한 사람들은, 성언의 문자적인 뜻에 속한 것들을 가리키는, 외면적인 진리들(exterior truths)에 의하여 그들의 선이 인증된 자들입니다. 내적인 교회에 속한 자들은 인애에 속한 정동으로 말미암아 이웃에게 선한 것을 행하는 자들을 가리키지만, 그러나 외적인 교회에 속한 자들은 복종으로 말미암아 그것을 행하는 자들입니다. 중생하는 과정에 있는 사람은 모두가 처음에는 외적인 교회에 속한 사람이 되지만, 중생 뒤에는 내적인 교회에 속한 사람이 됩니다. 내적인 교회에 속한 사람들은, 외적인 교회에 속한 사람들에 비하여 앞선 총명이나 지혜 안에 있고, 그러므로 천계에서는 보다 더 내면적인 존재들입니다. 이렇게 볼 때 이노센스에 속한 내면적인 선이 무엇이고, 외면적인 선이 무엇인지 밝히 알 수 있겠습니다.

7841. "**너희는 그것을** (이 달 열나흗날까지) **두어라**"(=간수하여라). 이 말씀이 도입(導入·시작·initiation)의 때(time)와 상태(state)를 뜻한다는 것은 내면적인 것들의 도입의 상태를 가리키는 그 짐승이 간수되어야만 하는 열나흗날의 시작인 열 째 날의 뜻에서(7831항 참조) 잘 알 수 있습니다.

7842. "**이 달 열나흗날에** (잡도록 하여라)."
이 말씀이 거룩한 상태에 들어간 것을 뜻한다는 것은, "날"(day)이

상태를 뜻하기 때문에(7831항 참조), 거룩한 상태(a holy state)를 가리키는 "열나흗날"(=14일째 날·the fourteenth day)의 뜻에서 잘 알 수 있습니다. 그러나 "열넷"(14)은 "일곱"(7)과 꼭 같은 뜻을 가지고 있습니다. "일곱"(7)이 거룩한 것을 뜻한다는 것은 395·423·716·881·5265·5268항을 참조하십시오. 왜냐하면 곱셈의 수자들은 곱하는 수가 가지고 있는 뜻과 동일한 뜻을 가지고 있기 때문입니다(5291·5335·5708항 참조). 그러므로 유월절은 그 달의 열나흗날에 시작되었고, 7일간 계속되었고, 21일째 날에 끝이 나는데, 이 21일째 날은 거룩한 것을 뜻합니다. 그 이유는 그 날(21일째 날)은 일곱(7)에 셋의 곱셈에서 생긴 것이기 때문입니다. 그러므로 유월절의 첫째 날에는 거룩한 집회(聖會·a holy convocation)가 있었고, 스물한 번째 날(21일 째 날)에도 거룩한 집회가 있었다(출애굽기 12장 16절).

7843. "(해 질 무렵에) **모두 이스라엘 회중이 모여서** (그것을) **잡도록 하여라.**"

이 말씀이 일반적으로 영적인 교회에 속한 모두에 의한 기쁨이나 즐거움(enjoyment)에 대한 준비를 뜻한다는 것은 유월절을 위해 사용될 어린 양이나 염소에 관해서 언급될 때에는, 기쁨이나 즐거움을 위한, 다시 말하면 "어린 양"이나 "염소"가 뜻하는 이노센스에 속한 선의 기쁨이나 즐거움의 준비를 가리키는 "잡는다"(killing)는 말의 뜻에서, 그리고 일반적으로 영적인 교회에 속한 자들을 가리키는 "이스라엘의 회중"의 뜻에서(7830항 참조) 잘 알 수 있습니다. "회중의 모임"은 그 교회에 속한 자들에게 속한 선의 진리들을 뜻합니다. 왜냐하면 "모임"(=집회·congregation)은 진리에 관해서 언급하고 있고(6355항 참조), 그리고 "회중"(會衆·assemblage)은 선에 관해서 서술하기 때문입니다.

7844. "**해 질 무렵에**"(=두 저녁들 사이에).

이 말씀이 마지막 상태와 그리고 처음 상태를 뜻한다는 것은, 거짓의 상태를, 그리고 역시 진리의 무지(無知)의 상태를 가리키는 "저녁"(evening)의 뜻에서 잘 알 수 있습니다. 왜냐하면 저녁의 어둠은 거짓을 뜻하고, 그리고 진리의 무지(無知)를 뜻하기 때문입니다. 왜냐하면 한 날의 모든 때들은, 한 해의 모든 절기들과 꼭 같이, 영적인 뜻으로 진리와 선의 측면에서 교대로 상태들의 바뀜(交番)을 뜻하기 때문입니다(5672·5962·6110항 참조). 그 상태들의 마지막과 그 상태들의 시작이 "저녁"입니다. 그러므로 "두 저녁들 사이"라고 언급되었을 때, 그것은 모든 상태들을 뜻하고 있습니다. 따라서 여기서 "두 저녁들 사이"라는 말은 선에서 비롯된 진리 안에 있는 자들의 해방의 상태를 뜻하고, 그리고 악에서 비롯된 거짓 안에 있는 자들의 영벌의 상태를 뜻합니다. 그리고 그 상태들은 거기에서 맏이나 맏배가 죽음에 내몰렸을 때 이집트에서 나온 이스라엘 자손의 떠남을 뜻합니다. 이것이 "저녁"이라고 불리웠다는 것은 모세의 아래 글에서 잘 알 수 있습니다. 신명기서의 말씀입니다.

> 유월절 제물로 드릴 것은, 너희의 주께서 당신의 이름을 두려고 택하신 곳에서만 잡을 수 있으며, 잡는 때는, 너희가 이집트를 떠난 바로 그 시각, 곧 초저녁 해가 질 무렵이다.
> (신명기 16:6)

[2] 이렇게 볼 때, "두 저녁들 사이"라는 말이 이스라엘 자손이 표징하는 자들의 온갖 괴롭힘들의 상태의 마지막과 그들의 해방의 상태의 시작을 뜻한다는 것이 아주 명확합니다. 이런 자들에게 있는 이 시작에서 비롯된 상태는 아침으로 향하고 있는데, 그것은 곧 천계에의 오름(高揚)을 뜻합니다. 더욱이 "두 저녁들 사이"라는 말은 이집트 사람들이 표징하는 자들의 괴롭힘들의 상태의 마지막과 그들의 영벌의 상태의 시작을 뜻하는데, 그러나 이런 후자의 상태는 밤으로 향하고 있는데, 그것은 곧 지옥으로의 추방(追放)을 가리킵니

다. 후자의 지옥으로의 추방은 홍해(紅海)의 수몰(水沒)이 뜻하지만, 그러나 전자의 천계의 고양(高揚)은 가나안 땅으로의 인도가 뜻합니다.
[3] 성경에 두루 "저녁"(evening)이라는 말이 기술되고 있는데, 그것은 교회의 마지막 때(the last time of the church)와 교회의 처음 때를 뜻합니다. 교회에 속한 자들에게 있는 마지막은 끝마감을 가리키고, 그들에게 있는 처음은 시작을 가리킵니다. 이런 이유 때문에 저녁은 주로 주님의 강림(降臨)을 가리킵니다. 왜냐하면 그 때가 교회의 마지막이고, 새로운 교회(a new church)의 시작이기 때문입니다. 그것의 처음 상태가 "저녁"이라고 불리웠는데, 그 이유는 교회에 속한 사람은 어둠(不英明)의 상태에서 시작하여 밝은 빛의 상태로 진전하고, 그에게서 빛의 상태는 곧 "아침"이기 때문입니다.
[4] 이 세상에의 주님의 강림이 "저녁과 아침"(evening and morning)이 뜻한다는 것은 다니엘서에서 아주 명확합니다. 다니엘서의 말씀입니다.

> 내가 들으니, 어떤 거룩한 천사가 말하는데, 또 다른 거룩한 천사가 먼저 말한 그 거룩한 천사에게 물었다. "환상 속에서 본 이 일들이 언제까지나 계속될까?" 언제까지나 계속해서, 매일 드리는 제사가 폐지되고, 파멸을 불러올 반역이 자행되고, 성소를 빼앗기고, 백성이 짓밟힐까?" 다른 천사가 나에게 말하였다. "밤낮 이천삼백 일이 지나야 성소가 깨끗하게 될 것이다."
> (다니엘 8 : 13, 14)

여기서 "저녁"은 마지막 때를 뜻하는데, 그 때 교회는 깡그리 폐허가 되고, 그리고 그 때 주님께서는 이 세상에 강림하십니다. 그리고 여기서 "아침"은 주님에게서 비롯되는 새로운 교회의 빛과 생성(生成・the rising)을 가리킵니다.
[5] 스가랴서에서도 마찬가지입니다. 스가랴서의 말씀입니다.

낮이 따로 없고 밤도 없는
    대낮만이 이어 간다.
    그 때가 언제 올지는 주께서만 아신다.
    저녁때가 되어도,
    여전히 대낮처럼 밝을 것이다.
    (스가랴 14 : 7)

스바냐서의 말씀도 마찬가지입니다.

    바닷가 일대는,
    살아 남은 유다 가문의 몫이 될 것이다.
    거기에는 양 떼를 먹이다가 해가 지면(=저녁이면),
    아스글론에 있는 집으로 가서 누울 것이다.
    주 그들의 하나님이 그들을 돌보셔서(=벌하시며)
    사로잡혀 있는 곳에서
    돌아가게 하실 것이다.
    (스바냐 2 : 7)

여기서도 "저녁"은 새로 생성되는 교회의 처음 상태를 뜻합니다. "저녁"이 옛 교회(the old church)의 마지막 상태를 뜻하고, 그리고 새로운 교회의 처음 상태를 뜻하기 때문에, 그러므로 아론과 그의 아들들은 여호와 앞에서 저녁부터 아침까지 등불을 늘 켜 두어야 할 것이 엄명되었습니다(출애굽기 27 : 20, 21).
[6] "저녁"이 교회의 마지막 때를 뜻한다는 것, 그리고 그 때에는 거기에 믿음이 없기 때문에 칠흑 같은 거짓만 있고, 그리고 거기에 인애가 없기 때문에 아주 고약한 악만 있다는 것은 아래의 장절들에게서 잘 알 수 있겠습니다.

    날이 저문다.
    저녁 그림자가 점점 길어진다.

(예레미야 6 : 4)

> 나의 아내가 저녁에 죽었다. 나는 그 다음날 아침에 지시를 받은 대로 하였다(=백성에게 말하였다).
> (에스겔 24 : 18)

여기서 "아내"(wife)는 교회를 뜻합니다. 시편서의 말씀입니다.

> 아침에는 돋아나서 꽃을 피우다가도,
> 저녁에는 시들어서 말라 버립니다.
> (시편 90 : 6)

7845. 7-11절. **"그리고 그 피는 받아다가, 잡은 양을 먹을 집의 좌우 문설주와 상인방에 발라야 한다. 그 날 밤에 그 고기를 먹어야 하는데, 고기는 불에 구워서, 누룩을 넣지 않은 빵과 쓴 나물을 곁들여 함께 먹어야 한다. 너희는 고기를 결코 날로 먹거나 물에 삶아서 먹어서는 안 된다. 머리와 다리와 내장 할 것 없이, 모두 불에 구워서 먹어야 한다. 그리고 너희는 그 어느 것도 다음날 아침까지 남겨 두어서는 안 된다. 아침까지 남은 것이 있으면, 불에 태워 버려야 한다. 너희가 그것을 먹을 때에는 이렇게 하여라. 허리에 띠를 띠고, 발에 신을 신고, 손에 지팡이를 들고, 서둘러서 먹어라. 유월절은 주 앞에서 이렇게 지켜야 한다."**

"그들이 피를 받는다"는 말씀은 이노센스의 선에 속한 거룩한 진리를 뜻합니다. "그것을 집의 좌우 문설주와 상인방에 발라라"는 말씀은 자연적인 것에 속한 진리들이나 선들을 뜻합니다. "(잡은 양을 먹을) 집"이라는 말씀은 선에 속한 의지의 그런 것들을 뜻하고, "(그 집에서) 그들이 그것을 먹는다"는 말씀은 즐거움을 뜻하고, "(그 날 밤에) 그들이 그 고기를 먹어야 한다"는 말씀은 선에 속한 즐거움을 뜻하고, "그 날 밤"은 악한 자의 영벌과 함께 한다는 것을 뜻합니다. "고기를 불에 굽는다"는 말씀은 사랑에 속한 선을 뜻하고, "누룩을 넣지 않은 빵"은 모든 거짓에서 정화(淨化)되었다는 것을 뜻하고, "곁들인 쓴 것들"(=쓴 나물)은 온갖 시험들에 속한 불쾌한 것에 의한 것을 뜻하고, "그들이 그것을 먹어야 한다"는 말씀은 즐거움을 뜻합니다. "너희는 고기를 결코 날로 먹어서는 안 된다"는 말씀은 그것이 사랑 밖에 있으면 안 된다는 것을 뜻하고, "너희는 고기를 물에 삶아서 먹어서는 안 된다"는 말씀은 그것이 진리에서 나오지 않았다는 것을 뜻합니다. "모두 불에 구어서 먹어야 한다"는 말씀은 그것이 사랑에서 나와야 한다는 것을 뜻하고, "머리와 다리와 내장 할 것 없이 (모두 불에 굽는다)"는 말씀은 극내적인 것에서부터 외적인 것까지를 뜻합니다. "너희는 그 어느 것도 다음날 아침까지 남겨 두어서는 안 된다"는 말씀은 천계에서 조요의 상태에 먼저 있는 이 상태의 기간을 뜻합니다. "아침까지 남은 것이 있으면, 불에 태워야 한다"는 말씀은 시험들을 통한 목적을 위한 수단들의 상태를 뜻합니다. "너희가 그것을 먹을 때에는 이렇게 하여라"는 말씀은 괴롭혔던 악한 자들로부터의 분리의 상태와 그 때의 보호(保護)의 상태 안에 있는 즐거움을 뜻합니다. "허리에 띠를 띠어라"는 말씀은 내면적인 것들에 대한 것을 뜻하고, "발에 신을 신어라"는 말씀은 외면적인 것들에 대한 것을 뜻하고, "손에 지팡이를 들어라"는 말씀은 매개(媒介)적인 것들에 대한 것을 뜻합니다. "너희는 서둘러서 그것을 먹어라"는 말씀은 분리의 바람(affection of separation)을 뜻합니다. "유월절은 주 앞에서 이렇게 지켜야 한다"(=이것이 여호와의 유월절이다)는 말씀은 주님의 임재(臨在·現在)와 그분에 의한 해방을 뜻합니다.

7846. **"그 피는 받아다가……"**(=그들은 그 피를 취하여야 한다). 이 말씀이 이노센스의 선에 속한 거룩한 진리를 뜻한다는 것은 주님에게서 발출하는 거룩한 진리(holy truth)를 가리키는 "피"(血·blood)의 뜻에서(4735·6978·7317·7326항 참조) 잘 알 수 있습니다. 그것이 어린 양의 피이기 때문에, 그리고 "어린 양"이 이노센스에 속한 선을 뜻하기(3994항 참조) 때문에, 그것은 이노센스의 선에

속한 거룩한 진리를 뜻합니다.

7847. "**그것을** (잡은 양을 먹을 집의) **좌우 문설주와 상인방에 발라야 한다.**"

이 말씀이 자연적인 것에 속한 진리들이나 선들을 뜻한다는 것은 자연적인 것에 속한 진리들을 가리키는 "문설주"(=문의 기둥 · posts of a door)의 뜻에서, 그리고 그것의 선들을 가리키는 "상인방"(上引枋 · lintel)의 뜻에서, 잘 알 수 있습니다. "문설주"와 "상인방"이 이런 뜻을 갖는데, 그 이유는 "집"(house)이 사람 자신이나, 마음을 뜻하기 때문이고, 그리고 문에 속한 것들은 안내(=인도)하는 것을 돕는 그런 것들을 뜻하기 때문입니다. 이런 것들이 자연적인 것에 속한 진리들이나 선들을 가리킨다는 것은 명확합니다. 왜냐하면 자연적인 사람은 합리적인 사람에 비하여 먼저 가르침을 받기 때문이고, 그리고 그 때 그 사람이 배운 것들은 자연적인 것들이고, 그것 안에 계속해서, 내면적인 것들을 가리키는 영적인 것들이 주입(注入)되기 때문입니다. 이상에서 볼 때, 진리들이나 선들의 측면에서 자연적인 것이 어떻게 안내하는 것을 돕는지 잘 알 수 있겠습니다. 더욱이 상인방이나 문설주들은 사람에게서는 머리나 손들에 해당되는 뜻을 가지고 있습니다. 천사적인 개념들은, 자연적인 것들이 사람에게 속한 그런 것들에 관계를 가지는 그런 성질에 속한 것들입니다. 그 이유는, 영계나 천계는 사람의 형체(the form of a man)로 존재하고, 이 세상의 모든 것들, 다시 말하면 진리들이나 선들을 가리키는 모든 영적인 것들은 이런 형체와 관계를 맺고 있기 때문입니다. 이러한 사실은 대응(對應)들에 관해서 다룬 우리의 수많은 본문장의 말미에서 설명되었습니다. 그리고 이에 반하여 천사적인 개념들 안에서 자연적인 것들은 영적인 것이 되고, 역시 하나의 집도 그와 같은데, 천사들에게서 "집"은 사람의 마음이기 때문입니다. 침실이나 안방들은 마음의 내면적인 것들을 가리키고, 그리고 창문들 · 문들 · 문설주들 · 상인방들은, 그것이 안내하는 마음의 외면적인 것들이기 때문입니다. 천사적인 개념들이 이런 성질에 속한 것이기 때문에 그것들은 모두가 살아 있습니다. 따라서 생명이 없는 대상물들인 자연계(自然界)에 있는 것들이 영계에 들어오게 되면, 그것들은 생명이 있는 대상물들이 됩니다. 왜냐하면 모든 영적인 것들은, 그것이 주님에게서 발출하기 때문에, 살아 있기 때문입니다.
[2] "문설주들"과 "상인방"이 사람에게서는 머리와 손들에 해당하는 꼭 같은 뜻을 가지고 있다는 것은 모세의 책의 이런 장절들에 잘 나타나 있습니다. 신명기서의 말씀입니다.

> 너희는 마음을 다하고 뜻을 다하고 힘을 다하여, 주 너희의 하나님을 사랑하여라.……또 너희는 그것을 손에 매어 표로 삼고, 이마에 붙여 기호로 삼아라. 집 문설주와 대문에도 써서 붙여라.
> (신명기 6 : 5, 8, 9 ; 11 : 13, 18, 20)

그것들이 같은 뜻을 가지고 있기 때문에, 양자가 같이 언급되었습니다.
[3] 영적인 뜻으로 "상인방과 문설주들"이 그것들을 통하여 영적인 것들에 안내하는 자연적인 것에 속한 선들이나 진리들을 뜻한다는 것은 에스겔서에서의 새로운 성전(the new temple)에 관한 기술에서 아주 명확합니다. 그것은 곧 영적인 교회를 뜻합니다. "문설주들과 상인방들"은 거기에 자주 언급되었고, 그리고 그것들이 역시 계측(計測)되었는데, 만약에 그것들이 교회에 속한 것들이나, 천계에 속한 것들, 다시 말하면 영적인 것들을 뜻하지 않는다면, 결코 그런 일은 없었을 것입니다. 이러한 사실은 그 예언서의 아래의 장절들에 잘 나타나 있습니다. 에스겔서의 말씀입니다.

> "나 주 하나님이 말한다. 너는 첫째 달 초하루에는 언제나 소 떼 가운데서 흠 없는 수송아지 한 마리를 골라다가 성소를 정결하게 하여라. 제사장은 그 속죄제물의 피를 받아다가 성전의 문설주들과 제단 아래층

의 네 모서리와 안뜰 문의 문설주에 발라라."
(에스겔 45 : 18, 19)
왕은 바깥 마당에서 이 문의 현관으로 들어와서, 문설주 곁에 서 있어야 한다. 제사장들이 그의 번제물과 화목제물(=친교제물)을 바치는 동안에는, 그가 그 대문의 문지방 앞에서 엎드려 경배하고 바깥으로 나가야 한다.
(에스겔 46 : 2)

여기서 "성전"은 성전을 뜻하지 않고, 오히려 주님의 교회를 뜻한다는 것은 누구나 다 잘 알 수 있습니다. 왜냐하면 수많은 장들에 기술된 그런 것들은 결코 일어나지 않았고, 또한 일어나지도 않을 것이기 때문입니다.
[4] 여기서 "성전"(聖殿・temple)이 최고의 뜻으로 신령인성(神靈人性・神靈人間・the Divine Human)의 측면에서 주님을 뜻한다는 것은 주님께서 친히 요한복음서 2장 19-22절에서 가르치셨습니다. 그러므로 상대적인 뜻으로 "성전"은 주님의 교회를 뜻합니다. 천사가 새로운 성전의 상인방(上引枋)들을 측량하였다는 것은 에스겔서 40장 9, 10, 14, 24, 26절과 41장 21, 25절을 참조하십시오. 그와 같은 측량은, 만약에 상인방들이나, 마찬가지로 숫자들이 교회에 속한 어떤 것들을 뜻하지 않는다면, 그 중요성은 전무(全無)할 것입니다. "문설주들"이나 "상인방들"이 안내를 위해 종사하는 자연적인 것 안에 있는 진리들이나 선들을 뜻하기 때문에, 그러므로 새로운 성전의 기둥들은 네모가 반듯하였고(에스겔 41 : 21), 그러므로 솔로몬의 성전의 문설주들은 올리브 나무로 만들어졌습니다(열왕기 상 6 : 31, 33). 여기서 "올리브 나무"는 진리에 속한 선이나, 영적인 교회에 속한 선을 뜻합니다.

7848. "잡은 양을 먹을 집"
이 말씀이 선에 속한 의지의 것들을 뜻한다는 것은 사람을 가리키는 "집"(house)의 뜻에서(3128항 참조), 그리고 사람의 마음을 가리키는 "집"의 뜻에서(3538·4973·5023·7353항 참조), 결과적으로 여기서는 선의 의지에 속한 것들을 가리키는 "집"의 뜻에서 잘 알 수 있습니다. "집"이 의지를 뜻한다는 이유는 그것이 사람을 뜻하기 때문이고, 그리고 사람은 주로 그의 의지로 말미암아 사람이기 때문입니다. 더욱이 사람에 관해서 말하든, 그의 마음에 관해서 말하든, 그것은 동일합니다. 왜냐하면 사람은 그의 육체의 모양 때문에 사람이 아니고, 그의 마음으로 말미암아 사람이기 때문입니다. 그리고 사람은 그의 마음이 어떤 것이냐에 따라서 사람입니다. 다시 말하면 그의 이해와 의지에 따라서 사람이지만, 특히 그의 의지 여하에 따라서 사람입니다.

7849. "**그들이** (그 집에서) **그것을 먹어야 한다.**"
이 말씀이 즐거움(=기쁨·enjoyment)을 뜻한다는 것은 자기의 것으로 만드는 것(專有)을 가리키는 "먹는다"(eating)는 말의 뜻에서 (3168·3513·4745항 참조), 그러나 여기서는, 도입(=시작)의 상태를 다루고 있기 때문에, 즐거움(=기쁨)을 가리키는 "먹는다"는 말의 뜻에서 잘 알 수 있습니다. 여기서의 경우는 이러합니다. 주님의 강림 전에 낮은 땅(the lower earth)에 갇혀 있던 자들이 해방되었을 때 (6854·6914·7091·7828항 참조), 그들은 주님에게서 비롯되는 선과 진리의 입류를 영접, 수용하기 위하여 반드시 준비하여야만 했습니다. 왜냐하면 그들은 지옥의 한가운데를 통과하여야만 했고, 그리고 그 과정에서 주위에 있는 지옥적인 영들에게서 비롯되는 온갖 악들이나 거짓들이 유입되지 않도록 그들은 반드시 준비를 갖추어야 했고, 그러므로 그 때 그들은 진리와 선에 속한 완전한 상태 안에 있을 수 있었기 때문입니다. 그러나 주님의 신령자비에 의한 그것의 통과에 관해서는 아래에 이어지는 단락에서 언급되겠습니다. 이 준비나, 또는 선과 진리의 수용의 상태의 도입은 그 달의 열째 날과 열나흗날 째 사이에 행하여진 것들에 의하여 기술되었는데, 그것들은 유월절 어린 양(the paschal lamb)을 먹는 것에 관해서 지켜야만 하는 것들입니다.

7850. "그들이 (그 날 밤에) 그 고기를 먹어야 한다."
이 말씀이 선에 속한 즐거움이나 기쁨을 뜻한다는 것은, 바로 위에서 언급한 것과 같이(7849항 참조), 즐거움이나 기쁨을 가리키는 "먹는다"(to eat)는 말의 뜻에서, 그리고 주님의 신령인간에 의하여 생기발랄하게 된 사람의 고유속성(man's own)을 가리키는, 따라서 사람에게 있는 모든 천적인 선이나, 영적인 선을 가리키는 "고기"(flesh)의 뜻에서(3813·6968항 참조), 잘 알 수 있습니다. "고기"(=살·flesh)가 이런 뜻을 가지고 있다는 것은 고대 사람들 사이에서는 잘 알려져 있었지만, 그러나 오늘날에는 "고기"가 이런 뜻을 가지고 있다는 것이 일러지면 누구나 놀라워 할 만큼 전혀 알려지지 않고 있습니다. 만약에 그것이 영적인 대응이라고 일러지게 되면 이것 또한 이해되지 않습니다. 그리고 이것이 하나의 표의(表意·signification)라고 말하면, 사실은 이것은 이해되겠지만, 그러나 거기에서 표의적인 대응(a significative correspondent)이라고 하는 것과는 전혀 다른 뜻으로 이해하는데, 다시 말하면 완전히 그것의 본래의 뜻과는 전혀 다른 뜻으로 이해하고 있습니다. 그럼에도 불구하고 그 때 영적인 대응이나, 또는 표의적인 대응은 그것이 대응하는 것과 결합되어 있는데, 그것은 사람의 시각이 그의 눈에 연결된 것과 같고, 그리고 그의 청각이 귀에, 그리고 영적인 것을 가리키는 그의 생각(思想)이 그의 내면적인 형체에 또는 이런 형체를 통하여 언어에 속한 작은 기관에 결부된 것과 같고, 영적인 것을 가리키는 그의 의지가, 그것에 의하여 행동이 유발(誘發)하는 근육적인 섬유들(筋肉的 纖維)과 결부된 것과 같습니다. 이러한 것이 영적인 대응적인 것, 또는 상대적으로 표의적인 것이 그것의 자연적인 것에 결부된 것인데, 그 결부된 것에 대응은 존재합니다.

[2] 어느 누구가 주님께서 요한복음서에서 말씀하신 "살"(肉·flesh)이 살을 뜻하지 않고, "피"(血·blood)가 피를 뜻하지 않는다는 것을

모르겠습니까! 요한복음서의 말씀입니다.

> 예수께서 그들에게 말씀하셨다. "내가 진정으로 진정으로 너희에게 말한다. 너희가 인자의 살을 먹지 않고, 또 인자의 피를 마시지 않으면, 너희 속에는 생명이 없다. 내 살을 먹고 내 피를 마시는 사람에게는 영생이 있을 것이요, 마지막 날에 내가 그를 살릴 것이다. 내 살은 참된 양식이요, 내 피는 참된 음료다."
> (요한 6 : 53-55)

이 말씀에서 "살"(肉·flesh)이 주님의 신령인성에서 비롯된 주님의 신령사랑에 속한 신령선을 뜻한다는 것, "피"(血·blood)가 주님의 신령선에서 발출하는 신령진리를 뜻한다는 것, 그리고 또한 사람의 상호관계(相互關係·man's reciprocity)를 뜻한다는 것 등등은 오늘날 거의 누구에게도 알려지지 않았고, 그것을 알 수 있는 자들도 그것을 알려고 하지도 않습니다. 그들이 알려고 하지 않는 이유는, 그들이 진리를 목적한 진리에 의한 정동 안에 있지 않고, 오히려 세상적인 이유들을 목적한 진리에 대한 정동 안에 있기 때문입니다. 그리고 역시 자연적인 사람들은 모든 것들을 자연적으로 파악하고, 이해하기를 갈망하기 때문입니다.

[3] 이러한 내용들은 유월절 만찬(逾越節晩餐·the Paschal Supper)에서 "살을 먹는다"(eating flesh)는 말이 뜻하는 것이 무엇인지 알기 위하여, 그리고 결과적으로는 그 때 제정된 "성만찬"(聖晩餐·the Holy Supper)에서 "살을 먹는다"는 말이 뜻하는 것이 무엇인지 알게 하기 위하여 차례차례 설명하겠습니다. 성만찬에서의 떡과 포도즙이 "살과 피"가 꼭 같은 내용을 뜻한다는 것에 관해서는 2165·2177·2187·3464·3478·3735·3813·4211·4217·4735·4976·5915항을 참조하십시오. 성언의 영적인 뜻으로 "살"은 살(=고기)을 뜻하지 않는다는 것은, 성경의 다른 여러 장절에서 명확하지만, 묵시록서의 말씀에서 아주 명료합니다. 묵시록서의 말씀입

니다.

> 나는 또 태양 안에 한 천사가 서 있는 것을 보았습니다. 그는 공중에 나는 모든 새들에게 큰소리로 외치기를 "하나님의 큰 잔치에 모여라. 왕들의 살과, 장로들의 살과, 힘센 자들의 살과, 모든 자유인이나 종이나 작은 자나 큰 자의 살을 먹어라" 하였습니다.
> (묵시록 19 : 17, 18)

여기서 "살"(=고기·flesh)은 다종다양한 종류의 선들을 뜻합니다.

7851. "그 날 밤에……(먹어야 한다)."

이 말씀이 악인의 영벌과 함께 하는 것을 뜻한다는 것은 진리와 선의 박탈의 상태를 가리키는 "밤"(night)의 뜻에서(221·709·2353·7776항 참조), 따라서 영벌(永罰·damnation)을 가리키는 "밤"의 뜻에서 잘 알 수 있습니다. 왜냐하면 진리와 선이 더 이상 존재하지 않고, 오히려 악과 거짓이 존재할 때, 거기에는 영벌이 있기 때문입니다. 여기서는 영적인 교회에 속한 자들을 공격하고, 괴롭혔던 자들의 영벌을 가리킵니다.

7852. "고기는 불에 구워서……(먹어야 한다)."

이 말씀이 사랑에 속한 선을 뜻한다는 것은 사랑에 속한 선을 가리키는 "불로 굽는다"는 말의 뜻에서 잘 알 수 있습니다. 왜냐하면 "불"(火·fire)이 사랑을 뜻하기(934·4906·5215·6314·6832·6834·6849·7324항 참조) 때문이고, 그리고 "굽는다"(=구웠다·roasted)는 말은 사랑으로 고취(鼓吹)되었다는 것을, 결과적으로는 선을 뜻하기 때문입니다. 성경에서는 구운 것과 삶은 것을 명확하게 분별하고 있는데, "구운 것"(roasted)은 그것이 불에 의하여 행해졌기 때문에, 선을 뜻하고, "삶은 것"(boiled)은 그것이 물에 의하여 행해졌기 때문에 진리를 뜻합니다. 여기의 경우도 그러합니다. 왜냐하면, "너희는 고기를 결코 날로 먹거나 물에 삶아서 먹어서는 안 된다.……모두 불에 구워서 먹어야 한다"(9절)고 언급되었기 때문입니다. 그 이유는 유월절 어린 양은 이노센스에 속한 선을 뜻하기 때문인데, 그 선은 주님사랑에 속한 선을 가리킵니다.
[2] 이상의 모든 것에서 볼 때 명확한 것은 영적인 뜻으로 누가복음서 24장 42, 43절의 "구운 생선"(roasted fish)이 뜻하는 것이 무엇인지 잘 알 수 있다는 것이고, 주님께서 제자들에게 나타나셨을 때, 그것에 관해서 요한복음서에는 이렇게 기술되었는데, "숯불 위에 놓여 있는 생선"이 뜻하는 것이 무엇인지도 잘 알 수 있다는 것입니다. 요한복음서의 말씀입니다.

> 그들이 땅에 올라와서 보니, 숯불을 피워 놓았는데, 그 위에 생선이 놓여 있고, 빵도 있었다……예수께서 가까이 와서, 빵을 들어서 그들에게 주시고, 또 생선도 주셨다.
> (요한 21 : 9, 13)

여기서 "물고기"(=생선・fish)는 자연적인 것에 속한 진리를 뜻합니다(991항 참조). 그리고 "노상"(=숯불・화로・爐床・hearth)은 선을 뜻합니다. 따라서 "거기에 놓인 작은 물고기"는 자연적인 것 안에 있는 영적인 선에 속한 진리를 뜻합니다. 성경말씀에는 성언의 속뜻(an internal sense of the Word)이 있다는 것을 믿지 않는 사람은, 주님께서 제자들에게 나타나셨을 때, 거기에 숯불(=화로) 위에 물고기가 있었고, 주께서 그것을 먹으라고 그들에게 주셨다는 그 일에 내포된 비밀스러운 성질(a secret nature)에 전혀 아무것도 없다고 확실하게 믿을 것입니다.
[3] "불에 구운 것"이 천적인 사랑이나 영적인 사랑에 속한 선을 뜻하기 때문에, 그러므로 반대의 뜻(=나쁜 뜻)으로 "불에 구운 것"은 자기사랑(自我愛)과 세상사랑(世間愛)에 속한 악을 뜻합니다. 이사야서의 말씀입니다.

우상을 만드는 것과 꼭 같은 나무
반 토막으로는 불을 피우고,
그 불덩이 위에 고기를 구워 먹고,
그것으로 배를 불리며,
또 몸을 따스하게 하며
"아, 불을 보니 따뜻하다" 하고 말한다.……
"내가 그 나무의 반 토막으로는 불을 피워,
그 불덩이 위에 빵을 굽고,
고기를 구워 먹었지,"
하는구나.
(이사야 44 : 16, 19)

여기에는 우상숭배자들에 관해서 기술하고 있습니다. "우상"이 악에 속한 거짓을 뜻하는데, 그와 같이 기술되어있습니다. "화덕에 굽는다" 그리고 "고기를 굽는다"는 말은 더러운 애욕으로 말미암아 악한 짓을 하는 것을 뜻합니다. 나쁜 뜻으로 "불"(fire)은 자기사랑이나 세상사랑에 속한 악을 뜻한다는 것이나, 또는 이런 사랑들에 속한 탐욕이나 욕망을 뜻한다는 것은 1297・1861・2446・5071・5215・6314・6832・7324・7575항을 참조하십시오.

7853. 누룩을 넣지 않은 빵(=무교병・無酵餠).
이 말씀이 모든 거짓들로부터 정화(淨化)된 것을 뜻한다는 것은 거짓에서 정화된 것을 가리키는 "효모가 들어있지 않은 것"(unleavened) 또는 "발효시키지 않은 것"(unfermented)의 뜻에서 (2342항 참조) 잘 알 수 있습니다. "효모가 들어있지 않은 것"이 이런 뜻을 가지고 있는 이유는, 이것에 관해서는 아래에서 설명하겠지만, "효모"(酵母・leaven)가 거짓을 뜻하기 때문입니다.

7854. "쓴 나물(을 곁들여 먹어야 한다)."
이 말씀이 시험들에 속한 불쾌한 것들에 의한 것을 뜻한다는 것은,

불쾌한 것, 여기서는 시험들에 속한 것들을 가리키는, "쓴 것들"(= 쓴 나물)이나 "쓴 맛"의 뜻에서 잘 알 수 있습니다. 왜냐하면 유월절 어린 양이 표징하는 이노센스에 속한 선은 시험들을 통하지 않고서는 어느 누구에게도 전유(專有)될 수 없기 때문입니다. "효모가 들어 있지 않은 빵"(無酵餅 · unleavened bread)은 이런 선들을 뜻하고, 그리고 이것은 온갖 시험들을 통해서 전유(專有)되기 때문에, 그 빵은 쓴 것들(=쓴 나물)을 곁들여 먹을 것이 명령되었고, 더욱이 그 빵은, 만나처럼 고난의 빵(bread of affliction)으로 그들에게 주어졌습니다 (신명기서 8 : 15, 16 ; 16 : 3). 그 이유는 효모가 없기 때문에, 다시 말하면 악에서 비롯된 거짓이 없기 때문입니다. 왜냐하면 사람은 순수한 진리나, 순수한 선을 담당할 수가 없기 때문입니다. 불쾌한 것들을 "쓴 것들"(=쓴 나물)이 뜻한다는 것은 이사야서의 말씀에서 명확합니다. 그 책의 말씀입니다.

> 악한 것을 선하다고 하고,
> 선한 것을 악하다고 하는 자들,
> 어둠을 빛이라고 하고
> 빛을 어둠이라고 하며,
> 쓴 것을 달다고 하고
> 단 것을 쓰다고 하는 자들에게,
> 재앙이 닥친다!
> (이사야 5 : 20)
> 그들이 다시는
> 노래하며 포도주를 마시지 못할 것이며,
> 독한 술은 그 마시는 자에게 쓰디쓸 것이다.
> (이사야 24 : 9)

"쓰디쓴 것들"이 시험들에 속한 불쾌한 것들을 뜻한다는 것은 출애굽기서의 이런 장절들에게서도 잘 알 수 있습니다. 출애굽기서의 말씀입니다.

> 마침내 그들이 마라에 이르렀는데, 그 곳의 물이 써서 마실 수 없었으므로, 그 곳의 이름을 마라라고 하였다. 이스라엘 백성은 모세에게 "우리가 무엇을 마신단 말이오" 하고 불평하였다. 모세가 주께 부르짖으니, 주께서 그에게 나무 한 그루를 보여 주셨다. 그가 그 나무 가지를 꺾어서 물에 던지니, 그 물이 단물로 변하였다. 주께서 그들에게 법도와 율례를 정하여 주시고, 그들을 시험한 곳이 바로 이 곳이다.
> (출애굽 15 : 23-25)

묵시록서의 말씀입니다.

> 셋째 천사가 나팔을 부니, 큰 별 하나가 횃불처럼 타면서 하늘에서 떨어져서, 강들의 삼분의 일과 샘물들 위를 덮치면서 내렸습니다. 그 별의 이름은 '쑥'이라고 합니다. 그래서 물의 삼분의 일이 쑥이 되고, 많은 사람이 그 물을 마시고 죽었습니다. 그 물이 쓴 물로 변하였기 때문입니다.
> (묵시록 8 : 10, 11)

이 구절에서 "쓴 물"(bitter water)은 온갖 시험들에 속한 불쾌한 것들을 뜻하고, "그 물로 인하여 죽은 사람들"은 시험들 가운데서 굴복한 자들을 뜻합니다.

7855. "그들이 그 고기를 먹어야 한다."
이 말씀이 즐거움이나 기쁨을 뜻한다는 것은 앞에서의 설명에서 (7849항 참조) 잘 알 수 있습니다.

7856. "너희는 고기를 결코 날로 먹어서는 안 된다."
이 말씀이 사랑 밖에 있으면 안 된다는 것을 뜻한다는 것은 즐거움이나 기쁨을 가리키는 "먹는다"(to eat)는 말의 뜻에서(7849항 참조), 그리고 사랑에 속한 선이 없다는 것을 가리키는 "날것"(=생것·raw)

의 뜻에서 잘 알 수 있습니다. "날것"이 이런 뜻을 갖는다는 것은 사랑에 속한 선을 가리키는 "불에 굽는다"는 말의 뜻에서(7852항 참조), 결과적으로는 불에 굽지 않았다는 것을 뜻하는, 따라서 사랑이 결여(缺如)되었다는 것을 뜻합니다.

7857. "너희는 고기를 물에 삶아서 먹어서는 안 된다."
이 말씀이 그것은 믿음에 속한 진리에서 나온 것이 아니다는 것을 뜻한다는 것은 믿음에 속한 진리들을 가리키는 "물"의 뜻에서(2702・3058・3424・4976・5668항 참조) 잘 알 수 있습니다. 그러므로 "물에 삶은 것"은 그것에서 나오는 것을, 다시 말하면 믿음에 속한 진리에서 나오는 선을 뜻합니다. 이 선이 "불에 구운 것"이 뜻하는 사랑에서 비롯된 선과는 분명하게 분별됩니다(7852항 참조). 모든 영적인 선은 믿음으로부터, 다시 말하면 믿음을 통하여 발출하고, 또는 사랑으로부터 발출합니다. 사람이 중생할 때 그 사람에게 있는 그 선은 믿음에 속한 진리에서 발출합니다. 왜냐하면 그 때 그는 진리에 일치하여 행동하고, 진리의 정동에서 행동하지 않지만, 그러나 복종으로 말미암아 행동하기 때문입니다. 그 이유는 그렇게 하도록 엄명되었기 때문입니다. 그러나 그 뒤, 그가 중생되었을 때 그는 정동에서 비롯된 선을, 따라서 사랑에서 비롯된 선을 행합니다. 사람에게 있는 이와 같은 두 상태들은 정확하게 성경말씀에서 구분되고 있습니다. 왜냐하면 사람은 두 상태에 동시에 있을 수 없기 때문입니다. 처음 상태에 있는 사람은 그가 중생하기 전까지는 둘째 상태에 들어갈 수 없습니다. 둘째 상태에 있는 사람이 전자의 상태에 자신을 돌아가게 한다면, 그는 사랑에서 비롯된 선을 행하는 정동을 잃어버릴 것이고, 그리고 원래의 믿음의 상태로 되돌아가는 것인데, 그 믿음의 상태는 그 사람을 선에 인도하기 위하여 그 사람에 대한 섬김에 속한 것입니다. 그리고 그 사람은 역시 이 상태 보다 아주 뒤로 후퇴하는 것입니다. 이러한 내용은 마태복음서에서 속뜻으로 최후심판(最後審判・the Last Judgment)에 관한 주님의 말씀이 뜻합니다. 마태복음서의 말씀입니다.

> 지붕 위에 있는 사람은 제 집안에서 물품을 꺼내려고 내려오지 말아라. 들에 있는 사람은 제 겉옷을 가지러 뒤로 돌아서지 말아라.
> (마태 24 : 17, 18)

이러한 내용은 역시 자신이 뒤를 돌아다 본 롯의 아내가 뜻하기도 합니다(누가 17 : 31, 32). 거기에서 우리가 밝히 이해할 수 있는 것은 사랑에서 발출한 선을 즐긴다는 것이 무엇을 뜻하는지, 그리고 믿음에 속한 진리에서 발출한 것을 즐겨서는 안 된다는 것이 무엇을 뜻하는지 잘 알 수 있다는 것입니다. 이러한 것들은, 그들이 불에 구운 고기를 먹어야 하지만, 그러나 물에 삶은 고기는 먹어서는 안 된다고 엄명된 말이 뜻합니다.

[2] 희생제물이나 번제물이 믿음이나 사랑에서 비롯된 주님예배를 뜻하기 때문에, 다시 말하면 희생제물은 믿음에서 비롯된 예배를, 그리고 번제물은 사랑에서 비롯된 예배를 뜻하기 때문인데, 그리고 주님의 영광화(榮光化·glorification)나 주님에게서 비롯된 선들의 향유(享有)로 생긴 기쁨이 신성하게 된 것들로 이루어진 식사가 뜻하기 때문에, 그러므로 그 때 그들의 고기를 삶는 것이 그들에게 허락되었습니다. 왜냐하면 주님의 영광화나, 선들의 향유에서 생긴 기쁨은, 모든 고백을 행하는 것과 같이 믿음에 속한 진리의 정동에서 발출하기 때문입니다. 희생제물의 고기가 삶아졌다는 것은 출애굽기서 29장 31절, 사무엘 상서 2장 13-15절, 열왕기 상서 19장 21절을 참조하십시오. 이러한 내용이 스가랴서의 "삶는다"는 말의 뜻입니다. 스가랴서의 말씀입니다.

> 예루살렘과 유다에 있는 모든 솥도 만군의 주께 거룩하게 바친 것이 되어서, 제사를 드리는 사람들이 와서, 그 솥에 제물 고기를 삶을 것이다.
> (스가랴 14 : 21)

7858. "너희는 고기를 모두 불에 구워서 먹어야 한다."
이 말씀이 그것이 반드시 사랑에서 나와야 한다는 것을 뜻한다는 것은 사랑에서 나온 것을 가리키는 "불에 굽는다"는 말의 뜻에서 (7852항 참조) 잘 알 수 있습니다.

7859. "(그것의) **머리와 다리와 내장 할 것 없이, 모두 불에 구워서 먹어야 한다.**"
이 말씀이 극내적인 것에서부터 외적인 것에 이르기까지 전부를 뜻한다는 것은, "다리와 내장"이 언급되었을 경우, 극내적인 것을 가리키는 "머리"(head)의 뜻에서 잘 알 수 있습니다. 왜냐하면 "머리"는 최고의 것을 가리키고, 영적인 뜻으로 최고의 것은 극내적인 것을 가리키기 때문입니다(2148・3084・4599・5146항 참조). "머리"가 내면적인 것들을 뜻하고, "몸"(body)이 외면적인 것들을 뜻한다는 것은 6436항을 참조하십시오. 그리고 외면적인 것들을 가리키는 "다리들"(legs)의 뜻에서도 잘 알 수 있습니다. 왜냐하면 머리에 대하여 상대적으로 "다리들"은 낮은 것들이기 때문입니다. 그리고 높은 것들이 내면적인 것들을 뜻하듯이, 낮은 것들은 외면적인 것들을 뜻합니다. 그리고 배에 속한 것들이나, 내장에 속한 것들과 같이, 보다 더 낮은 것들을 가리키는 "가운데 것"(=내장들)의 뜻에서도 그 뜻은 잘 알 수 있습니다. "머리와 다리와 내장 할 것 없이, 모두 불에 구워야 한다"고 한 명령은 내면적인 것들과 외면적인 것들은 반드시 결합되어야 한다는 것, 다시 말하면 그것들이 한 몸처럼 행동하여야 한다는 것을 뜻합니다. 왜냐하면 내면적인 것들은 속사람(the internal man)에 속한 것들이고, 외면적인 것들은 겉사람(the external man)에 속한 것들이기 때문입니다. 그리고 또한 내면적인 것들은 영적인 사람(the spiritual man)에 속한 것들이지만, 외면적인 것들은 자연적인 사람(the natural man)에 속한 것들이기 때문입니다. 이런 것들은 반드시 결합되어야 하고, 그리고 그것은, 그 사람이 주님의 나라 안에 있기 위해서는 한 몸처럼 반드시 행동하여야 합니다. 자연적인 사람, 즉 겉사람이 영적인 사람, 즉 속사람이 원하는 것 이외의 다른 것을 행한다면, 그들은 서로 분리된 것입니다. 이와 같은 모든 것들에서 볼 때, 유월절 어린 양이, 머리와 다리와 내장 할 것 없이, 모두 불에 반드시 구워야 한다는 명령이 뜻하는 바가 무엇인지 밝히 알 수 있겠습니다. "가운데 것"(=내장)은 외적인 것 보다 더 자연적인 것, 다시 말하면 감관적인 것을 뜻합니다. 이와 같은 명령들 안에 신령한 비밀이 있다는 것은 누구나 밝히 알 수 있겠습니다. 왜냐하면 "유월절 어린 양"은 그 교회에서 가장 거룩한 것이었기 때문입니다. 이 거룩한 비밀은, 여기에 그와 같이 기술된 것이나 말들의 영적인 이해를 통하지 않고서는 명확하게 드러나지 않습니다.

7860. "그리고 너희는 그 어느 것도 다음날 아침까지 남겨 두어서는 안 된다."

이 말씀이 천계에 있는 조요(照耀)의 상태(a state of enlightenment)에 앞에 있는 이 상태의 지속기간을 뜻한다는 것은 천계를 가리키는, 그리고 거기의 조요의 상태를 가리키는 "아침"(morning)의 뜻에서(2405·3458·3723·5740·5962항 참조) 잘 알 수 있습니다. "이 때까지 그것을 남겨 두지 말아라"는 말이 이 상태의 지속기간을 뜻한다는 것은 아주 명확합니다. 왜냐하면 그 때 전 상태가 소멸할 것이기 때문입니다. 여기서 다루고 있는 주제는, 앞에서 입증한 것과 같이, 속뜻으로 영적인 교회에 속한 자들의 온갖 괴롭힘들로부터의 해방입니다. 그들의 해방의 상태가 유월절에 의하여 표징되었고, 그들의 천계에의 고양(高揚)의 상태가 가나안 땅에의 그들의 안내에 의하여 표징되었습니다. 그리고 이 후자의 상태는 "아침"이 뜻합니다. 이들의 두 상태는 전적으로 정반대인데, 그것은 목적에 대한 수단이고, 그리고 목적의 상태입니다. 목적의 상태가 임하였을 때 수단의 상태에 있는 것들은 반드시 폐기되어야만 합니다. 이상에서 볼 때, 그들이 "반드시 아침까지 그것을 남겨 두어서는 안 된다"고 명령된 이유를 잘 알 수 있겠습니다.

7861. "아침까지 남은 것이 있으면, 불에 태워 버려야 한다."
이 말씀이 온갖 시험들을 통하여 목적에 이르게 하는 매개적인 상태(an intermediate state)를 뜻한다는 것은, 천계에 올리우는 상태인, 마지막 상태에 이르는 매개적인 상태를 가리키는 "아침까지 남아 있다"는 것의 뜻에서 잘 알 수 있습니다. 왜냐하면 "아침"은 천계나, 거기에 있는 조요의 상태에 오르는 고양(高揚)을 뜻하기 때문입니다(7860항 참조). 그러므로 아침이 되기 전의 때는 매개적인 상태를 뜻하는데, 그 상태에서는 남아 있는 것들을 즐긴다는 것, 다시 말하면 그것을 먹는 것이 허락되지만, 그 뒤에는 허락되지 않기 때문입니다. 그리고 또한 온갖 시험들을 겪는다는 것을 가리키는 "불에 태운다"는 말의 뜻에서도 잘 알 수 있겠습니다. "불에 태운다"는 말이 시험들을 뜻한다는 것은, 정화(淨化)들이나 순결(純潔)들이 불에 의하여 이루어지기 때문입니다. 그 이유는 사람이 시험들의 상태에 있을 때, 여기서는 "온갖 불들"을 가리키는, 그의 정욕들이나 탐욕들에게 떨어지기 때문입니다.

7862. "너희가 그것을 먹을 때에 이렇게 하여라."
이 말씀이 공격하고, 괴롭히는 악한 자들에게서의 분리의 상태에 있는 즐거움이나 기쁨을, 그리고 그 때의 보호를 뜻한다는 것은 즐거움(享有·enjoyment·기쁨)을 가리키는 "먹는다"(to eat)는 말의 뜻에서(7849항 참조), 잘 알 수 있습니다. 여기서는 이집트에서의 탈출(=떠남)이 다루어지고 있기 때문에, 그리고 이 탈출이 공격하고 괴롭히는 자들로부터의 분리를 뜻하기 때문에, 그러므로 "너희가 그것을 먹을 때에 이렇게 하여라"는 말은 이러한 상태를 뜻합니다. 그것이 또한 보호를 뜻한다는 것은 아주 명확합니다.

7863. "허리에 띠를 띠고, (서둘러서 먹어라)."
이 말씀이 내면적인 것들에 관한 것을 뜻한다는 것은 혼인애(婚姻愛

・conjugial love)에 속한 것들을 가리키는 "허리"(lions)의 뜻에서 (3021・4277・4280・5050-5062항 참조), 따라서 선과 진리에 속한 사랑에 속한 것들을 가리키는 "허리"의 뜻에서 잘 알 수 있습니다. 왜냐하면 혼인애는 이것에서부터 내려가기 때문입니다(686・2618・2727-2759・4434・5053항 참조). 이런 이유 때문에, 그리고 허리가 외면적인 것들을 뜻하는 "발"(feet) 위에 있기 때문에, "허리"는 내면적인 것들을 뜻합니다. "띠를 띠는 허리"는 주님에게서 비롯되는 진리의 입류를 영접, 수용하기 위한 준비를 뜻하고, 그리고 또한 그 입류에 일치하는 행동을 하기 위한 준비를 뜻합니다. 허리띠를 띤다는 말이나 옷을 입는다는 말이 영접하고, 행동하기 위한 준비된 상태를 뜻합니다. 왜냐하면 그 때 모든 것들이나 개별적인 것들은 그것들의 질서 안에 간수되기 때문입니다. 그렇지 않다면 그 때 그들은 띠를 띠지 않았을 것입니다.

7864. **"발에 신을 신고,** (서둘러서 먹어라)."
이 말씀이 외면적인 것들에 관한 것을 뜻한다는 것은 일반적으로 자연적인 것에 속한 내면적인 것들을 감싸고 있는 자연적인 것의 외적인 것들이나, 또는 자연적인 것의 궁극적인 것을 가리키는 "신발"의 뜻에서, 그리고 자연적인 것을 가리키는 "발"의 뜻에서(2162・3147・3761・3986・4280・4938-4952항 참조) 잘 알 수 있습니다.

7865. **"손에 지팡이를 들고, 서둘러서 먹어라."**
이 말씀이 매개적인 것(媒介的・the intermediates)에 관한 것을 뜻한다는 것은, 여행이나 체류(滯留) 등이 다루어질 때, 그리고 "허리"가 언급되었을 때, 그리고 내면적인 것들과 외면적인 것들을 뜻하는 "발의 신들"이 언급되었을 경우, 매개적인 것을 가리키는 "손에 있는 지팡이"의 뜻에서 잘 알 수 있습니다.

7866. **"너희는 그것을 서둘러서 먹어라."**
이 말씀이 분리의 바람(affection of separation)을 뜻한다는 것은 서두른다는 것이 바람(affection)에 관한 것을 가리키기 때문에(7695항 참조), 여기서는 그것이 "이집트 사람들"이 뜻하는 공격하고, 괴롭히는 자들로부터의 떠남(=분리・separation)을 뜻하기 때문에, 바람(=열망・熱望・affection)을 가리키는 "서두름"(haste)의 뜻에서 잘 알 수 있습니다.

7867. **"유월절은 주 앞에서 이렇게 지켜야 한다"**(=이것이 주의 유월절이다).
이것이 주님의 임재(=현존・臨在・現存・the presence of the Lord)와 그분에 의한 해방(解放)을 뜻한다는 것은 지금까지 설명한 내용에서, 특히 주님의 강림에 의한 영적인 교회에 속한 자들의 해방에 관해서 설명한 내용에서 잘 알 수 있겠습니다(6854・6914・7035・7091・7828항 참조). 성경에서 "여호와"(Jehovah)가 주님을 뜻한다는 것은 1343・1736・2921・3023・5041・5663・6281・6303・6905항을 참조하십시오.

7868. 12-16절. **그 날 밤에 내가 이집트 땅을 지나가면서, 사람이든지 짐승이든지, 이집트 땅에 있는 처음 난 것을 모두 치겠다. 그리고 이집트의 모든 신을 벌하겠다. 나는 주다. 문틀에 피를 발랐으면, 그것은 너희가 살고 있는 집의 표적이니, 내가 이집트 땅을 칠 때에, 문설주에 피를 바른 집은, 그 피를 보고 내가 너희를 치지 않고 넘어갈 터이니, 너희는 재앙을 피하여 살아 남을 것이다. 이 날은 너희가 기념해야 할 날이니, 너희는 이 날을 주 앞에서 지키는 절기로 삼아서 영원한 규례로 대대에 지켜야 한다. 너희는 이레 동안, 누룩을 넣지 않고 만든 빵을 먹어야 한다. 그 첫날에, 너희는 집에서 누룩을 말끔히 치워라. 첫날부터 이렛날까지 누룩을 넣은 빵을 먹는 사람은 누구든지 이스라엘에서 끊어진다. 너희는 첫날에 거룩한 모임을 열고, 이렛날에도 거룩한 모임을 열어라. 이 두 날에는, 너희 각자가 먹을 것을 장만하는 일이 아니면, 어떤 일도 해서는 안 된다.**

"(그 날 밤에) 내가 이집트 땅을 지나간다"(=지나갈 것이다)는 말씀은 공격하고, 괴롭혔던 자들에게 있는 현존(現存·臨在·presence)을 뜻합니다. "그 날 밤에"라는 말씀은 그들의 악의 상태를 뜻합니다. "(사람이든지 짐승이든지) 이집트 땅에 있는 처음 난 것을 모두 치겠다"는 말씀은 인애에서 분리된 믿음 안에 있는 자들의 영벌(永罰·damnation)을 뜻하고, "사람이든지 짐승이든지"(=사람에서 짐승에 이르기까지)라는 말씀은 그들의 악한 내면적인 탐욕들이나 외면적인 탐욕들을 뜻합니다. "그리고 이집트의 모든 신을 벌하겠다"(=심판을 하겠다)는 말씀은 영벌을 받아야 하는 그들의 거짓들을 뜻합니다. "나는 여호와(=주)다"라는 말씀은 그분께서 유일한 하나님이신 주님을 뜻합니다. "(너희가 살고 있는 집의 표적인) 피"라는 말씀은 이노센스에 속한 선의 진리를 뜻하고, "(그 피는) 너희가 살고 있는 집의 표적이다"는 말씀은 그것이 선에 속한 의지에 관한 증명을 뜻합니다. "내가 그 피를 보면"(=문틀에 피를 발랐으면)이라는 말씀은 영벌을 가하는 자들에 의한 이 진리의 인지(認知·noticing)를 뜻합니다. "내가 너희를 치지 않고 넘어갈 것이다"는 말씀은 그것이 그것으로 인하여 도망할 것이다는 것을 뜻합니다. "너희는 재앙을 피하여 살아 남을 것이다"(=파괴자의 재앙이 너희 안에 있지 않을 것이다)는 말씀은 지옥들에서 비롯된 영벌이 유입하지 않을 것이다는 것을 뜻합니다. "내가 이집트 땅을 칠 때"라는 말씀은 인애에서 분리된 믿음 안에 있는 자들이 영벌을 받을 때를 뜻합니다. "이 날은 너희가 기념할 날이다"는 말씀은 예배 안에 있는 이 상태의 성질을 뜻합니다. "너희는 이 날을 주 앞에서 지키는 절기로 삼아라"(=주께 명절로 지켜라)는 말씀은 영벌에서의 해방 때문에 주님을 예배하는 것을 뜻합니다. "대대로 (지켜야 한다)"라는 말씀은 믿음과 인애에 속한 것들이 그들 안에 있다는 것을 뜻합니다. "너희는 영원한 규례로 그것을 (대대로) 지켜야 한다"는 말씀은 영적인 교회에 속한 자들이 있는 영역인 천계의 질서에 일치하는 주님예배를 뜻합니다. "(너희가 누룩을 넣지 않은 빵을 먹어야 할) 이레 동안"은 거룩한 것을 뜻하고, "너희는 누룩을 넣지 않은 빵을 먹어야 한다"는 말씀은 온갖 거짓들로 부터의 정화(淨化·purification)를 뜻합니다. "그 첫날에, 너희 집에서 누룩을 말끔히 치워라"(=제거하여라)는 말씀은 선 안에는 어떤 거짓도 있어서는 안 된다는 것을 뜻합니다. "첫날부터 누룩을 넣은 빵을 먹는 사람은 누구든지 (끊어지기) 때문이다"는 말씀은 자기 자신에게 거짓을 전유(專有)시키는 사람을 뜻합니다. "(그 사람은) 이스라엘에서 끊어지기 때문이다"는 말씀은 그 사람은 영적인 교회에 속한 자들에게서 분리될 것이다는 것과 그리고 그 사람은 영벌을 받을 것이다는 것을 뜻합니다. "첫날부터 이렛날까지"라는 말씀은 완전한 거룩한 상태를 뜻합니다. "너희는 첫날에 거룩한 모임(聖會)을 열어라"는 말씀은 처음(=시작)에 모두가 함께 모일 것이다는 것을 뜻합니다. "이렛날에도 거룩한 모임을 열어라"는 말씀은 그 상태의 마지막에도 그와 같다는 것을 뜻합니다. "어떤 일도 해서는 안 된다"는 말씀은 세속적인 것들이나, 세상적인 것들로부터 반드시 물리나야 한다는 것을 뜻합니다. "너희 각자가 먹을 것을 장만하는 일이 아니면"이라는 말씀은 영적인 선이나 천적인 선이 전유(專有)되는 때를 뜻합니다. "이 일만이 너희가 할 일이다"는 말씀은 이것들이 그 때에 그들이 주의하여야 할 일이다는 것을 뜻합니다.

7869. "(그 날 밤에) **내가 이집트 땅을 지나갈 것이다**."
이 말씀이 괴롭혔던 자들 가운데 있는 임재(臨在·現存·presence)를 뜻한다는 것은 어느 땅을 여호와께서 통과하실 때는 임재(臨在)를 가리키는 "지나간다"(=통과한다)는 말의 뜻에서, 그리고 영적인 교회에 속한 자들을 공격하고, 괴롭혔던 자들을 가리키는, 여기서는 "이집트 땅"이 뜻하는 "이집트 사람"의 뜻에서(6692·7097항 참조) 잘 알 수 있습니다.

7870. "**그 날 밤에……**."
이 말씀이 그들의 악한 상태를 뜻한다는 것은, 악과 거짓 이외에는 아무것도 없을 때를 가리키는 "밤"(night)의 뜻에서 잘 알 수 있습니다. 왜냐하면 "밤"은 낮(day)에 반대되기 때문이고, "칠흑 같은 어둠"(thick darkness)은 "밝음"(=빛·light)에 정반대이기 때문입니다. 그리고 "낮"과 "밝음"(=빛)은 거기에 진리와 선이 있을 때를 뜻하기 때문입니다. 결과적으로 "밤"은 교회의 마지막 때를 뜻합니다. 왜냐하면 그 때 거기에는 믿음도, 인애도 전혀 존재하지 않기 때문에, 온갖 거짓들과 악들이 지배하기 때문입니다(2353·6000항 참조). "밤"이 역시 전적인 박탈(剝奪·devastation)을 뜻하고(7776항 참조), 마찬가지로 영벌을 뜻하기(7851항 참조) 때문입니다. 이렇게 볼 때 명확한 것은 지옥에 있는 자들의 상태를 "밤"이라고 한다는 것입니다. 그렇지만 밤의 어둠은 그들에게 만연(蔓延)되어 있지 않습니다. 왜냐하면 그들은 서로를 잘 보고 있지만, 그러나 천계에 있는 진리와 선의 상태는 "낮"(day)이라고 부르기 때문에, 결과적으로 거짓이나 악의 상태는 "밤"이라고 부르기 때문입니다. 더욱이 천계에서 빛에 속한 것들이 입류할 때 거기에는 칠흑 같은 흑암만 있습니다. 왜냐하면 그 때 그들이 보게 되는 근원인 그들의 빛은 소멸되고, 그리고 흑암이 되기 때문입니다.

[2] 그들이 보는 근원인 그 빛은 사실은 천계를 통해서 주님에게서 비롯된 빛에서 파생된 것입니다. 왜냐하면 저 세상에는 다른 근원에서 비롯된 빛은 전혀 없고, 그러나 지옥에 있는 자들에게 있는 이 빛은 그들이 가지고 있는 진리의 이해의 능력에 의하여 수용된 것이기 때문입니다. 이해할 수 있는 이 능력은 모든 사람에게 그러하듯이, 그러나 그들이 악이나 거짓 안에 있다고 해도 그들에게 그대로 계속 남아 있습니다. 그러나 그 천계적인 빛이 이 능력에서부터 의지 안에 들어가게 되면, 따라서 그들이 이해하기를 원하지 않을 때에는, 그리고 이 빛이 악이나 거짓에 들어가게 되면, 그 때 이 빛으로 인하여 그들에게 있는 천계적인 빛은 숯불에서 나오는 빛과 같은 빛으로 변합니다. 그리고 이미 언급한 것과 같이, 이 빛은, 천계의 빛이 입류하게 되면, 천계의 빛에 의하여 칠흑 같은 매우 짙은

흑암으로 변해 버립니다. 지옥에는 숯불에서 나오는 빛과 같은 그런 빛이 있다는 것은 1528・3340・4418・4531항을 참조하시고, 이 빛이 천계의 빛의 임재 때에 칠흑 같은 흑암으로 변해 버린다는 것은 1783・3412・4533・5057・5058・6000항을 참조하십시오. 이렇게 볼 때 밝히 알 수 있는 것은 저 세상에서 각자 모두는 선에서 비롯된 진리들이나, 악에서 비롯된 거짓들로 가르침을 받은 그의 이해의 능력에 일치한 빛을 갖는다는 것입니다.

7871. "**내가 이집트 땅에 있는 모든 처음 난 것을 모두 치겠다.**" 이 말씀이 인애에서 분리된 믿음 안에 있는 자들의 영벌(永罰・damnation)을 뜻한다는 것은, 영벌을 가리키는 "친다"(smiting)는 말의 뜻에서 잘 알 수 있습니다. 왜냐하면 "친다"는 말은 죽이는 것을 가리키고, 죽음에 내모는 것이기 때문이고, 그리고 영적인 뜻으로 "죽음"은 영벌을 뜻하기 때문입니다(6119항 참조). 그리고 이집트 사람에 관해서 서술될 경우, 그들에 의하여 인애에서 분리된 믿음을 가리키는, 악에서 비롯된 거짓 안에 있는 자들을 표징하는 "처음 난 것"(=맏이・맏배)의 뜻에서(3325・7039・7766・7778・7779항 참조) 잘 알 수 있습니다. "처음 난 것"(=맏이・맏배)이, 순수한 뜻으로 영적인 교회에 관해서 언급할 경우, 인애에 속한 믿음을 뜻합니다(367・2435・3325・3494・6344・7035항 참조). 결과적으로는 반대의 뜻으로 "처음 난 것"은 인애가 결여된 믿음을 뜻합니다.

7872. "**사람이든지 짐승이든지……**"(=사람에서부터 심지어 짐승에 이르기까지……). 이 말씀이 내면적이고, 외면적인 그들의 악한 탐욕들을 뜻한다는 것은 내면적인 것이나 외면적인 것인 선의 정동을 가리키는 "사람에서부터 짐승에 이르기까지"라는 말의 뜻에서(7424・7523항 참조) 잘 알 수 있습니다. 왜냐하면 "사람"(man)은 내면적인 선에 속한 정동을 뜻하고, "짐승"(beast)은 외면적인 선에 속한 정동을 뜻하기 때문입니다. 그러므로 반대의 뜻으로는, 여기서와 같이, 이집트 사람

의 처음 난 것(=맏이)을 다루는 곳에서는 악한 정동(=정욕·情欲)을 뜻합니다. 다시 말하면 내면적인 탐욕들이나 외면적인 탐욕들을 뜻합니다. "짐승들"(beast)이 선한 정동들을 뜻하고, 나쁜 뜻으로는, 악한 정동들, 또는 탐욕들을 뜻한다는 것은 45·46·142·143·246·714·715·719·776·1823·2179·2180·2781·3218·3519·5198항을 참조하십시오.

    7873. **"그리고 이집트의 모든 신을 벌하겠다"**(=이집트의 모든 신들에게도 심판을 행하겠다).

이 말씀이 영벌을 받게 될 그들의 거짓들을 뜻한다는 것은, 곧 설명하게 될, 거짓들을 가리키는 "신들"(gods)의 뜻에서, 그리고 영벌을 받을 것을 가리키는 "신을 벌한다"(=심판을 행한다)는 말의 뜻에서 잘 알 수 있습니다. 왜냐하면 심판한다는 것이나, 심판들을 행한다는 말은 생명(life)이나, 또는 죽음(death)에 대한 것으로, 생명에 대해서는 그것은 구원을 뜻하고, 죽음에 대해서는 영벌을 뜻하기 때문입니다. 성경에는 "신들"(gods)이 자주 거명되고 있습니다. 천사들이 그렇게 불리웠을 때에는 "신들"은 진리들을 뜻합니다(4295·4402·7268항 참조). 따라서 나쁜 뜻으로 "민족들의 신들"은 온갖 거짓들을 뜻합니다(4402·4544항 참조). 진리들이 "신들"(gods)이라고 불리웠다는 것은 진리가 신령존재에게서 발출하기 때문이고, 본질적으로는 신령하기 때문입니다. 결과적으로 그것을 영접, 수용한 자들을 "신들"(gods)이라고 불렀습니다. 그들이 신들이라고 하는 것은 아니지만, 그러나 그들에게 있는 진리는 신령합니다. 그러므로 어원에서 보면 하나님(God)을 복수(複數)로 "엘로힘"(Elohim)이라고 불렀습니다. 신령존재 자체는 신령선이지만, 그러나 그것에서 발출하고 있는 것은, 보편적인 천계를 가득 채우고 있는, 신령진리입니다. 그 때 "신"(god)이 진리를 뜻하기 때문에, 그러므로 나쁜 뜻으로 그것은 거짓을 뜻합니다.

    7874. **"나는 주다"**(=나는 여호와다).

12 : 1 - 51

이 말씀이, 그분이 유일하신 하나님이신, 주님을 뜻한다는 것은 위에서 입증한 내용에서 능히 잘 알 수 있습니다(7401·7444·7544·7598·7636항 참조).

7875. (문틀에 바른) "피"
이 말씀이 이노센스에 속한 선의 진리를 뜻한다는 것은 이노센스에 속한 선의 진리를 가리키는 "어린 양의 피"의 뜻에서(7846항 참조) 잘 알 수 있습니다.

7876. "그것은 너희가 살고 있는 집의 표적이다."
이 말씀이 선에 속한 의지를 입증하는 것을 뜻한다는 것은 입증(立證·testifying)하는 것을 가리키는 "표적이다"는 말의 뜻에서, 그리고 선에 속한 의지를 가리키는 "집"(house)의 뜻에서(7848항 참조) 잘 알 수 있습니다.

7877. "내가 그 피를 보면……(지나칠 것이다)."
이 말씀이 영벌을 받아야 하는 자들에 의한 이 진리의 인지(認知·noticing)를 뜻한다는 것은 이해하는 것이나, 인지하는 것을 가리키는 "본다"(to see)는 말의 뜻에서(2150·2325·2807·3764·4403-4421·4567·4723·5400항 참조), 그리고 아래와 같이 그것은 영벌을 받을 자들에 의한 인지를 뜻한다는 것에서, 그리고 이노센스에 속한 선의 진리를 가리키는 "피"(blood)의 뜻에서(7846항 참조) 잘 알 수 있습니다.
[2] 이노센스에 속한 선의 진리가 무엇인지 반드시 설명되어야만 하겠습니다. 이노센스에 속한 선은 주님사랑(love to the Lord)에 속한 선입니다. 왜냐하면 이 사랑 안에 있는 자들은 이노센스(innocence) 안에 있기 때문입니다. 그러므로 극내적인 천계, 즉 삼층천(三層天)에 있는 그들은, 그들이 주님사랑 안에 있기 때문에, 다른 자에 비하여 뛰어나기 때문에 이노센스에 있습니다. 거기에 있는 자들은 이노센스로 말미암아 다른 자들에게 어린 아이들과 같이 나타납니다. 그럼에도 불구하고 그들은 천계에 있는 모든 자들 가운데

가장 현명한 자들입니다(2306항 참조). 왜냐하면 이노센스는 지혜 안에 살기 때문입니다(2305·3494·4797항 참조). 그들에게 있는 이노센스에 속한 선의 진리는 믿음에 속한 진리가 아니고, 인애에 속한 선입니다. 왜냐하면 삼층천에 있는 그들은 믿음이 무엇인지 알지 못하기 때문입니다. 따라서 그들은 그것의 진리가 무엇인지도 알지 못합니다. 왜냐하면 믿음에 속한 진리의 지각(知覺·the perception of truth) 안에 있기 때문이고, 그것으로부터 그들은 하나의 사물이 그러하다는 것을 즉시 알기 때문입니다. 그리고 또한 그들은 그것에 관해서, 그것이 그런지 아닌지, 추론하지 않기 때문이고, 하물며 그들이 그것에 관해서 논쟁을 하겠습니까! 그들이 이런 식으로 지각 안에 있다는 것은 기억지(記憶知)의 범위 안에 빠질 수 없다는 것입니다. 그러나 이층천에 있는 영적인 자들에게는 그렇지가 않습니다. 이들은, 믿음에 속한 진리를 통해서 인애에 속한 선으로 인도됩니다. 그러므로 그들은 어떤 사물이 참된 것인지, 아닌지, 추론하는데, 그 이유는 그들은 그것이 어떤 것인지를 지각하지 못하기 때문입니다. 결과적으로 그들에게 있는 진리들은 기억지가 되어 버리고, 그리고 그 진리들은 믿음에 속한 교리적인 것들이라고 합니다.

[3] 극내적인 천계, 또는 삼층천에 있는 자들은 믿음에 속한 진리가 무엇인지 지각하는 그런 상태에 있다는 것은 202·337·2715·2718·3246·4448항을 참조하십시오. "나는 볼 것이다"라고 하신 여호와의 말씀하심이, 따라서 그분 자신에 관한 것을 말씀하심이 어떠한 것인지는 영벌을 받을 자들에 의한 인지를 뜻합니다. 다시 말하면 지옥적인 존재들에 의하여 인지된다는 것은, 위에서 입증된 내용에서, 밝히 알 수 있겠습니다. 다시 말하면 비록 악에 속한 것은 그분에게서 나오는 것은 전무(全無)하고, 다만 지옥에서 나오지만, 악한 자는 여호와, 즉 그것을 주님의 탓으로 돌린다는 내용에서 밝히 알 수 있습니다(2447·6071·6991·6997·7533·7632·7643항 참조). 악이 허용된 것이다는 것은, 그것을 제거하는 능력도 그가 가

지고 있다고 보기 때문에, 마치 악이 그것을 허용하는 자에게서 나오는 것처럼 보이는 외현(外現)을 가지고 있습니다. 따라서 현재의 경우에서도, 이집트 사람의 처음 난 것들이 죽음에 내몰렸다는 것은 여호와의 탓으로 돌렸습니다. 왜냐하면 "그 날 밤에 내가 이집트 땅을 지나가면서, 사람이든지 짐승이든지, 이집트 땅에 있는 처음 난 것은 모두 치겠다. 그리고 한밤중에 주께서 이집트 땅에 있는 처음 난 것은 모두 치셨다. 임금 자리에 앉은 바로의 맏아들을 비롯하여, 감옥에 있는 포로의 맏아들과 짐승의 맏배까지 모두 치셨다"(12, 29절)고 언급되었기 때문입니다. 그러나 이 구절에서 이 일을 한 자를 "파괴자"(a destroyer)라고 불렀습니다(23절). 즉, "주께서 이집트 사람들을 치려고 지나가시다가, 상인방과 좌우 문설주에 바른 피를 보시고, 그 문 앞을 그냥 지나가실 것이며, 파괴자가 여러분의 집을 치러 들어가지 못하게 하실 것이다"(23절)고 언급되었습니다.

[4] 이 경우는 저 세상에서 악한 자의 폐허의 측면에서, 그리고 속뜻으로 "재앙들"(=돌림병·plagues)이나, "처음 난 것의 죽음"이나 홍해 바다의 몰살(沒殺)이 뜻하는 영벌이나 지옥에 떨어지는 것의 측면에서, 아주 비슷합니다. 여호와, 즉 주님께서는 어느 누구에게도 그렇게 하시지 않습니다. 하물며 주님께서 영벌을 내리고, 지옥에 처넣겠습니까! 그러나 자기 자신에게 이런 짓을 하는 자는 악령 그 자신입니다. 다시 말하면 그것은 그 사람 안에 있는 악입니다. 이렇게 볼 때, "내가 피를 본다"는 말이 영벌을 받는 자들에 의한 인지를 뜻한다는 것은 자명합니다.

[5] 허용의 경우가 어떠한 것인지는 몇 마디 말로 설명될 수는 없습니다. 그 이유는 그것은 수많은 비의(秘義·arcana)를 내포하고 있기 때문입니다. 사악한 자가 영벌을 받고, 고통을 받는다는 것은, 그것을 원하는 자와 같이, 주님에게서 비롯된 허락(許諾·許容·permission)은 결코 아니고, 그것을 원하지도 않지만, 그러나 전 인류의 구원을 가리키는 목적에 속한 긴박성(緊迫性)이나, 저항(抵抗)을

위한 충격요법(衝擊療法·remedy)을 가져올 수밖에 없었습니다. 왜냐하면 만약에 주님께서 그 요법을 쓰려고 한다면, 신령존재에 전적으로 반대가 되는 악이 자행될 것이기 때문입니다. 그러나 이 주제에 관해서는 주님의 신령자비로 적절한 곳에서 언급되겠습니다.

7878. "내가 너희를 넘어갈 것이다."

이 말씀이 그것으로부터 피하여 도망할 것이다, 다시 말하면 지옥에서 온 영벌이 거기에서 도망할 것이라는 것을 뜻한다는 것은 영벌에 관해서 언급되었을 경우, 거기에서부터 도망하는 것을 가리키는 "넘어간다"(passing over)는 말의 뜻에서 잘 알 수 있습니다. 더욱이 지옥에서부터 나오는 영벌의 영기(靈氣)가 주님에게서 비롯된 진리나 선 안에 있는 자들에게서 피하여 도망하였습니다. 왜냐하면 영벌은, 거기에 수용의 상태가 있기 때문에, 악이나 거짓 안에 있는 자들 안에 유입하기 때문입니다. 왜냐하면 이들은 정반대의 성품인 다른 자들에게서 도망하는 그런 성품이기 때문입니다. 유월절의 양에 관해서 그것을 불에 구워서 먹어야 한다는 것, 문설주나 상인방의 피에 관해서 이와 같이 제정된 모든 것들은 이런 것들과 관계를 가지고 있습니다. 다시 말하면 파괴자(the destroyer)가 그들의 집을 넘어갈 것이고, 속뜻으로 그들이 모든 영벌에서 자유하게 될 것이다는 것 등등에 관계를 가지고 있습니다. 이런 목적 때문인데, 다시 말하면 영벌이 그들에게서 피하여 도망하기 위하여 그들도 준비하였기 때문입니다. 이 준비의 과정이 속뜻으로 무엇인지 유월절의 어린 양에 관한 규정들에 의하여 기술되었습니다.

7879. "너희는 재앙을 피하여 살아 남을 것이다"(=파괴자의 재앙이 너희 안에 있지 않을 것이다).

이 말씀이 지옥에서 비롯된 영벌이 유입되지 않을 것이다는 것을 뜻한다는 것은 여기서는 영벌을 가리키는 "재앙"의 뜻에서 잘 알 수 있습니다. 왜냐하면 이 재앙은 이집트에 있는 모든 처음 난 것의 죽음을 가리키는데, 이것은 곧 영벌을 뜻하기 때문입니다(7778항 참조). 그리고 영벌을 가져다 주는 지옥을 가리키는 "파괴자"(destroyer) 의 뜻에서도 잘 알 수 있습니다 지옥이 영벌을 가져다 준다는 것에 관해서 살펴보면 그 경우는 이러합니다. 저 세상에서 악한 자의 파괴나 황폐의 상태, 그들의 영벌의 상태, 또는 마찬가지로 그들의 지옥에 떨어지는 일 등등은 악 안에 있는 영에게서 직접 오는 것이 아니고, 지옥들로부터 옵니다. 왜냐하면 거기에 있는 모든 악들은 지옥들에게서 비롯된 유입을 통해서 생성되기 때문이고, 그리고 거기에서 비롯된 유입이 없다면 아무것도 일어나지 않기 때문입니다. 그리고 그것들은 박탈되고, 영벌을 받는 영들 안에 내재해 있는 악의 상태에 일치하여 생성되기 때문입니다. 그리고 이 악의 상태는 선과 진리의 박탈이나, 몰수에 일치하여 생성되기 때문입니다. 지옥과의 교류는 이 상태의 일치에 따라서 생성되고, 지옥은 악을 가져다 주기 위하여 준비하고 있습니다. 왜냐하면 악을 가져다 준다는 것은 그들의 삶의 진정한 쾌락이기 때문입니다. 이런 성질 때문에 지옥은 주님에 의하여 철저하고 단단하게 닫혀진 상태로 유지되고 있습니다. 왜냐하면 지옥이 열리게 된다면 온 인류는 멸망할 것이기 때문인데, 그 이유는 지옥은 계속해서 온 인류의 파멸을 발산(發散)할 것이기 때문입니다. 다윗에 의하여 계수된 전염병에 의하여 죽은 칠만 명(70,000명)이나(사무엘 하 24 : 15), 앗시리아군의 진영에서 하룻밤에 살해된 18만 5천 명(열왕기 상 19 : 35)은 지옥에 의하여 행해졌는데, 그 이유는 그 때 지옥들이 열렸기 때문입니다. 그러므로 지옥은 주님에 의하여 철저하게 닫혀져 있어야만 합니다. 지옥에서 비롯된 영벌이 주님에 의하여 선과 진리에 간수된 자들에게 들어올 수 없다는 것이나, 그리고 "파괴자의 재앙이 너희 안에 있지 않을 것이다"는 말이 이러한 내용을 뜻한다는 것은 7878항을 참조하십시오.

7880. "내가 이집트 땅을 칠 때에……."
이 말씀이, 인애에서 분리된 믿음 안에 있는 자들이 영벌을 받을 때를 뜻한다는 것은 앞서 언급된 것에서(7871항 참조) 잘 알 수 있습니다.

7881. "**이 날은 너희가 기념해야 할 날이다**"(=이 날은 너희에게 기념이 되어야 할 것이다).

이 말씀이 예배 안에 있는 이 상태의 성질을 뜻한다는 것은 상태를 가리키는 "날"(day)의 뜻에서(23 · 487 · 488 · 493 · 2788 · 3462 · 3785 · 4850 · 5672 · 5962 · 6110항 참조), 그리고 예배 안에 있는 성질을 가리키는 "기념"(記念 · memorial)의 뜻에서(6888항 참조) 잘 알 수 있습니다.

7882. "**너희는 이 날을 주 앞에서 지키는 절기로 삼아라**"(=주께 명절로 지켜라).

이 말씀이 영벌로부터의 해방 때문에 비롯된 주님의 예배를 뜻한다는 것은 주님예배를 가리키는, 사실은 이 날이 그런 이유 때문에 명절이다는, 영벌로부터의 해방 때문에 주님을 예배하는 것을 가리키는 "주께 명절로 지킨다"는 말의 뜻에서 잘 알 수 있습니다. "유월절"이 주님에 의하여 영적인 교회에 속한 자들의 해방 때문에 제정되었다는 것은 7867항을 참조하십시오.

7883. "**대대로 지켜야 한다.**"

이 말씀이 믿음이나 인애에 속한 것들 안에 있다는 것을 뜻한다는 것은 믿음과 인애에 속한 것들을 가리키는 "대대로"(=영원토록)라는 말의 뜻에서(613 · 2020 · 2584 · 6239항 참조) 잘 알 수 있습니다.

7884. "**영원한 규례로 지켜야 한다.**"

이 말씀이 영적인 교회에 속한 자들의 영역인 천계의 질서에 일치하는 주님예배를 뜻한다는 것은, 이것에 관해서는 아래에 설명하겠지만, 천계의 질서를 가리키는 "영원한 규례"(an external statute)의 뜻에서, 그리고 주님예배를 가리키는 "명절로 지킨다"는 말의 뜻에서(7882항 참조), 잘 알 수 있습니다. 그들이 "그것을 반드시 지켜야 한다"고 이스라엘 자손에게 언급되고 있기 때문에 그들은 영적인 교회에 속한 자들을 뜻합니다. "영원한 규례"가 천계의 질서를 뜻한 다는 것은 이스라엘 자손에게 명령된 모든 규례들은 천계의 질서에서 나온 그런 것들을 표징하기 때문입니다. 결과적으로 그들은 역시 천계에 속한 것들을 표징하기 때문입니다. 천계의 질서에 일치하는 예배는 주님의 가르침들에 일치하는 모든 실천적인 선(all practising good)을 뜻합니다. 오늘날의 하나님 예배(the worship of God)는 아침, 저녁으로 성전에서 행해지는 언어적인 예배(the oral worship)를 주로 뜻합니다. 그러나 하나님의 예배는 본질적으로 이런 예배 안에 존재하지 않고, 오히려 선용들의 삶(a life of uses)에 존재합니다. 이 후자의 예배가 천계의 질서에 일치하는 예배입니다. 언어적인 예배는 역시 예배이기는 하지만, 그러나 거기에 삶에 속한 예배가 있지 않다면, 그것은 아무런 쓸모가 없습니다. 왜냐하면 이 예배는 마음에 속한 것이지만, 언어적인 예배가 진정한 예배가 되기 위해서는, 반드시 속마음에서 비롯되어야만 하기 때문입니다.

7885. "너희는 이레 동안……(빵을 먹어야 한다)."
이 말씀이 거룩한 것을 뜻한다는 것은 거룩한 것을 뜻하고 있는, "일곱"(seven)의 뜻에서, 그리고 거룩한 것을 가리키는 "이레"(=일곱 날들·seven days)의 뜻에서 잘 알 수 있습니다. "일곱"이 거룩한 것을 뜻한다는 것은 395·433·716·881·5265·5268항을 참조하십시오.

7886. "너희는 누룩을 넣지 않은 빵(無酵餠·unleavened)을 먹어야 한다."
이 말씀이 온갖 거짓들로부터의 정화(淨化)를 뜻한다는 것은 온갖 거짓들로부터의 정화를 가리키는 "누룩을 넣지 않은 빵"(無酵餠)의 뜻에서(2342항 참조) 잘 알 수 있습니다.

7887. "그 첫날에, 너희는 집에서 누룩을 말끔히 치워라."
이 말씀이 선 안에는 그 어떤 거짓도 결코 있어서는 안 된다는 것을 뜻한다는 것은 그 상태의 시작을 가리키는 "그 첫날"(the first

day)의 뜻에서("날"이 상태를 뜻한다는 것은 7881항을 참조하십시오), 그리고 이것에 관해서는 아래에 설명하겠지만, 거짓을 가리키는 "누룩"(酵母·leave)의 뜻에서, 그리고 선을 가리키는 "집"의 뜻에서(2233·2234·2559·3652·3720·7833-7835·7848항 참조), 잘 알 수 있습니다. 이상에서 밝히 알 수 있는 것은 "그 첫날에 너희는 집에서 누룩을 말끔히 치워라"는 말이 그 상태의 시작부터 선 안에는 결코 거짓이 없어야 한다는 것을 뜻한다는 것입니다. 이 선에 관해서 경우는 이와 같습니다. 선들은 다종다양성(多種多樣性·variety)에서 무한하다는 것, 그리고 선들이 진리들로부터 자신들의 성질을 취한다는 것, 따라서 선들은 거기에 들어온 진리들과 같은 그런 것이 된다는 것입니다. 거기에 들어온 진리들은 때로는 순수할 수 없기도 하지만, 그럼에도 불구하고 여전히 진리들에 정반대되는 것은 아니기도 합니다. 그럼에도 불구하고 이런 거짓들이 선 안에 유입되면, 이 경우는 사람이, 그 무지 안에는 이노센스가 존재하지만, 무지(無知)에서 비롯된 진리들에 일치하여 삶을 사는 경우이고, 그리고 그 목적이 선한 것을 행하는 경우로, 그 때 그것들이 주님에 의하여, 그리고 천계에서는 거짓들로 인정되지 않고, 오히려 진리들의 외관들(外觀·겉모양·appearances)로서, 그리고 진리들로서 수용된 이노센스의 성질에 일치할 경우입니다. 그리고 이것에서부터 선은 자신의 성질을 받습니다. 이상에서 밝히 알 수 있는 것은, 선 안에는 결코 거짓된 것은 아무것도 있어서는 안 된다고 언급한 말이 무엇을 뜻하는지 잘 알 수 있다는 것입니다.

7888. "누룩을 넣은 빵을 먹는 사람은 누구든지, 이스라엘에서 끊어지기 때문이다."
이 말씀이 자기 자신에게 거짓을 전유(專有)하는 자를 뜻한다는 것은 자기 자신에게 전유(專有·appropriate)하는 것을 가리키는 "먹는다"(to eat)는 말의 뜻에서(2187·2343·3168·3513·3596·4745항 참조), 그리고 거짓을 가리키는 "누룩을 넣은 것"의 뜻에서(7887항 참조) 잘 알 수 있습니다.

7889. "(누룩을 넣은 빵을 먹는 사람은) **누구든지 이스라엘에서 끊어진다**"(=끊어질 것이다).

이 말씀이 그 사람이 영적인 교회에 속한 자들로부터 분리되고, 그가 영벌을 받을 것이다는 것을 뜻한다는 것은 분리되고, 영벌을 받는다는 것을 가리키는 "끊어진다"(=단절된다)는 말의 뜻에서, 그리고 위에서 자주 언급한 것과 같이, 영적인 교회에 속한 자들을 가리키는 이스라엘 자손의 표징에서 잘 알 수 있습니다. 선 안에 거짓을 가지고 있는 자가 반드시 분리되고, 영벌을 받는 이유는, 누룩을 넣은 것이 뜻하는, 거짓이 선 안에 있기 때문이고, 그리고 그것은 영벌을 주는 지옥에서 비롯된 거짓 이외에는 아무것도 수용, 영접할 수 없는 그런 것을 만드는 거짓이 선 안에 있기 때문입니다. 영적인 교회에 속한 자들이 공격하고, 괴롭혔던 자들에게서 해방될 때, 그 때는 영벌이 모든 면들에서부터 흘러나가며, 그리고 순수한 선 안에 있는 자들은, 다시 말하면 거짓이 없는 선 안에 있는 자들은 영벌의 가운데를 안전하게 통과할 것이다는 것 등은 7878항을 참조하십시오.

7890. 첫날부터 이렛날까지 (누룩을 넣은 빵을 먹는 사람).

이 말씀이 완전한 거룩한 상태를 뜻한다는 것은 거룩한 상태를 가리키는, 그리고 역시 "일주"(a week)가 뜻하는 것인, 완전한 상태(a full state)를 가리키는 "일곱 날들"(=이렛날까지·seven days)의 뜻에서(7885항 참조) 잘 알 수 있습니다. "일주"(一週·a week)가, 길든 짧든, 시작부터 끝까지, 온전한 기간을 뜻한다는 것은 2044·3845항을 참조하십시오.

7891. "**너희는 첫날에 거룩한 모임을 열어라**"(=첫날에 너희에게 성회가 있어야 한다).

이 말씀이 시작에 모든 것이 함께 있어야 한다는 것을 뜻한다는 것은, 시작을 가리키는, 다시 말하면 공격하고, 괴롭혔던 자들로부터, 따라서 영벌로부터의 해방의 시작을 가리키는, "첫날"의 뜻에서, 그리고 함께 모이는 것을 가리키는 "거룩한 모임"(聖會 · a holy convocation)의 뜻에서 잘 알 수 있습니다. 그 모임은 이스라엘의 전 회중(全 會衆)이 함께 모이기 위해서, 그리고 따라서 천계를 표징하기 위해서 열립니다. 왜냐하면 그 때 그들은 모두 지파별로 분리되고, 그리고 지파들은 씨족별로 분리되고, 씨족은 가문(家門)별로 분리되기 때문입니다. 천계가 이스라엘 자손의 지파들 · 씨족들 · 가문들에 의하여 표징되는 수많은 사회들과 함께 있다는 것은 7836항을 참조하십시오. 그러므로 그와 같은 모임이 성회(聖會)라고 불리웠고, 그리고 그와 같은 성회는 모든 명절(=절기 · feast)에 열렸습니다 (레위기 23 : 27, 36 ; 민수기 28 : 26 ; 29 : 1, 7, 12). 이렇게 볼 때 명절들 자체가 "거룩한 모임들"(聖會)이라고 불리웠습니다. 왜냐하면 모든 남성들은 그 명절에 반드시 참석하라고 명령되었기 때문입니다. 명절들이 "거룩한 모임들"이라고 불리웠다는 것은 모세의 글에서 잘 알 수 있습니다. 레위기서의 말씀입니다.

> 이 절기들은 주께서 명한 절기들이다. 이 절기들이 다가올 때마다, 너희는 거룩한 모임을 열고, 곧 번제물과, 곡식제물과, 각종 희생제물과 부어 드리는 제물을 각각 그 해당되는 날에 주께 살라 바치는 제사도 드려야 한다.
> (레위기 23 : 37)
> 모든 남자는 한 해에 세 번, 무교절과 칠칠절과 초막절에, 주 너희의 하나님이 택하신 곳으로 가서 주님을 뵈어야 한다. 그러나 빈손으로 주님을 뵈러 가서는 안 된다.
> (신명기 16 : 16)

7892. "이렛날에도 거룩한 모임을 열어라."

이 말씀이 상태의 마지막에서도 그러하다는 것을 뜻한다는 것은 그것의 마지막을 가리키는 명절의 마지막인, "이렛날"의 뜻에서 잘 알 수 있습니다. 거룩한 모임이 이런 내용을 뜻한다는 것은 7891항을 참조하십시오.

7893. "이 두 날에는, 너희가 어떤 일도 해서는 안 된다."
이 말씀이, 그 때 이 세상적인 것들이나, 세속적인 것들로부터 뒤로 물러나 있어야 한다는 것을 뜻한다는 것은 그들의 목적을 위해서 세상에 속한 것들이나, 땅에 속한 것들을 취하는 노력들이나 작업들을 가리키는 "일"(work)의 뜻에서, 결과적으로 "그것들 안에는 어떤 식으로도 결코 일(work)이 행해져서는 안 된다"는 말이 그것들로부터 물러나 있어야 한다는 뜻에서 잘 알 수 있습니다. 명절들이나 안식일들에 어떤 일을 하는 것을 매우 엄하게 금지하고 있다는 것은, 그 때 그들이 완전한 표징적인 상태에 있기 위한 것, 다시 말하면 천계적인 것들이나, 영적인 것들을 표징하는 그런 것들 안에 있기 위한 것입니다. 그런데 그 상태는, 만약에 그들이 자신들의 목적으로서 세상이나, 이 땅의 것을 우러르는 일을 한다면, 깨어지기 때문입니다. 왜냐하면 교회에 속한 표징들(表徵·representatives)은 그것들에 의하여 거기에 사람과 천계의 내통(內通·交流)이 있게 하기 위한 의도에서 야곱의 후손들 가운데 제정되었는데, 그 내통은 그 교회(=표징적 교회)가 존재하기 위한 목적입니다. 이 교류나 내통은, 만약에 명절들이나 안식일 날에 어떤 일을 하는 것이, 죽음의 형벌 아래에 있다고 그들에게 금지되지 않았다면, 유지되지 않을 것이기 때문입니다. 왜냐하면 그들의 마음은 이 세상적인 것들이나 세속적인 것들에 점유될 것이고, 그들은 그런 것들 안에 전 심령으로 몰입(沒入)할 것이고, 그리고 그들의 성품은 이런 것들로 변하고, 그러므로 그들이 동시에 이런 것들에 자신들을 종사시킬 정도로 자유스럽게 된다면, 표징들에 의한 내통(=교류)은 전적으로 중단되고, 그리고 파괴될 것이기 때문입니다. 그러나 그 뒤 동일한 명절들이, 그 때 천계적인 삶의 목적을 위해서, 그리고 그 때 그들이 믿음이나 인애가 무엇인지를 배우기 위한 가르침 때문에, 유지, 존속되었습니다.

7894. "너희가 각자가 먹을 것을 장만하는 일이 아니라면……."

이 말씀이 영적인 것들이나, 천적인 것들이 전유(專有)되는 때를 뜻한다는 것은 전유(專有)를 가리키는 "먹는다"(to eat)는 말의 뜻에서 (2187·2343·3168·3513·3596·4745항 참조) 잘 알 수 있습니다. 그리고 영적인 것들이나 천적인 것들이 전유되어야 한다는 것은 유월절 어린 양에 관해서 제정된 여러 가지 것들이 뜻하는 바입니다.

7895. "너희는 어떤 일도 해서는 안 된다"(=오직 이 일만은 할 수 있다).
이 말씀이 그 때 그들이 그것들에 대하여 반드시 주의하여야 한다는 것을 뜻한다는 것은 설명이 없이도 잘 알 수 있겠습니다.

7896. 17-20절. "너희는 무교절을 지켜야 한다. 바로 이 날에, 내가 이집트 땅에서 너희 온 이스라엘 지파를 이끌어 냈기 때문이다. 너희는 이 날을 영원한 규례로 삼아서 대대로 지켜야 한다. 너희는 첫째 달 열나흗날 저녁부터 그 달 스무하룻날 저녁까지 누룩을 넣지 않은 빵을 먹어야 한다. 이레 동안에는 너희 집 안에 누룩이 있어서는 안 된다. 누룩 든 빵을 먹는 사람은 누구든지, 외국인이든지 본국인이든지, 이스라엘 회중에서 끊어진다. 누룩을 넣은 것은 아무것도 먹지 않아야 한다. 너희가 어디에서 살든지, 이 기간 동안에는 누룩을 넣지 않은 빵을 먹어야 한다."
"너희는 무교절을 지켜야 한다"는 말씀은 반드시 거기에 거짓이 있으면 안 된다는 것을 뜻합니다. "바로 이 날에, 내가 이집트 땅에서 너희 온 이스라엘 지파를 이끌어 냈기 때문이다"는 말씀은 그 때 거기에는 인애의 상태와 믿음의 상태가 있었고, 그것을 통하여 악들이나 거짓들 안에 있는 자들에게서부터의 분리가 있었다는 것을 뜻하기 때문입니다. "너희는 이 날을 영원한 규례로 삼아서 대대로 지켜야 한다"는 말씀은 천계의 질서에 일치하는 믿음과 인애에서 비롯된 예배를 뜻합니다. "너희는 첫째 달 열나흗날"이라는 말씀은 거룩한 상태의 시작 안에 있다는 것을 뜻하고, "열나흗날 저녁부터"라는 말씀은 종전 상태의 마지막과 새로운 상태의 시작을 뜻합니다.

"너희는 누룩을 넣지 않은 빵을 먹어야 한다"는 말씀은 선에 의한 거짓에서 정화된 진리의 전유(專有)를 뜻합니다. "그 달 스무하룻날 (저녁)까지"라는 말씀은 이 거룩한 상태의 마지막을 뜻하고, "저녁까지"라는 말씀은 종전 상태의 마지막과 새로운 상태의 시작을 뜻합니다. "이레 동안"이라는 말씀은 이 상태의 전 기간을 뜻하고, "너희 집 안에 누룩이 있어서는 안 된다"는 말씀은 거짓에 속한 것은 무엇이나 선 가까이에 있어서는 안 된다는 것을 뜻합니다. "누룩이든 빵을 먹는 사람은 누구든지(외국인이든지 본국인이든지), 이스라엘 회중에서 끊어진다"는 말씀은 자신의 선에 거짓을 결합시키는 사람은 영벌을 받는다는 것을 뜻합니다. "외국인이든지 본국인이든지"라는 말씀은 교회 안에서 태어나지 않은 자이든, 교회 안에서 태어난 자이든, 교회에 속한 자를 뜻합니다. "누룩을 넣은 것은 아무것도 먹지 않아야 한다"는 말씀은, 이 주의(注意)가 전유되는 것에서부터 거짓을 막는데 사용된다는 것을 뜻합니다. "너희가 어디에 살든지, 이 기간 동안에는 누룩을 넣지 않은 빵을 먹어야 한다"는 말씀은 선이 존재하는 내면적인 것들 안에는 진리가 전유될 것이다는 것을 뜻합니다.

7897. **"너희는 무교절을 지켜야 한다"**(=누룩을 넣지 않은 것들을 지켜야 한다).
이 말씀이 거기에는 결코 거짓이 없어야 한다는 것을 뜻한다는 것은 모든 거짓에서 정화(淨化)된 것을 가리키는 "누룩을 넣지 않은 것"(=무교병·無酵餠·무교절)의 뜻에서 잘 알 수 있습니다(2342항 참조).

7898. **"바로 이 날에, 내가 이집트 땅에서 온 이스라엘 지파를 이끌어 냈기 때문이다."**
이 말씀이 그 때 거기에 믿음과 인애의 상태가 있었고, 그것들을 통하여 거기에 온갖 악들이나 거짓들 안에 있는 자들로부터의 분리를 뜻한다는 것은, 상태를 가리키는 "날"(day)의 뜻에서(7881항 참조), 그리고 인애와 믿음에 속한 것들을 가리키는 "온 이스라엘 지파"

(=온 이스라엘의 군대)의 뜻에서(3448·7236항 참조), 그리고 분리되는 것을 가리키는 "이끌어 낸다"(bringing out)는 말의 뜻에서, 그리고 자주 언급하였듯이, 온갖 악들이나, 거짓들 안에 있는 자들을 가리키는 "이집트 사람들"(=이집트 땅)의 뜻에서 잘 알 수 있습니다.

7899. "너희는 이 날을 영원한 규례로 삼아서 대대로 지켜야 한다."
이 말씀이 신령질서에 일치하여 믿음과 인애에서 비롯된 예배를 뜻한다는 것은 예배를 가리키는 "지킨다"(to keep)는 말의 뜻에서 잘 알 수 있는데, 그것은 유월절이 준수될 때, 그 날이 지켜지기 때문입니다. 그리고 믿음과 인애에 속한 것들을 가리키는 "대대로"(generations)의 뜻에서(7883항 참조), 그리고 신령질서에 일치하는 것을 가리키는 "영원한 규례"의 뜻에서도(7884항 참조) 잘 알 수 있습니다.

7900. "너희는 첫째 달 열나흗날……."
이 말씀이 거룩한 상태의 시작(=처음) 안에 있다는 것을 뜻한다는 것은 처음(=시작)을 가리키는 "첫째"라는 말의 뜻에서(7887·7891항 참조), 그리고 거룩한 상태(a holy state)를 가리키는 "열나흗날"(=14일째 날)의 뜻에서 잘 알 수 있습니다. 숫자 "14"(=열넷)가 거룩한 것을 뜻한다는 것은 7842항을 참조하시고, "날"(day)이 상태를 뜻한다는 것은 7881항을 참조하십시오. 숫자 "14"(=열넷)가 거룩한 것을 뜻한다는 것은, 그것이 "일곱"(7)에서 생겨났기 때문입니다. 그리고 성경에 등장하는 숫자 "일곱"(7)은 거룩한 것을 뜻합니다. 왜냐하면 단수(單數)나 복합수들은 동일한 뜻을 뜻하기 때문입니다(5291·5335·5708항 참조). 유월절이 명절날 중에서 가장 거룩한 날이기 때문에, 그러므로 그것은 그 달의 열나흗날에 기념하여야 하고, 그리고 7일 동안 계속 이어져야 하고, 또한 스무하룻날에 그 축제가 끝이 나야 한다고, 명령되었는데, 그것은 모두가 거룩한 것을 뜻하기 때문입니다. 동일한 이유 때문에, 첫째 달에 유월절을 기념할 수 없는 자는 다음 달 열나흗날에 기념하여야 한 다고 제정되었는데, 이러한 내용을 우리는 모세의 글에서 읽을 수 있습니다. 민수기서의 말씀입니다.

> "너는 이스라엘 자손에게 다음과 같이 일러라. 너희들이나 너희 자손들 은, 주검을 만져 더럽게 되었을 때나 먼 길을 떠나 있을 때나, 모두 주 앞에 유월절을 지켜야 한다. 그러한 사람들은 다음 달 십사일 해거름에 유월절 예식을 행하면서, 누룩을 넣지 않고 만든 빵과 쓴 나물과 함께 유월절 양을 먹도록 하여라."
> (신명기 9 : 10, 11)

7901. "저녁부터……."

이 말씀이 종전 상태의 마지막과 새로운 상태의 시작을 뜻한다는 것은 종전 상태의 마지막과 두 번째 상태의 시작을 가리키는 "저 녁"(evening)의 뜻에서(7844항 참조) 잘 알 수 있습니다.

7902. "너희는 누룩을 넣지 않은 빵(=無酵餠)을 먹어야 한다."

이 말씀이 거짓에서 정화된 진리를 선에 의하여 전유(專有)하는 것 을 뜻한다는 것은 전유(=자기 것으로 만드는 것·appropriation)를 가 리키는 "먹는다"(to eat)는 말의 뜻에서(2187·2343·3168·3513· 3596·4745항 참조) 잘 알 수 있습니다. 그리고 그것이 선에 의한 진리의 전유를 뜻한다는 것은, 앞에서 자주 설명한 것과 같이, 진리 는 선에 의하여 전유되기 때문이고, 선은 진리로부터 자신의 성질을 취하기 때문입니다. 그러므로 진리가 전유되기 위해서는 반드시 선 에 의하여 전유되어야만 하고, 그리고 선이 전유되기 위해서는 반드 시 선은 진리를 통하여 전유되어야만 합니다. 그리고 역시 모든 거 짓에서 정화(淨化)된 진리를 가리키는 "누룩을 넣지 않은 것"(無酵餠 ·unleavened)의 뜻에서(2342항 참조) 잘 알 수 있습니다. 모든 거짓 에서부터 정화된 진리에 대해서 반드시 주지하여야 할 것은, 순수한 진리(pure truth)는 사람에게서는 결코 불가능한데는 두 가지 이유가 있는데, 그 하나는 거짓이, 그 사람이 그 안에 있고, 그리고 그 사람 안에 있는 그것의 자리를 차지하고 있는 악에서부터 계속해서 솟아 흘러나오기 때문이고, 또 하나는 진리들은 상호관계(相互關係・a mutual connection)를 가지고 있고, 따라서 어떤 것 하나가 잘못된 것이라면, 특히 하나가 상대에 비하여 그 정도가 심하다면, 나머지 진정한 진리들은 그것으로 인하여 더러워지고, 그리고 약간의 거짓의 성질이 있기 마련입니다. 그러나 사람이 주님에 의하여 이노센스의 선 안에 간수될 수 있다면, 진리는 거짓에서부터 정화될 수 있다고 말할 수 있겠습니다. 이노센스(innocence)는, 자신의 자아(自我・固有屬性・one's self) 안에는 악 이외에는 아무것도 없다는 시인(是認) 안에 존재하고, 그리고 모든 선은 주님에게서 온다는 시인 안에 존재하고, 그리고 역시 사람은 자기 자신으로 말미암아서는 어떤 것도 알 수도 없고, 지각하지도 못하지만, 그러나 주님으로부터는 있을 수 있고, 따라서 믿음에 속한 진리도 주님으로 말미암아 알고, 지각한다는 것을 믿는 그것 안에 존재합니다. 사람이 이런 상태에 있게 되면, 그 때 거짓은 주님에 의하여 그 사람에게서 쫓겨날 수 있고, 그리고 주님에 의하여 진리는 침투할 수 있습니다. 이 상태가 바로 누룩을 넣지 않은 것(無酵餠)이 뜻하는 것이고, 또한 유월절 어린 양을 먹는다는 일이 뜻하는 것입니다.

7903. "그 달 스무하룻날……."
이 말씀이 거룩한 상태의 마지막을 뜻한다는 것은, 거룩한 상태를 가리키고, 역시 이 상태의 마지막을 가리키는 "그 달 스무하룻날"의 뜻에서 잘 알 수 있습니다. 이 말이 거룩한 상태를 뜻한다는 것은, 그것이 일곱(7)의 산물(産物)이고, 그리고 7과 3을 곱한 것에서 생긴 것이기 때문이고, 그리고 "일곱"(7)이 거룩한 것을 뜻하고, 또한 "삼"(3)도 거룩한 것을 뜻하기 때문입니다. "그 달 스무하룻날"이 이 상태의 마지막을 뜻한다는 것은, 그 날이 마지막 날이기 때문에 확실합니다.

7904. "저녁까지……."
이 말씀이 종전 상태의 마지막과 새로운 상태의 시작을 뜻한다는 것은 위에서 이미 입증하였습니다(7901항 참조).

7905. "이렛 동안"(=일곱 날 동안).
이 말씀이 이 상태의 전 기간(全 期間)을 뜻한다는 것은 거룩한 상태를 가리키는 "일곱 날"(=이렛 동안·seven days)의 뜻에서(7885항 참조), 그리고 또한 처음부터 마지막까지의 전 기간을, 또는 완전한 상태를 가리키는 "일곱 날"의 뜻에서(728·6508항 참조), 잘 알 수 있습니다. "일주"(a week)도 마찬가지입니다(2044·3845항 참조). 이런 내용이 의미되고 있기 때문에 이 명절이 7일간 계속 이어져야 한다는 것이 제정된 것입니다.

7906. "너희 집 안에 누룩이 있어서는 안 된다"(=발견되어서는 안 된다).
이 말씀이 거짓에 속한 것은 어떠한 것도 선 가까이에 오면 안 된다는 것을 뜻한다는 것은, 이것에 관해서 아래에 언급하겠지만, 거짓을 가리키는 "누룩"(酵母·leaven)의 뜻에서, 그리고 선을 가리키는 "집"(house)의 뜻에서(3652·3720·4982·7833-7835항 참조) 잘 알 수 있습니다. "누룩"이 거짓을 뜻한다는 것은 "누룩"이나 "누룩을 넣은 것"(=발효된 것) 또는 "누룩을 넣지 않은 것"(無酵餠) 등이 기술된 성경의 여러 장절들에게서 잘 알 수 있습니다. 마태복음서의 말씀입니다.

> 예수께서 그들에게 말씀하시기를 "너희는 바리새파 사람들과 사두개파 사람들의 누룩을 주의하고 경계하여라 하셨다."……그제서야 그들(=제자들)은, 빵의 누룩이 아니라, 바리새파 사람들과 사두개파 사람들의 가르침을 경계하라고 하시는 말씀인 줄을 깨달았다.
> (마태 16 : 6, 12)

여기서 "누룩"은 명확하게 그릇된 거짓 교리(=가르침)를 뜻합니다. "누룩"이 거짓을 뜻하기 때문에, 누룩이 들어간 것과 함께 희생제물의 피를 바쳐서는 안 된다고 금하고 있습니다(출애굽 23 : 18 ; 34 : 25). 왜냐하면 "희생제물의 피"는 거룩한 진리(holy truth)를 뜻하기 때문이고, 따라서 모든 거짓에서 정화된 순수한 진리(pure truth)를 뜻하기(4735·6978·7317·7326항 참조) 때문입니다. 제단 위에 올려지는 제물(祭物)을 누룩을 넣어서 굽지 말 것(레위기 6 : 17)과 그리고 과자들이나 작은 과자들은 반드시 누룩을 넣지 않은 것이어야 한다(레위기 7 : 11-13)고 제정되었습니다.

[2] 누룩을 넣은 것과 누룩을 넣지 않은 것에 관해서 더 자세하게 알아야 할 것은 사람에게서는 거짓으로부터의 진리의 정화는 소위 발효작용(醱酵作用·fermentation)이 없이는 존재할 수 없다는 것입니다. 다시 말하면 진리와 거짓의 싸움이나, 또는 거짓과 진리의 싸움 없이 진리의 정화(淨化)는 있을 수 없다는 것입니다. 그러나 그와 같은 싸움이 있은 뒤, 진리가 승리, 정복한 뒤, 그 때 거짓은 앙금이나 찌꺼기처럼 가라앉고, 그리고 진리는 마치 발효과정을 거친 뒤 보다 농익은 포도주처럼, 찌꺼기들이 밑으로 가라앉기 때문에 정화된 것으로 생성됩니다. 이와 같은 발효작용, 또는 싸움이나 다툼은, 그 사람에게서의 상태가 변화하는 과정에 있을 때, 주로 존재합니다. 다시 말하면 그 사람이 인애의 선으로 말미암아 행동하기 시작할 때, 그리고 종전과 같지 않게 믿음에 속한 진리로 인하여 행동하기 시작할 때, 그 싸움은 주로 존재합니다. 왜냐하면 그 상태는, 그 사람이 믿음에 속한 진리로 말미암아 행동할 때에는, 아직까지는 정화되지 않았지만, 그러나 그 사람이 인애에 속한 선으로 말미암아 행동할 때에는 정화된 것입니다. 왜냐하면 그 때 그는 의지에서 행동하지만 종전에는 오직 이해에서 행동하였기 때문입니다.

[3] 온갖 영적인 싸움들이나, 또는 온갖 시험들은 영적인 뜻으로는 곧 발효작용들입니다. 왜냐하면 그 때 거짓들은 진리들과 자기 자신

을 결합시키기를 열망하지만, 그러나 그 때 진리들은 그것들을 배척하고, 그리고 종국에는 그것들을 이른바 밑바닥으로 내쫓기 때문입니다. 결과적으로 그것들은 정화됩니다. 이러한 뜻에서, 주님께서 마태복음서에서 "누룩"에 관해서 가르치신 것이 무엇인지 이해될 수 있겠습니다. 마태복음서의 말씀입니다.

> 예수께서 또 다른 비유를 그들에게 말씀하셨다. "하늘 나라는 누룩과 같다. 어떤 여자가 그것을 가져다가, 가루 서 말 속에 섞어 넣었더니, 마침내 온통 부풀어올랐다."
> (마태 13 : 33)

여기서 "가루"(meal)는 선이 그것에서 비롯된 진리를 뜻합니다. 역시 호세아서에서도 마찬가지입니다.

> 그들은 성욕이 달아오른 자들이다.
> 그들은 화덕처럼 달아 있다.
> 빵 굽는 이가 가루를 반죽해 놓고서,
> 반죽이 발효될 때를 제외하고는
> 늘 달구어 놓은 화덕과 같다.
> (호세아 7 : 4)

앞에서 언급한 것과 같이, 발효작용이 뜻하는 그런 싸움(=시험)이 삶의 새로움(newness of life)에 대한 종전의 상태의 사람에게서 일어나기 때문에, 그러므로 역시 명절에 첫 열매로 만든 새로운 소제(素祭・the new meat-offering・햇곡식 제물)가 봉헌될 때, 그것은 고운 밀가루에 누룩을 넣어 반죽하여 구운 빵이어야 하고, 그리고 그것은 여호와께 드리는 맏물(=햇곡식)로 만들어야 한다는 것이 제정되었습니다(레위기 23 : 16, 17).

7907. "**누룩 든 빵을 먹는 사람**(=영혼)**은 누구든지 이스라엘 회중**

에서 끊어진다"(=끊어지기 때문이다).

이 말씀이 자신의 선에 거짓을 접합(接合)시키는 자는 영벌을 받을 것이라는 것을 뜻한다는 것은 전유(專有·자기 것으로 만드는 것)하는 것을 가리키는 "먹는다"(to eat)는 말의 뜻에서(2343·3168·3513·3596·4745항 참조), 따라서 역시 결합시키는 것을 가리키는 "먹는다"는 말의 뜻에서(2187항 참조), 잘 알 수 있습니다. 왜냐하면 자기 자신에게 무엇인가를 전유시키는 사람은 그것을 자기 자신에게 결합시키기 때문입니다. 그리고 또한 거짓을 가리키는 "누룩을 넣은 것"의 뜻에서(7906항 참조), 그리고 분리되는 것이나, 영벌을 받는 것을 가리키는 "끊어진다"(to be cut off)는 말의 뜻에서(7889항 참조), 그리고 역시 사람을 가리키는 "영혼"(soul)의 뜻에서, 그리고 영적인 교회에 속한 자들을 가리키는 "이스라엘 회중"의 뜻에서(7830·7843항 참조), 잘 알 수 있습니다. 이상에서 명확한 것은, "누룩 든 빵을 먹는 사람(=영혼)은 누구든지 이스라엘 회중에서 끊어질 것이다"는 말이 자신의 선에 거짓을 접합(接合)시키는 자는 영적인 교회에서 분리될 것이고, 그리고 영벌을 받을 것이다는 것을 뜻한다는 것입니다.

 7908. "(그 빵을 먹는 사람은) **외국인이든지, 본국인이든지,** (끊어진다)."

이 말씀이 거기에서 태어나지 않았든, 거기에서 태어났든, 그 교회에 속한 자를 뜻한다는 것은, 그 교회의 진리들이나 선들로 가르침을 받았고, 그것들을 영접, 수용한 자들을 가리키는 "외국인"(=체류자)의 뜻에서(1463·4444항 참조), 따라서 그 교회에서 태어나지 않았지만, 그러나 그 교회에 승복, 순종하는 자를 가리키는 "외국인"(=체류자)의 뜻에서, 그리고 그 교회에서 출생한 자를 가리키는 "본국인"(=그 땅의 토박이)의 뜻에서 잘 알 수 있습니다.

 7909. "**누룩을 넣은 것은 아무것도 먹지 않아야 한다.**"

이 말씀이 전유되는 것으로부터 거짓을 막아야 하는데 사용될 모든 세심한 주의(注意)를 뜻한다는 것은 거짓을 가리키는 "누룩을 넣은 것"의 뜻에서(7906항 참조), 그리고 자기 자신에게 전유하는 것을 가리키는 "먹는다"는 말의 뜻에서(7907항 참조), 잘 알 수 있습니다. 우리의 본문장의 15절부터 19절에서 누룩을 넣은 것에 대하여 여러 차례 금지하고 있는 것은, 세심한 주의가 거짓에 대하여 사용되어야 한다는 것을 뜻하고 있습니다. 이와 같은 거짓에 대한 세심한 주의는 사람이 선 안에 있기 위하여 사용되어야만 합니다. 거짓은 선과 일치하지 않고, 오히려 선을 파괴합니다. 왜냐하면 거짓은 악에 속한 것이고, 진리는 선에 속한 것이기 때문입니다. 만약에 거짓이 전유된다면, 다시 말하면 굳게 그것이 신봉(信奉)되고 있다면, 거기에는 이노센스에 속한 선의 영접은 단연코 없을 것이고, 결과적으로 영벌로부터의 해방은 결코 있지 않을 것입니다. 거짓을 자기 자아에 전유시키는 것과 그것을 접합시키는 것은 별개의 일입니다. 거짓에 접합시키는 자들은 만약에 선 안에 있다면, 그들에게 진리가 나타난다면, 그것을 배척할 것이지만, 그러나 그들 자신에게 거짓을 전유시키는 자들은, 거짓을 그대로 유지하고, 진리가 나타났을 때에는 진리 자체에 저항할 것입니다. 그 때 이러한 사실이 누룩을 넣은 것을 반드시 먹어서는 안 된다고 자주 언급된 이유입니다.

7910. "**너희가 어디에서 살든지 이 기간 동안에는 누룩을 넣지 않은 빵**(無酵餅)**을 먹어야 한다.**"
이 말씀이 선이 존재하는 내면적인 것들 안에 진리가 전유되어야 한다는 것을 뜻한다는 것은, 마음에 속한 것들을 가리키는, 따라서 총명이나 지혜에 속한 것들을 가리키는 "사는 장소들"(=주거지들·dwelling)의 뜻에서(7719항 참조), 결과적으로 내면적인 것을 가리키는 "사는 곳"의 뜻에서 잘 알 수 있습니다. 왜냐하면 내면적인 것에 총명이나 지혜도 존재하고, 그리고 역시 선이 존재하기 때문입니다. 그리고 위에서 여러 번 언급한 것과 같이, 자기 자신에게 진리를 전유시키는 것을 가리키는 "누룩을 넣지 않은 것을 먹는다"는 말의 뜻에서 잘 알 수 있습니다. 내면적인 것들 안에서 행해지는 전유에 관해서, 그리고 거기에 있는 선에 관해서 주지하여야 할 것은, 주님 안에 있는 자들에게, 다시 말하면 믿음과 인애의 삶 안에 있는 자들에게 선은 그 내면적인 것들 안에 거주하고, 그리고 선이 그들과 더불어 함께 살면 살수록 그 선은 보다 더 순수하고, 그리고 보다 더 천계적인 선이 되지만, 그러나 진리가 외면적인 것들 안에 거주하고, 그리고 외면적으로 진리가 그들과 함께 살면 살수록 그 진리는 더욱 더 선으로부터 결별(訣別), 혼자 있게 됩니다. 그 이유는, 그의 내면적인 것들의 측면에서 사람은 천계에 있고, 그리고 그의 극내적인 것의 측면에서 사람은 주님에게 가까이 있지만, 그러나 외면적인 것들의 측면에서 그는 세상에 있기 때문입니다. 따라서 믿음에 속한 진리들은 외적인 방법(an external way)에 의하여 들어가지만, 선은 내적인 방법(an internal way)에 의하여 들어간다는 것이고(7756·7757항 참조), 그리고 진리의 전유는 선이 있는 내면적인 것들 안에서 이루어진다고 하겠습니다.

  7911. 21-24절. 모세가 이스라엘의 장로를 모두 불러서, 이렇게 말하였다. "여러분은 여러분의 가족들과 함께 먹을 양이나 염소를 준비하여, 유월절 제물로 잡으십시오. 우슬초 묶음을 구하여다가 그릇에 받아 놓은 피에 적셔서, 그 피를 상인방과 좌우 문설주에 뿌리십시오. 여러분은 아침까지, 아무도 자기 집 문 밖으로 나가서는 안 됩니다. 주께서 이집트 사람들을 치려고 지나가시다가, 상인방과 좌우 문설주에 바른 피를 보시고, 그 문 앞을 그냥 지나가실 것이며, 파괴자가 여러분의 집을 치러 들어가지 못하게 하실 것입니다. 여러분은 이 일을 여러분과 여러분의 자손이 지킬 규례로 삼아, 영원히 지키게 하십시오.

  "모세가 이스라엘의 장로를 모두 불렀다"는 말씀은, 신령진리의 입류와 임재(臨在)에 의한 영적인 교회에 속한 자들의 이해의 조요(照耀·enlightenment)를 뜻합니다. "모세가 그들에게 말하였다"는 말씀은 지각(知覺 · perception)을 뜻합니다. "너희는 끌어내어라"(=골라내어라)는 말씀은 그들이 자신들에게 강요하는 것(=무리하게 시키는 것)을 뜻합니다. "너희는 양 떼나 염소 떼의 짐승 하나를 취하여라"(=양이나 염소를 준비하여라)는 말씀은 이노센스에 속한 선을 영접, 수용하는 것을 뜻합니다. "여러분의 가족들과 함께"(=너희 가족 수에 맞게)라는 말씀은 각각의 진리의 선에 일치한다는 것을 뜻합니다. "유월절 제물로 잡아라"는 말씀은 주님의 임재(=현존)를 위한 준비, 결과적으로는 해방을 위한 준비를 뜻합니다. "우슬초 묶음을 구하여라"(=만들어라 · 취하여라)는 말씀은 그것에 의하여 정화가 있게 하는 외적인 수단들을 뜻합니다. "그것을 피에 적셔라"는 말씀은 이노센스의 선에 속한 거룩한 진리를 뜻하고, "그릇에 받아 놓은 피"(=그것이 그릇에 있다)는 그것이 자연적인 선 안에 있다는 것을 뜻하고, "상인방과 좌우 문설주에 (그 피를) 뿌려라"는 말씀은 자연적인 것에 속한 선들과 진리들을 뜻합니다. "그릇에 받아 놓은 피"(=대아에 있는 피)는 자연적인 것 안에 있는 이노센스의 선에 속한 거룩한 진리를 뜻합니다. "여러분은 (아침까지) 아무도 자기 집 문 밖으로 나가서는 안 된다"는 말씀은 그들이 확고하고, 꿋꿋하게, 진리로 말미암아 중하게 여기지 않는 선 안에 머물러 있어야 한다는 것을 뜻하고, "아침까지"라는 말씀은 조요의 상태에 이른 것을 뜻합니다. "주께서 (거기를) 지나가신다"는 말씀은 신령존재의 임재나 현존을 뜻하고, "이집트 사람을 친다"(=이집트에 재앙을 준다)는 말씀은 인애에서 분리된 믿음 안에 있는 그 교회에 속한 자들에게 온 영벌의 근원이나 출처를 뜻하고, "주께서 상인방과 좌우 문설주에 바른 피를 보신다"는 말씀은 자연적인 것 안에 있는 이노센스의 선에 속한 거룩한 진리의 인지(=깨달음 · 認知)를 뜻하고, "여호와께서 그 문 앞을 그냥 지나가실 것이다"는 말씀은 영벌이 거기에서부터 피할 것이다는 것을 뜻하고, "파괴자가 여러분의 집을 치러 들어가지 못하게 하실 것이다"는 말씀은 지옥에서 비롯된 거짓과 악이 결코 의지에 접근하지 못할 것이다는 것을 뜻합니다. "치러간다"(=재앙을 준다)는 말씀은 그들이 자신들에게 가져온(=자초한다·自招) 영벌을 뜻합니다. "여러분은 이 일을 여러분과 여러분의 자손이 지킬 규례로 삼아, 영원히 지키게 하라"는 말씀은 이후부터 이 모든 것은 영적인 교회에 속한 자들을 위하여 신령질서에 일치할 것이다는 것을 뜻합니다.

7912. 모세가 이스라엘의 장로를 모두 불렀다.

이 말씀이 신령진리의 입류(入流)나 현존(現存)에 의한 영적인 교회에 속한 자들의 이해(理解)의 조요(照耀·enlightenment)를 뜻한다는 것은, 신령진리에 관해서 언급될 경우, 입류나 현존을 가리키는 "부른다"(calling)는 말의 뜻에서(6177·6840·7390·7451·7721항 참조), 그리고 신령율법(神靈律法), 따라서 성언(聖言·the Word)과 신령진리를 가리키는 모세의 표징에서(본서 창세기 18장 서문과 4859·5922·6723·6752·6771·6827·7010·7014·7089·7382항 참조), 그리고 진리와 선에 일치하는 지혜와 총명에 속한 으뜸 되는 것들을 가리키는 "장로들"의 표의(表意)에서(6524·6525·6890항 참조), 그리고 영적인 교회를 가리키는 이스라엘의 표징에서(4286·6426·6637항 참조) 잘 알 수 있습니다. "부른다"(to calling)는 말이나, 또는 시각에 그들이 나타난다는 말은 이해를 밝게 조요하는 것을 뜻합니다. 이상에서 볼 때 명확한 것은 "모세가 이스라엘의 장로를 모두 불렀다"는 말이 신령진리의 입류와 현존에 의하여 영적인 교회에 속한 자들의 이해의 조요나 밝힘을 뜻한다는 내용입니다.

7913. 모세가 그들에게 이렇게 말하였다.

이 말씀이 지각(知覺·perception)을 뜻한다는 것은 성경의 역사적인 것으로, 지각을 가리키는 "말한다"(saying)는 말의 뜻에서(1791·1815·1819·1822·1898·1919·2080·2619·2862·3395·3509·5687·5743·5877·6251항 참조) 잘 알 수 있습니다.

7914. "너희는 끌어내어라"(=골라내어라).

이 말씀이 자신들에게 강요하는 것, 즉 자신에게 무리하게 시키는 것을 뜻한다는 것은 영적인 교회에 속한 자들이 주님으로부터 영접, 수용하여야 하는 이노센스의 선에 관해서 언급하는 경우, 자신들을 무리하게 시키는 것을 가리키는 "끌어낸다"(=골라낸다·drawing forth)는 말의 뜻에서 잘 알 수 있습니다. 왜냐하면 주님사랑에 속한 선을 가리키는 이노센스의 선은 그가 자신에게 강요하는 일이 없다면 영적인 교회에 속한 사람에 의하여 영접, 수용되지 않기 때문입니다. 그 이유는, 주님께서 유일하신 하나님이시다는 것과, 주님의 인성(His Human)은 신령하시다는 것 등을 그 사람이 믿을 수 있다는 것은 매우 어려운 사안(事案)이기 때문입니다. 그러므로 그 사람은 믿음 안에 있지 않기 때문에, 그가 자신을 무리하게 굴복시키지 않는다면, 그 사람은 주님사랑 안에 있을 수도 없고, 결과적으로 이노센스의 선 안에도 있을 수 없습니다. 사람이 자기 자신을 굴복시킨다는 것, 그리고 그가 스스로 굴복할 때, 그것은 자유에서 비롯된 것이지만, 그러나 다른 누구에 의하여 그가 굴복되었을 때 그것은 자유에서 비롯된 것은 아닙니다(1937·1947항 참조). 이러한 내용이, "유월절 짐승을 끌어낸다"는 말이 뜻하는 것입니다. 그것을 골라서 끌어낸다는 말이, 문자의 뜻에 나타나지 않고 있는 약간의 비밀스러운 것을 뜻하고 있다는 것은 매우 자명합니다.

7915. **"여러분은 양이나 염소를 취하여라"**(=준비하여라).
이 말씀이 이노센스의 선을 영접, 수용하는 것을 뜻한다는 것은 이노센스의 선을 가리키는, 여기서는 양 떼나 염소 떼의 짐승인, "유월절 어린 양"의 뜻에서(3519·3994·7840항 참조) 잘 알 수 있습니다.

7916. **"여러분의 가족들에게 맞게……"**(=가족 수대로……).
이 말씀이 각각의 진리에 속한 선에 일치한다는 것을 뜻한다는 것은 영적인 교회에 속한 자들을 표징하는 이스라엘 자손에 관해서 언급할 때, 진리에 속한 선을 가리키는 "가족들"(families)의 뜻에서 잘 알 수 있습니다. 왜냐하면 그 교회에 속한 선들을 "진리에 속한 선들"이라고 하기 때문입니다. "가족들"이 이러한 뜻을 가지고 있다는 것은 속뜻으로 영적인 것들 이외에는 아무것도 뜻하지 않기 때문입니다. 다시 말하면 천계나 교회에 속한 것들, 따라서 믿음이나 인애에 속한 것 이외에는 아무것도 뜻하지 않기 때문입니다. 그러므로 속뜻으로 "가족들"(families)은 진리를 통해서 선에서부터 내려온 것들을 뜻하고, 그리고 그것은 진리에 속한 선들을 가리킵니다.

7917. "(양이나 염소를) **유월절 제물**(=유월절 양)**로 잡아라.**"
이 말씀이 주님의 임재(臨在)를 위한 준비를, 필연적으로는 해방을 위한 준비를 뜻한다는 것은, 준비를 가리키는 "잡는다"(killing)는 말의 뜻에서(7843항 참조), 그리고 주님의 임재(=현존)를, 그리고 영적인 교회에 속한 자들의 해방을 가리키는 "유월절"의 뜻에서 잘 알 수 있습니다.

7918. "**여러분은 우슬초 묶음을 구하여다가……**(=취하여)".
이 말씀이 그것에 의한 정화(淨化)가 있는 외적인 수단들(an external means)을 뜻한다는 것은, 이것에 관해서는 아래에서 언급되지만, 정화의 수단들인 외적인 진리(external truth)의 뜻에서 잘 알 수 있습니다. "우슬초 묶음을 구하여라"(=취하여라)고 언급되었는데, 그 이유는 "묶음"(=다발·bunch)이 진리에 관해서 서술하고, 그리고 그것들의 배열이나 정리 정돈을 뜻하기 때문입니다(5530·5881·7408항 참조). "우슬초"가 정화의 수단으로서의 외적인 진리를 뜻한다는 것은 모든 영적인 정화(all spiritual purification)가 진리들의 수단들에 의하여 이루어지기 때문입니다. 왜냐하면 이 진리들의 수단들이 아니면, 세속적인 사랑들이나 이 세상적인 사랑들로부터 정화되었다는 것은 인정되지 않기 때문입니다. 그리고 이런 진리들이 주님에 의하여 주입될 때, 그 때 동시에 불결한 것들이나, 영벌을 받아야 할 것들에 관한 이런 사람들에 대한 공포도 주입됩니다. 그것의 결과는 어떤 종류의 것이 생각 안에 흘러들 때 그 공포가 있게 되고, 이 공포감도 되살아나고, 결과적으로 이런 것에 대한 증오심도 되살아납니다. 따라서 사람은, 외적인 수단에 의한 것과 같이, 진리들에 의하여 정화됩니다. 할례(割禮·circumcision)가 작은 칼들이나, 부싯돌 칼(knives of flint)에 의하여 행해져야 한다고 명령된 것도 이런 이유 때문입니다. "수술용 칼"(lancets)이나 "부싯돌 칼"(knives of flint)이 그것에 의하여 정화가 이루어지는 믿음에 속한 진리들을 뜻한다는 것은 2799·7044항을 참조하시고, "할례"가 불결한 사랑들(=정욕들)로부터의 정화를 뜻한다는 것은 2039·2632·3412·3413·4462·7045항을 참조하십시오.

[2] "우슬초"가 이런 뜻을 가지고 있기 때문에, 따라서 온갖 깨끗이 씻음(cleansings)에 채용되었는데, 속뜻으로 그것은 거짓들이나 악들로부터의 정화(淨化·purification)들을 뜻합니다. 예를 들면 모세의 글에 문둥병의 치유(治癒·깨끗이 나음·cleansing)에 쓰여졌습니다. 레위기서의 말씀입니다.

> 제사장은 사람들을 시켜서, 그 환자를 정하게 하는 데 쓸, 살아 있는 정한 새 두 마리와 백향목 가지와 홍색 털실 한 뭉치와 우슬초 한 포기를 가져 오게 한다. 그리고 제사장은 사람들을 시켜서, 그 두 마리 새 가운데서 한 마리를 잡아서, 생수가 담긴 오지 그릇에 담게 한다. 그렇게 한 다음에, 제사장은 백향목 가지와 홍색 털실 한 뭉치와 우슬초 한 포기와 그리고 살아 있는 나머지 새를 가져다가, 생수가 섞인 죽은 새의 피를 찍어서, 악성 피부병에 걸렸다가 정하게 된 그 사람에게 일곱 번 뿌린다. 그런 다음에, 제사장은 그에게 "정하다"고 선언하고, 살아 있는 새를 들판으로 날려보낸다.
> (레위기 14 : 4-7)

그리고 "나병환자가 그 집에 있었다면, 그 집의 정결에 있어서도" 마찬가지로 행합니다(레위기 14 : 49-51). 정결하게 하는 물을 준비하는데도 "백향목과 우슬초"가 사용되었는데(민수기 19 : 6, 18), "백향목"(cedar wood)은 내적인 영적진리를 뜻하고, "우슬초"는 외적인 영적진리를 뜻하며, 따라서 "백향목"은 정화에 속한 내면적인 수단들을 뜻하고, "우슬초"는 정화에 속한 외면적인 수단들을 뜻합니다. "우슬초"가 정화의 수단을 뜻한다는 것은 다윗의 글에서 명확합니다. 시편서의 말씀입니다.

> 우슬초로 내 죄를 정결케 해주십시오.
> 내가 깨끗하게 될 것입니다.
> 나를 씻어 주십시오.
> 내가 눈보다 더 희게 될 것입니다.
> (시편 51 : 7)

여기서 "우슬초로 정결하게 해주십시오. 깨끗하게 된다"는 말은 외적인 정화를 뜻하고, "씻어 주십시오. 눈보다 더 희게 된다"는 말은 내적인 정화를 뜻합니다. 그리고 "눈"(snow)이나 "흼"(whiteness)은 진리에 관해서 서술합니다(3301·3993·4007·5319항 참조). "우슬초"가 가장 낮은 진리(lowest truth)를 뜻하고 "백향목"이 가장 높은 진리(highest truth)를 뜻한다는 것은 열왕기 상서의 구절들에서 명확합니다. 그 책의 말씀입니다.

> 솔로몬은 레바논에 있는 백향목으로부터 벽에 붙어서 사는 우슬초에 이르기까지, 모든 초목을 놓고 논할 수 있었다.
> (열왕기 상 4 : 33)

여기서 "백향목"은 총명에 속한 내적인 진리를 뜻하고, "우슬초"는 총명에 속한 외적인 진리를 뜻합니다.

7919. "(그릇에 받아 놓은) **피에 적셔서……**"
이 말씀이 이노센스의 선에 속한 거룩한 진리를 뜻한다는 것은 이노센스의 선에 속한 거룩한 진리를 가리키는, 여기서는 어린 양의 "피"의 뜻에서(7846·7877항 참조) 잘 알 수 있습니다. 이노센스의 선에 속한 진리가 무엇인지는 7877항을 참조하십시오.

7920. **"그릇(=대야)에 받아 놓았다"**(=그릇 안에 피가 있다).
이 말씀이, 그것은 자연적인 것에 속한 선 안에 있다는 것을 뜻한다는 것은 자연적인 것에 속한 선을 가리키는 "그릇"(=대야·basin)의 뜻에서 잘 알 수 있습니다. 왜냐하면 일반적으로 그릇들(容器·vessels)은 자연적인 것에 속한 기억지들(記憶知·memory-knowledges)을 뜻하기 때문입니다(3068항 참조). 이 이유 때문에, 기억지들은 선과 진리의 입류(入流)의 그릇들입니다. 그릇들이 기억지들을 뜻하기 때문에, 자연적인 것을 뜻합니다. 왜냐하면 기억지들은 자연적인 것에 속해 있고, 그리고 자연적인 것은 공통적인 수용그릇을 뜻하기 때문입니다. 그러나 특별하게 나무그릇(=나무용기·vessels of wood)이나 놋 그릇(vessels of brass)은 자연적인 것에 속한 선들을 뜻하는데, 그 이유는 "나무"는 선을 뜻하고, 역시 "놋쇠"(brass)도 같은 것을 뜻하기 때문입니다. 여기에서 얻는 것은 "그릇"(=대야·basin)이 자연적인 것에 속한 선을 뜻한다는 것입니다. 주지하여야 할 것은 "자연적인 선"(natural good)과 "자연적인 것에 속한 선"(the good of the natural)이 서로 다른 것을 뜻한다는 것입니다. "자연적인 선"은 사람이 유전적으로 가지고 있는 선을 가리키고, "자연적인 것에 속한 선"은 사람이 중생을 통하여 주님에게서 취한 선을 가리킵니다. 자연적인 선에 관해서는 7197항을 참조하십시오.

7921. **"여러분은** (그 피를) **상인방과 좌우 문설주에 뿌리십시오."**
이 말씀이 자연적인 것에 속한 선들이나 진리들을 뜻한다는 것은 자연적인 것에 속한 선을 가리키는 "상인방"(上引枋)의 뜻에서, 그리고 자연적인 것에 속한 진리들을 가리키는 "문설주"의 뜻에서(7847항 참조) 잘 알 수 있습니다.

7922. **"그 그릇에 받아 놓은 피를……"**(=그릇 안에 있는 피를……).
이 말씀이 자연적인 것 안에 있는 이노센스의 선에 속한 거룩한 진리를 뜻한다는 것은, 이노센스에 속한 거룩한 진리를 가리키는 "피"

의 뜻에서, 다시 말하면 "어린 양의 피"의 뜻에서(7919항 참조), 그리고 자연적인 것을 가리키는 "그릇"(=대야)의 뜻에서(7920항 참조) 잘 알 수 있습니다.

7923. "여러분은 (아침까지) **아무도 자기 집 문 밖으로 나가서는 안 된다."**
이 말씀이 그들은, 반드시 진리 때문에 고려되는 것은 아니지만, 꿋꿋하게 변함없이 살아야 한다는 것을 뜻한다는 것은 변함없이 사는 것을 가리키는 "나가지 않는다"는 말의 뜻에서, 그리고 선을 가리키는 "집"(house)의 뜻에서(2233 · 2234 · 2559 · 3652 · 3720 · 7833-7835 · 7848항 참조) 잘 알 수 있습니다. 이렇게 볼 때, "여러분은 아무도 자기 집 문 밖으로 나가서는 안 된다"는 말이 그들이 변함없이 선 안에 머물러 있어야 한다는 것은 명확합니다. 선이 진리로부터 고려되지 않아야 한다는 것을 뜻하는 이유는 "집 안에 머문다"(=집 안에 산다)는 말이 선 안에 산다는 것을 뜻하지만, 그러나 "집 문 밖으로 나간다"는 말은 선에서부터 진리에게로 가는 것을 뜻하기 때문입니다. 왜냐하면 선은 안에 있고, 진리는 밖에 있기 때문입니다(7910항 참조). 선들에게서 진리들을 우러르는 것이 무엇을 뜻하는지는 5895 · 5897 · 7857항을 참조하십시오. 진리로부터 선을 우러른다는 것은 외적인 것으로부터 내적인 것을 우러르는 것이지만, 그러나 선에서부터 진리를 우러른다는 것은 내적인 것에서부터 외적인 것을 우러른다는 것을 가리킵니다. 왜냐하면 방금 언급한 것과 같이, 선은 내면적이고, 진리는 외면적이기 때문입니다. 선에서부터 진리를 우러른다는 것은 질서에 일치합니다. 왜냐하면 모든 신령입류는 내면적인 것들을 통해서 외면적인 것들에 유입되기 때문입니다. 이에 반하여 진리에서부터 선을 우러른다는 것은 질서에 일치하지 않습니다. 그러므로 사람이 중생되었을 때에는, 질서는 거꾸로 뒤바뀌고 (倒置), 그리고 선이나 인애는 첫째 자리에서 존경받고, 진리나 믿음은 둘째 자리에서 존경받습니다.

7924. **"아침까지** (나가서는 안 된다)."
이 말씀이 조요(照耀)의 상태에 이른 것을 뜻한다는 것은 조요의 상태를 가리키는 "아침"(morning)의 뜻에서 잘 알 수 있습니다(3458·3723·5740·7860항 참조).

7925. **"주께서 지나가신다."**
이 말씀이 신령존재의 임재(臨在·現存)를 뜻한다는 것은 주(=여호와)에 관해서 언급될 경우, 신령존재의 임재를 가리키는 "지나간다"(=통과한다), 여기서는 이집트 땅을 통과한다는 말의 뜻에서(7869항 참조) 잘 알 수 있습니다.

7926. **"이집트 사람을 친다"**(=이집트에 재앙을 내린다).
이 말씀이 인애에서 분리된 믿음 안에 있는 교회에 속한 자들에게 온 영벌의 근원(根源)을 뜻한다는 것은, 인애에서 분리된 믿음 안에 있는 교회에 속한 자들의 영벌을 가리키는, 여기서는 맏아들이나 맏배의 죽음을 가리키는, "재앙"의 뜻에서(7766·7778항 참조) 잘 알 수 있습니다. 왜냐하면 "이집트"나 "이집트 사람"은 교회에 속한 것들에 관한 기억지(記憶知) 안에 있지만, 그러나 교리에서 삶을 분리시킨, 다시 말하면 믿음에서 인애를 분리시킨 자들을 뜻하기 때문입니다. 더욱이 이집트 사람은 이런 성격에 속한 자들입니다. 왜냐하면 그들은 표징적 교회(the representative church)였던 그 당시의 그 교회에 속한 것들의 기억지를 가지고 있었기 때문입니다. 그들은, 그 때 그 교회의 예전(禮典)들을 형성했던, 자연적인 것 안에 있는 영적인 것들의 표징(表徵·representation)들을 터득하고 있었습니다. 결과적으로 그들은 대응(對應·correspondences)들을 잘 알고 있었습니다. 이러한 사실은 그들의 상형문자들(象形文字·hieroglyphics)에서 잘 알 수 있는데, 그 문자들은 영적인 것들을 표징하는 자연적인 것들의 형상(形像·images)들이었습니다. 결과적으로 "이집트 사람들"은 믿음에 속한 것들의 기억지 안에 있지만, 악에 속한 이런 모든 것들이나, 또는 교회에 속한 이런 모든 것들이 그들에게서 박탈되고, 그리고 종국에 그들은 영벌을 받게 되는데, 그 영벌이, 속뜻으로, 이집트의 맏이나 맏배의 죽음이 뜻합니다.
[2] "주께서 이집트 사람들을 치려고 지나가신다"고 언급되었고, 그 말이 신령존재의 임재(=현존)를 뜻하고, 그리고 인애에서 분리된 믿음 안에 있는 교회에 속한 자들에게 온 영벌의 근원을 뜻한다고 언급하였기 때문에, 이 사안이 어떠한 것인지 반드시 설명하여야만 하겠습니다. 여호와, 즉 주님께서는 영벌을 주기 위하여 지옥에 있는 자들에게 스스로를 드러내시지 않는데, 그럼에도 불구하고 그것이 생기는 원인은 그분의 임재입니다. 왜냐하면 지옥은 선한 사람을 공격, 괴롭히기를 계속해서 열망하기 때문이고, 그리고 또한 계속해서 천계에 오르려고 무척 애를 쓰고, 거기에 있는 자들을 계속해서 훼방하지만, 그러나 그들은, 천계의 가장 낮은 영역에 있는 자들에게서 자신들의 길을 뚫고, 지나갈 수는 없기 때문입니다. 왜냐하면 그들 안에는 계속해서 적개심(敵愾心)이나 난폭 따위를 내뿜는 증오의 영(靈)이 내재해 있기 때문입니다. 그러나 주님께서는, 천계의 가장 변방(邊方)에 있는 자들이 안전하고 고요한 상태에 있게 하기 위하여 계속해서 배려(配慮)하십니다. 이런 일은 그들 가운데 계신 주님의 임재에 의하여 이루어집니다. 따라서 지옥의 것들이 주님이 계시는 곳에 스스로 들어오게 되면, 다시 말하면 주님의 현존에 있게 되면, 그들은 자신들을 박탈의 온갖 악들 속에 내동댕이치고, 종국에는 영벌에 빠지고 맙니다. 왜냐하면 그들이 저돌(猪突)적으로 달려드는 주님의 현존은 이런 결과들을 불러일으키기 때문입니다. 이러한 내용은 이미 여러 곳에서 입증하였습니다. 이렇게 볼 때 주님께서는 형벌에 속한 악들을 그들에게 주기 위하여 그들 가운데 그분 자신을 드러내시지 않지만, 오히려 그들이 자기 자신들을 형벌에 속한 온갖 악들 속에 내동댕이친다는 것은 아주 명확하겠습니다. 이상의 모든 내용에서 볼 때 명확한 사실은 주님에게서는 선 이외에는 아무것도 오지 않는다는 것입니다. 그리고 또한 모든 악은 온갖 악

들 속에 빠져 있는 자들에게서 온다는 것입니다. 따라서 악한 자는 자기 스스로 박탈의 상태나, 영벌이나 지옥에 처넣는다는 것입니다. 동일한 방법으로 "주께서 이집트 사람들을 치시려고 지나가신다"는 말이 어떻게 이해되어야 하는지 밝히 알 수 있겠습니다.

7927. "(주께서) **상인방과 좌우 문설주에 바른 피를 보실 것이다.**"
이 말씀이 자연적인 것 안에 있는 이노센스의 선에 속한 거룩한 진리의 인지(認知·認識)를 뜻한다는 것은 이해하고, 지각하는 것을 가리키는 "본다"(to see)는 말의 뜻에서(2150·2325·2807·3764·4403-4421·4567·4723·5400항 참조), 그리고 이노센스의 선에 속한 거룩한 진리를 가리키는 "피"(blood)의 뜻에서(7919항 참조), 그리고 자연적인 것에 속한 선들과 진리들을 가리키는 "상인방"과 "좌우 문설주"(=두 기둥)의 뜻에서(7847항 참조) 잘 알 수 있습니다.

7928. "주께서 그 문 앞을 그냥 지나가실 것이다."
이 말씀이 영벌이 거기에서부터 피할 것이다는 것을 뜻한다는 것은, 동일한 말이 나오는, 앞서의 설명에서(7878항 참조) 잘 알 수 있겠습니다.

7929. "주께서는 파괴자가 여러분의 집을 치러 들어가지 못하게 하실 것이다."
이 말씀이 지옥에서 비롯된 거짓이나 악이 결코 의지(意志)에 근접하지 못할 것이다는 것을 뜻한다는 것은, 그 작자가 근접하지 못한다는 것을 가리키는 "주께서 허락하시지 않을 것이다"(=들어가지 못하게 하실 것이다)는 말의 뜻에서, 그리고 지옥을 가리키는 "파괴자"(the destroyer)의 뜻에서(7879항 참조), 따라서 지옥에서 비롯된 거짓과 악을 가리키는 "파괴자"의 뜻에서 잘 알 수 있습니다. 왜냐하면 지옥은 거짓과 악으로 말미암아 존재하기 때문입니다. 그리고 또한 의지에 속한 것들을 가리키는 "집"(house)의 뜻에서(710·7848항 참조), 잘 알 수 있습니다. 왜냐하면 "집"이 사람을 뜻하고, 결과

적으로는 역시 사람의 마음을 뜻하기 때문입니다. 그 이유는 사람
은, 그가 마음에 속한 진리를 이해하고, 그리고 선을 원한다는 사실
로 말미암아 진정한 사람이기 때문입니다. 그리고 사람은 의지라고
부르는 마음의 영역으로부터 주로 사람이라고 하기 때문에, 그러므
로 역시 "집"(house)은 의지를 뜻하지만, 그러나 뜻하는 이러한 일
련의 내용들은, 속뜻으로, 이어진 일련의 것들에게서 나타납니다.

7930. "주께서 이집트 사람들을 치려고……"(재앙을 주려고……).
이 말씀이, 그들이 자신들에게 자초(自招)한 영벌을 뜻한다는 것은,
이 경우 인애에서 분리된 믿음 안에 있는 그 교회에 속한 자들의
영벌(永罰·damnation)을 가리키는 "재앙"(=이집트 사람들을 친다·a
plague)의 뜻에서(7879·7926항 참조), 잘 알 수 있습니다. 악한 자
가 스스로 자신에게 영벌을 자초한다는 것은 바로 위의 설명을 참
조하십시오(7926항 참조).

**7931. "여러분은 이 일을 여러분과 여러분의 자손이 지킬 규례로
삼아, 영원히 지키게 하여라."**
이 말씀이, 그 이후, 이 모든 것이 영적인 교회에 속한 자들을 위한
신령질서에 일치할 것이다는 것을 뜻한다는 것은, 이것이 그 이후부
터 지켜져야 한다는 것을 가리키는 "이 일을 영원히 지키게 하라"
는 말의 뜻에서, 그리고 질서에 일치한다는 것을 가리키는 "규례로"
라는 말의 뜻에서(7884항 참조), 그리고 또한 영적인 교회에 속한 자
들을 가리키는 "이스라엘 자손"의 표징에서(4286·6426·6637·
6862·6868·7035·7062·7198·7201·7215·7223항 참조) 잘 알
수 있습니다. 여기서 "질서"는, 부활 뒤 즉시 그분의 신령인성으로
말미암아 주님께서 천계와 지상에 있는 모든 것들을 배열하기 시작
할 때부터(마태 28 : 18) 천계에 있었던 그 질서를 뜻합니다. 이 질
서에 따라서 영적인 교회에 속한 그들은 그 때 영계에 올리워졌고,
그리고 영복(永福)을 향유할 수 있었습니다. 그러나 그 일은 예전의
질서에 일치하지는 않았습니다. 왜냐하면 주님께서는 그 전에는 천

계를 통하여 모든 것들을 치리(治理·dispose)하셨기 때문입니다. 그러나 그 뒤에는 이 세상에서 주님께서 영화하셨고, 신령하게 완성하신 그분의 인성(His Human)을 통하여 치리하시는데, 그것에 의하여 그 전에는 천계에 올려질 수 없었던 자들을 천계에 올리우고, 그리고 악한 자는 모든 면에서 뒤로 물러나고, 그리고 그들의 지옥 안에 닫혀지게 할 정도의 능력을 취하였습니다. 이러한 내용이 여기서 "질서"가 뜻하는 것입니다.

7932. 25-28절. **여러분은, 주께서 여러분에게 주시겠다고 약속하신 땅에 들어가거든, 이 예식을 지키십시오. 여러분의 아들딸이 여러분에게 '이 예식이 무엇을 뜻합니까?' 하고 물을 것입니다. 그러면 여러분은 그들에게 '이것은 주께 드리는 유월절 제사다. 주께서 이집트 사람을 치실 때에, 이집트에 있던 이스라엘 자손의 집만은 그냥 지나가셔서, 우리의 집들을 구하여 주셨다' 하고 이르십시오." 백성은 이 말을 듣고서, 엎드려 경배를 드렸다. 이스라엘 자손은 돌아가서, 주께서 모세와 아론에게 명하신 대로 하였다.**

"여러분은, 주께서 여러분에게 주시겠다고 (약속하신) 땅에 들어간다"는 말씀은 그들이 주님에게서 받게 될 천계에 대한 것을 뜻합니다. "주께서 약속하셨다"(=말씀하셨다)는 말씀은 성경에 있는 약속(約束·promise)과 일치한다는 것을 뜻합니다. "이 예식(=명절)을 지키시오"라는 말씀은 해방으로 인한 예배를 뜻합니다. "여러분의 아들딸이……물을 것이다"는 말씀은 양심에 속한 지각을 가리키는 진리의 내면적인 지각을 뜻합니다. "이 예식(=명절·의무)이 무엇을 뜻합니까?"(=물을 것이다)라는 말씀은 그들이 예배 안에 있을 때를 뜻합니다. "그러면 여러분은 그들에게 (이렇게) 이르시오"라는 말씀은 생각(思想)을 뜻합니다. "이것은 주께 드리는 유월절 제사(=희생)이다"는 말씀은 해방 때문에 드리는 주님의 예배이다는 것을 뜻합니다. "주께서는 이스라엘 자손의 집만은 그냥 지나가셨다"는 말씀은, 그들이 주님에 의하여 간수되어 있는 그 선에서부터 영벌이 도망하였다는 것을 뜻합니다. "이집트에서" 라는 말씀은 악한 자의 부근 안에 있을 때를 뜻합니다. "주께서 이집트 사람을 치실 때"(=재앙을 내릴 때)라는 말씀은 그 교회에 속한 인애에서 분리된 믿음 안에 있는 자들이 영벌을 받을 때를 뜻합니다. "(주께서) 우리의 집들을 구하여 주셨다"(=해방시키셨다)는 말씀은, 그들이 주님에게서 비롯된 선 안에 있었기 때문에, 여전히 그들에게는 저주받을 것들이 전혀 없다는 것을 뜻합니다. "백성은 이 말을 듣고서 엎드려서 경배드렸다"는 말씀은 입에 속한 겸비와, 그리고 속마음의 겸비를 뜻합니다. "이스라엘 자손은 돌아가서, 주께서 모세와 아론에게 명하신 대로 하였다"는 말씀은 영적인 교회에 속한 그들이 신령진리에 복종하였다는 것을 뜻합니다. "그들은 그대로 하였다"는 말씀은 의지에서 비롯된 이행(履行)이나 성취(成就)를 뜻합니다.

7932[A]. "여러분은, 주께서 여러분에게 주시겠다고 약속하신 땅에 들어가거든······."

이 말씀이 그들이 주님으로부터 차지하게 될 천계에 대한 것을 뜻한다는 것은 주님의 왕국, 따라서 천계를 가리키는, 여기서는 그들이 가야 했던 "땅"인 가나안 땅의 뜻에서(1607 · 1866 · 3038 · 3481 · 3705 · 4116 · 4240 · 4447 · 5757항 참조) 잘 알 수 있습니다. 왜냐하면 이스라엘 자손은 영적인 교회에 속한 자들과, 주님께서 강림하시기 전 이 세상에 있었고, 그리고 주님에 의하지 않고서는 구원받을 수 없고, 따라서 낮은 땅에 간수되어, 머물러 있었던, 다시 말하면 그들은 주위에 있는 지옥에 의하여 공격받고, 괴롭힘을 겪어야 했던 자들을, 표징하기 때문입니다. 그러므로 주님께서 이 땅에 강림하실 때, 그리고 그분 안에 있는 인성(人性 · the Human)을 신령하게 완성하셨을 때, 그리고 주님께서 다시 사셨을 때, 주님께서는 간수되고, 머물러 있던 그들을 해방시키셨고, 그리고 그들이 시험들을 겪은 뒤에는 그들을 천계에 올리셨습니다. 이러한 내용은, 속뜻으로, "출애굽기"라고 하는 모세의 두 번째 책에 담겨 있는 것들입니다.

다시 말하면 "이집트 사람들"은 공격하고 괴롭히는 자들을 뜻하고, 거기에서 나왔다는 것은 해방을 뜻하고, 광야에서 있었던 "40년의 생활"은 시험들을 뜻하고, "가나안 땅의 인도"는 천계에 올리워지는 것을 뜻합니다. 이러한 것이 무엇인지는 먼저 언급된 6854・6914・7091・7828항을 참조하십시오. 이상에서 밝히 알 수 있는 것은 "여러분들이 그 땅에 들어갈 때"라는 말은 그들이 주님으로부터 차지하게 될 천계에 대한 것을 뜻한다는 것입니다.

7933. "**주께서 약속하신……**"(=주께서 말씀하신……).
이 말씀이 성경에 있는 약속과 일치한다는 것을 뜻한다는 것은, 주님께서 천계에 관해서 말씀하실 때, 영적인 교회에 속한 자들이 거기에 가게 될, 성경 안에 있는 약속을 가리키는 "말한다"(=약속한다・speaking)는 말의 뜻에서 잘 알 수 있습니다. 왜냐하면 성경말씀의 속뜻은, 모세의 책들이나 예언서들에서, 주님의 이 세상 강림 전 낮은 땅(the lower earth)에 머물러 있었고, 악한 자들에게서 공격받고, 괴롭힘을 겪던 자들의 해방과 그들의 천계에 오름(elevation)을 다루고 있기 때문입니다. 거기에 있는 그들은 바로 "이스라엘 자손"들이 뜻합니다. 이 약속이 여기서 "주께서 말씀하셨다"는 말이 뜻하는 것입니다.
[2] 주님께서 여러 곳에서 하신 주님의 말씀(the Lord's saying)은, 성서에 있는 모든 것들이 그분 안에서 완성되어야 하고, 그리고 성취되었다는 것을 성언의 속뜻 안에 내포된 것을 뜻합니다. 왜냐하면 이것은 오직 주님의 왕국에 관해서 다루고 있고, 최고의 뜻으로는 주님 자신에 관해서 다루고 있기 때문입니다. 이러한 사실은 아래의 장절들 안에 잘 나타나고 있습니다. 복음서의 말씀입니다.

예수께서 그들에게 말씀하셨다. "내가 전에 너희와 함께 있을 때에 너희에게 말하기를, 모세의 율법과 예언자의 글과 시편에 나를 두고 기록한 모든 일이 반드시 이루어져야 한다고 하였다." 그 때에 예수께서는 성경을 깨닫게 하시려고 그들의 마음을 열어 주셨다.
(누가 24 : 44, 45)
예수께서 열두 제자를 곁에 불러 놓으시고, 그들에게 말씀하셨다. "보아라, 우리는 예루살렘으로 올라가고 있다. 인자에 관하여 예언자들이 기록한 모든 일이 이루어질 것이다."
(누가 18 : 31)
"내가 율법이나 예언자들의 말을 폐하러 온 줄로 생각하지 말아라. 폐하러 온 것이 아니라 완성하러 왔다. 내가 진정으로 너희에게 말한다. 천지가 없어지기 전에는 율법의 일점일획도 없어지지 않고 다 이루어질 것이다."
(마태 5 : 17, 18)

[3] 여기의 이런 내용들이나, 주님께서 어디에서나 율법의 완성(律法完成)이나 성서에 관해서 말씀하신 것은, 이미 설명한 것과 같이, 속뜻으로 그분(=주님)에 관해서 이미 언급된 것들을 뜻하고 있습니다. 속뜻에서 개별적인 것이든 전체적인 것이든, 심지어 하나의 점이나, 획에 이르기까지도 주님에 관한 것이고, 그러므로 "천지가 없어지기 전에는 율법은 일점일획도 없어지지 않고, 다 이루어질 것이다"라고 언급되었습니다. 누가복음서의 말씀입니다.

율법에서 한 획이 빠지는 것보다, 하늘과 땅이 없어지는 것이 더 쉽다.
(누가 16 : 17)

지극히 작은 것에 이르기까지 모든 상세한 것들이, 속뜻으로 주님이나 주님의 나라에 관해서 다루고 있다는 것이나, 그리고 이것으로 말미암아 성언(聖言·the Word)이 가장 거룩한 것이다는 것을 알지 못하는 사람은 이 말이 뜻하는 것이 무엇인지 거의 이해하거나, 파악할 수 없습니다. 다시 말하면, "천지가 없어지기 전에는 율법은 일점일획도 없어지지 않고, 다 이루어질 것이다"는 말이나, "하늘과 땅(大地)이 없어지는 것이 더 쉽다"는 말이 뜻하는 것이 무슨 내용인지 거의 이해하지 못하고, 알 수 없을 것입니다. 왜냐하면 겉뜻(=문자적인 뜻)으로 뜻하는 그런 것들은 그와 같이 매우 중요하고, 요긴한 것으로 생각되지 않고, 내적인 뜻의 원문은 그 시리즈의 중단이 없다면 한 음절까지도 생략할 수 없을 만큼 많은 것이 내포되고 있습니다.

7934. "여러분은 이 예식(=의무)을 지키시오."
이 말씀이 해방으로 인한 예배를 뜻한다는 것은 반드시 지켜야 한다는 것을 가리키는 "(의무를) 지킨다"(to keep)는 말의 뜻에서(7931항 참조), 그리고 주님예배를 가리키는 "절기"(=예배·예식), 또는 "절기를 지킨다"(=의무를 지킨다)는 말의 뜻에서 잘 알 수 있습니다.

7935. "여러분의 아들딸이 여러분에게 물을 것이다."
이 말씀이, 양심에 속한 지각인, 진리의 내면적인 지각을 뜻한다는 것은 지각을 가리키는 "말한다"(=묻는다·to say)는 말의 뜻에서(7913항 참조), 그리고 진리들을 가리키는 "아들딸"(=자녀·sons)의 뜻에서(489·491·533·1147·2623·3373·4257항 참조), 잘 알 수 있습니다. 이 말이 양심에 속한 내면적인 지각을 뜻한다는 것은, 여기서 다루고 있는 주제가 지금 이후의 상태, 다시 말하면 영적인 교회에 속한 자들이나, 주님에 의하여 해방된 자들의 미래(未來·future)이기 때문입니다. 그런데 그 일에서 이 진리는 그들의 마음들 안에 반드시 남아 있어서 각인(刻印)되어야만 하기 때문입니다. 이 진리의 지각은 양심에 속한, 즉 양심에서 생긴 것입니다. 왜냐하면 영적인 교회에 속한 그들은, 천적인 교회(the celestial church)에 속한 자들이 가지고 있는 것과 같은 지각을 가지고 있지 않지만, 그러나 그것 대신 그들은 양심을 가지고 있기 때문입니다. 그들에게 있는 양심은 그들이 거기에서 태어난 영적인 교회의 진리로부터 선천적(先天的)으로 가지고 있는 것이고, 그리고 형성된 것입니다. 그와 같은 그 진리들은 그들의 어린 시절과 그 뒤에 그들에게 수용된 것들이고, 그리고 삶을 통해서 확증된 것들입니다. 그리고 이런 과정에서 진리들은 믿음에 속한 것들이 되었습니다. 이 진리들에 따라서 행동한다는 것은 곧 양심에 따라서 행동한다는 것이고, 그리고 그것들에 반대되게 행동하는 것은 곧 양심에 반대되게 행동한다는 것입니다. 그것들은, 마치 거기에 기록된 것처럼, 내면적인 기억(the interior memory)에 확고부동(確固不動)하게 남게 되고, 종국에는 말하자면 유아기에 각인된 것들인데, 그 뒤에 그것들은 아주 친숙(親熟)한 것처럼 보이고, 말하자면 선천적인 것처럼 보입니다. 그런 것들은 마치 말을 하는 것(=어투・語套)이나, 생각들・기억되는 것들(=추억들)・다종다양한 반성(反省)들과 같고, 그런 외적인 것들에서는 걸음걸이・몸동작・용모나, 선천적인 것은 아니지만, 그러나 습관에 의하여 덧붙여진 그 밖의 것들과 같습니다. 믿음에 속한 진리들이 이런 식으로 각인되고, 그리고 내면적인 사람 안에서 그 일이 일어날 때, 그 때 그것들은 마찬가지로 아주 친숙한 것이 되어 버리고, 종국에는 그것들이 선천적인 것처럼 되기 때문에, 그 진리들은 그 사람으로 하여금 그것에 따라서 억지로 생각하고, 원하고, 행동하게 합니다. 생명에 속한 이런 부분을 양심(良心・conscience)이라고 하는데, 그리고 이것이 영적인 사람의 생명(=삶・life)입니다. 이 영적인 사람의 생명(=삶)은, 그가 생각하는 원천인 진리들이 믿음에 속한 순수한 진리들에 비례하여, 그리고 그가 행동하는 원천인 선들이 인애에 속한 순수한 선들에 비례하여 매우 값진 것으로 존중됩니다. 이런 일련의 내용들에서 비롯된 아래에 이어지는 것을 보면, 위의 말들이 양심에 속한 내면적인 지각을 뜻한다는 것은 아주 명확하다고 하겠습니다.

7936. "이 예식(=의무・예배)이 무엇을 뜻합니까? 하고 여러분에게 물을 것이다."
이 말씀이, 그들이 예배 안에 있는 때, 다시 말하면 그 때 거기에 양심에 속한 지각이 있다는 것을 뜻한다는 것은 예배를 가리키는

"예식"(=의무・예배・service)의 뜻에서(7934항 참조) 잘 알 수 있습니다.

78937. "여러분은 이렇게 이르십시오."
이 말씀이 생각(=사상・思想)을 뜻한다는 것은 생각(=사상)을 가리키는 "이른다"(=말한다・to say)는 말의 뜻에서(3395・7094항 참조) 잘 알 수 있습니다. 여기서 "이른다"(=말한다)는 말이 사상을 뜻한다는 것은 바로 위에서 "말한다"(to say)는 말이 양심에 속한 지각을 뜻한다고 하였기(7935항 참조) 때문이고, 그리고 여기서는 그 말이 대답이기 때문입니다. 양심에 속한 지각에 관해서 보면 그것은 곧 사상(思想)이기 때문입니다.

7938. "여러분은 그들에게 '이것이 주께 드리는 유월절 제사다' (하고 이르십시오)."
이 말씀이 주님예배(the worship of the Lord)를 뜻한다는 것은 예배를 가리키는 "제사"(祭祀・희생・sacrifice)의 뜻에서(922・6905항 참조), 그리고 주님의 임재(臨在・the presence of the Lord)와 영적인 교회에 속한 자들의 해방(解放・liberation)을 가리키는 "제사"(=희생・祭物・sacrifice)의 뜻에서(7093・7867항 참조) 잘 알 수 있습니다.

7939. "주께서 (이집트 사람을 치실 때) **이스라엘 자손의 집만은 그냥 지나가셨다."**
이 말씀이 영벌이 주님에 의하여 그들이 거기에 간수되었던, 온갖 선들에서 도망(=피신)하였다는 것을 뜻한다는 것은 영벌이 거기에서 피하여 도망할 것이다는 것을 가리키는 "주께서 그냥 지나가셨다"(=넘어가셨다)는 말의 뜻에서(7878・7928항 참조), 그리고 선들을 가리키는 "집"(house)의 뜻에서(3652・3720・4982・7833-7835항 참조), 잘 알 수 있습니다. 그리고 그 내용에 관해서 위에서 자주 언급한 것과 같이, 영적인 교회에 속한 자들을 가리키는 "이스라엘"의 표징에서 잘 알 수 있습니다. 그들이 주님에 의하여 선 안에 간수되었다고 언급하였는데, 그것은, 그들이 영벌에 속한 여러 곳을 통과할 때, 또는 지옥을 통과할 때에, 그 일은 그들이 해방된 때에 행해졌는데, 그 때 그들이 주님에 의하여 간수되었기 때문입니다. 이 목적에 대하여 그들은 준비하여야 했는데, 그 준비의 과정이 피·유월절 양 그리고 그 양을 먹는 것(본문장 3-11절과 15-20, 22, 43-48절에 각각 기술되었음)에 관한 규례들에 의하여 기술되었습니다. 그들이 해방될 때, 그들은 영벌의 장소들을, 즉 지옥을 통과하였다는 것은 아래에 이어지는 설명에서 밝히 알게 될 것입니다.

7940. "**이집트에서⋯⋯.**"
이 말씀이 악인들의 근방에 있을 때를 뜻한다는 것은, 위에서 자주 언급한 것과 같이, 영적인 교회에 속한 자들을 공격하고, 괴롭혔던 악한 사람을 가리키는 "이집트 사람"(=이집트)의 뜻에서 잘 알 수 있습니다. 결과적으로 "이집트"가 그들이 있었던 상태, 즉 장소를 뜻하기 때문입니다. 그들이 그들의 부근에 있었다는 것은, 그들이 고센 땅에 있었기 때문에 명확합니다. 여기의 경우가 어떠한 것인지를 알기 위해서는 위의 설명을 참조하십시오(7932[A]항 참조).

7941. "**주께서 이집트 사람을 치실 때**"(=재앙을 내릴 때).
이 말씀이 인애에서 분리된 믿음 안에 있는 그 교회에 속한 자들이 영벌을 받을 때를 뜻한다는 것은 인애에서 분리된 믿음 안에 있는 자들의 영벌을 가리키는 "이집트를 친다"(=이집트에 재앙을 준다)는 말의 뜻에서(7766·7778·7926항 참조) 잘 알 수 있습니다.

7942. "**주께서 우리의 집들을 구하여 주셨다**"(=해방시키셨다).
이 말씀이 그들이 주님에게서 비롯된 선들 안에 있었기 때문에 그들에게 여전히 영벌적인 것은 아무것도 오지 않았다는 것을 뜻한다는 것은, 위에 설명된 것에서 잘 알 수 있습니다(7939항 참조).

7943. **백성은 이 말을 듣고서, 엎드려 경배를 드렸다.**
이 말씀이 입에 속한, 그리고 마음에 속한 겸비(謙卑·humiliation)를 뜻한다는 것은 외적인 겸비를 가리키는, 따라서 입에 속한 것을 가리키는 "엎드린다"(=구부린다·bending)는 말의 뜻에서, 그리고 내면적인 겸비를 가리키는, 따라서 마음의 겸비를 가리키는 "경배드렸다"(=절하였다)는 말의 뜻에서(5682 · 7068항 참조) 잘 알 수 있습니다.

7944. 이스라엘 자손은 돌아가서, 주께서 모세와 아론에게 명하신 대로 하였다.
이 말씀이 영적인 교회에 속한 자들이 신령진리에 복종할 것이다는 것을 뜻한다는 것은 복종(服從)하는 것을 가리키는 "가서, 행하였다"(going and doing)는 말의 뜻에서, 그리고 앞에서 자주 언급한 것과 같이, 영적인 교회에 속한 자들을 가리키는 "이스라엘 자손"의 표징에서, 그리고 모세는 내적인 진리를, 아론은 외적인 진리를 뜻하는, 신령진리를 가리키는 "모세와 아론"의 표징에서(7089 · 7382항 참조) 잘 알 수 있습니다.

7945. 그들은 그대로 하였다.
이 말씀이 의지에서 비롯된 성취(成就 · performance)를 뜻한다는 것은, 첫 번째는 이해에서 비롯된 성취를 뜻하고, 두 번째는 의지에서 비롯된 성취를 뜻하는 "그들이 그대로 하였다"는 말이 두 번이나 언급되었다는 사실에서 잘 알 수 있습니다. 왜냐하면, 성경에서 보통 반복해서 언급된 것처럼 어떤 것이 보이지만, 그러나 처음의 언급은 이해에 속한 진리에 관계되고, 둘째의 언급은 의지에 속한 선에 관계되기 때문입니다. 그 이유는 성경의 모든 구체적인 것들 안에는 선과 진리의 혼인에 속한 천계적인 혼인이 내재해 있기 때문입니다(683 · 793 · 801 · 2173 · 2516 · 2712 · 4138 · 5138 · 5502 · 6343항 참조). 그리고 최고의 뜻으로는, 주님 안에 있는 신령선과 주님에게서 발출하는 신령진리의 혼인을 가리키는 신령혼인(神靈婚姻 · 神靈結合 · the Divine marriage)이 내재해 있기 때문입니다(3004 · 5502 · 6179항 참조). 이런 사실에서 역시 성언(聖言 · the Word)은 가장 거룩한 것이다는 것을 잘 알 수 있겠습니다.

7946. 29-34절. 한밤중에 주께서 이집트 땅에 있는 처음 난 것들을 모두 치셨다. 임금 자리에 앉은 바로의 맏아들을 비롯하여, 감

옥에 있는 포로의 맏아들과 짐승의 맏배까지 모두 치시니, 바로와 그의 신하와 백성이 그 날 한밤중에 모두 깨어 일어났다. 이집트에 큰 통곡소리가 났는데, 초상을 당하지 않은 집이 한 집도 없었다. 바로는 밤중에 모세와 아론을 불러들여서 말하였다. "너희와 너희 이스라엘 자손은 어서 일어나서, 내 백성에게서 떠나가거라. 그리고 너희의 요구대로, 너희는 가서 주를 섬겨라. 너희는 너희가 요구한 대로, 너희의 양과 소도 몰고 가거라. 그리고 내가 복을 받게 빌어라." 이집트 사람은 '우리 모두 다 죽게 되었다' 하면서, 이스라엘 백성에게 '어서 이 땅에서 떠나라'고 재촉하였다. 그래서 이스라엘 백성은, 아직 빵 반죽이 부풀지도 않았는데, 그 반죽을 그릇째 옷에 싸서, 어깨에 둘러메고 나섰다.

"주께서 한밤중에 그 일을 행하셨다"는 말씀은 악에서 비롯된 오로지 거짓만의 상태를 뜻합니다. "주께서 이집트 땅에 있는 처음 난 것들을 모두 치셨다"는 말씀은 인애에서 분리된 믿음에 속한 영벌을 뜻합니다. "임금 자리에 앉아 있는 바로의 맏아들을 비롯하여"라는 말씀은 첫째 자리에 있는 믿음에 속한 위화된 진리를 뜻하고, "감옥에 있는 포로의 맏아들까지"라는 말씀은 마지막 자리에 있는 믿음에 속한 위화된 진리를 뜻합니다. "짐승의 맏배까지"라는 말씀은 믿음에 속한 섞음질된 선(=더럽혀진 선·the adulterated good)을 뜻합니다. "바로와 그의 신하와 백성이 그 날 한밤중에 모두 깨어 일어났다"는 말씀은, 영벌을 받은 자들은 누구나 할 것 없이, 그들이 악에서 비롯된 오직 거짓만의 상태에 빠지게 되었을 때, 영적인 교회에 속한 자들에 대한 혐오감(嫌惡感)과 공포(恐怖)를 느꼈다는 것을 뜻합니다. "이집트에 큰 통곡소리가 났다"는 말씀은 내면적인 비탄(悲嘆)이나 애도(哀悼)를 뜻합니다. "초상을 당하지 않은 집이 한 집도 없었다"(=이는 사람이 죽지 않은 집이 하나도 없었기 때문이다)는 말씀은 거기에는 영벌을 받지 않은 자가 하나도 없기 때문이다는 것을 뜻합니다. "바로가 밤중에 모세와 아론을 불러들였다"는 말씀은 그 상태에서의 신령존재로부터의 진리의 유입을 뜻합니다. "말하였다. '어서 일어나서, 내 백성에게서 떠나가거라'"는 말씀은 그들이 그들에게서 반드시 떠나야만 한다는 것을 뜻합니다. "너희와 너희 이스라엘 자손"은 신령존재에게서 비롯된 그들의 진리와, 선이 그것을 통해서 나온 진리와, 선에서 비롯된 진리 등을 모두 뜻합니다. "너희는 가서 주를 섬겨라"는 말씀은 그들이 주님을 예배할 것이다는 것을 뜻합니다. "너희의 요구대로"(=너희의 말에 따라서)라는 말씀은 의지에 일치하는 것을 뜻합니다. "너희는 너희의 양과 소를 몰고 가거라(=취한다)"라는 말씀은 내면적인 인애에 속한 선들이나, 외면적인 인애에 속한 선들을 뜻합니다. "너희가 요구한 대로"(=너희가 말한 대로)라는 말씀은 의지에 일치한다는 것을 뜻합니다. "가거라"는 말씀은 그들이 모두 함께 떠날 것이다는 것을 뜻합니다. "그리고 내가 복을 받게 빌어라"는 말씀은 그들이 중재할 것이다는 것을 뜻합니다. "이집트 사람은 이스라엘 백성에게 '어서 이 땅에서 떠나라'고 재촉하였다"는 말씀은 혐오감과 공포로 말미암아 그들이 떠나야 할 것을 그들이 서둘렀다는 것을 뜻합니다. "'우리 모두 다 죽게 되었다'고 말하였다"는 말씀은 따라서 그들에 대한 지옥을 뜻합니다. "그래서 이스라엘 백성은, 아직 빵 반죽이 부풀지도 않았는데, 그 반죽을 옮겼다"는 말씀은 거짓에 속한 것은 아무것도 없는 선에서 비롯된 진리의 첫째 상태를 뜻합니다. "그 반죽을 그릇째 옷에 쌌다"(=그들의 반죽통을 옷에 쌌다)는 말씀은, 기쁨들이 진리들에 밀착한 정동들에 속한 기쁨(=희열)을 뜻합니다. "어깨에 둘러 메었다"는 말씀은 모든 능력에 일치한다는 것을 뜻합니다.

7947. **"한밤중에 일어났다"**(=한밤중에 주께서 그 일을 행하셨다). 이 말씀이 지옥에서 비롯된 오직 거짓만의 상태를 뜻한다는 것은 전적인 황폐(荒廢·剝奪·devastation)를 가리키는 "한밤중"(midnight)의 뜻에서(7776항 참조), 다시 말하면, 악에서 비롯된 오직 거짓만의 상태가 있는 모든 선과 진리의 박탈(剝奪·privation)을 가리키는 "한

밤중"의 뜻에서 잘 알 수 있습니다. 그것이 곧 악의 상태이다는 것은 2353・6000・7870항을 참조하십시오.

7948. 주께서 이집트 땅에 있는 처음 난 것들을 모두 치셨다.
이 말씀이 인애에서 분리된 믿음의 영벌(永罰・damnation)을 뜻한다는 것은 영벌을 가리키는 "친다"(smiting)는 말의 뜻에서(7871항 참조), 그리고 인애에서 분리된 믿음을 가리키는 "이집트 땅에 있는 처음 난 것"(=맏이나 맏배)의 뜻에서(7039・7766・7778항 참조) 잘 알 수 있습니다.

7949. 임금 자리에 앉은 바로의 맏아들을 비롯하여…….
이 말씀이 첫째 자리(上席)에 있는 믿음에 속한 위화(僞化)된 진리들을 뜻한다는 것은, 비슷한 말이 있는, 앞서의 설명된 내용에서(7779항 참조) 잘 알 수 있습니다.

7950. 감옥에 있는 포로의 맏아들까지도…….
이 말씀이 마지막 자리(末席)에 있는 믿음에 속한 위화된 진리를 뜻한다는 것은 인애에서 분리된 믿음을 가리키는, 따라서 아래에서 설명하겠지만, 믿음에 속한 위화된 진리를 가리키는 "이집트에 있는 처음 난 것"(=맏이와 맏배)의 뜻에서(7948항 참조), 그리고 마지막 자리(末席)에 있는 자들을 가리키는 "감옥에 있는 포로"의 뜻에서, 왜냐하면 포로(=갇힌 자)는 "임금 자리에 앉은 바로의 맏아들"에 반대가 되는데, 그 자리는 첫째 자리(上席)에 있는 믿음에 속한 위화된 진리를 뜻하기 때문에(7779・7949항 참조), 잘 알 수 있습니다. 영적인 뜻에 가장 가까운 뜻으로 "감옥에 있는 포로"(=구덩이의 집에 갇힌 자)는 육체적인 감관 안에 있는 자, 따라서 진리들이나 선들에 관해서 칠흑 같은 흑암에 있는 자를 뜻합니다. 그 이유는, 내면적인 감관적인 것 안에 있는 자들과 꼭 같이, 그들은 지각의 기능(the faculty of perceiving) 안에 전적으로 있지 않기 때문입니다. 따라서 마지막 자리(=말석)에 있는 자들을 뜻하기 때문입니다.

[2] "이집트 땅에 있는 처음 난 것"(=맏이와 맏배)이 믿음에 속한

위화된 진리를 뜻한다는 것은, "이집트의 맏이나, 맏배"가 인애에서 분리된 믿음을 뜻하기 때문입니다(7948항 참조). 이런 믿음 안에 있는 자들은 순전히 어둠 안에 있고, 그리고 믿음에 속한 진리들의 측면에서는 칠흑 같은 흑암 안에 있습니다. 왜냐하면 그들은 어떤 빛(=밝음) 안에도 있을 수 없고, 따라서 진리가 무엇인지, 또한 그것이 진리인지, 아닌지에 관한 어떤 지각의 상태 안에도 있지 않기 때문입니다. 왜냐하면 모든 영적인 빛(all spiritual light)은 주님에게서부터 선을 통해서, 따라서 인애를 통해서 오기 때문입니다. 왜냐하면 인애에 속한 선은 빛이 비롯된 불꽃과 같기 때문입니다. 왜냐하면 선은 사랑에 속한 것이고, 그리고 사랑은, 조요가 비롯된, 즉 조요의 근원을 가리키는, 영적인 불꽃이기 때문입니다. 악 안에 있는 자들이 믿음의 진리들의 측면에서 조요의 상태(照耀狀態) 안에 있을 수 있다고 믿는 사람은 아주 큰 과오(過誤)를 저지르고 있습니다. 그들은 확증의 상태에 있을 수 있습니다. 다시 말하면 그들은 자신들의 교회에 속한 교리적인 것들을 확증할 수도 있고, 그리고 때로는 이런 일을 아주 능숙하고, 능란하게 행하기도 하지만, 그러나 그들은, 자신들이 확증한 것이 참된 것인지, 또는 아닌지 조차도 알 수 없습니다. 또한 거짓도 진리와 같이 보이도록 확증할 수 있다는 것, 그리고 그것이 확증하는 지혜로운 사람의 역할이 아니지만, 그러나 어떤 사물이 그와 같은 것인지, 아닌지를 안다는 것 등은 4741·5033·6865·7012·7680항을 참조하십시오.

[3] 그러므로 삶의 측면에서 악 안에 있는 사람은 자신의 악에 속한 거짓 안에 있고, 그리고 그 진리를 믿지 않지만, 그럼에도 불구하고 그 사람은 진리를 아주 잘 알고 있습니다. 가끔 그 사람은 자신은 믿는다고 생각하는데, 그러나 그는 지금 과오를 저지르고 있을 뿐입니다. 그가 믿지 않는다는 것은, 저 세상에서 그의 지각이 그가 원하는 것에 일치하여 되돌아가게 될 때, 안다는 것이 그에게 주어질 것입니다. 그 때 그 사람은 진리를 부인할 것이고, 혐오하고, 배

척할 것이고, 진리에 반대되는 것, 다시 말하면 거짓으로 시인할 것입니다. 그 때 여기에서 얻는 것은 인애에서 분리된 믿음 안에 있는 자들은 믿음에 속한 진리들을 위화하는 것 이외에 다른 것은 결코 아무것도 할 수 없다는 것입니다.

7951. 짐승의 맏배까지 (모두 치실 것이다).

이 말씀은, 앞에서 언급한 것과 같이(7781항 참조), 믿음에 속한 더럽혀진 선을 뜻합니다.

7952. 바로와 그의 신하와 백성이 그 날 한밤중에 모두 깨어 일어났다.

이 말씀이, 영벌을 받은 자는 누구나 할 것 없이, 그들이 악에서 비롯된 순전한 거짓 안에 빠지게 되었을 때, 영적인 교회에 속한 자들에 대한 혐오감이나 공포를 느끼었다는 것을 뜻한다는 것은 악에서 비롯된 순전한 거짓의 상태에 있다는 것을 가리키는 "밤"(night)의 뜻에서(7947항 참조), 그리고 그것에서 비롯된 영벌을 가리키는 "밤"의 뜻에서, 잘 알 수 있습니다. 왜냐하면 여러분이 악에서 비롯된 순전한 상태라고 말하든, 또는 영벌이라고 말하든, 그것은 동일한 것이기 때문입니다. 그 이유는 이런 상태에 있는 자들은 영벌을 받을 것이기 때문입니다. 그리고 또한 전체적으로나 개별적으로나 모든 것을 가리키는 "바로"와 "그의 신하"와 "모든 백성"(=이집트 사람들 모두)의 뜻에서 잘 알 수 있습니다. 이 말이 역시 그들이 영적인 교회에 속한 자들에 대한 혐오감이나 공포 따위를 느낀다는 것을 뜻한다는 것은 아래의 설명 내용에서 잘 알 수 있습니다. 왜냐하면 바로가 모세와 아론을 불러들였고, 그리고 "그들에게 내 백성에게서 떠나가라"고 그들에게 말하였고, 그리고 이집트 사람들도 그들을 내쫓았기(39절) 때문입니다.

7953. 이집트에 큰 통곡소리가 났다.

이 말씀은 꼭 같은 말이 기술된 곳에서 언급한 것과 같이(7782항 참조), 내면적인 비애(悲哀)나 심한 슬픔을 뜻합니다.

12 : 1 - 51   357

7954. 초상을 당하지 않은 집이 한 집도 없었다(=거기에 사람이 죽지 않은 집이 하나도 없었기 때문이다).
이 말씀이 영벌을 받지 않은 자가 하나도 없기 때문이다는 것을 뜻한다는 것은, 거기에 하나도 있지 않다는 것을 가리키는 "한 집도 없었다"는 말의 뜻에서, 그리고 영벌 받는 것을 가리키는 "죽는다"(=죽음·dead)는 말의 뜻에서(5407·6119·7494·7871항 참조) 잘 알 수 있습니다.

7955. 바로는 밤중에 모세와 아론을 불러들였다.
이 말씀이 그 상태에서 신령존재에게서 비롯된 진리의 유입(流入·afflux)을 뜻한다는 것은 임재(=현존·臨在)나 입류(入流·influx)를 가리키는, 여기서는 유입을 가리키는 "바로가 불러들였다"(=불렀다·he called)는 말의 뜻에서(6177·6840·7390·7451·7721항 참조) 잘 알 수 있습니다. 그 이유는 이 말이 영벌의 상태에 있는 자들에 관해서, 다시 말하면 악에서 비롯된 순전한 거짓의 상태에 있는 자들에 관해서, 그리고 내면적으로 진리와 선의 어떤 입류도 수용할 수 없고, 다만 외면적인 그런 입류만 받을 수 있는 자들에 관해서 언급되었기 때문입니다. 그리고 역시 신령존재에게서 비롯된 진리를 가리키는 모세와 아론의 표징에서(6771·6827항 참조) 잘 알 수 있습니다. "신령존재에게서 비롯된 진리"라고 말하고, "신령진리"라고 언급하지 않았는데, 그 이유는 영벌 안에 있는 자들에 관해서 언급하고 있기 때문입니다. 그리고 또한 영벌의 상태를 가리키는 "밤중"의 뜻에서도(7851·7870항 참조) 잘 알 수 있습니다.

7956. 바로가 말하였다. "너희는 어서 일어나서, 내 백성에게서 떠나가거라."
이 말씀이 그들은 반드시 떠나야 할 것이다는 것을 뜻한다는 것은 다른 설명이 없이도 잘 알 수 있겠습니다.

7957. "너희와 너희 이스라엘 자손……."
이 말씀이 신령존재에게서 비롯된 진리와, 선을 통해서 온 진리와,

그리고 선에서 비롯된 진리 모두를 뜻한다는 것은 신령존재에게서 비롯된 진리를 가리키는 "모세"의 표징에서(7955항 참조), 자주 언급한 것과 같이, 영적인 교회에 속한 자들을 가리키는, 따라서 선이 그것을 통해서 온 진리 안에 있는 자들을 가리키는, 그리고 선에서 비롯된 진리 안에 있는 자들을 가리키는 "이스라엘 자손"의 표징에서 잘 알 수 있습니다. 왜냐하면 영적인 교회는 이런 내용에서 분별되기 때문인데, 즉 영적인 교회는 믿음에 속한 진리를 통해서 인애에 속한 선에 안내되기 때문입니다. 따라서 그 교회는 그 교회 자체의 본질적인 것을 위하여 진리를 가지기 때문입니다. 그 시작은 진리를 통하여 이루어지는데, 그 이유는 진리를 통하여 그들은 반드시 하여야 할 것이 무엇인지 배우고, 이 진리를 행할 때 그것은 선이라고 불리우기 때문입니다. 이 선에서부터 그 때 그들은 시작되고, 그 뒤에는 다시 그들이 행동하는 것에 일치하여 진리들을 봅니다. 이렇게 볼 때 명확한 것은 여러분들이 "영적인 교회에 속한 자들"이라고 말하든, 또는 "선이 그것을 통해서 온 진리 안에 있는 자들이나, 그것을 통해서 선이 비롯된 진리 안에 있는 자들이나, 선에서 비롯된 진리 안에 있는 자들"이라고 말하든, 그것은 꼭 같다는 것입니다.

7958. "너희는 가서 주를 섬겨라."
이 말씀이 그들이 주님을 예배할 것이다는 것을 뜻한다는 것은 예배하는 것을 가리키는 "섬긴다"(serving)는 말의 뜻에서 잘 알 수 있습니다. 성경 어디에서나 언급된 "여호와"가 주님(the Lord)을 뜻한다는 것은 1343·1736·2921·3023·3035·5041·5663·6281·6303·6905항을 참조하십시오.

7959. "너희의 요구대로……"(=너희가 말한 대로……).
이 말씀이 의지(意志)에 일치한다는 것을 뜻한다는 것은 의지를 가리키는 "말한다"(to say)는 말의 뜻에서(2626항 참조) 잘 알 수 있습니다.

7960. "너희의 양과 소(=양 떼와 소 떼)**도 몰고 (가거라)."**

이 말씀이 인애에 속한 내면적인 것과 외면적인 것을 뜻한다는 것은 인애에 속한 내면적인 선을 가리키는 "양 떼"의 뜻에서, 그리고 인애에 속한 외면적인 선을 가리키는 "소 떼"의 뜻에서(2566·5913·6048항 참조) 잘 알 수 있습니다.

7961. "너희가 요구한 대로……"(=너희가 말한 대로……).
이 말씀은 의지에 일치한다는 것을 뜻합니다(7959항 참조).

7962. "가거라."
이 말씀이 그들이 모두 함께 떠날 것이다는 것을 뜻한다는 것은 떠나는 것(to depart)을 가리키는 "간다"(going) 또는 "가버린다"(going away)는 말의 뜻에서 잘 알 수 있습니다. 이 말이 두 번씩 언급되었기 때문에 이 말은 그들이 모두 함께 떠날 것이다는 것을 뜻합니다.

7963. "그리고 내가 복을 받게 빌어라"(=나를 위해서도 축복하여라).
이 말씀이 그들이 중재(仲裁·調停)할 것이다는 것을 뜻한다는 것은 중재(=조정·intercede)하는 것을 가리키는 "축복한다"(to bless)는 말의 뜻에서 잘 알 수 있습니다. 왜냐하면 여기서 "축복한다"(=복을 빈다)는 말은 그들이 그를 위하여 간구하는 것을 뜻하기 때문이고, 그리고 "바로"를 위하여 간구한다는 것은 중재(=조정)하는 것을 뜻하기(7396·7462항 참조) 때문입니다.

7964. 이집트 사람은 그 백성(=이스라엘 백성)**에게 "어서 이 땅에서 떠나라"고 재촉하였다.**
이 말씀이, 혐오감과 공포로 말미암아 그들이 떠나야 한다는 것을 그들이 서둘렀다는 것을 뜻한다는 것은, 그들이 떠나야 할 것이다는 것을 졸랐다는 것을 가리키는 "그들이 떠나야 할 것을 재촉하기를 강요하였다"(=그 백성에게 "어서 이 땅에서 떠나라"고 재촉하였다)는 말의 뜻에서 잘 알 수 있습니다. 이것이 혐오감이나 공포에서 생긴 것이다는 것은 명확합니다. 왜냐하면 악에서 비롯된 순전한 거짓 안에 있는 자들은 그들의 현존을 감수(感受)할 수 없는 선에서 비롯된 진리 안에 있는 자들에 대하여 매우 심하게 미워하기 때문입니다. 이렇게 볼 때 악 안에 있는 자들은, 그들이 선으로부터 멀리 떨어지기 위하여, 그들의 악의 성질이나 정도에 따라서 자기 자신들을 지옥으로 내동댕이친다는 것을 알 수 있겠습니다. 그리고 이와 같은 일은 혐오감뿐만 아니라, 공포에서 비롯된 것인데, 그 이유는 그들은 선의 임재나 현존에서 아주 심한 고통을 겪기 때문입니다.

7965. (왜냐하면) **이집트 사람은 "우리 모두 다 죽게 되었다"고 하였다.**
이 말씀이 그들에 대한 이와 같은 지옥을 뜻한다는 것은 지옥을 가리키는 "죽는다"(to die)는 말의 뜻에서 잘 알 수 있습니다. 영적인 뜻으로 "죽음"(death)이 지옥을 뜻한다는 것은 5407·6119항을 참조하십시오.

7966. **그래서 이스라엘 백성은, 아직 빵 반죽이 부풀지도 않았는데 그것을 옮겼다**(=수송하였다).
이 말씀이, 그것 안에 거짓에 속한 것이 아무것도 없는 선에서 비롯된 진리의 처음 상태를 뜻한다는 것은 선에서 비롯된 거짓을 가리키는 "빵 반죽"(dough)의 뜻에서 잘 알 수 있습니다. 왜냐하면 "가루"나 "고운 밀가루"는 선을 뜻하기 때문이고, 그리고 그것에서 만들어진 "빵 반죽"은 진리에 속한 선을 뜻하기 때문입니다. 그리고 그 반죽서 만들어진 "빵"(bread)은 사랑에 속한 선을 뜻합니다. "빵"이 사랑에 속한 선을 뜻하는 경우, 그 밖의 것들, 다시 말하면 "빵 반죽"·"밀가루"는 그들의 질서 안에 있는 선들이나 진리들을 뜻합니다. "빵"이 사랑에 속한 선을 뜻한다는 것은 276·680·2165·2177·3464·3478·3735·3813·4211·4217·4735·4976·5915항을 참조하십시오. 그리고 역시 그것 안에 거짓에 속한 것이 전혀 없는 "빵 반죽이 부풀기 전"이라는 말의 뜻에서 잘 알 수 있습니다. "누룩"(酵母·leaven)이 거짓을 뜻한다는 것은

7906항을 참조하십시오.

[2] 이러한 내용이 처음 상태를 뜻한다는 것, 다시 말하면 그들이 해방될 때를 뜻한다는 것은 아주 명확합니다. 그 이유는, "이스라엘 백성은 그들의 빵 반죽을 옮겼다"(=수송하였다·둘러메고 나섰다)고 언급되었기 때문입니다. 다시 말하면 그들이 떠난 때를 언급하고 있기 때문입니다. 그러나 두 번째 상태는 아래의 구절(39절)인, "그들은 이집트에서 가지고 나온 부풀지 않은 빵 반죽으로 누룩을 넣지 않은 빵을 구워야 했다"는 말로 기술하였는데, 이 말은 선에 속한 진리로부터 그것 안에 거짓에 속한 것은 아무것도 없는 다시 생산된 선을 뜻합니다. 이런 내용이 영적인 교회에 속한 자들이 선 안에 있을 때 주님께서 간수한 두 상태들인데, 그 첫째 상태는 의지에 속한 선으로부터 그들이 진리를 알고, 생각하는 상태이고, 그 둘째 상태는 선과 진리의 결합(=혼인)으로부터 진리들을 생산하는 상태입니다. 그런데 이 상태는 그 진리들을 원하고, 그것들을 행하는 것에 의하여 선들이 되고, 그리고 이와 같은 일이 계속되는 상태를 가리킵니다. 이런 일련의 내용이 영적인 교회에 속한 자들에게 있는 진리의 생산들이나, 파생들(=전개·派生·derivations)입니다. 영계에서 이러한 일은 잎들과 열매들을 가지고 있는 한 나무로 표징적으로 나타나고 있습니다. 거기에서 잎들은 진리들을 가리키고, 열매들은 진리에 속한 선들을 가리키고, 씨들은 선들 자체를 가리키고, 그리고 그 씨에서부터 나머지 것은 생성됩니다.

7967. 그래서 이스라엘 백성은, 아직 빵 반죽이 부풀지도 않았는데, 그 반죽을 그릇째 옷에 쌌다.
이 말씀이, 진리에 밀착된 기쁨(喜悅)들인 정동에 속한 기쁨들을 뜻한다는 것은 정동의 기쁨들을 가리키는 "반죽그릇"(kneadingtrough) 의 뜻에서(7356항 참조), 그리고 "밀착하는 것"을 가리키는 "옷으로 감쌌다"는 말의 뜻에서, 그리고 진리들을 가리키는 "옷"의 뜻에서 (1073·2576·4545·4763·5248·5319·5954·6914·6918항 참조),

잘 알 수 있습니다. 진리들에 밀착된 정동에 속한 기쁨들이 무엇인지 필히 설명되어야만 하겠습니다. 사람에게 들어와 있는 모든 진리들은 어떤 기쁨과 결합되어 있습니다. 왜냐하면 기쁨이 없는 진리들은 어느 누구의 삶에 속한 것이 아니기 때문입니다. 진리들과 결합된 기쁨들로부터 한 사람이 가지고 있는 진리들에 관해서 그 상태가 어떠한 것인지 알 수 있습니다. 예컨대, 만약에 진리들이 악한 정동들에 속한 쾌락들이라면, 그 때 그것은 나쁜 것이지만, 그러나 만약에 진리들이 선한 정동들에 속한 기쁨들이라면, 그것은 좋은 것입니다. 왜냐하면 사람과 같이 하는 천사들은 계속해서 좋은 정동들과 함께 입류하고, 그리고 그 때 기쁨들과 결합되어 있는 것을 진리들이라고 부릅니다. 다른 한편, 이와 마찬가지로, 만약에 진리들이 선한 정동들과 결합되지 않았다면, 그 때 천사들은 믿음이나 인애에 속한 것이라고 한다는 것은 허사(虛事)일 뿐입니다. 이상에서, "옷으로 싼 반죽그릇"이 뜻하는, 진리들에 밀착된 정동들에 속한 기쁨들이 무엇을 뜻하는지 밝히 알 수 있겠습니다.

7968. 어깨에 둘러메었다.
이 말씀이 모든 능력(=재능·ability)에 일치한다는 것을 뜻한다는 것은, 모든 힘(能力·power)을 가리키는 "어깨"(shoulder)의 뜻에서 (1085·4931-4937항 참조) 잘 알 수 있습니다.

7969. 35, 36절. 이스라엘 자손은 모세의 말대로, 이집트 사람에게 은붙이와 금붙이와 의복을 요구하였고, 주께서는 이스라엘 백성이 이집트 사람에게 환심을 사도록 하셨으므로, 이집트 사람들은 이스라엘 자손의 요구대로 다 내어 주었다. 이렇게 하여서, 그들은 이집트 사람들에게서 물건을 빼앗아 가지고 떠나갔다.

"이스라엘 자손은 모세의 말대로 하였다"는 말씀은 그들이 신령진리에 복종하였다는 것을 뜻합니다. "그들은 이집트 사람에게 은붙이와 금붙이와 의복을 요구하였다"는 말씀은 교회에 속한 악한 사람에게서 취한 진리와 선의 기억지들이 그 기억지들로 말미암아 존재하는 선한 사람에게 주어졌다는 것을 뜻합니다. "주께서는 이스라엘 백성이 이집트 사람에게 환심을 사도록 하셨다"(=좋게 보이게 하셨다)는 말씀은 영적인 교회에 속한 자들 때문에 생긴 영벌을 받은 자들의 공포를 뜻합니다. "이집트 사람들은 이스라엘 자손의 요구대로 다 내어 주었다"는 말씀은 그것들이 모두 옮겨졌다(移轉)는 것을 뜻합니다. "그들은 이집트 사람들에게서 물건을 빼앗아 가지고 떠나갔다"는 말씀은 영벌 안에 있는 자들은 이런 것들이 전적으로 박탈되었다는 것을 뜻합니다.

7970. 이런 것들에 관해서 상세하게 언급할 필요는 없겠는데, 그 이유는 그것들은 이미 두 번씩이나 설명되었기 때문입니다. 다시 말하면 출애굽기 3장 21, 22절에서(6914-6920항 참조), 그리고 출애굽기 11장 2, 3절에서(7768-7773항 참조), 설명되었기 때문입니다.

7971. 37-39절. 마침내, 이스라엘 자손이 라암셋을 떠나서 숙곳으로 갔는데, 딸린 아이들 외에, 장정만 해도 육십만 가량이 되었다. 그 밖에도 다른 여러 민족들이 많이 그들을 따라 나섰고, 양과 소 등 수많은 집짐승 떼가 그들을 따랐다. 그들은 이집트에서 가지고 나온 부풀지 않은 빵 반죽으로 누룩을 넣지 않은 빵을 구워야 하였다. 그들은 이집트에서 급히 쫓겨 나왔으므로, 먹을거리를 장만할 겨를이 없었다.

"마침내 이스라엘 자손이 라암셋을 떠나서 숙곳으로 갔다"는 말씀은 출발의 첫째 상태와 그것의 성질을 뜻합니다. "장정만(=남자들만) 육십만 가량이 되었다"는 말씀은 총체적으로 진리와 믿음에 속한 모든 것들을 뜻합니다. "아이들 외에"라는 말씀은 이노센스에 속한 선을 뜻합니다. "그 밖에도 다른 여러 민족들"(=혼합된 큰 무리)은 순수하지 않은 선들과 진리들을 뜻하고, "그들을 따라 나섰다"(=그들과 함께 갔다)는 말씀은 결합된 것을 뜻합니다. "양과 소 등 수많은 집짐승 떼가" (그들을 따랐다)는 말씀은 내면적인 진리와 외면적인 진리에 의하여 매우 풍부하게 취한 선을 뜻합니다. "그들은 이집트에서 가지고 나온 부풀지 않은 빵 반죽으로 누룩을 넣지 않은 빵을 구워야 하였다"는 말씀은 선에 속한 진리로부터 그것 안에 거짓에 속한 것은 전혀 없는 다시 생산된 선(again produced good)을 뜻합니다. "그들은 이집트에서 급히 쫓겨 나왔다"는 말씀은 그들이 악에서 비롯된 거짓 안에 있는 자들에게서 옮겨졌기 때문이다는 것을 뜻합니다. "먹을거리를 장만할 겨를이 없었다"(=자신들이 이 체류를 위하여 먹을 아무런 양식도 준비하지 못하였다)는 말씀은 그들은 자신들에게 진리나 선에서 비롯된 또다른 본질(本質·substance)을 전혀 가지고 있지 않다는 것을 뜻합니다.

7972. 이스라엘 자손이 라암셋을 떠나서 숙곳으로 갔다.
이 말씀이 출발의 첫째 상태와 그것의 성질을 뜻한다는 것은, 삶의 질서와 삶의 규칙들을 가리키는 "체류"(=여행·journeying)의 뜻에서 (1293·3335·4882·5493·5605항 참조) 잘 알 수 있습니다. 결과적으로 출애굽기서에 기술된 이스라엘 자손의 여정(旅程·journeying)은 처음부터 마지막까지 삶의 상태들과 그것들의 변화를 뜻합니다. 그러므로 여기서 "라암셋에서 숙곳으로 갔다(=여행하였다)는 말은 첫째 상태와 그것의 성질을 뜻합니다. 왜냐하면 장소들의 이름들(地名)은, 사람의 이름(人名)과 같이, 사실적인 것들이나, 그것들의 성질(=됨됨이)을 뜻하기 때문입니다(768·1224·1264·1876·1888·3422·4298·4310·4442·5095·6516항 참조).

7973. 장정만 해도 육십만 가량 되었다(=걸어서 간 사람들이 육십만 명이다).
이 말씀이 하나의 총체적으로 진리에 속한 모든 것들과 믿음의 선에 속한 모든 것들을 뜻한다는 것은 총체적인 것 안에 있는 믿음에 속한 모든 것들을 가리키는 "육십만"(600,000)의 뜻에서 잘 알 수 있습니다. 왜냐하면 이 숫자는 "육"(6)과 "십이"(12)에서 생겨났고, 그리고 숫자 "십이"(12)는 믿음과 인애에 속한 모든 것들을 뜻하기 때문입니다(577·2089·2129·2130·3272·3858·3913항 참조). 이것이 바로 야곱의 아들들이 열둘이다는 것, 그의 후손들이 열두 지파로 나뉘었다는 것, 그리고 또한 주님에 의하여 열두 제자들이, 말하자면 믿음과 인애에 속한 모든 것들을 표징하기 위하여 선택되었다는 것 등등의 이유이기도 합니다. "지파들"에 관해서는 3858·3862·3913·3926·4060·6335·6337·6640·7836·7891항을 참조하시고, "제자들"에 관해서는 3354·3488·3858·6397항을 참조하십시오.

[2] 여기서 숫자 "육십만"이 같은 뜻을 갖는다는 것은, 숫자가 크든, 작든, 또는 곱셈을 한 수든, 나눗셈을 한 수든, 그 수에서부터 생겨난 단수들(單數·the simple numbers)과 꼭 같은 뜻을 뜻하기 때문입니다(5291·5335·5708항 참조). 이러한 내용은 숫자 "열둘"(12)에서 명확한데, 그 숫자가 나뉘어 여섯(6)이 되는 수든, 또는 곱하여 칠십이(72)가 되든, 또는 곱하여, 즉 십이에 십이를 곱하여 백사십사(144)가 되든, 또는 천이백(1,200)이나, 십사만사천(144,000)이 되든, 동일한 뜻을 가지고 있기 때문입니다. 묵시록에 언급된 숫자 "십사만사천"(144,000)도 마찬가지입니다. 묵시록서의 말씀입니다.

> 내가 들은 바로는 도장을 받은 사람의 수가 십사만사천 명이었다. 이와 같이 이마에 도장을 받은 사람들은 이스라엘 자손의 각 지파에서 나온 사람들이었다.
> (묵시록 7 : 4)

여기서 "이스라엘 자손"은 이스라엘 자손을 뜻하지 않고, 그리고 지파도 지파를 뜻하지 않고, 숫자도 숫자를 뜻하지 않고, 오히려 속뜻 안에 있는 그런 것들을 뜻하는데, 다시 말하면 믿음과 인애에 속한 모든 것들을 뜻합니다. 따라서 각각의 지파는 특별하게는, 창세기 29장과 30장의 내용들에 관해서 밝히 설명한 것과 같이, 하나의 성품(性稟·genus)이나 등급(等級·class)을 뜻합니다.

[3] 마찬가지로 같은 책의 말씀입니다.

> 내가 보니, 어린 양이 시온 산에 서 있었습니다. 그 어린 양과 함께 십사만사천 명이 서 있었는데, 그들의 이마에는 어린 양의 이름과 그의 아버지의 이름이 적혀 있었습니다……그들은 보좌와 네 생물과 그 장로들 앞에서 새 노래를 부르고 있었습니다. 땅으로부터 속량을 받은 십사만 사천 명 밖에는, 아무도 그 노래를 배울 수 없었습니다. 그들은 여자들로 더불어 몸을 더럽힌 일이 없는, 정결을 지킨 사람들입니다. 그들은 어린 양이 가는 곳이면, 어디든지 따라다니는 사람들입니다. 그들은 사람 가운데서 하나님과 어린 양에게 드리는 첫 열매로 속량을 받았습니다.
> (묵시록 14 : 1, 3, 4)

이 기록된 것에서 밝히 알 수 있는 것은 "십사만사천 명"(144,000)이 인애 안에 있는 자들을 뜻한다는 것이고, 그리고 이 숫자가 단순히 상태와 성질(=됨됨이)을 뜻한다는 것 역시 명확합니다.
[4] 왜냐하면 이 숫자는 "열둘"(12)과 동일한 뜻을 나타내기 때문인데, 그 이유는 "일만이천"(12,000)에 "열둘"(12)을 곱한 것이기 때문입니다. 그리고 마찬가지로 열둘에 열둘을 곱한 작은 숫자 "백사십사"(144)도 같은 뜻을 가리킵니다. 같은 책의 말씀입니다.

> 나는 또, 거룩한 도시 새 예루살렘이 남편을 위하여 단장한 신부와 같이 차리고, 하나님께로부터 하늘에서 내려오는 것을 보았습니다……그(=천사)가 성벽을 재어 보니, 사람의 수치로 백사십사 규빗이었는데, 그것은 천사의 수치이기도 합니다.
> (묵시록 21 : 2, 17)

영적인 뜻으로 "거룩한 도시 예루살렘의 벽"이 하나의 벽을 뜻하지 않고, 오히려 교회에 속한 것들을 방어(防禦)하는 믿음에 속한 진리를 뜻한다는 것은 6419항을 참조하십시오. 이런 이유 때문에 "백사

십사 규빗"이었다고 언급되었습니다. 그것이 이런 뜻을 가리킨다는 것은 아주 명료한데, 그 이유는, 이 수치가 "사람의 수치이고, 그것은 천사의 수치이기도 한다"고 언급되었기 때문입니다. 그리고 여기서 "사람"(man)과 "천사"(angel)는 진리에 속한 모든 것이나, 믿음의 선에 속한 모든 것을 뜻하기 때문입니다.

[5] 꼭 같은 내용도 성벽의 주춧돌인 각색의 열두 보석에서, 그리고 열두 진주로 된 열두 대문에서(묵시록 21 : 19-21) 명확합니다. 왜냐하면 "각색의 보석들"은 인애의 선에서 비롯된 믿음에 속한 진리들을 뜻하기 때문입니다(643·3720·6426항 참조). 그리고 "대문"이나 "진주" 역시 같은 것들을 뜻하기 때문입니다. 이상에서 볼 때, 작은 숫자이든 큰 숫자이든, 그것들은 그것들이 비롯된 단수(單數)와 꼭 같은 뜻을 뜻한다는 것은 아주 명료합니다. 성경에 나오는 모든 숫자가 사실적인 사물들을 뜻한다는 것은 482·487·575·647·648·755·813·1963·1988·2075·2252·3252·4264·4495·4670·5265·6175항을 참조하십시오.

[6] 이상에서 지금 밝혀 알 수 있는 것은 이집트에서 나온 숫자 "장정 육십만 명"(600,000명)이 이런 뜻과 내용을 담고 있다는 것입니다. 이 숫자는 거의 어느 누구도 믿을 수 없는 그런 것을 뜻하고 있는데, 그 이유는 그것이 역사적인 사건이기 때문이고, 그리고 역사적인 모든 것은 계속해서 사람의 마음을 겉뜻 안에다 사로잡고, 그리고 속뜻으로부터 사람의 마음을 멀리 떼어놓기 때문입니다. 그럼에도 불구하고 이 숫자는 이런 뜻을 가지고 있습니다. 왜냐하면 본질적으로 거룩하지 않은 것은, 심지어 철자(綴字·syllable)나 하나의 점이나 획까지도, 성경말씀에는 존재하지 않기 때문입니다. 그 이유는 성경말씀은 본질적으로 거룩한 것을 담고 있기 때문입니다. 단순한 역사적인 사건 안에도 거룩하지 않은 것은 존재하지 않는다는 것을 누구나 알 수 있겠습니다.

7974. 딸린 아이들 외에…….

이 말씀이 이노센스에 속한 선을 뜻한다는 것은 이노센스에 속한 선을 가리키는 "아이들"(infant)의 뜻에서 잘 알 수 있습니다(430··1616·2126·2305·3183·3494·4797·5608항 참조).

7975. 그 밖에도 다른 여러 민족들이 많이 그들을 따라 나섰다 (=혼혈의 무리도 그들과 함께 올라갔다).
이 말씀이 순수하지 않은 선들이나 진리들을 뜻한다는 것은, 순수하지 않은 선들이나 진리들을 가리키는 "뒤섞인 무리"(=혼혈의 무리·a mixed multitude)의 뜻에서 잘 알 수 있습니다. 왜냐하면 그 때 이스라엘 자손은 영적인 교회에 속한 순수한 선들이나 진리들을 표징하고(7957항 참조), 그들과 함께 하는 "뒤섞인 무리"(=혼혈의 무리)는 순수하지 않은 진리들이나 선들을 뜻하기 때문입니다. 왜냐하면 영적인 교회에 속한 자들의 경우는 이러하기 때문입니다. 그들은 순수한 선들이나 진리들을 가지고 있고, 저들은 순수하지 않은 선들이나 진리들을 가지고 있습니다. 영적인 교회의 사람은 선이나 진리에 속한 지각(知覺·perception)을 가지고 있지 않지만, 그러나 그의 교회의 교리적인 것들이 가르치는 것을 선이나 진리로서 시인하고 믿습니다. 이런 이유 때문에 그 사람은 순수하지 않은 수많은 진리들 안에 있습니다. 결과적으로 그와 같은 선들 안에 있습니다. 왜냐하면 선들은 자신들의 성품이나 본성을 진리들에게서 취하기 때문입니다. 영적인 것도 순수하지 않은 수많은 진리들 안에 있다는 것은 2708·2715·2718·2831·2849·2935·2937·3240·3241·3246·3833·4402·4788·5113·6289·6500·6639·6865·6945·7233항을 참조하십시오. 결과적으로 그것들은 정결하지 않은 진리들을 가지고 있습니다(6427항 참조). 그럼에도 불구하고 그것들은, 내면적인 것들을 통한 입류에 의하여 지켜지고, 간수됩니다(6499항 참조). 그리고 그 때 순수하지 않은 진리들이나 선들은 거기에서부터 분리되고, 여러 방향으로 배척됩니다. 이런 내용이 "그 밖의 여러 다른 민족들"(=뒤섞인 무리·혼혈의 무리)이 뜻하는 것들입니다.

[2] 마찬가지로 여기의 "무리"는 교회에 속해 있지만, 교회 안에 있지 않는 자들을 뜻하는데, 이와 같은 것은, 그들이 성언(聖言)을 가지고 있지 않기 때문에, 순수한 진리를 가지고 있지 않고, 복종과 상호적인 인애(mutual charity) 안에 함께 사는 이방인들(異邦人·gentiles)의 경우라고 하겠습니다. 마찬가지로 이들이나, 그리고 순수하지 않은 진리들 자체가 묵시록서의 "큰 무리"가 뜻하고 있습니다. 묵시록서의 말씀입니다.

내가 들은 바로는 도장을 받은 사람의 수가 십사만사천 명이었다. 이와 같이 이마에 도장을 받은 사람들은 이스라엘 자손의 각 지파에서 나온 사람들이었습니다……그 뒤에 내가 보니, 아무도 그 수를 셀 수 없을 만큼 큰 무리가 있었습니다. 그들은 모든 민족과 종족과 백성과 언어에서 나온 사람들인데, 흰 두루마기를 입고, 종려나무 가지를 손에 들고, 보좌 앞과 어린 양 앞에 서 있었습니다.
(묵시록 7 : 4, 9)

7976. 따라 나섰다(=그들과 함께 올라갔다).
이 말씀이 인접하여 결합된 것을 뜻한다는 것은, 진리들에 관해서 언급될 경우, 그것들이 결합되었다는 것을 가리키는 "함께 올라갔다"는 말의 뜻에서 잘 알 수 있습니다. 왜냐하면 순수하지 않은 진리들이나 선들은 영적인 사람에게 있는 순수한 선들이나 진리들에게서 사실은 분리되어 있지만, 그러나 그것들은 제거되어 없어진 것이 아니고, 다른 한쪽에서 거절되어, 거기에 남아 있기 때문입니다 (7975항 참조). 이와 같은 경우는 순수한 진리들을 가지고 있지 않았던 이방인들 가운데 있었던 주님의 교회의 경우와 꼭 같습니다. 그들은 역시 천계에서 순수한 진리들이나 선들 안에 있는 자들에게 인접해 있습니다.

7977. 양과 소 등 수많은 집짐승 떼가 (그들을 따라 나섰다).
이 말씀이 진리들에 의하여, 매우 풍부하게 터득된 외면적인 선이나 내면적인 선을 뜻한다는 것은 내면적인 선을 가리키는 "양"의 뜻에서, 그리고 외면적인 선을 가리키는 "소"의 뜻에서(2566·5913·6048·7960항 참조) 잘 알 수 있습니다. "집짐승"(=취득한 것들·acquisition)이 터득한 것들을 뜻하는데, 왜냐하면 영적인 교회에 속한 자들에게 있는 모든 선은 진리에 의하여 터득되기 때문입니다. 그 이유는 믿음에 속한 진리가 없다면 그들은 영적인 진리가 무엇인지 알지 못하고, 또한 영적인 선이 무엇인지도 알지 못하기 때문입니다. 사실 그들은 시민적인 진리(civil truth)나 도덕적인 선, 그리고 그것들의 선들을 알 수 있습니다. 그 이유는 그런 것들은 이 세상에 있는 것들과 조화를 이루고 있고, 그리고 역시 그들은 거기에서부터 이런 진리들이나 선들의 지각을 취하기 때문입니다. 그러나 영적인 진리나 그것의 선은 이 세상에 있는 그런 것들과 일치하지 않고, 그리고 수많은 경우 그것들과 전적으로 불화(不和)하거나, 다릅니다. 그러므로 영적인 교회에 속한 자들은 그것들에 관해서 필히 가르침을 받아야만 합니다. 이러한 것들은 영적인 교회에 속한 자들에게 있는 모든 선들은 진리에 의하여 반드시 터득된다는 것을 보여 주기 위하여, 언급된 것들입니다. "매우 크다"(very great)는 말이 매우 풍부하다는 것을 뜻한다는 것은 명확합니다.

7978. 그들은 이집트에서 가지고 나온 부풀지 않은 빵 반죽으로 누룩을 넣지 않은 빵을 구워야 하였다.
이 말씀이 선에 속한 진리로 말미암아 거짓에 속한 것이 전혀 없는 다시 생산된 선이 거기에 있었다는 것을 뜻한다는 것은, "빵 반죽"(dough)이 뜻하는 선에 속한 진리에 관해서 언급될 때, 생산하는 것을 가리키는 "빵을 굽는다"(baking)는 말의 뜻에서(7966항 참조), 거기에 거짓에 속한 것이 전혀 없는 선들을 가리키는 "누룩을 넣지 않은 빵"(unleavened cakes)의 뜻에서 잘 알 수 있습니다. "누룩을 넣지 않은 빵"(無酵餅)이 거짓에서부터 해방된 것을 뜻한다는 것은 2342·7906항을 참조하십시오. 이러한 내용이, 그들이 해방되었을 때, 그들이 처해 있었던, 선에서 비롯된 진리의 둘째 상태를 가리킵니다(7966·7972항 참조). "빵"(=과자·cakes)이 빵(bread)을 가리키기 때문에, 선들을 뜻합니다. 그리고 속뜻으로 "빵"(bread)은 사랑에 속한 선(the good of love)을 뜻합니다(276·680·2165·2177·3464·3478·3735·3813·4211·4217·4735·4976·5915항 참조). 그러나 과자류의 빵(the bread of cakes)은, 일반적인 빵(common bread)이 주님사랑에 속한 선, 따라서 천적인 선을 뜻하고, "과자류의 빵"이 이웃을 향한 사랑에 속한 선, 따라서 영적인 선을 뜻한다는 사실에서, 서로 구분됩니다. 이와 같은 영적인 선은 제단 위에 희생제물과 더불어 바쳐지고, 불살라졌던 "제수"(祭需·meat-offering)가 뜻합니다. 왜냐하면 "제수"(meat-offering)는 과자들(cakes)이나 웨이퍼(wafer) 모양으로 굽기 때문입니다. 이러한 내용은 출애굽기 29장 2, 3, 23, 24, 41절, 레위기 2장 2절 이하, 6장 14, 15절, 민수기 6장 15, 19절과 15장 18-21절에서 읽을 수 있습니다.

[2] 동일한 내용을 과자로 구운 "두 줄로 차려 놓은 열두 개의 과자들"이 뜻하는데, 그것에 관해서는 레위기서에 기술되고 있습니다. 레위기서의 말씀입니다.

> 너는 고운 밀가루를 가져다가, 과자 한 개 당 밀가루 삼분의 이 에바를 들여, 과자 열두 개를 구워, 한 줄에 여섯 개씩 두 줄로, 주의 앞, 순금 상 위에 차려 놓아라. 그리고 각 줄에 하나씩 순전한 향을 얹어라. 이 향은 과자 전부를 바치는 정성의 표시로 주께 살라 바치는 제물이 된다.
> (레위기 24 : 5-7)

이상에서 밝히 알 수 있는 것은, 빵(=과자) 무더기가 거룩한 것을 뜻한다는 사실입니다. 왜냐하면 그렇지 않다면 이런 부류의 일들은 결코 지키도록 명령되지 않았을 것이기 때문입니다. 그리고 그것들이 거룩한 것을 뜻하기 때문에, 그것들은 역시 "가장 거룩한 것"(holiness of holinesses)이라고 불리웠습니다(레위기 24 : 9). 그러나 이 빵 무더기들은 천적인 사랑에 속한 선들(the good of celestial love)을 뜻하고, 그리고 그들이 구운 과자들(cakes)은 영적인 사랑에 속한 선들(the good of spiritual love)을 뜻합니다. 이와 같은 내용에서, 그리고 위에 인용된 장절들에 부연(敷衍)된 내용에서, 성만찬(聖晚餐)에서 채택된 "빵"(bread)이 뜻하는 것과 동일하다는 것을 잘 알 수 있겠습니다.

7979. 그것은 누룩을 넣지 않았다(=그것은 발효되지 않았다).
이 말씀이 선에서 비롯된 진리 안에는 거짓에 속한 것이 전혀 없기 때문이다는 것을 뜻한다는 것은 선에 속한 진리를 가리키는, 그것에 관해서 "누룩을 넣지 않았다"(=발효되지 않았다)고 언급된 "빵 반죽"의 뜻에서(7966항 참조), 그리고 거짓이 없다는 것을 가리키는 "누룩을 넣지 않았다"(=발효되지 않았다)는 말의 뜻에서(2342 · 7906항 참조) 잘 알 수 있습니다.

7980. 그들은 이집트에서 급히 쫓겨 나왔다(=그들은 이집트에서 쫓겨났고, 그리고 지체할 수도 없었다).
이 말씀이 그들은 악에서 비롯된 거짓 안에 있는 자들에게서 옮겨져야 했기 때문이다는 것을 뜻한다는 것은, 쫓겨나는 자가 옮겨지는 것이기 때문에 옮겨져야 한다는 것을 가리키는 "쫓겨 나왔다"는 말의 뜻에서(7964항 참조), 그리고 위에서 자주 언급하였듯이, 악에서 비롯된 거짓 안에 있는 자들을 가리키는 이집트의 뜻에서, 그리고 이동을 위해 필수적인 것을 가리키는 "지체할 수 없다"는 말의 뜻에서 잘 알 수 있습니다.

7981. 그들은 먹을거리를 장만할 겨를이 없었다(=더욱이 그들은 이 여정을 위해 어떤 먹을거리도 준비하지 못하였다).
이 말씀이 그들은 그들에게 진리나 선에서 비롯된 다른 음식물(=생명을 유지하는데 필요한 것)을 가지고 있지 않다는 것을 뜻한다는 것, 다시 말하면 "누룩을 넣지 않은 반죽"(=발효되지 않은 반죽)이 뜻하는 것 이외에는 아무것도 없다는 것을 뜻한다는 것은 진리나 선에서 비롯된 음식물을 가리키는 "여정을 위한 식량"(=여정을 위한 먹을거리)의 뜻에서(5490·5953항 참조) 잘 알 수 있습니다. "누룩을 넣지 않은 반죽"(=발효되지 않은 반죽)이, 그것 안에 거짓에 속한 것이 전혀 없는 선에 속한 진리를 뜻한다는 것은 7966항을 참조하십시오.

7982. 40-42절. 이스라엘 자손이 이집트에서 산 기간은 사백삼십 년이었다. 마침내, 사백삼십 년이 끝나는 바로 그 날, 주의 모든 군대가 이집트 땅에서 나왔다. 그 날 밤에 주께서 그들을 이집트 땅에서 이끌어 내시려고 밤을 새우면서 지켜 주셨으므로, 그 밤은 '주의 밤'이 되었고, 이스라엘 자손이 대대로 밤새워 지켜야 하는 밤이 되었다.

"이스라엘 자손이 이집트에서 산 기간"이라는 말씀은 공격받고, 괴롭힘을 겪은 기간을 뜻합니다. "사백삼십 년"(430년)이라는 말씀은 이런 것들의 성질이나 상태를 뜻합니다. "마침내, 사백삼십 년이 끝나는 그 날"이라는 말씀은, 그들이 해방되는 때인, 주님의 강림의 때(the time of the Lord's coming)를 뜻합니다. "주의 모든 군대가 이집트 땅에서 나왔다"는 말씀은 진리와 선 안에 있고, 그리고 여전히 거기에 억류되어 있었던 자들이 나왔다는 것을 뜻합니다. "그 날 밤은, 주께서 지켜야 할 밤이다"는 말씀은 진리와 선 안에 있는 자들에게 있는 주님의 현존(現存·臨在)과, 악 안에, 그리고 거기에서 비롯된 거짓 안에 있는 자들에게 있는 주님의 현존(=임재)을 뜻합니다. "주께서 그들을 이집트 땅에서 이끌어 내셨다"는 말씀은 영적인 포로상태로부터의 해방을 뜻합니다. "그 밤은 '주의 밤'이 되었다"(=주께서 지켜주신 밤이다)는 말씀은 그들이 지금 모든 거짓과 악에서부터 멀리 물러나게 되었다는 것을 뜻합니다. "이스라엘 자손이 대대로 밤새워 지켜야 하는 밤이 되었다"는 말씀은 진리에서 비롯된 선이나, 선에서 비롯된 진리를 가지고 있는 영적인 교회에 속한 자들을 뜻합니다.

7983. 이스라엘 자손이 이집트에서 산 기간(=이집트에서 산 거주). 이 말씀이 공격과 괴롭힘의 기간을 뜻한다는 것은 삶의 상태를 가리키는, 여기서는 공격과 괴롭힘의 상태를 가리키는 "거주"(=삶·살았다·dwelling)라는 말의 뜻에서(1293·3384·3613·4451·6051항 참조), 잘 알 수 있습니다. 왜냐하면 이것이 지금 여기서 다루고 있는 삶의 상태로, 이러한 내용은, 이 말이 가지고 있는 "사백삼십 년 (430년)이라는 말이 뜻하고 있기 때문입니다.

7984. 사백삼십 년(=430년)**이었다.** 이 말씀이 이런 것의 성질이나 상태를 뜻한다는 것은, 남은백성 (remains)의 충분한 상태를 가리키는 "30"(thirty)의 뜻에서 잘 알 수 있는 그 이유는, 이 숫자(30)가 삼(3)과 십(10)의 곱셈의 산물이고, 그리고 "삼"(3)은 충분한 상태를 뜻하고(2788·4495·7715항 참조), "십"(10)이 남은백성(=남은그루터기·remains)을 뜻하기(576·1906·2284항 참조) 때문인데, 충분한 상태(a full state)가 무엇인지는 아래에서 설명되겠습니다. 그리고 또한 박탈의 기간(=황폐의 기간·the duration of vastation)을 가리키는(2959·2966항 참조), 그리고 결과적으로는 선과 진리의 결합을 가리키는 "사백"(400)의 뜻에서 잘 알 수 있습니다. 모든 숫자들이 사물들(事物)이나 상태들(狀態)을 뜻한다는 것, 그리고 복합적인 수도 그것이 복합되는 단수(單數)가 가지고 있는 뜻에 동일한 뜻이다는 것 등은 7973항을 참조하십시오.

[2] "사백 년"(400년)이 뜻하는 박탈(=황폐·剝奪·vastation)에 관해서 살펴보면, 그것은 이중(二重)의 뜻을 가지고 있습니다. 다시 말하면 악과 거짓의 박탈(=황폐)과 선과 진리의 박탈(=황폐)의 뜻을 가지고 있습니다. 영벌을 받은 자들에게서 그것은 선과 진리의 박탈을 가리키지만, 그러나 구원을 받은 자들에게서 그것은 악과 거짓의 박탈을 가리킵니다. 박탈(=황폐)은 곧 빼앗김(剝奪·deprivation)입니다. 교회에 속한 악한 사람이 모든 선과 진리에 관해서 빼앗긴다는 것은 이미 설명되었습니다. 왜냐하면 박탈의 계속적인 계도(階度)들은

이집트에서 있었던 온갖 재앙(災殃)들이 뜻하기 때문입니다. 그러나 선한 사람은 악이나 거짓에 관해서 박탈되었습니다. 그들에게서 이런 것들은 쉼이 없이 계속해서 분리됩니다. 다시 말하면 이런 것들은 모두 변방으로 배척됩니다. 그리고 선들이나 진리들은 중앙을 향해서 모두 옮겨집니다. 이와 같은 선과 진리의 집합(集合·결합·collecting)이 "남은그루터기"(=남은백성·remains)가 뜻하고, 그리고 그들이 남은백성(remains)에 속한 충분한 상태를 가지게 되었을 때, 그 때 그들은 천계에 올리워집니다. 천계에 올리우는 이 상태가 "삼십"(30)이 뜻하는 것이고, 그리고 박탈의 상태가 "사백"(400)이 뜻하는 것입니다. 악과 거짓의 박탈과 그리고 선한 사람에게 있는 선과 진리의 침투(浸透·the insinuation)는 공격이나 괴롭힘에 의하여, 그리고 온갖 시험들(temptations)에 의하여 이루어집니다. 전자에 의해서는 온갖 거짓들과 악들이 제거되고, 후자에 의해서는 선들과 진리들이 나타납니다. 이러한 일은 그 상태가 충분하게 될 때까지 계속됩니다.

[3] 이 충분한 상태, 또는 완전한 상태(a full state)가 무엇인지 반드시 설명하여야 하겠습니다. 영벌을 받은 자나, 구원을 받은 자나, 모두는 가득 채워져야 할 확실한 두량(斗量·a certain measure·기준)을 가지고 있습니다. 악한 사람, 즉 영벌을 받은 자는 악과 거짓에 속한 두량(=기준)을 가지고 있고, 그리고 선한 사람, 즉 구원을 받은 자는 선과 진리에 속한 두량(=기준)을 가지고 있습니다. 저 세상에서 모두에게 있는 이 두량은 모두 가득 채워지는데, 그러나 어떤 자들은 보다 큰 것을 가지고 있고, 어떤 자들은 보다 작은 것을 가지고 있습니다. 이와 같은 두량은 사랑에 속한 여러 정동들에 의하여 이 세상에서 가지게 됩니다. 어느 누구가 악과 거기에서 파생된 거짓을 애지중지(愛之重之)하면 할수록, 그가 자신을 위해 장만한 그 두량은 더 큽니다. 그리고 어느 누구가 선과 거기서 파생된 진리를 애지중지하면 할수록 그의 두량은 더 큽니다. 이 두량에 속한 확

장의 범위인 제한(制限)들이나 정도(程度)들은 저 세상에서 명확하게 드러납니다. 그리고 그것들은 거기에서 크게 될 수 없지만, 그러나 그것들은 다만 가득 채워질 수 있습니다. 그리고 또한 그것들은 실제적으로 가득 채워집니다. 다시 말하면 선들이나 진리들로 가득 채워지고, 악이나 거짓의 정욕 안에 있는 자들의 경우는 온갖 악들이나 거짓들로 가득 채워집니다. 이런 사실에서 명확한 것은 이 두량(斗量・기준・measure)은 악이나 거짓을, 또는 선이나 진리를, 영접, 수용하기 위해서 이 세상에서 취득한 기능(機能・能力・faculty)이다는 것입니다.

[4] 이 상태가, "충분한 상태"가 뜻하는 상태이고, 그리고 "삼십"(30)이 뜻하는 상태입니다. 이런 내용이 주님에 의하여 마태복음서 25장 14-30절에서 달란트의 비유에 의하여, 그리고 누가복음서 19장 12-17절의 "열 므나"의 비유에서, 그리고 종국에는 이런 말씀에 의하여 기술되었습니다. 즉―.

> 가진 사람에게는 더 주어서 넘치게 하고, 없는 사람에게서는 있는 것마저 빼앗을 것이다.
> (마태 25 : 29)
> 그는 곁에 서 있는 사람들에게 "이 사람에게서 한 므나를 빼앗아서, 열 므나를 가진 사람에게 주어라" 하고 말하였다. 그들이 주인에게 말하기를 "주인님, 그는 열 므나를 가지고 있습니다" 하였다. "내가 너희에게 말한다. 가진 사람은 더 받게 될 것이요, 가지지 못한 사람은 그가 가진 것까지 빼앗길 것이다."
> (누가 19 : 24-26)

각자의 두량이 가득 채워졌다는 것을 주님께서 다른 곳에서 가르치셨습니다. 누가복음서의 말씀입니다.

> 남에게 주어라. 그러면 하나님께서도 너희에게 주실 것이니, 되를 누르

고 흔들어서, 넘치도록 후하게 되어, 너희 품에 안겨 주실 것이다. 너희가 되질하여 주는 그 되로 너희에게 도로 되어서 주실 것이다.
(누가 6 : 38)

이상에서 볼 때 "충분한 상태"(a full state)가 무엇을 뜻하는지 잘 알 수 있겠습니다.

7985. "이스라엘 자손이 이집트에서 산 기간은 사백삼십 년이었다"고 언급되었고, 더욱이 "사백삼십 년이 끝나는 바로 그 날, 주의 군대가 이집트 땅에서 나왔다"고 언급되고 있는데, 그럼에도 불구하고 야곱이 이집트에 내려간 것에서부터 그의 후손이 이 때에 나오기까지의 이스라엘 자손의 거주기간은, 그 기간의 절반 정도가 안 되는, 다시 말하면 야곱부터 지금 나오기까지의 기간은 215년입니다. 이러한 계수는 성경의 연대기(年代記·chronology)에서 아주 명백합니다. 왜냐하면 모세는 암람에게서 태어났고, 암람은 고핫에게서, 그리고 고핫은 레위에게서 태어났으며, 고핫은 그의 아버지 레위와 함께 이집트에 내려갔기 (창세기 46 : 11) 때문입니다. 고핫의 생애의 나이는 133년이었고(출애굽기 6 : 18), 아론과 모세가 생겨난 암람의 생애의 나이는 137년이었고(출애굽기 6 : 20), 그리고 그가 바로 앞에 섰을 때, 모세가 80세의 남자이었습니다(출애굽기 7 : 7). 암람이 태어났을 때 고핫의 나이에 관해서는 언급되지 않았고, 모세가 태어났을 때 암람의 나이에 관해서도 언급되지 않았습니다. 그러나 거기에는 430년이 있지 않다는 것은 아주 명백합니다. 왜냐하면 그들의 연령의 햇수들은 430년에 이르는 숫자는 아니고, 다만 350년에 이르기 때문입니다. 이러한 수치는 고핫의 나이 133세를 암람의 나이 137세에 더하고(=270년), 그리고 모세가 바로 앞에 섰을 때 80세에 더하는 것에서 잘 나타나고 있습니다. 이 수치는 그들의 출생에서 비롯된 햇수를 모두 더한다고 해도 여전히 적습니다. 그들의 나이 전부가 215년이다는 것은 연대기(=연대학·chronology)에서

알 수 있겠습니다. 그러나 아브라함이 이집트에 내려간 것에서부터 이스라엘 자손의 이집트 출국까지는 430년이 되는데, 이런 사실은 연대기에서 잘 볼 수 있습니다. 이런 사실에서 밝히 알 수 있는 것은 "사백삼십 년"(430년)은 여기서는 아브라함부터 전 기간(全 期間)을 뜻하는 것이지 야곱에서부터의 기간을 뜻하는 것이 아니다는 것입니다. 이런 햇수가 명기되어 있고, 그리고 "이스라엘 자손의 거주 기간"이라고 불리우는 것은 성경말씀의 속뜻 때문인데, 그 뜻에서 그 햇수들은 충분한 상태(=완전한 상태·a full state)를 뜻하고, 그리고 영적인 교회에 속한 자들의 박탈 기간(the duration of the vastation)과 주님께서 강림하시기까지 낮은 땅(the lower earth)에 간수되었던 자들의 기간을 뜻합니다. 주님께서 오실 때 그들은 해방 되었습니다(6854·6914·7035·7091·7828·7932[A]항 참조).

7986. (그 일은) **사백삼십 년이 끝나는 바로 그 날에 일어났다.**
이 말씀이, 그들이 구원받는 때인, 주님의 강림의 때(the time of the Lord's coming)를 뜻한다는 것은 충분한 상태(a full state)를 가리키는, 그리고 영적인 교회에 속한 자들의 박탈의 기간, 또는 괴롭힘의 기간과, 위에서 설명한 것과 같이(7985항과 6854·6914·7035·7091·7828·7932[A]항 참조), 주님께서 오실 때, 해방된 낮은 땅에 갇혀 있었던 자들의 박탈의 기간을 가리키는 "사백삼십 년"(430years)의 뜻에서 잘 알 수 있습니다. 결과적으로 "이들 햇수의 마지막 날"은 그들이 구원받은 때인, 주님의 강림의 때를 뜻합니다.

7987. 바로 그 날(=같은 날)**에 그 일이 있었다.**
이 말씀이, 그 때를 가리킨다는 것은 상태를 가리키는 "날"(day)의 뜻에서(23·487·488·493·2788·3462·3785·4850·5672·5962·7680항 참조), 결과적으로는 "바로 그 날"(=같은 날)이라는 말은 그 상태에 있었다는 것을 뜻합니다. 다시 말하면, 주님의 강림 때와 그 상태를 뜻합니다. 이러한 내용은 "사백삼십 년의 마지막 날"이 뜻하고, 그리고 영적인 교회에 속한 자들의 해방은 "주의 군대가 이집트에서 나왔다"는 말이 뜻합니다.
7988. 주의 모든 군대가 이집트 땅에서 나왔다.
이 말씀이 진리와 선 안에 있었지만, 그럼에도 불구하고 여전히 거기에 억류되었던 자들이 풀려난 것을 뜻한다는 것은 공격들과 괴롭힘들에서 풀려나고, 해방된 것을 가리키는 "이집트 땅에서 나왔다"는 말의 뜻에서 잘 알 수 있습니다. 그리고 "나왔다"는 말이 끌려 나왔다는 것을 뜻한다는 것은 명확하고, 그리고 역시 "이집트 땅"은 온갖 괴롭힘의 상태를 뜻한다는 것은 7278항 참조하십시오. 그리고 영적인 교회에 속한 진리들이나 선들을 가리키는 따라서 진리와 선 안에 있는 자들을 가리키는 "여호와의 군대"(=주의 군대)의 뜻에서 (3448·7236항 참조) 잘 알 수 있습니다. 진리들이나 선들이 "여호와(=주)의 군대"를 가리킨다는 것은 다니엘서에서 명확합니다. 다니엘서의 말씀입니다.

> 그 가운데의 하나에서 또 다른 뿔 하나가 작게 돋기 시작하였으나 남쪽과 동쪽과 영광스러운 땅 쪽으로 크게 뻗어 나갔다. 그것이 하늘 군대에 미칠 만큼 강해지더니, 그 군대와 별 가운데서 몇을 땅에 떨어뜨리고 짓밟았다. 그것이 마치 하늘 군대를 주관하시는 분만큼이나 강해진 듯하더니, 그분에게 매일 드리는 제사마저 없애 버리고, 그분의 성전도 파괴하였다. 반역 때문에 성도들의 군대와 매일 드리는 제사가 그 뿔에게로 넘어갔다. 그 뿔은 하는 일마다 형통하였고, 진리는 땅에 떨어졌다. 내가 들으니, 어떤 거룩한 천사가 말하는데, 또 다른 천사가 먼저 말한 그 거룩한 천사에게 물었다. "환상 속에서 본 이 일들이 언제까지나 계속될까? 언제까지나 계속해서, 매일 드리는 제사가 폐지되고, 파멸을 불러올 반역이 자행되고, 성소를 빼앗기고, 백성이 짓밟힐까?" 다른 천사가 나에게 말하였다. "밤낮 이천삼백 일이 지나야 성소가 깨끗하게 될 것이다."
> (다니엘 8 : 9-13)

여기서도 밝히 알 수 있는 것은 "군대"(=군인들)가 진리들이나 선들을 뜻한다는 것입니다. 왜냐하면 "그 군대의 몇몇이" 그리고 "그 별의 몇몇이 땅에 떨어졌다"고 언급되었고, 그 뒤에는 그것이 "진리를 땅에 던져버렸다"고 언급하였고, 그리고 "그 군대는 저녁과 아침까지 짓밟혔다"고 언급되었기 때문입니다. 다시 말하면 주님의 강림의 때까지 짓밟힐 것이 언급되었기 때문입니다.

[2] 진리들이나 선들이 "여호와의 군대"를 가리키기 때문에, 그러므로 천사들을 아래의 장절에서 "그분의 군대"(His armies)라고 하였습니다. 즉—.

> 미가야가 말을 계속하였다. "내가 보니, 주께서 보좌에 앉으시고, 그 좌우 옆에는, 하늘의 모든 군대가 둘러 서 있었다."
> (열왕기 상 22 : 19)
> 천사들아,
> 주의 말씀을 듣고,
> 실행할 능력이 있는 용사들아,
> 주를 찬양하여라.
> 주의 군대들아,
> 그의 뜻을 실행하는 종들아,
> 주님을 찬양하여라.
> (시편 103 : 20, 21)

여기서 천사들은 그들이 처해 있는 진리들이나 선들로 인하여 "군대"라고 불리웠습니다. 또한 천사들이 "주의 군대"(=여호와의 군대)라고 불리웠을 뿐만 아니라, 해·달·별들과 같은, 하늘의 발광체(發光體)들이라고 하였는데, 그 이유는 "해"(太陽)는 사랑에 속한 선을 뜻하기 때문이고, 그리고 달(月)이 믿음에 속한 선을 뜻하고, "별들"(stars)이 선과 진리의 지식들을 뜻하기 때문입니다. 이런 발광체들이 "군대"라고 불리운 것은 창세기서에서 명확합니다. 창세기서의 말씀입니다.

> 하늘들과 땅이 완성되었다. 그리고 그것들의 모든 군대도 완성되었다.*
> (창세기 2 : 1)

여기서 "군대"(army)는 하늘의 모든 발광체를 뜻하지만, 그러나 속뜻으로 여기서는 사람의 새로운 창조를 기술하는데, 그 안에 있는 진리들이나 선들을 뜻합니다.
[3] 시편서에서도 마찬가지입니다.

> 주의 모든 천사들아,
> 주님을 찬양하여라.
> 주의 모든 군대야,
> 주님을 찬양하여라.
> 해와 달아, 주님을 찬양하여라.
> 빛나는 별들아, 모두 다 주님을 찬양하여라.
> (시편 148 : 2, 3)

"해"가 사랑에 속한 선을 뜻하고, "달"이 믿음에 속한 선을 뜻한다는 것은 1529・1530・2441・2495・4060・4696・5377・7083항을 참조하시고, "별들"이 선과 진리의 지식들을 뜻한다는 것은 1808・2120・2495・2849・4697항을 참조하십시오.
[4] "해・달・별들"이 선들이나 진리들을 뜻한다는 것은 천계에서 주님께서는 천적인 천사들(the celestial angels)에게는 태양이시고, 영적인 천사들(the spiritual angels)에게는 달이기 때문이고(1521・1529-1531・3636・3643・4300・4321・5097・7078・7083・7171・7173항 참조), 그리고 천사적인 거처들(the angelic abodes)은, 다니엘서의 말씀에 일치하여, 별들과 같이 빛을 발합니다. 다니엘서의

---

* 저자가 사용한 구절을 직역하였다. (역자 주)

말씀입니다.

> 지혜 있는 사람은 하늘의 별처럼 빛날 것이요, 많은 사람을 옳은 길로 인도한 사람은 별처럼 영원히 빛날 것이다.
> (다니엘 12 : 3)

[5] 천사들이 진리들이나 선들로 인하여 "여호와의 군대"(=주의 군대·the armies of Jehovah)라고 불리웠듯이, 해·달·별들도 그와 같이 불리웠고,, 그리고 모든 진리와 선이 주님에게서 발출하였기 때문에, 그러므로 성경말씀에서 주님께서는 "Jehovah Zebaoth" 다시 말하면, "만군의 주"(Jehovah of armies)라고 불리웠습니다(3448항 참조). 주님께서 그와 같이 불리운 것은, 주님께서는 사람을 위하여 지옥들에 대항하셔서 싸우신다는 사실에서 비롯된 것입니다. 이상의 모든 내용에서 볼 때 "여호와의 군대"(=주의 군대·the armies of Jehovah)가 속뜻으로 무엇을 뜻하는지 잘 알 수 있겠습니다. 이집트에서 나온 야곱의 자손이 이런 부류의 군대를 뜻하지 않고, 오히려 그들이 그것들(=진리들과 선들)을 표징한다는 것은 이집트에서의 그들의 삶에서 잘 알 수 있는데, 거기에서 그들은, 이런 것이 가시덤불에서 모세에게 언급되기까지는(출애굽 3 : 13-16), 여호와를 알지 못하였고, 심지어 그분의 이름(His name)도 알지 못하였습니다. 그리고 역시 그들은, 이집트 사람들과 꼭 같이, 송아지의 숭배자들이었습니다. 이러한 사실은 출애굽기서 32장에서 결론을 얻을 수 있겠습니다. 그리고 또한 그들의 광야 생활에서도 잘 알 수 있는데, 거기에서 그들은, 이들이 가나안 땅에 들어갈 수 없는, 그런 성품이었습니다. 따라서 그들은 여호와의 군대라고 하기에는 너무나도 멀리 떨어져 있었습니다.

7989. **그 날 밤에 주께서 그들을 이집트 땅에서 이끌어 내시려고 밤을 새우셨다**(=여호와에게 이 밤은 경계의 밤이었다).

이 말씀이 진리와 선 안에 있는 자들에게 있는 주님의 현존(現存·臨在·presence)을 뜻한다는 것, 그리고 악 안에, 그리고 거기에서 비롯된 거짓 안에 있는 자들에게 있는 주님의 현존(=임재)을 뜻한다는 것은 영벌의 상태를 가리키는 "밤"(night)의 뜻에서(7851항 참조), 그리고 주님의 현존을 가리키는, 그리고 거기에서 비롯된 보호(保護·protection)를 가리키는 "여호와에 대한 경계"의 뜻에서 잘 알 수 있습니다. 왜냐하면 주님의 현존을 통해서 선 안에, 그리고 거기에서 비롯된 진리 안에 있는 자들은 교화(敎化)되고, 빛을 발하지만, 악 안에, 그리고 그것에서 비롯된 거짓 안에 있는 자들은 장님이 되기 때문입니다. 그리고 또한 주님의 현존을 통해서 천계에 올리워지기 위하여 영벌에서부터 구출(救出)됩니다. 왜냐하면 그들은 악에서부터 멀리 옮겨지고, 그리고 선 안에 간수되기 때문입니다. 이런 일은 주님에게서 비롯된 강력한 힘에 의하여 이루어집니다. 주님의 현존에 의하여 지옥에 던져지는 자들은 영벌의 상태에 들어갑니다. 왜냐하면 주님의 현존의 계도에 일치하여 그들은 악 안에 있기 때문입니다(7643·7926항 참조). 그러므로 이 상태와 이 때가 "여호와에게는 경계의 밤"(=밤을 새우셨다)이라고 하였습니다. 주님의 현존이나 임재는 그들을 인도하기 위한 낮에는 구름기둥(the pillar of cloud)에 의하여, 그리고 밤에는 불기둥(the pillar of fire)에 의하여 기술되었습니다(출애굽 13 : 21). 그리고 선과 진리 안에 있는 자들과 그리고 악과 거짓 안에 있는 자들에게 있는 주님의 임재(=현존)는 이스라엘의 진영과 이집트 사람의 진영 사이에 세워진 기둥에 의하여 기술되었고, 그리고 또한 주님께서 그것에서 나와서 이집트 사람들의 진영을 살필 때, 이집트 사람들은 홍해 바다에 침몰되었다는 것에 의하여 기술되었습니다(출애굽 14 : 19, 20, 24-27).

7990. 주께서 그들을 이집트 땅에서 이끌어 내시려고…….
이 말씀이 영적인 포로상태로부터의 해방을 뜻한다는 것은 해방시키는 것을 가리키는 "이끌어낸다"(leading forth)는 말의 뜻에서, 그리고 악한 사람에 의하여 괴롭힘을 겪고 있는, 따라서 이미 앞에서 제시된 것에 일치한 그들이 영적인 포로상태에 있는 장소를 가리키는 "이집트 땅"의 뜻에서(6854 · 6914 · 7035 · 7091 · 7828 · 7932[A] · 7985항 참조) 잘 알 수 있습니다. 그들이, 그들의 내면적인 것들의 측면에서는 주님에 의하여 선과 진리 안에 간수되지만, 그들의 외면적인 것들의 측면에서는 주님에 의하여 악과 거짓 안에 간수되는 영적인 포로상태(spiritual captivity)에 있다고 언급되었는데, 그것에 서부터 겉사람(the external man)과 속사람(the internal man)의 다툼인 영적인 포로상태가 생겨납니다. 이 상태에는 공격받고, 괴롭힘을 겪는 자들이 간수되고 있고, 그 때 주님께서는 내면적인 것들을 통한 입류에 의하여 그들을 위해 지옥들에게서 비롯된 악과 거짓의 유입(afflux)에 대항하여 싸우십니다. 그 때 그들은 이른바 포로상태에 있게 되는데, 그 이유는 주님에게서 비롯되는 입류(influx)를 통하여 그들은 선이나 진리 안에 있기를 열망하지만, 그러나 지옥들에게서 비롯되는 유입(afflux)을 통하여 그들은 자신들에게는 그것이 불가능한 것처럼 여겨지기 때문입니다. 이와 같은 다툼은, 겉사람이 속사람에게 복종하기 위하여, 따라서 자연적인 것들이 영적인 것들에 대하여 예속(隷屬)하게 하는 목적 때문에 일어납니다.

7991. 그 밤은 주의 밤이 되었다(=이 밤은 여호와에 대한 경계의 밤이었다).
이 말씀이 그 때 그들이 모든 악과 거짓에게서 멀리 떨어지게 되었다는 것을 뜻한다는 것은 "여호와의 경계의 밤"에 관해서 위에서 설명한 내용에서(7989항 참조) 잘 알 수 있습니다.

7992. 밤(=주의 경계의 밤)**이다.**
이 말씀이, 진리에서 비롯된 선과 선에서 비롯된 진리를 가지고 있는 영적인 교회에 속한 자들을 뜻한다는 것은, 위에서 자주 언급한 것과 같이, 영적인 교회에 속한 자들을 가리키는 "이스라엘 자손"의 표징에서, 그리고 믿음이나 인애에 속한 것들을 가리키는(2020·

2584·6239항 참조), 따라서 진리에서 비롯된 선과 선에서 비롯된 진리를 가지고 있는 자들을 가리키는, "대대로"(代代·generations)라는 말의 뜻에서 잘 알 수 있습니다. 왜냐하면 영적인 교회에 속한 자들은, 믿음에 속한 진리에 의하여 인애에 속한 선에 인도되기 때문이고, 그리고 그들이 거기에 인도되었을 때 그들은 선에 의하여 진리들에게로 인도되기 때문입니다. 선에 의하여 진리들에게 인도된 그들은 내적인 교회(the internal church)를 형성하는 자들입니다. 그러나 진리에 의하여 선에 인도된 자들은 외적인 교회(the external church)를 형성하는 자들입니다.

7993. 43-49절. **주께서 모세와 아론에게 말씀하셨다. "유월절 규례는 이러하다. 이방 사람은 아무도 유월절 제물을 먹지 못한다. 그러나 돈으로 사들인 종으로서, 할례를 받은 사람은 누구나, 그것을 먹을 수 있다. 임시로 거주하는 타국인이나 고용된 타국인 품꾼은 그것을 먹을 수 없다. 어느 집이든지, 고기는 한 집에서 먹어야 하며, 그 고기를 조금이라도 집 바깥으로 가지고 나가서는 안 된다. 뼈는 하나라도 꺾어서는 안 된다. 이스라엘 모든 회중이 다 함께 이 유월절을 지켜야 한다. 너희에게 몸붙여 사는 외국인이 주의 유월절을 지키려고 하면, 너희는 그 모든 남자에게 할례를 받게 하여야 한다. 그런 다음에, 그는 본국인과 같이 되어서, 유월절에 참여할 수 있다. 할례를 받지 않은 사람은 아무도 제물을 먹어서는 안 된다. 본국인에게나 너희에게 몸붙여 사는 타국인에게나, 이 법은 동일하다."**

"주께서 모세와 아론에게 말씀하셨다"는 말씀은 신령진리에 의한 통지(=알림·information)를 뜻합니다. "유월절 규례는 이러하다"(=이것이 유월절의 규례다)는 말씀은 영벌의 상태나 괴롭힘의 상태에서 해방된 자들을 위한 질서의 법칙들(the laws of order)을 뜻합니다. "이방 사람은 아무도 유월절 제물을 먹지 못한다"는 말씀은 진리나 선 안에 있지 않은 자들은 그들에게서 분리되어야 한다는 것을 뜻합니다. "모든 사람의 종"은 여전히 자연적인 사람을 뜻하고, "돈으로 샀다"는 말씀은 어떤 영적인 진리를 가지고 있는 사람을 뜻하고, "할례를 받은 사람은 누구나"(=네가 그에게 할례를 주었다면)라는 말씀은 불결한 사랑들(=애욕들)로부터의 정결(=정화)을 뜻하고, "그것을 먹을 수 있다"라는 말씀은 그 사람은 그들과 함께 있을 것이다는 것을 뜻합니다. "임시로 거주하는 타국인이나 고용된 타국인 품꾼은 그것을 먹을 수 없다"는 말씀은 단순히 자연적인 성품으로 말미암아 선한 것을 행하는 자들과, 그들 자신의 이익 때문에 선한 것을 행하는 자들은 그들과 함께 있으면 안 된다는 것을 뜻합니다. "어느 집이든지, 고기는 한 집에서 먹어야 한다"는 말씀은, 그들이 함께 하나의 선을 이루기 위하여 조화되는 선들의 제휴들(提携・consociations)을 뜻합니다. "그 고기를 조금이라도 집 바깥으로 가지고 나가서는 안 된다"는 말씀은, 이 선을 다른 것의 선과 뒤섞어서는 안 된다는 것을 뜻합니다. "뼈는 하나라도 꺾어서는 안 된다"는 말씀은 역시 반드시 건전하여야 하는 기억지(記憶知・memory-knowledge)의 진리를 뜻합니다. "이스라엘 모든 회중이 다 함께 이 유월절을 지켜야 한다"는 말씀은 이 질서의 법칙은 진리에 속한 선이나, 선에 속한 진리 안에 있는 자들을 위한 것이다는 것을 뜻합니다. "너희에게 몸붙여 사는 외국인"이라는 말씀은 교회에 속한 진리와 선으로 가르침을 받고, 그리고 그것들을 영접, 수용한 자들을 뜻합니다. "주의 유월절을 지키려고 하면……"이라는 말씀은 만약에 그 사람이 그들과 함께 있기를 열망한다면 이라는 것을 뜻합니다. "너희는 그 모든 남자에게 할례를 받게 하여야 한다"는 말씀은 그 사람의 진리는 반드시 불결한 사랑들(=애욕들)에게서부터 정결하게 하여야 한다는 것을 뜻합니다. "그런 다음에, 그는 유월절에 참여할 수 있다"는 말씀은 그 때 그 사람은 그들과 같이 있을 것이다는 것을 뜻합니다. "그는 본국인과 같이 되었다"는 말씀은 그 사람은, 진리나 선 안에 있는 사람과 같이 영접될 것이고, 그리고 불결한 사랑들

(=애욕들)로부터 정결하게 된 사람과 같이 영접될 것이다는 것을 뜻합니다. "할례를 받지 않은 사람은 아무도 제물을 먹어서는 안 된다"는 말씀은 자기사랑(自我愛)과 세상사랑(世間愛) 안에 있는 자는 그들과 함께 있을 수 없다는 것을 뜻합니다. "본국인에게나 너희에게 몸붙여 사는 외국인에게나, 이 법은 동일하다"는 말씀은 가르침을 받은 자는 그 교회의 진리와 선을 영접, 수용하고, 그리고 그것들에 일치하여 사는 자는 이미 가르침을 받았고, 그리고 그 교회 안에 있고, 믿음에 속한 계율들이나, 인애에 속한 계율에 일치한 삶을 사는 자와 같다는 것을 뜻합니다.

7994. 주께서 모세와 아론에게 말씀하셨다.
이 말씀이 신령진리에 의한 통지(=알림·通知·information)를 뜻한다는 것은 교회의 규례들(=법령들·statutes)을 다루고 있는 경우, 통치나 또는 가르침(敎育)을 가리키는 "주께서 말씀하셨다"는 말의 뜻에서(7186·7267·7304·7380·7517·7769·7793·7825항 참조), 그리고 모세는 내적인 신령진리를, 아론은 외적인 신령진리인, 신령진리를 가리키는 "모세와 아론"의 표징에서(7009·7010·7089·7382항 참조) 잘 알 수 있습니다.

7995. "유월절 규례는 이러하다"(=이것이 유월절 규례이다).
이 말씀이 영벌의 상태나 온갖 괴롭힘들에게서 해방된 자들을 위한 질서의 법칙(the laws of order)을 뜻한다는 것은, 그것에 관해서는 아래에 언급할 것이지만, 질서에서 비롯된 것을 가리키는 "규례"(規例·statute)의 뜻에서, 그리고 주님의 임재(=현존)와 영벌의 상태로부터의 해방을 가리키는 "유월절"의 뜻에서(7093[E]·7867항 참조), 잘 알 수 있습니다. "규례"가 뜻하는 질서에 관해서 살필 때, 반드시 주지하여야 할 것은 이스라엘 자손에게 엄명된 모든 규례들은 외적인 형태(the external form) 안에 있는 질서의 법칙들이지만, 그러나 그것들이 표징하고 뜻하는 것들은 내적인 형태(the internal form) 안에 있는 질서의 법칙들이다는 것입니다. 질서의 법칙들은

선에서 비롯된 진리들입니다. 모든 질서의 법칙의 총합체(總合體·
the complex)는 주님의 신령선에서 발출하는 신령진리입니다. 이상
에서 밝히 알 수 있는 것은 천계에 있는 주님의 신령존재 자체는
질서이다는 것이고, 그리고 신령선은 질서의 본질이고, 신령진리는
그것의 형태(形態·formal)이다는 것입니다.

7996. "이방 사람은 아무도 유월절 제물을 먹지 못한다."

이 말씀이 진리나 선 안에 있지 않는 자들은 그들에게서 분리되어
야 한다는 것을 뜻한다는 것은 가나안 땅에 있는 민족들의 경우와
같이, 따라서 진리나 선 안에 있지 않는 자들과 같이, 진리에 속한
것들이나, 믿음의 선을 시인하지 않는 교회 밖에 있는 자를 가리키
는 "이방 사람"(an alien)의 뜻에서(2049·2115항 참조), 그리고 그들
과 교류하고, 결합하는 것을 가리키는, 따라서 그들에게서 분리되어
야 한다는 것을 가리키는 "제물을 먹어서는 안 된다"는 말의 뜻에
서 잘 알 수 있습니다. 아래에서는 유월절 제물을 함께 먹어야 하는
자들과 함께 먹어서는 안 되는 자들이 다루어지고 있습니다. 유월절
의 만찬(晚餐)은 천계에 있는 선한 사람의 제휴(提携·consociations)
를 뜻합니다. 그리고 이어지는 규례들 안에는 제휴할 수 있는 자와
제휴할 수 없는 자가 누구인지 아주 명백합니다. 일반적으로 저녁식
사나 만찬을 가리키는 향연(=잔치·饗宴·feast)은, 고대에서는 그들
이 사랑의 측면에서 제휴하기 위하여, 그리고 그들이 사랑과 믿음에
속한 것들을, 따라서 천계에 속한 것들을(3596·3832·5161항 참조)
다른 자들에게 가르치기 위하여, 교회 안에서 성행되었습니다. 그
때의 그런 내용은 그들의 향연(=연회·banquet)에서 비롯되는 기쁨
들(喜悅)이었고, 그리고 그런 것들은 그들의 정찬들이나 만찬들이 가
리키는 목적이었습니다. 그러므로 마음과 육체가 전적으로 동의하
고, 서로 일치하여 기름지게 하였습니다. 그들은 이것으로부터 건강
이나, 장수(長壽)를 취하였고, 그리고 그것으로부터 그들은 총명이나
지혜를 취하였습니다. 그리고 또한 이것으로 말미암아 그들은 천계

와 내통(內通)하였고, 그리고 몇몇은 천사들과의 공개적인 교류도 가졌습니다. 그러나 시간의 경과 속에서 모든 내적인 것들은 소실(消失)되었고, 그리고 외적인 것들로 바뀌었듯이, 역시 잔치들이나 연회들의 목적도 그와 같이 소실되었습니다. 그리고 오늘날 연회나 잔치는 영적인 결합(spiritual communication)의 목적은 잃어버렸고, 다만 세상적인 결합의 목적만 남았습니다. 다시 말하면 재물의 취득이나, 영예 따위나 쾌락을 추구하는 것으로 전락하였습니다. 그런 것으로 인하여 육신의 보양(保養·nourishment)은 있지만, 마음의 보양은 전혀 없습니다.

7997. 유월절 만찬이 선들과 진리들의 측면에서 천계에 있는 천사들의 제휴(提携)를 표징한다는 것은 7836·7996항을 참조하십시오. 그것이 이런 것들을 뜻하기 때문에 각자들은 자신의 집에 모여서 음식을 먹을 뿐만 아니라, 천계적인 사회들에 속한 것을 가리키는 사랑의 결합(the conjunction of love)을 표징하는 자들이 아니면, 어느 누구도 제휴해서는 안 되었습니다. 따라서 그렇지 않은 자는 반드시 분리되어야만 했습니다. 분리되어야 했던 자들은 이방 사람들이었습니다. 왜냐하면 그들은 그 교회의 선이나, 진리 안에 있지 않는 자들을 뜻하기 때문입니다. 그리고 또한 잠시 머무는 자들(=숙박인)이나 품꾼들이었는데, 그 이유는 그들이 단순히 자연적인 기질에서 비롯된 자들을 표징하고, 재물을 취득할 목적으로 선이나 진리를 행하는 자들이고, 그런 것들을 자랑하고, 뽐내는 자들이기 때문입니다. 후자도, 전자도 모두 천계에 있는 천사들과 제휴될 수 없습니다. 그러나 여기저기를 떠돌아다니는 것이 그들에게 허락된 경우, 이와 같은 일은, 그들이 저 세상에 이르렀을 때의 처음이나, 그들이 선이나 진리의 박탈의 상태에 놓이기 전에 일어나는 경우인데, 그 때 그들이 어떤 천사적인 사회에 가까이 이르게 되면, 그들은 유월절 양의 피가 뜻하는 이노센스의 선에 속한 진리에게서 비롯되는 거룩한 영기(靈氣·the sphere of sanctity)를 느끼게 되면(7846·

7877항 참조), 그들은 더 근접할 수 없고, 그리고 두려움과 혐오감 때문에 거기에서 도망치게 됩니다.

7998. "모든 사람의 종······."

이 말씀이 여전히 자연적인 사람을 뜻한다는 것은 자연적인 것을 가리키는, 따라서 자연적인 사람을 가리키는 "종"의 뜻에서(3019・3020・3191・3192・3204・3206・3209・5305항 참조) 잘 알 수 있니다. 자연적인 사람이 종이라고 불리웠는데, 그 이유는, 종이 그 주인에게 하듯이, 영적인 사람을 섬기고, 그리고 그에게 복종하기 위한 것이기 때문입니다.

7999. "돈으로 샀다"(=돈으로 산 종).

이 말씀이 영적인 진리를 가진 자들을 뜻한다는 것은 소유(所有・취득・acquisition)나 전유(專有・appropriation)를 가리키는 "산다"(購買・buying)는 말의 뜻에서(4397・4487・5374・5397・5406・5410・5426항 참조), 그리고 여기서는 영적인 진리를 가리키는, "돈"(=은・銀・silver)의 뜻에서(1551・2954・5658항 참조) 잘 알 수 있습니다. 그 이유는 돈으로 팔려온 "종"은 속뜻으로 자연적인 사람을 뜻하고, 그러므로 그것을 사는 사람은 영적인 사람을 가리키기 때문입니다. 이러한 내용이 어떠한 것인지는, 영적인 것이 자신을 위하여 산다는 것, 다시 말하면 자연적인 것을 취하고 전유하는 것이 어떤 것인지를 알지 못하면, 전혀 알 수 없습니다. 사람이 중생과정에 있을 때, 그의 속사람이나 겉사람, 다시 말하면 영적인 사람이나 자연적인 사람은 처음에는 많은 차이가 있습니다. 왜냐하면 영적인 사람은 천계에 속한 것을 원하지만, 자연적인 사람은 세상에 속한 것을 원하기 때문입니다. 그러나 그 때 영적인 것은 자연적인 것에 계속해서 입류하고, 그리고 그것을 영적인 것에 일치시킵니다. 이러한 일은 진리에 의하여 완수되고, 그리고 영적인 것은, "돈으로 샀다"고 하는, 다시 말하면 진리에 의하여 취득하고 전유한 자연적인 것 안에 있는 영적인 것 자체에 가지고 오는 것에 의하여 이루어집니다.

8000. "**할례를 받은 사람은……**"(=너는 그에게 할례를 주어야 한다). 이 말씀이 불결한 사랑들(=애욕들)로부터의 정화를 뜻한다는 것은 자기사랑과 세상사랑, 따라서 불결한 사랑들(=애욕들)로부터의 정화를 가리키는 "할례를 준다"(=할례 받는다)는 말의 뜻에서(2039·2056·2632·3412·3462·7045항 참조) 잘 알 수 있습니다.

8001. "**그 때**(=할례 받은 뒤에) **그는 그것을 먹을 수 있다.**" 이 말씀이 그 사람이 그들과 함께 있을 것이다는 것을 뜻한다는 것은, 나머지 사람들과 함께 교류(=내통)하고, 결합하는 것을 가리키는 "그것을 먹는다" 다시 말하면 "유월절 양을 먹는다"는 말의 뜻에서 (2187·5643항 참조), 잘 알 수 있습니다. 왜냐하면 앞에서 언급한 것과 같이(7836·7850·7996·7997항 참조), 유월절의 저녁만찬은 선들과 진리들의 측면에서 천사적인 제휴들을 표의하기 때문입니다. 그리고 여기서 다루고 있는 이방 사람들·종들·고용된 타국인들·품꾼들·체류자들에 관한 규례들은, 제휴할 수 있는 자들이나 제휴할 수 없는 자들을 속뜻으로 선언하고 있기 때문입니다. 그러므로 "먹는다"(eating)는 말은 그들과 함께 있다, 또는 제휴한다는 것을 뜻하고, "먹지 못한다"는 말은 그들과 함께 있지 않는다, 또는 분리되어야 한다는 것을 뜻합니다.

8002. "**임시로 거주하는 타국인이나 고용된 타국인 품꾼은 그것을 먹을 수 없다.**" 이 말씀이 단순한 성품(性稟·氣質·disposition)으로 말미암아 선한 것을 행하는 자들이, 그리고 자기 자신의 이익들 때문에 그것을 행하는 자들이 그들과 함께 있으면 안 된다는 것을 뜻한다는 것은, 아래에서 설명하겠지만, 단순한 자연적인 성품에서 선한 것을 행하는 자를 가리키는 "임시로 거주하는 타국인"(=숙박인·lodger)의 뜻에서, 그리고 역시 아래에서 언급하겠지만, 자기 자신의 이익을 위하여 선한 것을 행하는 자를 가리키는 "고용된 타국인 품꾼"의 뜻에서, 그리고 그들과 함께 있지 않다는 것을 가리키는 "그것을 먹을

수 없다"는 말의 뜻에서(8001항 참조) 잘 알 수 있습니다. "임시로 거주하는 타국인"(=숙박인 · lodger)이 단순한 자연적인 기질에서 선한 것을 행하는 것을 뜻한다는 것은 다른 백성들에게서부터 와서, 거주하는 자들이고, 그리고 한 집에서 이스라엘 사람이나, 유대 사람들과 함께 사는 자들이고, 그리고 "함께 산다"(=거주한다)는 말이 선 안에 함께 있다는 것을 뜻하기 때문입니다. 그러나 위에서 언급한 것과 같이, 그들이 교회 밖에 속한 백성들에게서 왔기 때문에, 여기서 뜻하는 선은 교회에 속한 선이 아니고, 오히려 교회에 속하지 않은 선을 뜻합니다. 이 선이 자연적인 선(natural good)이라고 부르는 것인데, 그 이유는 출생에서부터 비롯된 유전(遺傳)적인 것이기 때문입니다. 더욱이 어떤 사람의 경우는 나쁜 건강이나, 신체적인 허약의 결과로 인한 그런 부류의 선을 가지고 있기도 합니다. 이 선은 바로 "숙박인"이 뜻하는 그들이 행한 선입니다.

[2] 이 선은 교회에 속한 선과는 전적으로 다릅니다. 왜냐하면 교회에 속한 선은 사람 안에 형성된 양심을 뜻하는데, 그것은 천사들이 거기에 입류하는 지평(地平)이고, 그리고 그것을 통하여 거기에는 그들과 함께 하는 우정(=교제 · fellowship)이 있습니다. 이에 반하여 자연적인 선을 통해서는 천사들을 위한 그와 같은 지평(地平)은 형성될 수 없습니다. 이런 선 안에 있는 자들은, 맹목적인 본능(blind instinct)에서 비롯된 흑암의 상태에서 선을 행하고, 그리고 천계에서 비롯된 입류에 의한 진리의 빛 안에 있지 않습니다. 그러므로 저 세상에서 그들은, 마치 바람에 나는 왕겨와 같이, 한 악한 사람이 많은 자들을, 그리고 한 선한 사람이 많은 자들을 날려버리듯이, 날아가 버립니다. 더욱이 그들은 정동이나 종지(宗旨)에 속한 추론들에 결합시키는 방법을 아는 악한 자에 의하여 날아갑니다. 왜냐하면 그때에는 천사들에 의해서도 막을 수 없기 때문입니다. 왜냐하면 천사들은 진리들을 통해서, 또는 믿음에 속한 선들을 통해서 역사하시고, 또한 천사들은 진리들이나 믿음에 속한 선들로부터 그 사람 안

에 형성된 지평(地平)에 입류할 수 있기 때문입니다. 이상에서 밝히 알 수 있는 것은 단순한 자연적인 성품이나 기질에서 선한 것을 행하는 자들은 천사들과 제휴될 수 없다는 사실입니다. 저 세상에서 그런 자들이나 그들의 처지에 관한 내용은 3470·3471·3518·4988·5032·6208·7197항을 참조하십시오.

[3] "숙박인"이 자신의 땅이나, 자신의 집에 머물지 않고, 외국 땅에 머문 자들을 가리킨다는 것은 아래의 장절들에서 잘 알 수 있습니다.

> 땅을 아주 팔지는 못한다. 땅은 나의 것이다. 너희는 다만 나그네이며, 나에게 와서 사는 임시 거주자일 뿐이다.
> (레위기 25 : 23)
> 주님, 내 기도를 들어 주시고,
> 내 부르짖음에 귀를 기울여 주십시오.
> 내 눈물을 보시고,
> 잠잠히 계시지 말아 주십시오.
> 나 또한 조상처럼 떠돌면서
> 주님과 더불어 살아가는
> 나그네이기 때문입니다.
> (시편 39 : 12)
> 아브라함은 죽은 아내 옆에서 물러나와서, 헷 사람에게로 가서 말하였다. "나는 여러분 가운데서 나그네로, 떠돌이로 살고 있습니다. 죽은 아내를 묻으려고 하는데, 무덤으로 쓸 땅을 여러분들에게서 좀 살 수 있게 해주시기를 바랍니다.
> (창세기 23 : 4, 5)

여기서 "체류자"(滯留者)나 "임시 거주자"(=떠돌이)는 꼭 같이 다른 땅에서 오는 자나 거주자를 뜻하지만, 그러나 "체류자"(滯留者·sojourner)는 교회에 속한 진리들로 가르침을 받고, 그리고 그것들을 영접, 수용한 자들을 뜻합니다. 그리고 "임시 거주자"(=임시로 거주

하는 타국인·lodgers)는 교회에 속한 진리들로 가르침을 받지 않은 자들을 뜻하는데, 그 이유는 그들이 그것들을 영접, 수용하기를 원하지 않기 때문입니다.

[4] "고용인들"(hirelings)에 관해서 살펴보면, 그들은, 종들과 같이 임금 때문에, 일을 하지만, 그러나 팔려온 자들은 아닙니다. 이런 부류의 자들이 고용인들(hirelings)이라고 불리운다는 것은 레위기서 19장 13절, 25장 4-6절, 신명기서 24장 14, 15절을 참조하십시오, "고용인들"이 임금(賃金) 때문에 일하는 자들을 뜻하기 때문에, 속뜻으로 그들은 이 세상에서 자신들의 이익을 위해 선한 것을 행하는 자들을 뜻하고, 더 깊은 심오한 뜻으로는 저 세상에서 상급(賞給·reward)을 목적으로 선한 것을 행하는 자들을 뜻합니다. 따라서 그들은 일들에 의한 공로를 열망하는 자들입니다.

[5] 이 세상에서 자기 자신의 이익을 위해서 선한 것을 행하는 자들은 천사들과 제휴하는 것은 불가능합니다. 그 이유는 그들이 염두에 둔 목적은 세상이기 때문입니다. 다시 말하면 물질의 부(富)이고, 뽐냄이지, 천계가 아니기 때문입니다. 다시 말하면 영혼의 지복(至福)이나, 행복이 아니기 때문입니다. 행동들(=행위들·actions)을 결정하는 것이 목적(目的·end)이고, 그리고 목적은 행위들에게 그것의 성질을 줍니다. 자기 자신의 이익을 위하여 단순하게 선한 것을 행하는 자들에 관해서 주님께서는 이렇게 말씀하셨습니다.

> 나는 선한 목자다. 선한 목자는 양을 위하여 자기 목숨을 버린다. 삯꾼은 목자가 아니요, 양도 자기의 것이 아니므로, 이리가 오는 것을 보면, 양들을 버리고 달아난다. 그러면 이리가 양들을 물어가고, 양 떼를 흩어버린다. 그는 삯꾼이어서, 양들을 생각하지 않기 때문이다.
> (요한 10 : 11-13)

예쁘디예쁜 암송아지 이집트가,
이제는 북녘에서 마구 밀려오는
쇠파리 떼에 시달리는

　　　　　　　　12 : 1 - 51

암송아지가 될 것이다.
사서 들여온 용병들은
살진 송아지들이다.
파멸의 날이 다가오고,
징벌의 날이 다가오면,
그들마저도 버티지 못하고 돌아서서
다 함께 달아날 것이다.
(예레미야 46 : 20, 21)

[6] 임시 거주자들(=떠돌이들)이나 고용인들이 교회에 속한 자들에게 있는 거룩한 것들의 측면에서 제휴되지 않는다는 것은 이런 것에서 잘 알 수 있습니다.

제사장이 아닌 여느 사람은, 아무도 그 거룩한 제사음식을 먹지 못한다. 제사장이 데리고 있는 나그네나 그가 쓰는 품꾼도, 그 거룩한 제사음식을 먹지 못한다.
(레위기 22 : 10)

영원히 섬겨야만 하는 종은 나그네의 아들로부터 돈으로 사야 한다는 것도 같은 책에 있습니다.

네가 남종이나 여종을 두려면, 너의 주변에 있는 여러 나라에서 남종이나 여종을 사들일 수 있다. 너는 또, 너와 함께 사는 외국인 거주자(=나그네)의 자손 가운데서나, 너의 땅에서 태어나서 너와 함께 사는 그들의 가족 가운데서 종을 사서, 너의 소유로 삼을 수 있다. 너는 또 그 종들을 너의 자손에게 영원한 유산으로 물려줄 수도 있다. 바로 이들은 네가 종으로 부려도 된다. 그러나 너의 동포 이스라엘 자손들끼리 서로 부려서는 안 된다.
(레위기 25 : 44-46)

"임시로 거주하는 타국인"(=나그네)은 단순한 자연적인 빛에서 비롯된 기억지(記憶知)를 뜻하고, 영적인 진리들이 이런 것들을 다스릴 것이다는 사실은 "영원한 소유로 나그네의 아들들을 돈으로 산 종들"이 뜻합니다.

[7] 그러나 저 세상에서 품꾼(=고용인)이 뜻하는 보상을 목적으로 선한 것을 행하는 자들은 지금 언급하고 있는, 천계에서 목적으로 생명과 행복을 가지고 있는 자들과는 전혀 다릅니다. 그러나 이 목적이 그들의 신령예배를 주님으로부터 자기 자신에게로 결정하고, 부정하게 전환하고, 그리고 결과적으로 오직 자신들만 잘 되기를 열망하고, 다른 자들에 대해서는 이들이 그들 자신들에게 잘 되기를 열망하고, 그리고 따라서 자기사랑(自我愛)은 작고 큰 모든 것들 안에 자리 잡고 있고, 그리고 이웃에 속한 사랑은 그런 것들 안에 존재하지 않기 때문에, 그러므로 그들은 결코 순수한 인애를 가지고 있지 않습니다. 이들은 역시 천사들과 제휴될 수 없습니다. 왜냐하면 천사들은 보상이나 보수라는 말이나 개념조차도 모두 싫어하기 때문입니다. 보은(報恩)이나 특전(特典·benefits)은 보상의 목적에서 떠나 있어야만 한다는 것을 주님께서 누가복음서에서 가르치셨습니다. 누가복음서의 말씀입니다.

> 너희가 너희를 사랑하는 사람만 사랑하면, 그것이 너희에게 무슨 장한 일이 되겠느냐?……너희를 좋게 대하여 주는 사람들에게만 너희가 좋게 대하면, 그것이 너희에게 무슨 장한 일이 되겠느냐?……너희는 너희 원수를 사랑하고, 좋게 대하여 주고, 또 아무것도 바라지 말고 꾸어 주어라. 그러면 너희는 큰 상을 받을 것이요, 너희는 가장 높으신 분의 자녀가 될 것이다.
> (누가 6 : 32-35 ; 14 : 12-14)

공로적인 선들(meritorious goods)이나 그것의 성질에 관해서는 1110 · 1111 · 1774 · 1835 · 1877 · 2027 · 2273 · 2340 · 2373 · 2400

· 3816 · 4007 · 4174 · 4943 · 6388-6390 · 6392 · 6393 · 6478항을 참조하십시오.
[8] 선한 것을 행하는 자들이 "천계에서 그들의 상을 차지할 것이다"고 주님께서 자주 말씀하셨다(마태 5 : 11, 12 ; 6 : 1, 2, 16 ; 10 : 41, 42 ; 20 : 1-16 ; 마가 9 : 41 ; 누가 6 : 23, 35 ; 14 : 14 ; 요한 4 : 36)는 것은 사람이 중생하기 전에는 사람은 상급에 관해서 생각할 수밖에 없지만, 그러나 그가 중생되었을 경우에는 그것은 전혀 다르기 때문입니다. 그 때 그는, 어느 누구가 보상을 목적해서 자신의 이웃에게 도움 따위를 준다면, 몹시 분노할 것입니다. 왜냐하면 그 사람은 누구에게 도움이나 이익을 주는 것에서는 기쁨이나 지복(至福)을 느끼지만, 보상 따위에서는 그런 것을 느낄 수 없기 때문입니다. 속뜻으로 "보상"(=상급·reward)은 인애의 정동에 속한 기쁨을 뜻한다는 것은 3816 · 3956 · 6388 · 6478항을 참조하십시오.

8003. "어느 집이든지, 그 고기는 한 집에서 먹어야 한다."
이 말씀이 일치하는 선들이 모여서 하나의 선을 이루기 위하여 그것들의 제휴를 뜻한다는 것은 유월절 만찬이 천계에 있는 천사적인 제휴들을 뜻한다는 사실에서, 그리고 이스라엘 자손의 각각의 집은 개별적인 하나의 사회를 뜻한다는 사실에서(7836 · 7891 · 7996 · 7997항 참조) 잘 알 수 있습니다. 천사적 사회들이 선들에 따라서 서로서로 모두 분별되는데, 이러한 분별은 일반적으로, 특정적으로, 또는 개별적으로 분별되고 있습니다(3241 · 4625항 참조). 제휴하고 있는 그들은 동일한 선 안에 있습니다. 이러한 자들이 하나의 선을 이루고 있다는 것은 하나의 선(every good)은 하나에서 생성되지 않고, 오히려 많은 선(from many good)에서 생성되기 때문입니다. 왜냐하면 다종다양(多種多樣)하지만 일치하는 수많은 것들로부터 조화(調和·harmony)에 의하여 하나를 형성하는 한 형체가 형성되기 때문입니다. 그리고 천계에서는 영적인 조화(spiritual harmony)에 의하여 하나의 형체가 이루어지는데, 그것은 사랑의 선들에 속한 것입니다(3241・3267・3744-3764・3986・4005・4149・5598・7236・7833・7836항 참조). 이상에서 잘 알 수 있는 사실은 "한 집에서 그 고기를 먹어야 한다"는 말이 그들이 모두 합쳐서 하나의 선을 이루기 위한 일치된 선들의 제휴들을 뜻한다는 것입니다. "먹는다"(to eat)는 것은, 다시 말하면 유월절 제물을 먹는다는 것은 제휴하는 것, 또는 그들과 더불어 하나가 되는 것을 뜻한다는 것은 8001항을 참조하십시오.

8004. "그 고기를 조금이라도 집 바깥으로 가지고 나가서는 안 된다."

이 말씀이, 이 선은 다른 것의 선으로 뒤섞어서는 안 된다는 것을 뜻한다는 것은, 먹을 것을 다른 사람에게 준다는 것을 가리키는, 따라서 그 사회에 속한 선 이외의 다른 선과 뒤섞는 것을 가리키는 "그 집 바깥으로 가지고 나간다"는 말의 뜻에서, 그리고 선을 가리키는 "그 고기"의 뜻에서(6968・7850항 참조) 잘 알 수 있습니다. 왜냐하면 천계의 사회들은 인체 안에 있는 모든 사지들・내장들・기관들의 기능들에 따라서 서로 구분되기 때문입니다. 이러한 내용은 우리의 많은 장들의 말미에서 이미 입증되었습니다. 대응(對應)에 의하여 각각의 사지(四肢)・내장・기관의 기능은 다른 어떤 것과 명확하게 분별되는 개별적인 선과 관계를 가지고 있습니다. 이상에서 밝히 알 수 있는 것은 선들은 여러 종류의 것들이 있고, 그리고 그것들로부터 분명하게 분별되는 형체들이 형성되고, 그것에서 취한 형체들이 가장 완전한 천계의 형체(the most perfect form of heaven)를 완성하기 위하여 그것들은 결코 서로 뒤섞어서는 안 되는 사실입니다. 왜냐하면 그것들이 서로 뒤섞이게 되면, 그 분별(分別・distinction)은 상실되기 때문입니다. 이러한 내용은, 그들이 그 집에서 바깥으로 그 고기를 가지고 나가서는 안 된다는 명령이 뜻하는 것입니다.

8005. "뼈는 하나라도 꺾어서는 안 된다."

이 말씀이, 반드시 건전한 것인, 기억지에 속한 진리를 뜻한다는 것은, 그것들을 지탱하고, 갈기갈기 잘라지지 않기 위하여 그것들의 기초(=토대)로서 내면적인 것들이 종결하는 궁극적인 것을 가리키는 "뼈"(bone)의 뜻에서 잘 알 수 있습니다. 영적인 것들 안에 있는 이런 부류의 궁극적인 것은 기억지(記憶知·memory-knowledge)입니다. 왜냐하면 모든 영적인 진리들이나 선들은 질서에 일치하여 낮은 것들(lower things)에 입류하고, 종국에는 그것들이 사람에게 가시적으로 자기 자신들을 드러내는 기억지들 안에서 종결되기 때문입니다. "너희는 뼈 하나라도 꺾어서는 안 된다"는 말이 반드시 건전하여야 한다는 것을 뜻한다는 것은 자명합니다. 기억지는, 그것의 선과 일치하는 진리 이외에는 아무것도 허입하지 않을 때 건전합니다. 왜냐하면 기억지는 일반적인 수용그릇(the general receptacle)이기 때문입니다. 더욱이 기억지들은 사람 안에 있는 뼈들과 꼭 같습니다. 만약에 이것들이 건전하지 않다면, 또는 그것들의 질서 안에 있지 않다면, 다시 말하면 마치 관절이 탈구(脫臼)되고, 뒤틀린 것과 같이 된다면, 육체의 형태는 그것에 의하여 변화되고, 그리고 행위들 역시 그것에 일치하여 자연스럽지 못할 것입니다. 기억지의 진리들은 교리적인 것들입니다.

8006. "이스라엘 모든 회중이 다 함께 이 유월절을 지켜야 한다."

이 말씀이 질서의 법칙(law of order)은 진리의 선 안에, 그리고 선의 진리 안에 있는 모든 자들을 위한 것이다는 것을 뜻한다는 것은 하나의 총합체 안에 있는 모든 진리들과 선들을 가리키는 "이스라엘 회중"의 뜻에서(7830항 참조), 따라서 선이 그것을 통해서 존재하는 진리 안에 있는 자들과 진리가 그것을 통해서 존재하는 선 안에 있는 자들을 가리키는(7957항 참조), 결과적으로는 영적인 교회에 속한 자들을 가리키는 "이스라엘 회중"의 뜻에서 잘 알 수 있습니다. 이런 모든 자들이 유월절을 지킬 것이다는 것은, 주님의 강림 때까지 낮은 땅(the lower earth)에 감금되어 있어야 했던 영적인 교회에 속한 자들의 해방을 뜻합니다(6854・6914・7091・7849・7932항 참조). 그들이 한 집에서 함께 먹는다는 것은 천계에 있는 천사적인 제휴를 뜻하고(7836・7996・7997항 참조), 따라서 전 이스라엘 회중이 유월절을 지킨다는 것은 전 천계를 뜻합니다. 그 때 거기에는 어디에도 교회는 없었고, 다만 교회의 표징만 있었습니다. 왜냐하면 야곱에서 비롯된 아브라함의 후손이 그것을 취하였기 때문입니다. 천계와의 교류, 그리고 천계를 통한 주님과의 교류는 교회의 표징들에 의하여 주어졌습니다. 이런 이유 때문에, 모든 규례들과 모든 법칙들, 특히 몸을 깨끗이 하고, 유월절을 지키지 않으면 자기 백성에게서 끊어질 것이다(민수기 9 : 13)고 할 정도로, 유월절에 관한 규례들을 그 민족이 엄하게 지킬 것을 부과하였습니다.

8007. "너희에게 몸붙여 사는 외국인이 (주의 유월절을) **지키려고 한다면……."**
이 말씀이 교회에 속한 진리나 선 안에서 가르침을 받고, 그리고 그것들을 영접, 수용한 자들을 뜻한다는 것은 그 교회에 속한 규례들이나 법칙들을 배우고, 수용한 자들을 가리키는 "몸붙여 사는 외국인"(=체류자들・sojourner)의 뜻에서(2025・4444・7908항 참조), 잘 알 수 있습니다. "그가 너희와 함께 체류할 때"라고 언급되었는데, 그 이유는 "체류한다"(=여행한다)는 말이 가르침을 받고, 사는 것을 뜻하기 때문입니다(1463・3672항 참조). 따라서 "그들과 함께 체류하는 체류자들"(=외국인 체류자)은 교회에 속한 진리나 선을 배우고, 그것들을 영접, 수용한 자들 뿐만 아니라, 그것들에 일치하여 살고 있는 자들을 뜻합니다.

8008. "주의 유월절을 지킨다"(=주께 유월절을 지킨다).
이 말씀이 만약에 그 사람이 그들과 함께 있기를 열망한다면을 뜻한다는 것은 그들과 함께 있는 것을 가리키는 "주께 유월절을 지킨다"는 말의 뜻에서, 다시 말하면 그것을 먹는다는 말의 뜻에서(8001

항 참조) 잘 알 수 있습니다.

8009. "너희는 그 모든 남자에게서 할례를 받게 하여야 한다" (=그의 모든 남자는 할례를 받아야 한다).
이 말씀이 그의 진리는 반드시 불결한 사랑들(=애욕들·impure loves)로부터 정결하여야 한다는 것을 뜻한다는 것은, 불결한 사랑들로부터 정화되고, 정결하게 되는 것을 가리키는 "할례를 받는다"는 말의 뜻에서(2039·2056·2632·3412·3413·4462·7045항 참조), 그리고 믿음의 진리를 가리키는 "남자"(=남성·male)의 뜻에서 (749·2046·4005·7838항 참조) 잘 알 수 있습니다.

8010. "그런 다음에, 그는 (본국인과 같이 되어서) **유월절에 참여할 수 있다"**(=그는 가까이 와서 유월절을 지키게 하여라).
이 말씀이 그 때 그 사람은 그들과 함께 있을 것이다는 것을 뜻합니다(8008항 참조).

8011. "그는 본국인과 같이 되어서"(=그 땅에서 태어난 사람과 같이 된다).
이 말씀이 마치 이 진리와 선 안에 있고, 불결한 사랑들에게서 정화된 자는 영접, 수용될 것이다는 것을 뜻한다는 것은 그 교회 안에 태어났고, 그리고 그 교회의 진리나 선 안에 있는 자를 가리키는, 결과적으로는 불결한 사랑들(=애욕들)로부터 정화된 자를 가리키는 "본국인"(=그 땅에 태어난 사람)의 뜻에서 잘 알 수 있습니다. "본국인"(=그 땅에 태어난 사람·a native of the land)이 언급되었는데, 그 이유는 "땅"(land)이 교회를 뜻하기 때문입니다. 성경에서 "땅"(land)이 교회를 뜻한다는 것은 566·662·1066·1067·1262·1413·1607·1733·1850·2117·2118·2571·2928·3355·4447·4535·5577항을 참조하십시오.. "땅"이 교회를 뜻한다는 것은 성경에서 "땅"은 가나안 땅을 뜻하고, "가나안 땅"은 주님나라와 교회를 뜻하기 때문입니다(1413·1437·1585·1607·1866·3038·3481·3686·3705·4116·4240·4447·4454·4516·4517·5136

·5757·6516항 참조). 성경에 거명된 모든 땅은 천사들은 그 땅으로 이해하지 않고, 천사들은 거기에 있었던 민족으로 이해하고, 그리고 그것의 영성(靈性·spirituality)의 측면에서, 다시 말하면 그 교회에 속한 성품의 측면에서 그 민족에게 있는 그 민족의 됨됨이로 이해합니다. 그 민족의 성품에 관한 개념이, 그 땅의 이름이 명명(命名)되었을 때, 생겨났다는 것은 잘 알려져 있습니다. 왜냐하면 이 경우는 사람들의 경우와 꼭 같은데, 더욱이 천사들에게도 그러한데, 사람들이나 천사들은 모든 자연적인 것에 관해서 영적으로 생각하기 때문입니다.

8012. "할례를 받지 않은 사람은 아무도 제물을 먹어서는 안 된다."
이 말씀이 자기사랑(自我愛)이나 세상사랑(世間愛) 안에 있는 사람은 그들과 함께 있을 수 없다는 것을 뜻한다는 것은, 자기사랑이나 세상사랑 안에 있는 자를 가리키는 "할례 받지 않은 사람"(an uncircumcised person)의 뜻에서(2056·3412·3413·7045항 참조), 그리고 그들과 함께 있다는 것을 가리키는 "그것을 먹는다"(=제물을 먹는다)는 말의 뜻에서, 다시 말하면 유월절의 뜻에서(8001항 참조) 잘 알 수 있습니다.

8013. "본국인에게나 너희에게 몸붙여 사는 타국인에게나, 이 법은 동일하다."
이 말씀이 그 교회에 속한 진리나 선을 배우고, 그리고 그것들에 따라서 사는 사람은 이미 가르침을 받고, 교회 안에 있고, 믿음에 속한 계율들이나, 인애에 속한 계율들에 일치하는 삶을 사는 자와 같이 될 것이다는 것을 뜻한다는 것은 꼭 같은 권리(a similar right)이다는 것, 따라서 전자는 후자와 같이 될 것이다는 것을 가리키는 "이 법은 동일하다"(=하나의 법이다)는 말의 뜻에서, 그리고 교회 안에 태어났고, 교리나 삶의 측면에서 그 교회의 진리나 선 안에 있는 자를 가리키는 "본국인"의 뜻에서(8011항 참조), 그리고 그 교회에 속한 진리와 선을 배우고, 그것들을 영접하고, 그것들에 일치하는 삶을 사는 자를 가리키는 "너희에게 몸붙여 사는 타국인"(=너희 가운데 체류하는 체류자)의 뜻에서(8007항 참조) 잘 알 수 있습니다.
[2] "믿음이나 인애의 계율에 일치한다"고 언급하였는데, 그것은 이것의 차이 때문입니다. 왜냐하면 중생 전의 삶은 믿음의 계율들(precepts of faith)에 일치하지만, 그러나 중생 뒤의 삶은 인애의 계율들(precepts of charity)에 일치하기 때문입니다. 중생 전에는 어느 누구도 인애가 무엇인지를 정동에서 알지 못하고, 다만 교리로부터 알 뿐입니다. 그 때 그 사람은 믿음의 계율이라고 부르는 교리의 계율들(the precepts of doctrine)에 따라서 삽니다. 그러나 중생 뒤에는 인애가 무엇인지를 정동으로 압니다. 왜냐하면, 그 때 그 사람은 이웃을 사랑하고, 그리고 그 사람은 이웃에게 속마음으로부터 선을 도모하고, 그는 그 사람(=이웃)에 관해서 기술된 법에 따라서 살기 때문입니다. 왜냐하면 그는 인애의 정동으로 말미암아 행동하기 때문입니다. 이 상태는 종전의 상태와는 전적으로 다릅니다. 처음 상태에 있는 자들은 진리들이나 믿음의 선들의 측면에서는 불영명한 상태에 있지만, 그러나 후자의 상태에 있는 자들은 상대적으로 영명한 상태에 있습니다. 이들은 조요(照耀)로부터 진리들을 보고, 그것들을 확증하는데, 이에 반하여 전자는 조요에서 진리들을 보지 못하고, 또한 그것들을 확증하지 못하지만, 그러나 그 교회의 가르침들은 진리들이다고 하는 종지(宗旨·persuasion)에 의하여 확증합니다. 그들은 조요로부터 그것들을 보지 못하기 때문에 그들은 거짓들을 진리들과 꼭 같이 확증할 수 있고, 그리고 이런 것들이 확증된 뒤에는 그들은 그것들을 정확하게 진리들과 꼭 같이 시인합니다. 이렇게 볼 때, 믿음에 속한 계율들에 일치하여 산다는 것이나, 인애의 계율들에 따라서 산다는 것이 무엇인지 밝히 알 수 있겠습니다.
[3] 체류자들에 관해서 살펴보면, 본국인들과 그들과 함께 사는 체류자들 사이에는 결코 차이가 없다는 것을 성경에서 수차에 걸쳐

선포하고 있습니다. 그런 이유 때문에 체류자들의 근원이 되는 이방 사람들(gentiles)은, 교육을 받은 뒤 그들이 믿음에 속한 진리들을 영접, 수용하였다면, 그 교회 안에 있는 자들과 꼭 같이 천계에 영접됩니다. 저 세상에서의 이방 사람들에 관해서는 932·1032·1059·2049·2284·2589-2604·2861·2863·3263·4190·4197항을 참조하십시오. 그러므로 아래의 장절들에서와 같이, "본국인과 같이, 체류자도 그와 같다"라고 선언되었습니다. 민수기서와 레위기서의 말씀입니다.

> 너희 가운데 몸붙여 사는 외국인(=체류자)이나 대대로 너희 가운데 섞여 사는 사람들은, 주를 기쁘시게 해 드리는 향기로 불살라 바치는 제물들을 드릴 때에는, 너희가 하는 것과 꼭 같이 그렇게 하여야 한다. 회중에게는, 너희에게나 너희 가운데 살고 있는 외국인에게나, 같은 율례가 적용된다. 이것은 오고오는 세대에 언제나 지켜야 할 율례이다. 외국인들도 주 앞에서는 너희와 같을 것이다. 같은 법과 같은 규례가 너희에게와 너희 가운데 살고 있는 외국인들에게 함께 적용될 것이다.
> (민수기 15 : 14-16)
> 너희와 함께 사는 그 외국인 나그네를 너희의 본토인처럼 여기고, 그를 너희의 몸과 같이 사랑하여라.
> (레위기 19 : 34)
> 이 법은 이스라엘 사람에게는 말할 것도 없고, 함께 사는 외국 사람에게도 꼭 같이 적용된다.
> (레위기 24 : 22)
> 너희들과 함께 살고 있는 외국인이 주께 유월절을 지키고자 할 때에도, 그는 유월절의 율례와 규례를 따라야 한다. 그 땅에 몸붙여 사는 외국인에게나 그 땅에서 난 본토인에게나 같은 율례가 적용되어야 한다.
> (민수기 9 : 14)

8014. 50, 51절. 이스라엘의 모든 자손은, 주께서 모세와 아론에게 명하신 대로 하였다. 바로 이 날에, 주께서 이스라엘 자손을 각

군대 단위로 이집트 땅에서 이끌어 내셨다.
"이스라엘의 모든 자손은, 주께서 모세와 아론에게 명하신 대로 하였다"는 말씀은 신령진리에 일치하는 복종에 관한 실행을 뜻합니다. "그들은 그렇게 하였다"는 말씀은 의지로부터의 실행을 뜻합니다. "바로 이 날"이라는 말씀은 주님의 현존의 상태를 뜻합니다. "주께서 이스라엘 자손을 이집트 땅에서 이끌어 내셨다"는 말씀은 주께서 진리의 선이나, 선의 진리 안에 있는 자들을 영벌의 상태에서 해방시키셨다는 것을 뜻합니다.

8015. 이스라엘의 모든 자손은, 주께서 모세와 아론에게 명하신 대로 하였다.
이 말씀이 신령진리에 일치하는 복종(=순종)의 실행(=성취)을 뜻한다는 것은, 꼭 같은 말이 있는, 위에 언급된 내용에서 잘 알 수 있습니다(7944항 참조).

8016. 그들은 그대로 하였다.
이 말씀이 의지에서 비롯된 실행(=성취)을 뜻한다는 것은, 말씀이 반복되는 경우, 의지에서 비롯된 실행(=성취)을 가리키는 "한다"(=하였다·doing)는 말의 뜻에서 잘 알 수 있습니다(7945항 참조).

8017. 바로 이 날(=같은 날).
이 말씀이 주님의 현존(=임재)의 상태를 뜻한다는 것은 시간이나 상태를 가리키는 "날"(day)의 뜻에서(23·487·488·493·893·2788·3462·3785·4850·7680항 참조) 잘 알 수 있습니다. 이 말이 주님의 현존(=임재)의 상태를 가리킨다는 것은 그 날이 유월절의 날이기 때문입니다. 그리고 "유월절"(the passover)은 주님의 현존(=임재)을 뜻하고, 그리고 영적인 포로상태나 영벌의 상태로부터 영적인 교회에 속한 자들의 해방을 뜻하기 때문입니다(7867항 참조). 그 때 거기에 해방이 있었다는 것은 우리의 본문절의 아래의 언급에서, 다시 말하면 "바로 이 날에 주께서 이스라엘 자손을 각 군대 단위로 이집트 땅에서 이끌어 내셨다"는 말이 뜻하고 있습니다. 이 날이 유월절 다음 날 아침이다는 것은 민수기서에서 잘 알 수 있습니다. 민수기서의 말씀입니다.

> 이스라엘 자손이 라암셋을 떠난 것은 첫째 달 십오일, 곧 유월절 다음 날이었다. 그들은 모든 이집트 사람이 훤히 보는 앞에서, 팔을 휘저으며 당당하게 행군하여 나왔다. 그 때에 이집트 사람은 주께서 쳐죽이신 자기들의 맏아들들의 장례를 치르고 있었다.
> (민수기 33 : 3, 4)

주님의 현존(=임재)이 선 안에 있는 자들을 영벌의 상태에서 해방시키는 것이고, 악 안에 있는 자들을 영벌의 상태로 옮기는 것을 뜻한다는 것은 7926 · 7989항을 참조하십시오.

8018. 주께서 이스라엘 자손을 이집트 땅에서 이끌어 내셨다.
이 말씀이 주님께서는 진리에 속한 선이나, 선에 속한 진리 안에 있는 자들을 영벌의 상태에서 해방시키셨다는 것을 뜻한다는 것은 해방시키는 것을 가리키는 "이끌어 낸다"(to lead forth)는 말의 뜻에서, 그리고 영적인 교회에 속한 자들을 가리키는, 또는 같은 뜻이지만, 위에서 언급한 것과 같이(7957 · 8006항 참조), 진리의 선이나, 선의 진리 안에 있는 자들을 가리키는 "이스라엘 자손"의 표징에서, 그리고 영벌의 상태를 가리키는 "이집트 땅"의 뜻에서 잘 알 수 있습니다. 여기서 "이집트 땅"(the land of Egypt)이 영벌(=영벌의 상태)을 뜻한다는 것은, 지금은 이집트 사람의 상태가 영벌의 상태를 뜻하기 때문입니다(7766 · 7778항 참조). 주님께서 영적인 교회에 속한 자들을, 다시 말하면, 진리의 선이나, 선의 진리 안에 있는 자들을 영벌의 상태에서 해방시키셨다는 것은 6854 · 6914 · 7091 · 7828 · 7932항을 참조하십시오.
[2] 주님에 의한 그들의 해방이 주님께서 부활하시고, 낮은 지역들(the lower regions)을 방문하셨다는 것에 의한 것이다는 것은 마태

복음서에서 무덤에서 죽은 자들이 깨어났다는 것에 의하여 명료하게 입증되었습니다. 마태복음서의 말씀입니다.

> 무덤이 열리고, 잠자던 많은 성도의 몸이 살아났다. 그리고 그들은, 예수께서 부활하신 뒤에, 무덤에서 나와 거룩한 도성에 들어가, 많은 사람들에게 나타났다.
> (마태 27 : 52, 53)

무덤에서 그들의 나옴(their going forth)이나, 거룩한 도시의 들어감(their entering), 그리고 많은 사람에게의 그들의 나타남(their appearing)은, 지금까지 영적인 포로상태에 억류되었던 자들이 주님에 의하여 해방되었다는 것과 그들이 천계에 안내될 것이다는 입증(立證)을 위한 것입니다. 속뜻으로 천계는 "거룩한 도성"이 뜻하고, 따라서 "거룩한 도성"(the Holy city)이라고 언급되었지만, 그럼에도 불구하고 그 때 그 도시는 거룩하지 않고, 더러웠습니다. 왜냐하면 그들의 교회의 모든 예전들(禮典·the rituals of their church) 안에 표징되었고, 그들 가운데 있는 성언 안에 기술되었고, 따라서 그들의 교회의 하나님이신 주님 그분을 아주 가혹하고 잔인하게 다룬 그것의 백성에서 볼 수 있었기 때문입니다.

[3] 같은 내용이 다니엘서의 아래 장절이 뜻하고 있습니다. 다니엘서의 말씀입니다.

> "그 때에 너의 백성을 지키는 위대한 천사장 미가엘이 나타날 것이다. 그리고 나라가 생긴 뒤로 그 때까지 없던 어려운 때가 올 것이다. 그러나 그 때에 그 책에 기록된 너의 백성은 모두 피하게 될 것이다. 그리고 땅 속 티끌 가운데서 잠자는 사람 가운데서도, 많은 사람이 깨어날 것이다. 그들 가운데, 어떤 사람은 영원한 생명을 얻을 것이며, 또 어떤 사람은 수치와 함께 영원히 모욕을 받을 것이다.
> (다니엘 12 : 1, 2)

에스겔서의 이 장절도 같은 것을 뜻합니다.

"그러므로 너는 대언하여 그들에게 전하여라. '나 주 하나님이 말한다. 내 백성아, 내가 너희 무덤을 열고, 무덤 속에서 너희를 이끌어 내고, 너희를 이스라엘 땅으로 들어가게 하겠다. 내 백성아, 내가 너희의 무덤을 열고 그 무덤 속에서 너희를 이끌어 낼 그 때에야 비로소 너희는, 내가 주인 줄 알 것이다. 내가 내 영을 너희 속에 두어서 너희가 살 수 있게 하고, 너희를 너희의 땅에 데려다가 놓겠으니, 그 때에야 비로소 너희는, 나 주가 말하고 그대로 이룬 줄 알 것이다 나 주의 말이다.'"
(에스겔 37 : 12-14)

여기서 "이스라엘 땅" 또는 "가나안 땅"은 천계를 뜻합니다(8011항 참조). 이 예언서의 말들은 새로운 창조(the new creation), 즉 사람의 중생을 기술하고, 그리고 주님에 의한 영적인 교회에 속한 자들의 기력의 회복(=활성화·氣力恢復·vivification)을 기술하고 있습니다.

8019. 각 군대 단위로 (이끌어 내셨다).
이 말씀이 진리에서 비롯된 선의 성질에 일치하는 명확한 분별(=구분)을 뜻한다는 것은 선들이나 진리들을 가리키는 "군대"(armies)의 뜻에서(7988항 참조), 잘 알 수 있습니다. "그들의 군대"는, 진리에서 비롯된 선의 성질에 따라서 명확하게 분별되는 이스라엘 자손이 표징하는 자들을 뜻합니다. 저 세상에 있는 모두는 선들에 따라서 구분되고, 그리고 결합한다는 것은 7833·7836·8003항을 참조하십시오. "진리에서 비롯된 선의 성질에 따라서"라고 언급하였는데, 그 이유는 모든 선은 진리로 말미암아 자신의 성질을 취하고, 그리고 그것에 의하여 변하기 때문입니다(3804·4149·5345·5355·6916항 참조).

8020. 이 장에서 다루고 있는 유월절 어린 양의 먹음(食事)에 관한 계율들이나 법칙들에게서 명확하게 알 수 있는 것은, 모든 구체

적인 것들 안에는 천계적인 비밀이 담겨 있고, 숨겨져 있다는 사실입니다. 그리고 또한 속뜻에서 비롯된 지식이 없다면 외적인 모양 안에 있는 그저 단순한 예전 이외에는 아무것도 알 수 없고, 그리고 천계적인 것 역시 아무것도 알 수 없을 뿐만 아니라, 심지어 지극히 작은 신령한 것 역시 아무것도 알 수 없다는 것입니다. 예를 든다면, 유월절 짐승이 왜 어린 양이나 염소 새끼이어야 하는지, 그리고 왜 그 짐승은 1년 된 수놈이어야 하는지, 왜 그 짐승은 그 달 14일째 날에 잡아야 하는지, 왜 그것의 피를 문설주들과 상인방에 발라야 하는지, 왜 쓴 나물에 무교병을 얹어서 불에 구운 그 짐승의 고기를 먹어야 하는지, 그리고 그 고기는 물에 삶은 것이나, 날로 먹어서는 안 되는지, 그리고 왜 그것의 머리와 다리들과 내장들은 불에 구어야 하는지, 그들은 아침까지 그 고기를 아무것도 남겨서는 안 되는지, 그리고 왜 남은 것은 불에 모두 태워야 하는지 등등입니다. 그리고 또한 왜 그들은 칠 일 동안 무교병을 먹어야 하는지, 왜 어느 누구나 누룩이 든 빵을 먹는 자는 이스라엘 회중에서 끊어져야 하는지, 왜 외국인이나, 체류자(=나그네)나 고용인(=품꾼)은 그것을 먹어서는 안 되는지, 그러나 그들이 할례를 받았다면 돈으로 사온 주인의 종들이나, 체류자는 먹어도 되는지, 왜 그 고기는 한 집에서 먹고, 문밖으로 그 고기를 가지고 나가면 안 되는지, 왜 그 짐승의 뼈는 하나도 꺾어서는 안 되는지, 등등이 되겠습니다. 이런 것들이나, 그 밖의 수많은 개별적인 것들이 뜻하는 것이 무엇인지, 그리고 그것들이 지키도록 명령된 이유들은, 만약에 그것들이 대응하는 영계에 있는 질서의 법칙들을 알지 못한다면, 전적으로 알지 못할 것입니다. 그리고 만약에 속뜻에서 알지 못한다면 그 세계에 있는, 다시 말하면 천계에 있는 개별적인 것들이 뜻하는 것을 알지 못할 것이고, 그리고 특히 모든 것 안에 영적인 것이 있다는 것을 믿지 않는다면, 그것들을 전적으로 알지 못할 것입니다. 만약에 개별적인 것이든 전체적인 것이든, 거기에 영적인 것이 있지 않다면 사람이 성경말씀을 읽을 때 그 사람과 함께 하는 천사들도 성경말씀에서 지극히 적게 이해할 것입니다. 아니, 사실은 아무것도 이해하지 못할 것입니다. 왜냐하면 그 천사들은 자연적인 방법으로 성경에 기술된 모든 것들을 영적으로 파악하고, 이해하기 때문입니다.

목성(木星)의 영들과 주민들에 관한 속편

8021. 이미 기술한 것과 같이, 그들의 당도(當到)에 의하여 공포심을 자극하는 화성의 영들 중 하나가 내 왼쪽 팔꿈치 아래에 자기 자신을 붙이고서, 거기에서 말을 하였습니다. 그러나 그의 말은 거칠어서 귀에 거슬렸고, 또한 그 말은 완전히 분리된 불연속적인 것은 아니지만, 서로 간에 분리되어 있어서, 나는 그 뜻을 파악하려고 한참을 기다려야 했습니다. 그가 말하고 있는 동안 역시 그는 공포심에 속한 것을 삽입시키었습니다. 그는, 그들의 지구에서는 그와 같이 행해진다고 말하였고, 그리고 그들의 천사가 사람에게 오기 전에 그 사람에게 먼저 그들이 보내졌으며, 그리고 이런 식으로 그들은 그 사람을 준비시키는 것이다는 것도 말하였습니다. 그는 그들이 왔을 때 그들을 잘 영접하기 위하여 역시 나에게 충고를 하였습니다. 그러나 이런 일은 내 일이 아니다는 것이지만, 그러나 나로서는 그들 그대로 모두를 맞을 것이다는 것이 내게 주어진 답이었습니다.

8022. 그 지구의 천사들이 당도한 뒤에, 나는 그들이 우리 지구의 천사들과는 전적으로 다르다는 것을 나와 함께 한 그들의 말에서 지각할 수 있었습니다. 왜냐하면 그들의 말은 낱말들에 의하여 이루어지지 않고, 오히려 모든 측면에서 나의 내면적인 것들을 통하여 자기 자신들을 두루 확산시키는 개념의 방편에 의하여 이루어지기 때문입니다. 그것에서부터 얼굴에 들어가는 입류가 비롯되고,

그러므로 모든 개별적인 것들에게 동시에 일어납니다. 입술에서 시작한 것이 주위의 변방에까지 퍼져갑니다. 낱말을 대신한 개념들은 불연속적이지만, 그러나 약간의 단절은 있습니다. 그들은 그들의 지구에서는 그들 자신의 사람들과 이런 식으로 말한다고 하였습니다. 그리고 역시 그들의 언어는, 입술에서 시작하는 얼굴에 속한 언어라고 말하였습니다.

8023. 그 뒤 그들은, 거의 어떤 간단(簡單)도 지각할 수 없을 만큼, 거의 끊임이 없는 개념들에 의하여 나와 이야기를 하였습니다. 그것은 내 지각에서는 낱말들로부터 추상화된 뜻에 주의하는 자들에게 있는 낱말의 뜻과 같았습니다. 이 언어는 전자에 비하여 나에게는 더 명확하였습니다. 그리고 역시 넉넉하게 깨달을 수 있었습니다. 그것은, 전자와 같이, 같은 방법으로 얼굴에 유입하였지만, 그러나 그 유입은, 그 언어의 성질에 일치하여 더 계속적이었습니다. 그러나 그 언어는, 전자와 같이, 입술에서 시작하지 않고, 눈에서부터 시작하였습니다. 그들은 자신들의 지구에서는 거기의 사람들과 그와 같이 말을 한다고 말하였습니다. 그러나 그들은 다른 자에 비하여 더 뛰어난 내면적인 감관과 분별력을 가진 자들과 더불어 말한다고 하였습니다.

8024. 그 뒤 그들은 이런 식으로 보다 더 계속적으로, 그리고 풍부하게 말을 하였습니다. 그 때 그 얼굴은 적절한 움직임에 의하여 동의하지 않고, 오히려 두뇌에 흘러드는 입류를 느끼었고, 그리고 그 때 이런 일은 같은 방법으로 작용하였습니다.

8025. 마지막으로 그들은, 그들의 대화가 내면적인 이해에 들어가는 식으로 말하였는데, 그 대화의 유창함은 아주 희박한 대기의 흐름 같았습니다. 나는 그 입류 자체를 지각하였지만, 그러나 개별적인 것들은 명확하지 않았습니다. 그들은, 그들의 지구에서는 이런 식으로 자기들과 말하는 사람들이 있다는 것과 그리고 그들은 죽은 뒤에는 즉시 천계에 올리워지는 자들이다는 것도, 말하였습니다.

8026. 이런 종류의 언어들은 유동물체들의 경우와 같다고 하겠습니다. 첫째의 것은 흐르는 물(fluent water)과 같고, 둘째 것은 보다 더 약하게 흐르는 물과 같고, 셋째 것은 상대적으로 대기(大氣)와 같고, 넷째 것은 아주 희박한 대기(thin aura)와 같다고 하겠습니다.

8027. 위에서 언급된 좌측에 있었던 영은 가끔씩 대화를 방해하였는데, 그는 나에게 특히 그의 천사들을 조심성 있게 대할 것을 충고하였습니다. 왜냐하면 거기에는 불쾌감을 자극하는 그런 것들과 제휴한 우리의 지구에서 온 영들이 있었기 때문입니다. 그는 역시 자기는 천사들이 말한 것을 이해하지 못하였지만, 그러나 그는 그가 나의 왼쪽 귀로 옮겼을 때 그것을 이해하였다고 말하였습니다. 그 때 그의 언어는 앞에서와 같이 귀에 거슬리지는 않았지만, 그러나 다른 영들과 같았습니다.

8028. 이상에서 천계에 있는 질서가 어떤 것인지, 그리고 이 세상에 있는 질서와 어떻게 다른지, 밝히 알 수 있겠습니다. 다시 말하면 천사들이 오려고 할 때 그 길을 예비하기 위하여 먼저 한 영이 파견된다는 것입니다. 그리고 그 영은 공포심을 야기시키고, 천사들을 친절하게 영접하기 위하여 훈계나 충고를 준다는 것입니다. 그리고 그는 대화를 방해하기도 하고, 역시 그는 처음에는 천사들이 하는 말을 이해하지 못하지만, 그러나 뒤에 가서 그가 이해할 수 있는 보다 좋은 상태에 있게 되면 이해한다는 것입니다. 한마디로, 그는 계속해서 가까이에 있고, 그리고 낮은 마음(the lower mind)을 준비하고, 무가치한 것들을 피하려고 무척 애를 쓴다는 것입니다. 이런 것에 관해서 세례 요한에 관한 생각이 나에게 떠올랐는데, 그것은, 주님의 강림 전에 세례 요한이 먼저 파견되었고, 그리고 주님의 강림을 선포하는 것이 천계의 질서에 일치한다는 것이고, 그리고 그는, 마태복음서 3장 3절, 누가복음서 1장17절, 3장 4절, 요한복음서 1장 23절 등에 일치하여 주님 그분을 뜻있고, 값있게 영접하게 하기 위한 길을 예비하게 하셨다는 것이 천계의 질서이다는 생각입니다.

8029. 사후 사람의 상태에 관해서 이미 자주자주 언급한 내용에서 잘 알 수 있는 것은, 그들이 저 세상에 왔을 때 즉시 천계에 들어가는 자는 거의 없다는 것이고, 그러나 그들은, 그들이 이 세상에서 그들과 함께 가지고 온 이 세상적이고 육신적인 사랑들(=애욕들·loves)에 속한 것들을 제거하기 위하여, 그리고 따라서 그들이 천사들과 함께 하는 사회에 있는 존재가 되는 준비를 위하여, 천계 아래에 한 동안 머물러 있어야 한다는 것입니다. 이와 같은 경우는 모든 지구의 사람들과 동일합니다. 다시 말하면 죽음 뒤, 그들은 처음에는 천계 아래에 있는 영들 가운데 있고, 그 뒤, 그들이 준비가 다 되면, 그들은 천사들이 됩니다. 그 지구의 영들이 천사들이 되는 과정에 있을 때, 나에게 허락된 것은 불과 같이 빛나는 말(馬)들이 나타나는 것을 볼 수 있었는데, 엘리야가 그랬던 것과 같이, 그들은 그 말들에 의하여 천계로 올리워졌습니다. 불과 같이 빛나는 말들은 조요된 이해(an enlightenment understanding)를 뜻하는데, 성경에서 "말들"(horses)이 이해에 속한 것을 뜻한다는 것은 2760-2762·3217·5321·6125·6234항을 참조하시고, 그리고 또한 엘리야를 옮긴 "불말들과 불병거"는 이해의 내면적인 것들의 측면에서 성언의 이해를 뜻합니다(2762항 참조).

8030. 그들이 옮겨진 천사적 천계는 첫째, 즉 세 천계 중 마지막의 것입니다. 이 천계는 그들의 지구에서 오른쪽에 나타나 보이는데, 이 천계는 우리의 지구에서 온 천사들의 처음 천계, 즉 가장 낮은 천계와는 아주 따로 분리되어 있습니다. 이 천계에 있는 그들은 작은 금별들(little golden stars)이 찍힌 하늘색의 옷을 입고 나타났습니다. 왜냐하면 그들은 이 청색이 천계의 색 바로 그것이라고 믿고 있기 때문입니다. 그들이 이 세상에 있을 때 그리고 수많은 별들의 창공을 보고 있을 때, 그들은 그것을 천사들의 거처(居處)라고 불렀습니다. 그리고 그런 이유 때문에 하늘색(the azure color)은 그들로부터 사랑을 받았습니다.

8031. 그 지구의 영들은 우리 지구의 영들과 친구가 되기를 전적으로 원하지 않습니다. 그 이유는 그들은 성질이나 동작에서 전적으로 다르기 때문입니다. 왜냐하면 그들은, 우리 지구의 영들이 교활하고, 그리고 악을 도모하는 일에 아주 재능이 뛰어나고, 그리고 우리 지구의 영들은 선에 관해서 거의 아는 것이 없고, 거의 생각도 하지 않으며, 또한 그들이 하는 것과 같이 우리 지구의 영들은 한 분 주님을 시인하지도 않는다는 것 등등을 역설하였기 때문입니다. 더욱이 목성의 영들은 우리 지구의 영들에 비하여 매우 현명한데, 우리 지구의 영들에 관해서 그들은, 말은 많이 하지만, 거의 생각은 하지 않으며, 따라서 수많은 것들을 내적으로 지각할 수 없으며, 심지어 선이 무엇인지도 알지 못한다고 하였습니다. 이상에서 그들이 얻는 결론은 우리 지구의 사람들은 겉사람(the external man)이다는 것입니다.

8032. 목성의 영들이나 주민들에 관한 내용은 뒤에 이어지는 장의 말미에 계속되겠습니다.

≪표징적 교회 [18]≫ 끝

□ 옮긴이 약력

이 영 근 서강대학교 경상대학 경제학과, 중앙대학교 사회개발 대학원 사회복지학과, 한국 새교회 신학원에서 공부하였으며, 예수교회 목사로 임직한 이후 예수교회 공의회 의장을 역임하였고, 월간「비지네스」편집장, 월간「산업훈련」편집장, 한국 IBM(주) 업무관리부장을 역임하였다. 현재 예수+교회 제일예배당 담임목사이고,「예수+교회」발행인 겸 편집인, 도서출판〈예수인〉대표이다.
역서로는 스베덴보리 지음〈창세기1·2·3장 영해〉(1993),〈순정기독교 상·하〉(공역·1995),〈최후심판과 말세〉(1995), 우스터 지음〈마태복음 영해〉(1994), 스베덴보리 지음〈천계비의1권〉아담교회·2권 노아교회[1]·3권 노아교회[2]·4권 표징적 교회[1]·5권 표징적 교회[2]·6권 표징적 교회[3]·7권 표징적 교회[4]·8권 표징적 교회[5]·9권 표징적 교회[6]·10권 표징적 교회[7]·11권 표징적 교회[8]·12권 표징적 교회[9]와 13권 표징적 교회[10]·14권 표징적 교회[11]·15권 표징적 교회[12]·16권 표징적 교회[13]·17권 표징적 교회[14], 18권 표징적 교회[15], 19권 표징적 교회[16], 20권 표징적 교회[17]〈천계와 지옥(上·下)〉(공역·1998),〈신령사랑과 신령지혜〉(공역·1999),〈혼인애〉(2000)〈새로운 교회·새로운 말씀〉(공역·2001),〈스베덴보리 신학 총서(上·下)〉(2002),〈영계일기[1]〉(공역·2003)·영계일기[2]〉(공역·2006),〈영계일기[3]〉(공역·2008),〈새로운 교회의 사대교리〉(2003),〈묵시록 해설 1권·2권·3권〉(공역 2008)과, 저서로는〈이대로 가면 기독교 또 망한다〉(2001), 성서영해에 기초한 설교집〈와서 보아라〉[1]·[2](2004)와 [3](2005)이 있다.

천계비의 제21권

표징적 교회[18]
—출애굽기 9·10·11·12장 영해—

2009년 3월 25일 인쇄
2009년 3월 30일 발행
지 은 이   임마누엘 스베덴보리
옮 긴 이   이 영 근
펴 낸 이   이 영 근
펴 낸 곳   예 수 인

　　1994년 12월 28일 등록 제 11-101호
　　(우) 157-014
　　연락처·예수교회 제일예배당·서울 강서구 화곡 4동 488-49
　　전 화·0505-516-8771·2649-8771·2644-2188
　대금송금·국민은행 848-21-0070-108 (이영근)
　　　　　　우리은행 143-095057-12-008 (이영근)
　　　　　　우 체 국 012427-02-016134 (이영근)

ISBN 97889-88992-10-4 04230(set)　　　　　　값 14,000원
ISBN 97889-88992-36-4 04230

◇ 예수인의 책들 ◇

순정기독교(상·하) 스베덴보리 지음 · 이모세 · 이영근 옮김 각권 값 20,000원
혼인애 스베덴보리 지음 · 이영근 옮김 값 35,000원
천계와 지옥(상·하) 스베덴보리 지음 · 번역위원회 옮김 각권 값 11,000원
신령사랑과 신령지혜 스베덴보리 지음 · 이모세 · 이영근 옮김 값 11,000원
최후심판과 말세 스베덴보리 지음 · 이영근 옮김 값 9,000원
천계비의 ① 아담교회 —창세기 1-5장 영해— 스베덴보리 지음 · 이영근 옮김 값 11,000원
천계비의 ②③ 노아교회 [1]·[2] —창세기 6-8장 / 9-11장 영해— 스베덴보리 지음 · 이영근 옮김 각권 값 11,000원
천계비의 ④-⑱ 표징적 교회 [1]·[2]·[3]·[4]·[5]·[6]·[7]·[8]·[9]·[10]·[11]·[12]·[13]·[14]·[15] —창세기 12-14/15-17/8-19/20-21/22-23/24-25/26-27/28-29/30-31/32-34/35-37/38-40 /41-42장 /43-46/47-50장 영해— 스베덴보리 지음 · 이영근 옮김 각권 값 11,000원
천계비의 ⑲ 표징적 교회 [16]·[17] —출애굽기1-4/5-8장 영해— 스베덴보리 지음 · 이영근 옮김 각권 값 14,000원
묵시록 해설[1]·[2]·[3] 스베덴보리 지음 · 이영근 · 박예숙 옮김 각권 값 15,000원
스베덴보리 신학총서 개요 (상·하) 스베덴보리 지음 · M. 왈렌 엮음 · 이영근 옮김 각권 값 45,000원
영계 일기[1]·[2]·[3] 스베덴보리 지음 · 안곡 · 박예숙 옮김 각권 값 11,000원
새로운 교회의 사대교리 스베덴보리 지음 · 이영근 옮김 값 40,000원
이대로 가면 기독교 또 망한다 이영근 지음 값 12,000원
성서영해에 기초한 설교집 ≪와서 보아라≫[1]·[2]·[3] 이영근 지음 각권 값 9,000원

* 이 책들은 영풍문고 · 교보문고 · ≪예수인≫본사에서 구입할 수 있습니다.